MALLORCA

THOMAS SCHRÖDER

Mallorca – Die Vorschau 12

Mallorca – Hintergründe & Infos 18

Mallorcas Urlaubsregionen 20

Landschaft und Geographie 25

Natur und Umweltschutz 27
Die Pflanzenwelt Mallorcas 29 Mallorcas Tierwelt 30

Geschichte im Überblick 31

Reiseziel Mallorca 38
Pauschal oder individuell? 38	Schiffsausflüge 44
Anreise 39	Übernachten 45
Anreise mit dem Flugzeug 39	
Fährverbindungen nach Palma 39	La cuina mallorquina, die mallorquinische Küche 48
Unterwegs auf Mallorca 40	Lokale 48
Mietwagen und andere Leihfahrzeuge 40	Mallorquinische und spanische Spezialitäten 49
Öffentliche Verkehrsmittel 42	Getränke 53
Mallorca mit dem Fahrrad 43	

Wissenswertes von A bis Z 55
Ärztliche Versorgung 55	Radio/TV 63
Baden 56	Rauchverbote 63
Einkaufen 57	Reisedokumente 63
Feste und Feiertage 58	Siesta 63
Geld 59	Sport 64
Informationsstellen und Konsulate 59	Sprachen: Català oder Castellano? 65
Internet 60	Telefonieren 66
Klima und Reisezeit 60	Tiere 67
Kriminalität 61	Touristensteuer 67
Post (Correos) 62	Zeitungen und Zeitschriften 67
Preise 63	

Mallorca – Reiseziele 68

Palma 70

Stadtaufbau und Orientierung	72	Sehenswertes	96
Stadtgeschichte	74	In der Oberstadt	96
Nützliche Adressen/Telefonnummern	75	In der Unterstadt	104
Verbindungen	76	In Hafennähe	106
Übernachten	79	Außerhalb der Innenstadt	108
Essen & Trinken	84		

Die Bucht von Palma und die Costa de Calvià 110

Im Osten: Platja (Playa) de Palma und S'Arenal	111	Bendinat und Portals Nous	120
		Palmanova und Magaluf	121
Im Westen: Cala Major und die Fundació Miró	116	Calvià	123
		Santa Ponça	123
Gènova	118	Peguera (Paguera)	124
Illetes	119	Cala Fornells	127

Der Nordwesten: Serra de Tramuntana 128

Die Region um Andratx	130	Deià (Deyá)	151
Andratx (Andraitx)	131	Umgebung von Deià	153
Port d'Andratx (Puerto de Andraitx)	132	Von Palma nach Sóller	155
Sant Elm (San Telmo)	136	Raixa (Raxa)	155
		Bunyola	156
Von Andratx über Puigpunyent nach Valldemossa	138	Abstecher nach Orient	157
Entlang der Küste von Andratx nach Sóller	139	Sóller	157
		Biniaraix	165
Estellencs (Estellenchs)	139	Fornalutx	165
Umgebung von Estellencs	140	Port de Sóller (Puerto de Sóller)	166
Banyalbufar	140		
Esporles (Esporlas) und La Granja	142	Von Sóller zum Kloster Lluc	171
		Sa Calobra	172
Valldemossa (Valldemosa)	143	Escorca und der Torrent de Pareis	174
Umgebung von Valldemossa	150		
Son Marroig	150	Monestir de Lluc	175

Der Norden um Pollença und Alcúdia ___ 178

Die Bucht von Pollença	179	La Victòria	196
Pollença (Pollensa)	179	Port d'Alcúdia	197
Cala Sant Vicenç (Cala San Vicente)	186	Umgebung von Port d'Alcúdia	200
Port de Pollença (Puerto de Pollensa)	187	Ca'n Picafort	201
		Son Serra de Marina	204
Zum Cap de Formentor	191	Colònia de Sant Pere	204
Die Bucht von Alcúdia	192	Das Hinterland der Bucht von Alcúdia	204
Alcúdia	192		

Die Ostküste ___ 206

Artà	207	Manacor	228
Capdepera	212	Felanitx	230
Cala Mesquida	213	Porto Colom	232
Cala Ratjada	214	Südlich von Porto Colom	233
Umgebung von Cala Ratjada	219	Cala d'Or	234
Canyamel und die Coves d'Artà	221	Porto Petro	238
		Parc Natural Mondragó	239
Son Servera	222	Santanyí	240
Cala Millor und Cala Bona	222	Cala Figuera	241
Sa Coma und S'Illot	225	Die Buchten südwestlich von Cala Figuera	244
Porto Cristo	226		
Südlich von Porto Cristo	228		

Die Südküste ___ 246

Ses Salines	247	Platja Es Trenc	253
Colònia de Sant Jordi	249	Westlich von Es Trenc	254
Umgebung von Colònia de Sant Jordi	252	Campos	254
		Llucmajor	255

Die Inselmitte ___ 256

Entlang der Straße von Palma nach Inca	257	Beiderseits der Straße von Palma nach Manacor	267
Inca	260	Algaida	267
Umgebung von Inca	262	Randa	268
Sineu und Umgebung	262	Montuïri	270
Sineu	262	Porreres	270
Petra	264	Vilafranca de Bonany	271
Umgebung von Petra	266		

Kleiner Wanderführer für Mallorca 272

Wanderung 1	Zum alten Trappistenkloster Sa Trapa	276
Wanderung 2	Hoch über Valldemossa	279
Wanderung 3	Von Son Marroig zum „Lochfelsen" Na Foradada	282
Wanderung 4	Von Orient zum Castell d'Alaró	283
Wanderung 5	Der alte Fußweg von Sóller nach Deià	285
Wanderung 6	Durchquerung des Torrent de Pareis	287
Wanderung 7	Von Port de Pollença ins Tal von Bóquer	289
Wanderung 8	Aufstieg zur Talaia d'Alcúdia	291
Wanderung 9	Entlang der Küste von Ca'n Picafort nach Son Serra de Marina	293
Wanderung 10	Von Cala Ratjada zur Cala Mesquida	294

Sprachführer ___ 298
Register ___ 308

Alles im Kasten

Ehre und Verpflichtung: Weltkulturerbe Serra de Tramuntana	22
Mallorcas schönste Strände	25
Auf einen Blick – Mallorca in Kürze	26
Stadtpaläste in Palma	101
Modernisme-Bauten: Katalanischer Jugendstil auf Mallorca	103
Unter Haien: das „Palma Aquarium"	115
Ein Malerfürst auf Mallorca: Joan Miró	118
Aldeas Cala Fornells – die Architektur des Pedro Otzoup	127
Der große Waldbrand im Sommer 2013	131
„Ein Winter auf Mallorca": George Sand und Frédéric Chopin	144
„Mein Anzug ist satt": Erzherzog Ludwig Salvator, „S'Arxiduc"	148
Bahn-Nostalgie: Unterwegs im „Roten Blitz"	159
Juan March – eine mallorquinische Karriere	220
Eine runde Sache: Kunstperlen aus Manacor	229
Fra Junípero Serra, Gründer von San Francisco	265
Ramón Llull: Vom Don Juan zum Missionar	269
Fernwanderweg durch die Tramuntana: Ruta de Pedra en Sec	275

Kartenverzeichnis

Mallorca   vordere Umschlagklappe

Cala d'Or	236/237	Peguera und Cala Fornells	124/125
Cala Figuera	243	Pollença	181
Cala Millor und Cala Bona	224/225	Port d'Alcúdia	199
Cala Ratjada	217	Port d'Andratx	135
Colònia de Sant Jordi	251	Port de Pollença	189
Palma Innenstadt	82/83	Port de Sóller	169
Palma Übersicht	72/73	Sóller	161

Übersicht Wanderungen   274

Tour 1	Zum alten Trappistenkloster Sa Trapa	277
Tour 2	Hoch über Valldemossa	281
Tour 3	Von Son Marroig zum „Lochfelsen" Na Foradada	283
Tour 4	Von Orient zum Castell d'Alaró	284
Tour 5	Der alte Fußweg von Sóller nach Deià	285
Tour 6	Durchquerung des Torrent de Pareis	287
Tour 7	Von Port de Pollença ins Tal von Bóquer	290
Tour 8	Aufstieg zur Talaia d'Alcúdia	291
Tour 9	Entlang der Küste von Ca'n Picafort nach Son Serra de Marina	294/295
Tour 10	Von Cala Ratjada zur Cala Mesquida	297

Zeichenerklärung für die Karten und Pläne

Was haben Sie entdeckt?

Haben Sie eine Bar mit wundervollen Tapas entdeckt, ein freundliches Hotel, einen schönen Wanderweg? Und welcher Tipp war nicht mehr so toll?
Wenn Sie Ergänzungen, Verbesserungen oder neue Infos zum Mallorca-Buch haben, lassen Sie es mich bitte wissen!

Schreiben Sie an: Thomas Schröder, Stichwort „Mallorca"
c/o Michael Müller Verlag GmbH | Gerberei 19, D – 91054 Erlangen
thomas.schroeder@michael-mueller-verlag.de

Vielen Dank!

Herzlichen Dank den vielen Leserinnen und Lesern, die mit Tipps und Beiträgen bei der Aktualisierung dieser Auflage geholfen haben:

Helmut Bischoff, Jürgen Altenfeld, Max Dissen, Dieter Brockfeld, Fabienne Schlürmann, Helmut Olschewski, Jan Wilker, Christian & Johanna Mücher, Dr. Rolf Sauren, Jürgen Wörner, Wolfgang Fischer, Tatjana Bergold, Eva-Maria Hässler, Alexandra Schubert, Gisela & Alfred Krämer, Susanne Urianek, Stefan Weber, Natascha Matt, Ruth Stubenvoll, Sylvia Lukassen & Rolf Kiesendahl, Frauke Hinkelbein-Stöckel, Isabel Birk, Stefan Hackenberger, Karin Müßig, Dieter Monnerjahn, Natascha Möller, Sabine Rohde, Pia Martin, Stefanie Simon, Heinz Escherle, Julia Langner, Annelie Bomm, Manfred Gattiker & Georg Veith, Sybille & Dr. Helmut Geistefeldt, Barbara Keßler-Gaedtke, Gabi Netz, Monja Buche, Christine Kunze, Oskar Peter, Benita Borbonus, Karin Ludwig, Jannika Güttler & Sebastian Hansing, Angelika Neubeck, Beatrice Gauer, Wolfgang Fischer, Stéphanie Fussen & Claudius Behr, Petra Müller, Matthias Richter, Norbert Kehr, Jens Janowski, Gert & Monika Brummundt, Johann Schneider, Norbert Struck, Katrin Lutz, Lisa Dickel & David Schrey, Gertrud Huber, Dr. Paul Fäßler, Sabine Kohlmann & Harald Götz, Gabi Holzinger, Dr. Jörg Rehkopf, Sabine Benstein, Karin Plutz, Michaela Waldbart.

 Mit dem grünen Blatt haben unsere Autoren Betriebe hervorgehoben, die sich bemühen, regionalen und nachhaltig erzeugten Produkten den Vorzug zu geben.

Wohin auf Mallorca?

① Palma → S. 70

Mallorquiner nennen sie einfach „La Ciutat", die Stadt. Mallorcas reizvolle Metropole vereint viele Vorzüge: architektonische Perlen von der Gotik bis zum Modernisme, ein breites Angebot an Museen, vielfältige Shoppingmöglichkeiten, angenehme Restaurants aller Couleur und ein aufregendes Nachtleben, das nicht auf den Tourismus zugeschnitten ist. Wer nach Mallorca reist, darf Palma nicht versäumen.

② Die Bucht von Palma und die Costa de Calvià → S. 110

Beiderseits der Hauptstadt erstrecken sich jene Ferienzentren, die einst für viele Vorurteile über Mallorca verantwortlich waren – im Osten die deutsch gefärbte Platja de Palma, im Westen das britisch dominierte Magaluf sowie die eher biederen Urlaubsorte Santa Ponça und Peguera. Letztere gehören bereits zu Calvià, einer der reichsten Gemeinden Spaniens. Da verwundert es nicht, dass sich hier mit Portals Nous auch der nobelste Yachthafen der Insel befindet …

③ Der Nordwesten → S. 128

Der langgestreckte Gebirgszug der Serra de Tramuntana, von der UNESCO 2011 in die Liste des Welterbes aufgenommen, erreicht weit über tausend Meter Höhe. Die Tramuntana bildet die beliebteste Wanderregion der Insel, sie lockt aber auch mit herrlichen Panoramen, traumhaft gelegenen Dörfchen und der ehrwürdigen, schönen Stadt Sóller. Einzig an attraktiven Stränden mangelt es etwas.

④ Der Norden um Pollença und Alcúdia → S. 178

Lange, feinsandige Strände, kahle Felsberge und zwei große Buchten, geformt von weit ins Meer reichenden Kaps, prägen die Küste des Nordens. Abwechslung von den oft recht ausgedehnten und in ihrer Bauweise leider nicht durchweg erfreulichen Ferienorten bietet das vielfältige Hinterland mit den mittelalterlichen Städten Pollença und Alcúdia. Wanderer und Radfahrer kommen ebenso auf ihre Kosten wie Liebhaber reizvoller Landschaften und kulturell interessierte Reisende.

⑤ Die Ostküste → S. 206

Kennzeichnend für Mallorcas Ostküste sind ihre tief ins Land eingeschnittenen, fjordartigen Buchten, deren Wasser oft smaragdgrün leuchtet. Von sehr unterschiedlichem Charakter sind die Küstensiedlungen, zwischen regelrechter Urlaubsmaschine und ruhigem Fischerdorf ist alles geboten. Landeinwärts prägen sanfte Hügel, Felder und Obstgärten das Bild.

⑥ Die Südküste → S. 246

Mallorcas Süden ist touristisch vergleichsweise wenig entwickelt, auch die Zahl der Ortschaften hält sich in Grenzen. Das liegt vor allem daran, dass weite Teile der Uferlinie als Steilküste kaum zugänglich sind. Beiderseits von Colònia de Sant Jordi erstrecken sich jedoch wunderbare Sandstrände, und hier starten auch die Ausflugsschiffe zum Meeresnationalpark der Cabrera-Inseln.

⑦ Die Inselmitte → S. 256

Das vielzitierte „andere Mallorca" – hier stehen die Chancen noch gut, es zu finden. Die Mitte der Insel ist seit jeher Bauernland. Im fruchtbaren und dichter besiedelten westlichen Bereich wird Wein angebaut, weiter im Osten vor allem Getreide. Unverfälschte Traditionen, stille Dörfer und Städtchen wie vor hundert Jahren, Klöster in fantastischer Aussichtslage und nicht zuletzt die deftige Küche der „Cellers" lohnen den Abstecher ins Inselinnere.

Mallorca: Die Vorschau

Eine Insel für alle

Die größte Balearin ist ausgedehnt und abwechslungsreich genug, um allen (fast) alles geben zu können. Naturfreunde und Landschaftsgenießer dürfen sich an abgeschiedenen Gebirgsregionen, tief eingeschnittenen Felsschluchten, glitzernden Salzseen und einer artenreichen Flora erfreuen. Sportler finden vielfältige Möglichkeiten, die von der Tennisschule über den Reitstall und den Rennradverleih bis zum Golfplatz reichen. Ein erfrischendes Bad im Meer? Schöne Strände gibt es mehr als genug. Lust auf Entdeckungstouren? Die Dörfer und Städtchen der weiten Ebene Es Plà sehen wirklich noch fast so aus wie vor hundert Jahren. Und dann sind da noch die tiefen Tropfsteinhöhlen, die rustikalen Restaurants mit typischer Mallorca-Küche, die stillen Klöster auf den Berggipfeln, die feinen und immer zahlreicheren Landhotels, die kunterbunten Fiestas und natürlich die quicklebendige Hauptstadt Palma, in der der Tourismus nur eine Nebenrolle spielt. Wenn man Mallorca eines nicht vorwerfen kann, dann ist es sicher mangelnde Vielfalt des Angebots.

Landschaft

Abseits der Ferienzentren überrascht Mallorca mit einer schier unglaublichen Fülle an Naturschönheiten ganz unterschiedlichen Charakters. Grandios und ursprünglich präsentieren sich weite Teile der Tramuntana im Nordwesten, ein weit über tausend Meter hoher Gebirgsstock der schroffen Felsen, uralten Wanderpfade und tiefen Schluchten. Im Norden ragen die Halbinseln von Cap de Formentor und La Victoria ins Meer, eröffnen fantastische Panoramen auf die von ihnen umschlossenen weiten Buchten. Die Serra de Llevant, der im Inselosten gelegene zweite Hauptgebirgszug Mallorcas, mag auf den ersten Blick sanfter und weniger

„Unglaubliche Fülle an Naturschönheiten"

spektakulär erscheinen als die wilde Tramuntana, doch lassen sich auch hier Entdeckungen machen, insbesondere im Gebiet des Massivs von Artà, einer der abgelegensten und am wenigsten erschlossenen Regionen der Insel. Im Inselinneren erstreckt sich Mallorcas durch Windmühlen, Natursteinmauern, Felder und Weingärten geprägte Kornkammer.

Architektur, Kunst & Kultur

In seiner bewegten Geschichte musste Mallorca viele Zerstörungen über sich ergehen lassen. Hochklassige Baudenkmäler sind deshalb seltener vertreten als auf dem spanischen Festland, das Erbe der jahrhundertelangen Maurenherrschaft ist sogar fast völlig verschwunden. Denoch gibt es natürlich so einiges zu bestaunen. Die bunteste Palette an Sehenswürdigkeiten besitzt Mallorcas Metropole Palma: Gotische Prachtbauten wie die alte Börse La Llotja und die Kathedrale, eine der schönsten Kirchen Spaniens; Paläste aus der Renaissance und dem Modernisme, dem katalanischen Jugendstil; Museen und Gemäldeausstellungen in breiter Auswahl. In der Tramuntana erfreut die Kleinstadt Sóller mit ihrer ungewöhnlichen Modernismekirche, einem bildschönen Modernisme-Museum sowie einem hervorragenden Naturkundemuseum. Das alte Städtchen Pollença wiederum gilt als kulturelles Zentrum des Nordens, macht diesem Ruf mit zahlreichen Galerien und einem bedeutenden Musikfestival auch Ehre. Nicht zu vergessen Valldemossa, berühmt durch den Aufenthalt von Frédéric Chopin und George Sand, und die Landsitze Monestir de Miramar und Son Marroig, zwei Liegenschaften des legendären Erzherzogs Ludwig Salvator.

Küche

Mehr als Schnitzel, Schwarzwälder Kirschtorte und Filterkaffee: Mallorca

Mallorca: Die Vorschau

verfügt durchaus über eine eigene Küchenkultur, die sich traditionell aus dem speiste, was die Felder hergaben. Oft werden die überlieferten mallorquinischen Rezepte deshalb als simple Bauernküche klassifiziert, und für die Zutaten mag das teilweise auch stimmen, doch ist die Zubereitung häufig sehr aufwändig. Charakteristisch ist die Verwendung von Schweineschmalz als Bratfett für Fleisch und Olivenöl für alles andere, weiterhin die Grundzutaten Zwiebeln und Knoblauch. Zu den kulinarischen Klassikern Mallorcas zählt allerdings auch manch spanisches Rezept. Die berühmte Paella zum Beispiel stammt eigentlich aus der Region um Valencia, doch heißt es von der mallorquinischen Variante, dass sie mindestens ebenso gut sei. Eine eigene Art von Pizza gibt es auf Mallorca übrigens auch: Coca wird der hiesige Teigfladen genannt, dessen Belag in der Regel ohne Käse auskommt. Und wenn nach einigen Inseltagen dann doch die Lust auf etwas leichtere und elegantere Kost aufkommt – kein Problem. Zum einen ist in den letzten Jahren eine ganze Reihe von einheimischen Küchenchefs dazu übergegangen, die alten mallorquinischen Rezepte zu verschlanken und zeitgemäß zu interpretieren, zum anderen bietet die Insel eine umfangreiche Auswahl wirklich hochklassiger Lokale mit internationaler Küche aller Erdteile.

Wein

Mallorcas Böden und Klima sind ideal für den Weinbau. Bereits Römer und Mauren hatten die ersten Reben auf der Insel gesetzt, und nach der christlichen Rückeroberung stieg Mallorca zu einem der Top-Produzenten auf. Im 15. Jh. soll es in Palma mehr als 150 Kellereien gegeben haben. Ein Ende der Herrlichkeit brachte um 1900 die Ausbreitung der Reblaus, die einen

„Wandern auf Mallorca liegt im Trend"

Großteil der Bestände vernichtete. Erst ab den Neunzigerjahren des 20. Jh. ging es wieder bergauf, dann aber in rasanter Geschwindigkeit. Jahr für Jahr kommen neue Weingüter hinzu. Gemessen am gesamtspanischen Ausstoß ist die Produktionsmenge auf Mallorca freilich immer noch verschwindend gering. Da lohnt es sich (auch angesichts der Grundstückspreise) nicht, auf Masse zu setzen. Qualität ist angesagt. Verwendung finden autochthone Rebsorten wie Callet und Manto Negro, aber auch Importgewächse wie Cabernet oder Merlot. Zu den bekanntesten Produzenten der Insel zählen Macià Batle und José L. Ferrer aus der Weinregion um Binissalem sowie Miquel Oliver aus Petra.

Strände

Romantische Buchten, weite Sandstrände und sanfte Dünen … Das Wort vom „Strandparadies" ist hier sicher nicht übertrieben. Mallorca verzeichnet fast 180 Strände, da sollte wohl jeder seinen Lieblingsstrand finden. Längst nicht alle sind so überlaufen, wie oft behauptet wird – es muss ja nicht immer die Platja de Palma sein. Von der überwiegend felsigen Tramuntanaküste abgesehen, verteilen sich Mallorcas Strände praktisch rund um die Insel. Die Wasserqualität zählt fast überall zum Besten, was das Mittelmeer zu bieten hat; Gründe dafür sind die Insellage, das weitgehende Fehlen von Industrie und vor allem die gute Versorgung mit Kläranlagen. Kein Wunder also, dass sich mehr als vierzig mallorquinische Strände mit der begehrten „Blauen Flagge" schmücken dürfen.

Wandern

Keine Frage, Wandern auf Mallorca liegt im Trend; verwunderlich eher, dass die Insel dafür erst relativ spät entdeckt wurde. Ein Grund mag darin

Mallorca: Die Vorschau

liegen, dass sich das Verständnis vieler (nicht aller) Mallorquiner für die freiwillige Fortbewegung zu Fuß lange Zeit in Grenzen hielt. Mittlerweile haben jedoch die Tourismusmanager, stets bemüht, die Nebensaison aufzuwerten, das Nachfragepotential erkannt und bemühen sich um den Ausbau des Wegenetzes und der nötigen Infrastruktur. Bevorzugte Wanderregion ist naturgemäß die bergige Serra de Tramuntana, doch hat auch das Gebiet um Pollença und Alcúdia seine Reize. Die Insel besitzt sogar einen echten Fernwanderweg, den GR 221. Derzeit noch nicht komplett fertiggestellt, wird er sich eines Tages über 150 Kilometer Länge erstrecken; bereits jetzt sind zwischen Valldemossa und Pollença fünf Tagesetappen möglich, auf denen in eigens geschaffenen Wanderherbergen genächtigt werden kann. Ein zweiter Fernwanderweg, der GR 222 von Artà zum Kloster Lluc, ist in Ausbau. Weniger erfreulich und ein nicht seltenes Ärgernis ist die Sperrung alter Wege durch Fincabesitzer, die beileibe nicht nur von der Insel stammen, sondern häufig genug aus dem Ausland zugezogen sind – ein Problem, das Gegenstand vieler (auch gerichtlicher) Auseinandersetzungen ist.

Kinder

Spanier gelten als sehr kinderfreundlich, die Mallorquiner machen da keine Ausnahme. Die lieben Kleinen dürfen fast alles und müssen anscheinend nie ins Bett, schreiende Rabauken im Restaurant quittiert der Kellner nur mit nachsichtigem Lächeln. Das Problem der relativ späten Essenszeiten lässt sich am besten mit Hilfe der Tapas-Bars lösen. Für kleine und größere Kinder besitzt Mallorca eine ganze Reihe von Attraktionen, von den Aquaparks der Ferienzentren über verschiedene Tropfsteinhöhlen bis hin zu den zahl-

„Ballermann, Bierkönig, Megapark & Co"

reichen Ausflugsschiffen. Auch die als Erlebnismuseen hergerichteten Landgüter La Granja bei Esporles und Els Calderers bei Vilafranca eignen sich für einen Besuch mit Kindern, ebenso das große Aquarium an der Platja de Palma und das Dokuzentrum zum Naturpark Cabrera in Colònia de Sant Jordi, das – wie erfreulich – sogar umsonst zu besuchen ist. Kinderfreundliche Strände finden sich besonders in der Bucht von Palma, im Nordosten und Osten, die steinigen Buchten der Tramuntanaküste sind weniger geeignet.

Originelles und Kurioses

Mallorca ist keine exotische Südsee-Insel, weist bei aller Normalität aber doch einige bemerkenswerte Kuriosa auf. Schließlich sorgt allein schon der Fremdenverkehr immer wieder mal für sehr ungewöhnliche Eindrücke: Ballermann, Bierkönig, Megapark & Co sind zweifelsfrei ein Grund, mal an die Platja de Palma zu fahren, bevorzugt natürlich zur karnevalistischen Hochsaison im Frühjahr und Herbst, wenn die Clubs losgelassen sind. Als Besucherattraktion ersten Ranges teilweise höchst bunt ausstaffiert sind die zahlreichen Tropfsteinhöhlen Mallorcas. Wenn Geiger zu farbiger Beleuchtung in kleinen, glühbirnengeschmückten Booten über den See der Höhle Coves del Drac gleiten und dabei ihre Weisen erklingen lassen, sollte sich eigentlich jeder Freund gepflegten Kitschs zufriedengestellt fühlen... Wer vergleichsweise naturbelassene Höhlen sehen möchte, dem seien die Coves de Campanet empfohlen. Originalität nicht absprechen lässt sich auch dem „Roten Blitz", einem nostalgischen Schmalspurbähnle mit mahagonigetäfelten Waggons, das seit 1912 zwischen Palma und Sóller pendelt. Den Weitertransport zum Hafen Port de Sóller besorgt eine gleichfalls uralte Straßenbahn.

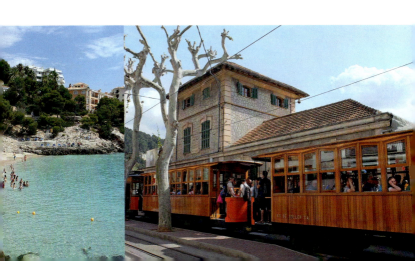

Vielfalt: Kleine Köstlichkeiten auf dem Markt von Pollença

Hintergründe & Infos

Mallorcas Urlaubsregionen	→ S. 20	Anreise	→ S. 39
Landschaft und Geographie	→ S. 25	Unterwegs auf Mallorca	→ S. 40
Natur und Umweltschutz	→ S. 27	Übernachten	→ S. 45
Geschichte im Überblick	→ S. 31	Die mallorquinische Küche	→ S. 48
Reiseziel Mallorca	→ S. 38	Wissenswertes von A bis Z	→ S. 55
Pauschal oder individuell?	→ S. 38		

Mallorca-Urlaub: So ...

Mallorcas Urlaubsregionen

Mallorcas Größe wird oft unterschätzt: Von West nach Ost misst die Insel fast 100 km, von Nord nach Süd knapp 80 km. Die einzelnen Gebiete weisen dabei sehr unterschiedliche Charakteristika auf. Grund genug, beizeiten die passende Urlaubsregion auszuwählen. Die meisten Urlauber buchen das Quartier bereits ab der Heimat. Für Individualreisende wiederum mag es aufgrund der räumlichen Ausdehnung durchaus erwägenswert sein, bei längerem Aufenthalt einmal oder sogar mehrfach den Standort zu wechseln. Die folgende Kurzübersicht will Anregungen zur Auswahl geben und folgt dabei dem geographischen Aufbau dieses Handbuchs.

Palma

Mallorcas schöne Hauptstadt vereint viele Vorzüge. Palma besitzt ein reiches historisches Erbe und urbanes Flair, bietet eine große Auswahl an Unterkünften und Restaurants, ein breites Kulturangebot, erstklassiges Nachtleben und gute Einkaufsmöglichkeiten. Gleichzeitig bestehen von hier die besten Verkehrsverbindungen in alle Teile der Insel. Allerdings mangelt es an Stränden. Für Entdeckernaturen ist Palma jedoch eine gute Wahl.

Die Bucht von Palma und die Costa de Calvià

Das Gebiet beiderseits der Hauptstadt weist die dichteste Hotelkonzentration der gesamten Insel auf. Eisbein mit Sauerkraut und der „Ballermann" hier, Fish & Chips und die gefürchteten Hooligans dort: Dem Großraum um Palma verdankt Mallorca einen guten Teil seines schlechten Rufs. Nichts zu mäkeln gibt es dagegen an den

... oder so?

meisten Stränden und am breiten Vergnügungsangebot. Wer „Futtern wie bei Muttern" (Restaurant-Reklamespruch) möchte und an Mallorca vor allem das gute Klima und die Vielzahl an Kneipen schätzt, dürfte hier wohl richtig sein.

Wichtige Urlaubsorte Platja de Palma, S'Arenal: Die „deutsche Ecke" in der Bucht von Palma. Kilometerlanger, gepflegter Sandstrand, im Frühjahr und Herbst reichlich Rummel durch Clubs.

Cala Major: Urlaubsort im Abwind. Hochhausarchitektur aus den Anfängen des organisierten Fremdenverkehrs, kaum Strand.

Illetes, Bendinat, Portals Nous: Die noblen Adressen in der Bucht von Palma. Edle Villen, schicke Yachthäfen, feine Hotels. Strände sind allerdings nicht im Übermaß vorhanden.

Palmanova, Magaluf: Das britische Gegengewicht zur Platja de Palma. Auch hier gibt es Sandstrand, Pubs und Discos satt.

Santa Ponça, Peguera: Ruhigere Varianten von Magaluf und Platja de Palma. Santa Ponça wird überwiegend von Briten, Peguera von Deutschen besucht. Die Strände sind hübsch, die Umgebung ist reizvoll.

Der Nordwesten/Serra de Tramuntana

An der Küste des Tramuntanagebirges, das sich entlang der gesamten Nordwestseite Mallorcas erstreckt, ist Massentourismus ein Fremdwort, gibt es hier doch kaum Strände. Für Individualisten, Wanderer und Naturliebhaber bildet die Serra de Tramuntana dagegen eine der schönsten Regionen der Insel. Mit ihrer spektakulären Landschaft, dem durch Chopins Aufenthalt berühmt gewordenen Valldemossa, dem „Künstlerdorf" Deià, dem reizenden alten Städtchen Sóller und dem bedeutenden Kloster Lluc zählt sie gleichzeitig zu den meistbesuchten

Mallorcas Urlaubsregionen

Ausflugszielen Mallorcas. Als Standort für Exkursionen außerhalb der Bergregionen ist die Tramuntana wegen ihrer Randlage allerdings nur bedingt geeignet.

Wichtige Urlaubsorte **Port d'Andratx:** Ein hübscher und im Sommer lebhafter Hafenort, Zweitwohnsitz rheinischer Zahnärzte und der Hochglanz-Prominenz. Kein Strand, amüsante Atmosphäre.

Sant Elm: Freundliches Dorf im äußersten Südwesten, Ausgangspunkt für Ausflüge zur Insel Dragonera. Kleiner Sandstrand, gute Bedingungen für Wanderer.

Estellencs, Banyalbufar: Zwei ruhige Dörfer an den terrassierten Hängen der Tramuntana. Herrliche Ausblicke aufs Meer, sehr bescheidene Bademöglichkeiten.

Deià: Als „Künstlerdorf" viel besucht, über die Atmosphäre ließe sich streiten. Ein sehr reizvolles Ambiente besitzt Deià durchaus, die kleine Bucht unterhalb zählt zu den schönsten der Tramuntana-Küste. Die wenigen Quartiere sind oft ausgebucht.

Port de Sóller: Dem einzigen etwas größeren Urlaubsort der Westküste mangelt es leider an wirklich einladenden Stränden. Durch die Nähe zur attraktiven Stadt Sóller, das recht breite Hotelangebot und die guten Verkehrsverbindungen bildet Port de Sóller jedoch einen prima Standort für Wanderungen und Ausflüge im Tramuntana-Gebiet.

Ausflugsziel in der Tramuntana: Valldemossa

Ehre und Verpflichtung: Weltkulturerbe Serra de Tramuntana

Seit dem 27. Juni 2011 wird das Tramuntana-Gebirge in der berühmten UNESCO-Liste des Welterbes geführt. Ausgezeichnet wurde die „Kulturlandschaft Serra de Tramuntana", die Begründung der Schutzwürdigkeit bezieht sich dabei insbesondere auf die Prägung des Gebirgszugs durch die Jahrtausende der Landwirtschaft, die Terrassenfelder, Trockenmauern und besondere Bewässerungssysteme hervorbrachte. Die prestigeträchtige Auszeichnung ist nicht ohne Konsequenzen, verpflichtet sich der betreffende Staat (also Spanien) doch zu nachhaltigen Schutz- und Erhaltungsmaßnahmen. Das Problem: Mehr als 90 Prozent der Tramuntana sind in Privatbesitz.

Der Norden um Pollença und Alcúdia

Ein landschaftlich und kulturell sehr facettenreiches Gebiet. Ländliche Stille und touristischer Trubel, architektonische Alpträume und gewachsene alte Städtchen liegen hier oft nur wenige Kilometer voneinander entfernt. Ausgedehnte Strände bieten beste Wassersportmöglichkeiten, das Hinterland lädt zu Exkursionen und Wanderungen ein. Die guten Verkehrsverbindungen und die günstige geographische Lage ermöglichen Tagesausflüge in fast alle Bereiche der Insel. Quartiere sind in breitem Angebot vorhanden. Aufgrund des sehr unterschiedlichen Charakters der einzelnen Küstensiedlungen kommt der Wahl des Urlaubsorts besondere Bedeutung zu.

Wichtige Urlaubsorte Cala Sant Vicenç: Eine abgeschiedene kleine Siedlung, von schöner Landschaft umgeben. Mehrere kleine Buchten, im Sommer oft überfüllt. Zur Nebensaison ruhig und ein Tipp für Naturfreunde. Das schöne alte Städtchen Pollença liegt nicht weit entfernt.

Port de Pollença: Leicht nostalgischer Touch, kaum architektonische Entgleisungen. Publikum vorwiegend britischer Herkunft; eher schmaler Strand mit schöner Uferpromenade, ruhiges Wasser. Spärliches Nachtleben.

Port d'Alcúdia: Das Kontrastprogramm zu Port de Pollença. Einer der ausgedehntesten Ferienorte der Insel, optisch wenig begeisternd. Kilometerlanger Strand, umfangreiches Sportangebot, reges Nachtleben. Beste Verkehrsverbindungen, vielfältige Umgebung. Gäste vieler Nationen.

Ca'n Picafort: Peguera im Norden. Ca'n Picafort wird überwiegend von Deutschen besucht. Architektonisch keine Schönheit. Publikum eher gesetzt, das Nachtleben weniger intensiv als im größeren Port d'Alcúdia. Reizvoll ist der lange Strand.

Die Ostküste

Von sanftem, im Hinterland sehr ländlichem Charakter, unterscheidet sie sich deutlich vom wildromantischen Norden oder Nordwesten. Die Küste ist lebhaft gegliedert und besteht aus einer Vielzahl kleiner, zwischen Felsen tief eingeschnittener Buchten; längere Sandstrände finden sich nur im nördlichen Bereich. Die Palette an Ferienorten reicht vom ruhigen Fischerhafen bis zum turbulenten, verbauten Touristenzentrum. Ein beliebtes Ausflugsziel bilden die Tropfsteinhöhlen von Artà und Porto Cristo.

Wichtige Urlaubsorte Cala Ratjada: Traditionsreicher Ferienort mit bedeutendem Fischerhafen. Relativ wenige Großhotels, lange Promenade über dem Meer, gutes Angebot an Sport und Stränden, vielfältige Umgebung. Deutsche Gäste, darunter viele junge Leute, bilden das Gros der Besucher.

Canyamel: Kleinere Feriensiedlung an einem Strand südlich von Cala Ratjada.

Cala Millor, Cala Bona: Zwei Orte, zusammengewachsen zu einem der größten Touristenzentren im Osten. Überwiegend moderne Großarchitektur, schöner und langer Sandstrand, viele deutsche Besucher.

Sa Coma, S'Illot: Ein weiterer Doppelort. Sa Coma besteht fast ausschließlich aus Hotel- und Apartmentblocks am hübschen Strand. S'Illot ist älter und altmodischer, das Hinterland beider Orte sehr verbaut.

Porto Cristo: Eine angenehme Abwechslung zu den sterilen Ferienzentren, als Urlaubsort jedoch weniger bedeutend. Porto Cristos Hauptattraktion sind die Tropfsteinhöhlen Coves del Drac und Coves del Hams.

Cales de Mallorca: Die jüngste Feriensiedlung der Ostküste, weit ausgedehnt und ohne echtes Zentrum. Die kleinen Strände sind meist überfüllt.

Porto Colom: Hafenort mit leichtem Anflug von Tourismus. Eher bescheidenes Strandangebot, angenehm ruhige Atmosphäre.

24 Mallorcas Urlaubsregionen

Schattenplatz mit Aussicht: an der Cala Agulla in Cala Ratjada

Cala d'Or: Ferienzentrum, das ab den 30er-Jahren im schmucken „Ibiza-Stil" errichtet wurde. Viele schöne kleine Buchten, zur Saison voll belegt, in der Umgebung allerdings Ausweichmöglichkeiten. Publikum verschiedener Nationalitäten, darunter viele Briten.

Porto Petro: Mit Cala d'Or schon fast zusammengewachsen. Große Hafenbucht, mangels Stränden wenig besucht.

Cala Figuera: Eine der optisch reizvollsten Hafensiedlungen der Insel, touristisch mittlerweile etwas im Abseits. Die nächsten, teilweise sehr hübschen Strände liegen alle außerhalb in Fahrradentfernung.

Cala Santanyí: Tief eingeschnittene Bucht mit feinem Sandstrand, als Ferienziel beliebt insbesondere bei Familien.

Die Südküste

Kurzer Küstenabschnitt mit nur wenigen Ortschaften. Überwiegend felsige Steilküste, im östlichen Bereich aber auch äußerst attraktive Strände, darunter der berühmte Es Trenc. Das Hinterland ist flach und ländlich geprägt. Für Strandliebhaber, die auf intensives Nachtleben verzichten können, ist der Süden eine Überlegung wert.

Wichtige Urlaubsorte **Colònia de Sant Jordi:** Ortsbild eher durchschnittlich, aber recht nette Atmosphäre; Ausgangspunkt für Ausflüge zur Inselgruppe Cabrera. Beiderseits liegen schöne Naturstrände.

Cala Pi: Winzige Bucht mit Villensiedlung, Unterkünfte sind sehr rar.

Inselinneres

Als Urlaubsstandort immer beliebter; Unterkünfte finden sich vorwiegend in ausgebauten Gutshöfen, den Fincas, und in einigen Hotels. Aber auch als Ausflugsziel ist das Inselinnere interessant: verschlafene Städtchen, von alten Klöstern und Kastellen gekrönte Aussichtshügel, ländliche Märkte und traditionelle Fiestas.

Mallorcas schönste Strände

Eine (natürlich subjektive) Auswahl unter den Favoriten des Autors:

Platja El Mago: Zwei kleine Strandbuchten bei Portals Vells, südlich von Magaluf in dichten Wäldern versteckt. Trotz der Nähe zum Massentourismus sind sie kaum überlaufen. Nacktbaden ist gestattet.

Cala Mitjana und Cala Torta: Zwei schöne Strandbuchten bei Artà, nur über ein zehn Kilometer langes, schmales Sträßchen zu erreichen. Die Umgebung ist nahezu einsam.

Platja de Formentor: Viel besuchter, aber traumhaft am Rand von Kiefernwäldern gelegener Sandstrand.

Cala Figuera: Nicht mit dem Fischerdorf zu verwechseln. Diese kleine, wenig besuchte Bucht mit Kieselstrand liegt unterhalb der Straße zum Cap de Formentor. Herrliches Wasser.

Platja de Muro: Der mittlere Abschnitt des kilometerlangen Sandstrands zwischen Port d'Alcudia und Ca'n Picafort ist mit seinen Dünen und Wäldern auch der schönste.

Cala Mesquida: Eine bildhübsche Strandbucht nördlich von Capdepera, nur an einer Seite bebaut und wegen ihrer ausgedehnten Dünen unter Naturschutz gestellt.

Cala Agulla: Einer der Hausstrände von Cala Ratjada an der Ostküste, im Hinterland Dünen und Wälder. Mit der Cala Mesquida durch einen Wanderweg verbunden.

Cala Sanau: Typische Ostküstenbucht, fjordartig in den Kalkfels eingeschnitten.

Cala S'Amarador: Im Naturpark Mondragó, zwischen Cala d'Or und Cala Figuera. Völlig unverbaute Strandbucht in intakter Natur, nicht ganz so stark besucht wie die benachbarte Cala Mondragó.

Platja Ses Roquetes: Einer der vielen Sandstrände südöstlich von Colònia de Sant Jordi an der Südküste. Nur zu Fuß zu erreichen, keinerlei Einrichtungen.

Platja Es Trenc: Mallorcas Paradestrand liegt nordwestlich von Colònia de Sant Jordi. Kilometerlang und feinsandig, allerdings nicht mehr der Geheimtipp von einst. Nacktbaden gestattet.

Landschaft und Geographie

Mit einer Fläche von 3640 Quadratkilometern ist Mallorca die mit Abstand größte Insel der Balearen und sogar Spaniens. Entsprechend vielgestaltig präsentiert sich ihre Landschaft: Raues Gebirge, Ebene und sanftes Hügelland wechseln sich ab.

Zur Inselgruppe der Balearen (Illes Balears) zählen neben Mallorca noch Menorca, Ibiza und Formentera sowie über hundert kleine und kleinste Inselchen. Zusammen entsprechen sie nur etwa einem Prozent der Landesfläche Spaniens. Geologisch bilden die Balearen eine Fortsetzung der im Tertiär aufgefalteten Betischen Kordillere Andalusiens. Mallorca besteht überwiegend aus Kalkstein, der in vielen Regionen zu bizarren Formen verwittert ist.

Geographisch präsentiert sich Mallorca dreigeteilt. Im Nordwesten erstreckt sich entlang der gesamten Küste der wilde Gebirgszug der *Serra de Tramuntana,* die im Puig

Major bis auf 1443 Meter Höhe aufragt und in einer ganzen Reihe weiterer Gipfel die Tausendermarke überschreitet. Ihre Hänge, oft in mühevoller Arbeit durch Terrassen urbar gemacht, stürzen steil ins Meer ab und sind mit Olivenbäumen, aber auch mit Wäldern aus Steineichen und Aleppokiefern bestanden. An die Tramuntana schließt sich die weite Ebene *Es Plà* an, durch den Gebirgszug vor den oft heftigen winterlichen Nordwinden geschützt und im Sommer die heißeste Zone der Insel. Mit ihren ausgedehnten Feldern bildet sie die Kornkammer Mallorcas, doch gedeihen hier auch Mandelbäume, Wein und Kartoffeln. Im Osten des Plà erhebt sich mit der *Serra de Llevant* eine weitere Bergkette, allerdings weniger geschlossen und mit einer maximalen Höhe von 561 Metern deutlich niedriger als die Tramuntana. Die großen Buchten („Badías") der Insel, begleitet von langen Stränden, liegen im Süden bei Palma und Colònia de Sant Jordi und im Norden bei Pollença und Alcúdia. Ihnen vorgelagert sind Marschland und Sümpfe. Diese Feuchtgebiete besitzen eine artenreiche Flora und Fauna und sind deshalb weitgehend unter Naturschutz gestellt worden. Der Rest der immerhin 554 Kilometer langen Küstenlinie besteht im Nordwesten überwiegend aus felsiger Steilküste, im Osten aus kleineren Stränden und schmalen, oft tief eingeschnittenen Buchten („Calas"). Flüsse besitzt Mallorca nicht, stattdessen enge, meist nur nach Regenfällen Wasser führende Sturzbäche („Torrents"). In den Gebirgsregionen der Tramuntana sind einige von ihnen zu Stauseen aufgestaut worden, die vor allem die Wasserversorgung der Hauptstadt sichern.

Auf einen Blick – Mallorca in Kürze

Lage: Mallorca erstreckt sich von West nach Ost etwa zwischen 2°20´ und 3°30´ östlicher Länge, von Süd nach Nord etwa zwischen 38°20´ und 39°60´ nördlicher Breite. Die Entfernung nach Barcelona beträgt 248 km, nach Valencia 261 km und nach Algerien 313 km.

Größe: Mit 3640 Quadratkilometern Fläche ist Mallorca die größte Insel der Balearen und sogar ganz Spaniens. Ihre maximale Ausdehnung beträgt von Ost nach West 96 km, von Nord nach Süd 77 km. Mallorca besitzt eine Küstenlinie von 554 Kilometern Länge.

Bevölkerung: Nach der letzten Volkszählung knapp 860.000 Einwohner, verteilt auf 53 Gemeinden. Festlandspanier stellen etwa ein Viertel aller Einwohner, Ausländer gut 20 %. Die Bevölkerungsdichte liegt bei etwa dem Doppelten des spanischen Durchschnittswerts. Allerdings verteilt sich die Siedlungsdichte sehr unterschiedlich: Fast die Hälfte der Einwohner lebt in der Hauptstadt Palma.

Verwaltung und Politik: Lange schon eine gemeinsame Provinz, bilden die Balearen seit 1983 als „Comunitat Autónoma Illes Balears" eine der 17 teilautonomen Regionen Spaniens. Sitz des Parlaments, der Regierung „Govern Balear" und des Inselrats „Consell Insular" ist Palma. Seit 2015 regiert ein Linksbündnis aus verschiedenen Parteien unter Führung der Sozialisten der PSIB-PSOE, einem Ableger der gesamtspanischen PSO_.

Amtssprachen: Català (Katalanisch, mittlerweile die „erste" Amtssprache der Balearen), Castellano (Kastilisch, also Spanisch).

Wirtschaft: Obwohl die Balearen lange als eine der wohlhabendsten Regionen Spaniens galten, musste die Inselgruppe wegen hoher Schulden 2012 beim spanischen Staat Finanzhilfe beantragen. Wichtigste Einkommensquelle ist mit rund 75 % des Bruttoinlandsprodukts (BIP) der Dienstleistungssektor sprich Tourismus; die Landwirtschaft trägt kaum über 2 % zum BIP bei. Bedeutendster Exportsektor ist die Leder- und Modeindustrie.

Wild und (fast) einsam: Küste hinter Ca'n Picafort

Natur und Umweltschutz

Jahrzehnte planloser Bebauung haben ihre Spuren hinterlassen. Das Problembewusstsein der Bevölkerung wächst jedoch. Seit 1993 ist mehr als ein Drittel der Balearen unter Naturschutz unterschiedlicher Kategorien gestellt worden. Gleichzeitig wurden viele alte Hotels abgerissen. Nahezu vorbildlich ist die Abwasserentsorgung, da mittlerweile jeder Küstenort eine Kläranlage besitzt. Verantwortlich für den Sinneswandel zeichnet besonders der *Grup Balear d'Ornitologia i Defensa de la Naturalesa* (GOB). Diese mallorquinischen „Grünen" sind keine politische Partei, sondern die bedeutendste Umweltschutzgruppe der Balearen. Zu den größten Erfolgen der 1973 gegründeten Organisation zählt die Ausweisung der Inselgruppe von Cabrera zum Nationalpark, die Verhinderung der Bebauung am Strand Es Trenc sowie die Erklärung der Cala Mondragó und der Insel Dragonera zu Naturparks. Dennoch bleiben gewisse Problemfelder.

Müll: Die Abfälle, die Bewohner und natürlich auch Touristen verursachen, belaufen sich auf mehr als 500.000 Tonnen jährlich. Entsorgt wird der Müll in einer Verbrennungsanlage in Son Reus bei Palma. Schon vor einer Reihe von Jahren hat die Stadt Palma ein Trennsystem mit pneumatischen „Müllschluckern" eingeführt.

Tourismus: Der Fremdenverkehr bringt natürlich ebenfalls massive Umweltschädigungen mit sich. Am auffälligsten wird dies in den Küstenbereichen, die vielerorts bis zur Unkenntlichkeit entstellt sind durch den Bau von hoch aufragenden Hotelkästen und den sogenannten *Urbanisationen*, landschaftsfressenden Feriensiedlungen. Hinzu kommen der verstärkte Verkehr, ein deutlich erhöhter Verbrauch des kostbaren Wassers und natürlich auch ein größeres Müllaufkommen.

Baumaßnahmen: Unter der 2007 zwischenzeitlich abgewählten Partido Popular wurde der Ausbau der Infrastruktur und insbesondere der Autobahnen derart forciert, dass Spaniens größte Zeitung El País die damalige Inselregierung anklagte, Mallorca „asphaltieren" zu wollen. In den Jahren ab 2011 war die PP wieder an der Macht – und versuchte trotz der Finanzkrise, die frühere „Beton-, Zement- und Asphaltpolitik" (Die Zeit) fortzusetzen. In diese Richtung wiesen zumindest Projekte wie der geplante, 1200 Betten große Hotelkomplex nahe dem Strand Es Trenc, dessen Bau vor Gericht jedoch abgeschmettert wurde. Möglicherweise legt das 2015 gewählte Linksbündnis mehr Sensibilität an den Tag.

Wassermangel: Ein Problem, das die Insel immer wieder mal plagt. Das Wasser aus den oft versalzenen Brunnen, einer Grundwasserentsalzungsanlage und den beiden Stauseen in der Serra de Tramuntana reichte in der Vergangenheit oft nicht aus. 1999 wurde deshalb bei Coll d'en Rebassa Europas größte Meerwasserentsalzungsanlage in Betrieb genommen. Heute sollen weitere Entsalzungsanlagen sowie eine Rohrleitung von der Tramuntana-Quelle Sa Costera den Bedarf decken helfen.

Waldbrände sind eine Geißel fast aller Mittelmeerregionen. Mallorcas Waldbestand ist ohnehin nicht mehr groß, Brände verursachen deshalb besonders schwer wiegende Verluste, wie leider auch das Großfeuer bei Andratx gezeigt hat. Beachten Sie bitte die Hinweistafeln und gehen Sie mit Zigaretten vorsichtig um.

Die wichtigsten Naturschutzgebiete

Auch das Tramuntana-Gebirge ist teilweise unter Naturschutz gestellt, allerdings in unterschiedlichen Abstufungen und nur unter der niedrigen Kategorie „Paratge Natural".

Parc Nacional de Cabrera: Die Inselgruppe vor der Südspitze Mallorcas bildet den einzigen Nationalpark der Balearen und einen der wenigen Meeresparks Spaniens. Im Sommer zu besuchen auf täglichen Schiffsausflügen ab Colònia de Sant Jordi.

Parc Natural Sa Dragonera: Die Felsinsel im Westen sollte eigentlich mit einer großen Urbanisation bebaut werden, die durch die GOB gerade noch verhindert werden konnte. Viele Vogelarten, häufige Bootsverbindung ab Sant Elm.

Parc Natural S'Albufera: Das weite Sumpfland bei Port d'Alcúdia im Norden bildet das wichtigste Feuchtgebiet der Balearen und ist eines der letzten Refugien seltener Vögel. Albufera ist durch zahlreiche Wanderpfade gut für Besucher erschlossen.

Parc Natural S'Albufereta: Die „Kleine Albufera", ein Feuchtgebiet landeinwärts der Straße von Alcúdia nach Port de Pollença, wurde 1999 zum Naturschutzgebiet erklärt.

Parc Natural de la Península de Llevant: Das Gebiet im Nordosten um Artà ist erst seit 2001 als Naturpark ausgewiesen. 2004 wurde von der damaligen PP-Regierung die ursprünglich 20.000 Hektar große Schutzzone um mehr als 90 Prozent auf 1586 Hektar reduziert.

Parc Natural Cala Mondragó: Der Komplex reizvoller Strandbuchten an der südlichen Ostküste konnte gerade noch vor der Bebauung gerettet werden. Schöne Kiefernwälder, Dünen und Lagunen.

Zitrusfrüchte werden vor allem im Tal von Sóller angebaut

Die Pflanzenwelt Mallorcas

Mit etwa 1500 verschiedenen Arten von Blütenpflanzen ist Mallorcas Flora äußerst vielfältig. Vor allem im Frühjahr blüht es allerorten. Im Sommer, wenn viele Blüten schon vertrocknet sind, zeigen manche Regionen ein ganz anderes Gesicht. Vor allem der niederschlagsarme Süden wirkt dann stellenweise wie ausgedörrt. Nach den ersten Herbstregen sprießt jedoch schon wieder überall das Grün. Etwas vereinfacht und von den spezialisierten Gewächsen der Feuchtgebiete, Dünen und Felsküste abgesehen, trifft man auf Mallorca vor allem drei Vegetationstypen an.

Wälder Sie sind nicht mehr so zahlreich wie einst. Die vorherrschenden Bäume sind in Küstennähe Aleppokiefern, Verwandte der Pinien, die oft in Gruppen oder ganzen Wäldern stehen. In höheren Lagen über 500 Meter wachsen auch immergrüne Steineichen, die früher zur Holzkohlegewinnung genutzt wurden. Häufig sieht man auch verwilderte Ölbäume und Johannisbrotbäume.

Garigue Eine für das Mittelmeergebiet typische Vegetationsform, die ehemalige, durch Brände und Ziegenverbiss degenerierte Waldzonen besetzt. Charakteristische Pflanzen sind hier z.B. Ginster, der Erdbeerbaum, die immergrünen Mastixsträucher, im Herbst kenntlich an den roten Beeren, und die buschartige Zwergpalme, die nur an geschützten Stellen eine Höhe von mehreren Metern erreicht und die einzige einheimische Palmenart Europas ist. Daneben trifft man in der artenreichen Garigue Mallorcas aber auch über dreißig verschiedene Orchideenarten an.

Kulturpflanzen Sie bedecken den größten Teil der Insel. Viele von ihnen wurden eingeführt, teilweise schon von den Römern und später den Mauren. Natürlich wachsen auf Mallorca Kartoffeln, Getreide, Gemüse und Obst in vielerlei Arten, vor allem im Tal von Sóller auch Zitrusfrüchte. Fast allgegenwärtig sind die oft mehrere hundert Jahre alten Ölbäume und Mandelbäume, von denen es rund sechs Millionen Exemplare geben soll. Zur Blüte Ende Januar, Anfang Februar verwandeln sie die niedrigen Lagen der Insel in ein Blütenmeer. Oft anzutreffen sind auch Feigenbäume und die immergrünen Johannisbrotbäume (Karoben) mit ihren

Typisches Garigue-Gewächs: Zwergpalmen

länglichen, erst grünen, im Reifezustand dann schwarzen Schoten, die als Tierfutter und bei der Arzneimittelherstellung verwendet werden. Feigenkakteen (Opuntien) werden auf Mallorca „Chumbos" genannt. Winzige, aber sehr lästige Stacheln schützen ihre süßen Früchte – nicht anfassen! Ebenso wie Agaven, eine Sukkulentenart, die ebenfalls ursprünglich vom amerikanischen Kontinent stammt, werden sie zur Umgrenzung von Häusern und Grundstücken gepflanzt.

Mallorcas Tierwelt

Weit ärmer als die Flora präsentiert sich die Fauna der Insel. Eine Ausnahme bilden die Vögel, die in recht hoher Artenvielfalt vertreten sind. Freilebende Säugetiere sind dagegen selten, abgesehen von den verwilderten Hausziegen und ihren weit weniger häufigen endemischen Verwandten, der seit 5000 Jahren auf Mallorca heimischen Wildziege („cabra fina"). Die bis zu einem Meter lange Ginsterkatze ist vorwiegend nachts unterwegs. Häufiger zu beobachten sind Vögel, Reptilien und Insekten. Meerestiere sind durch die Überfischung rar geworden.

Vögel In der Tramuntana kreisen noch Zwergadler und der seltene Mönchsgeier Voltor bzw. Buitre negro; bei Campanet gibt es sogar eine Stiftung (Fundació Vida Silvestre de la Mediterrània, Finca Son Pons, ✆ 971 575880, www.fvsm.eu), die sich u.a. dem Mönchsgeierschutz widmet und ernsthaft Interessierte gern mit weiteren Infos in dieser Richtung versorgt. Die Feuchtgebiete der Küsten bilden nicht nur eine Raststation für Zugvögel auf dem Weg nach Afrika, sondern auch ein wichtiges Refugium für Wasser- und Watvögel wie Reiher, Störche, Flamingos, Löffler und natürlich zahlreiche Entenarten. An erster Stelle stehen die Naturparks S'Albufera und S'Albufereta (die „Kleine Albufera"), doch sind auch die Salinen des Südostens wichtige Rückzugsgebiete.

Reptilien Schlangen begegnet man eventuell auf Wanderungen, doch sind die auf Mallorca heimischen Natternarten allesamt ungiftig. Häufig sind Eidechsen, darunter die possierlichen Geckos, die mit ihren Saugfüßchen oft an Wänden zu kleben scheinen und in der Nähe von Lichtquellen auf nächtliche Insektenjagd gehen. Gelegentlich sind auch Sumpf- und Landschildkröten anzutreffen, erstere vor allem im Naturpark S'Albufera, letztere in den Trockenzonen der Südostküste.

Spinnentiere und Insekten Zu den Spinnentieren zählen kleinere Skorpione, deren Stich schmerzhaft, jedoch in der Regel nicht lebensbedrohlich ist. Mit Stechmücken muss man leben, ein Mücken abweisendes Mittel sollte deshalb im Gepäck sein. Grillen sind nicht zu überhören, Zikaden ebenfalls nicht. Recht häufig lassen sich Gottesanbeterinnen beobachten.

Meerestiere Ein Unterwasserparadies ist der Nationalpark Cabrera, in dem Große Tümmler leben und 2008 erstmals wieder Mönchsrobben beobachtet wurden. Beide Meeressäuger wurden auch schon bei der naturgeschützten Insel Dragonera gesichtet. Außerhalb dieser Schutzzonen präsentiert sich die maritime Fauna ärmer.

Bei Bergwanderungen gelegentlich zu sehen: halbwilde Ziegen

Geschichte im Überblick

Ab ca. 4000 v. Chr. – Neolithikum: Erste Siedlungsspuren steinzeitlicher Höhlenbewohner, die möglicherweise vom spanischen Festland oder aus Frankreich gekommen waren und von Schafzucht und Jagd lebten.

Ab ca. 2000 v. Chr. – prätalayotische Kultur: Ab etwa 1500 v. Chr. beginnen die Bewohner mit dem Bau sog. „Navetas", steinerner Bauten in Hufeisenform.

Ab ca. 1300 v. Chr. – Talayotkultur: Benannt ist dieser jahrhundertelange Geschichtsabschnitt nach den Talayots, burgartigen Türmen mit dicken, groben Steinmauern und rundem oder viereckigem Grundriss, zu sehen in den noch erhaltenen Talayots z. B. bei Artà und Capocorb Vell. Immer noch rätselhaft ist ihr Zweck: Talayots könnten als Wohn- und Verteidigungsgebäude gedient haben, aber auch als Kultstätte. Ab etwa 1000 v. Chr. beginnt der Bau befestigter Siedlungen. Die Bewohner haben Kontakt zu anderen Kulturen im Mittelmeerraum (Phönizier, Griechen) und kennen Bronze und Glas.

Ab 654 v. Chr. – Einfluss Karthagos: Gründung einer karthagischen Niederlassung auf Ibiza. Die Balearen geraten unter karthagischen Einfluss, ihre Bewohner kämpfen für die Nordafrikaner als Söldner. Gefürchtet sind sie als Steinschleuderer, eine Fertigkeit, die sie von früher Jugend an üben und der auch die Inselgruppe ihren Namen verdanken soll, der vom griechischen *ballein* („werfen") abgeleitet sein könnte. In den beiden Punischen Kriegen (264–201 v. Chr.) kämpft Karthago mit dem aufstrebenden Rom und unterliegt

Jahrtausendealte Bauform:
Steinhütte im Naturpark Mondragó

schließlich, wird 146 v. Chr. dann völlig zerstört. Mallorcas Bewohner nutzen das Machtvakuum für Piratenüberfälle, die natürlich auch römische Schiffe betreffen und schließlich von den Römern auf ihre Art beendet werden.

Ab 123 v. Chr. – römische Blütezeit: Roms Feldherr Quintus Caecilius Metellus besetzt Mallorca. Mit römischen Siedlern gründet er die Städte Palma und Pollentia. Im Laufe der Zeit nehmen auch die ursprünglichen Bewohner Mallorcas die römische Sprache und Kultur an. Unter der effizienten römischen Verwaltung erlebt Mallorca eine erste Blütezeit. Rom lässt Straßen bauen, darunter die immer noch bestehende Hauptverbindung Palma – Alcúdia (damals Pollentia), führt den Ölbaum und die Weinrebe ein, fördert den Handel.

Ab etwa 455 – Vandalen und Byzantiner: Über ein halbes Jahrtausend lang hatte sich Mallorca im römischen Frieden Pax Romana gesonnt, hatte mit Rom das Christentum angenommen und den langsamen Niedergang geteilt. Jetzt stehen neue, hungrige Eroberer bereit. Gegen 455 erobern die Vandalen die Insel und zerstören alles Römische so gründlich, dass heute nur mehr die Ruinen von Pollentia an die lange Römerzeit erinnern. 534 besiegt der Byzantiner Belisar in Nordafrika die Vandalen und verleibt Mallorca dem Oströmischen Reich von Byzanz (Konstantinopel, heute Istanbul) ein. Doch Byzanz ist weit: Immer wieder plagen Überfälle von Piraten und Mauren die jetzt weitgehend auf sich gestellte Insel.

Ab 903 – maurische Glanzzeit: Die Mauren („Moros"), islamische Berber- und Araberheere, die bereits ab 711 fast das gesamte spanische Festland erobert hatten, landen auf Mallorca. Die Insel gerät unter die Hoheit des Kalifats von Córdoba, damals eine der mächtigsten und zivilisiertesten Städte der Welt. Mallorquinische Hauptstadt wird Medina Mayurqa, das heutige Palma. Die Mauren vervollkommnen die Bewässerungssysteme der Landwirtschaft, führen neue Nutzpflanzen (Zitrusfrüchte, Reis, Baumwolle) ein, und errichten Moscheen, Bibliotheken, öffentliche Bäder und prachtvolle Gärten. Mallorca erlebt eine neue, hohe Blüte. Fortan teilt die Insel die Geschicke des maurischen Reichs in Spanien, wird 1077 als Teilkönigreich Taifa selbständig und gerät später zunächst unter die Herrschaft der streng religiösen Almoraviden, dann unter die der noch fundamentalistischeren Almohaden. Als Stützpunkt von maurischen Piratenflotten ist Mallorca berüchtigt. Mittlerweile hatten es die spanischen Christen jedoch geschafft, den größten Teil des Festlands den Mauren wieder zu entreißen. Mächtige christliche Reiche waren entstanden, darunter im Nordosten das große Doppelkönigreich Katalonien-Aragón. Im Jahr 1212 markiert die siegreiche Schlacht beim andalusischen Navas de Tolosa den Durchbruch der christlichen Rückeroberung Reconquista.

1229 – die Reconquista: Jaume I., Herrscher von Katalonien und Aragón, landet am 12. September bei Santa Ponça. Am Silvestertag erobert er mit den Besatzungen von über 150 Schiffen die Hauptstadt Medina Mayurqa und unterwirft in der Folge auch das restliche Mallorca. Wütend fallen seine Mannen über Moscheen und andere Zeugnisse maurischer Zivilisation her, mit dem Ergebnis, dass außer einer Reihe von Orts- und Flurnamen sowie Resten eines maurischen Bads in Palma heute kaum noch etwas an die über dreihundertjährige islamische Glanzzeit erin-

Römische Relikte: Statuensammlung in Palmas Castell de Bellver

Geschichte im Überblick 33

nert. Jaume herrscht fast fünfzig Jahre über Mallorca. Nach seinem Tod 1276 wird das Großreich geteilt.

Ab 1276 – Königreich Mallorca: Jaume II. erbt die Balearen, die er am 12. 9. 1276 zum Königreich Mallorca ausruft. Dem Bruder Pere und seinen Nachfolgern, Herrschern über Katalonien, Aragón und Valencia, ist die Erbteilung zwar ein Dorn im Auge, ihr Versuch, 1285 die Insel zu besetzen, jedoch nur kurzfristig erfolgreich. Die Regierungszeiten Jaumes II. und seiner Nachfolger Sanxo I. und Jaume III. gehen einher mit einem wirtschaftlichen und kulturellen Aufschwung der Insel: Der Schriftgelehrte, Philosoph und Missionar Ramón Llull (→ Randa) erhebt das Katalanische in den Rang einer Literatursprache, mächtige Bauten wie das Schloss Bellver entstehen. Der Mittelmeerhandel floriert, die Bevölkerungszahl steigt, eine Reihe von Städten wird gegründet. Mallorquinische Seefahrer erforschen die afrikanische Küste, die Kartographen von Mallorca genießen Weltruf.

Ab 1349 – Aragón beherrscht Mallorca: Pere III. von Aragón, der bereits 1343 die Insel besetzt hatte, vereitelt in der Schlacht von Llucmajor den Versuch Jaumes III., Mallorca zurückzugewinnen. Jaume III. fällt, Mallorca gerät unter aragonische Herrschaft. Ein allmählicher Niedergang beginnt. Hunger, die Pest und häufige Piratenüberfälle dezimieren die Bevölkerung. Das aragonische Königshaus presst die Insel aus, der Rückgang der Wirtschaft verschärft die Situation noch. Der städtische Adel gibt die Steuerlast an die verarmte Landbevölkerung weiter. Die wehrt sich mit immer wieder aufflackernden Aufständen, auch gegen völlig Unschuldige: In der Nacht des 2. August 1391 kommt es zu einem furchtbaren Pogrom; Hunderte von Juden werden ermordet.

Ab 1469 – Niedergang unter Kastilien: 1469 entsteht durch die Heirat Isabellas von Kastilien mit Ferdinand II. von Aragón ein neues, zentralspanisches Großreich, der Vorgänger des heutigen Spanien, innerhalb dessen Grenzen Mallorca nur eine Randlage einnimmt. 1488 entsendet das katholische Königspaar, die *Reyes Católicos*, die Schreckensherrschaft der Inquisition auf die Insel. Durch die Entdeckung Amerikas 1492 verlagert sich der Seehandel zudem immer mehr in den Atlantik. Spätestens jetzt wird Mallorca uninteressant für die Krone, gerät zur Provinz. Der mallorquinische Adel richtet sich dennoch halbwegs komfortabel ein, wie bisher auf Kosten der Landbevölkerung. 1521 erschüttert der Handwerkeraufstand „La Germania" die Insel, doch wird auch diese Rebellion gewaltsam niedergeschlagen. In jenen Jahren leidet Mallorca auch immer wieder unter blutigen Piratenüberfällen – nicht umsonst entstanden fast alle Städte und größeren Ortschaften abseits der Küsten. Ein System teilweise noch heute existierender Wachttürme (Talaias) wird errichtet, um Angreifer wenigstens rechtzeitig sichten zu können.

Ab 1701 – der Spanische Erbfolgekrieg: Der Spanische Erbfolgekrieg (1701–1714) sieht österreichische Habsburger, unterstützt von der „Haager Allianz" europäischer Staaten auf der einen und das französische Haus Bourbon auf der anderen Seite. Mallorca setzt wie Katalonien auf Habsburg – und verliert. Der siegreiche Bourbone Philipp V. revanchiert sich für den Widerstand mit Repressionen. 1715 schafft er die verbliebenen mallorquinischen Verwaltungsinstitutionen völlig ab und verbietet die katalanische Sprache. Spanien regiert die Insel uneingeschränkt, eine neue politische Klasse entsteht. Der spanische Unabhängigkeitskrieg 1808–1814 betrifft Mallorca kaum.

Ab 1835 – die ersten Gäste: Wie in ganz Spanien werden auch auf Mallorca 1835 die Klöster säkularisiert, ihr Besitz verstaatlicht, wobei z. T. unersetzliche Kulturgüter

Katalanischer Jugendstil: Gran Hotel in Palma

verlorengehen. Nur dank der Säkularisation können George Sand und Frédéric Chopin 1838/39 ihren „Winter auf Mallorca" in der Kartause von Valldemossa (siehe dort) verbringen. 1867 besucht Erzherzog Ludwig Salvator erstmals die Insel, auf der er sich wenige Jahre später in Son Marroig (siehe dort) an der Tramuntanaküste niederlässt. Sein umfangreiches Werk „Die Balearen in Wort und Bild" erscheint auf der Weltausstellung 1899 und weckt das touristische Interesse an Mallorca. Politisch teilt die Insel im 19. Jh. das Schicksal Spaniens, das unruhige Jahrzehnte mit ständig wechselnden Regierungen erlebt. Die Wirtschaft erholt sich erst langsam gegen Ende des Jahrhunderts.

Ab 1900 – Die Weltkriege und der Bürgerkrieg: 1901 wird mit dem Gran Hotel in Palma das erste Hotel eröffnet, das internationalen Ansprüchen genügt. Im Ersten Weltkrieg bleibt Spanien neutral und erzielt dadurch hohe Gewinne. Gleichzeitig legt ein Mallorquiner namens Juan March (→ Cala Ratjada) den Grundstock zu dem Vermögen, das ihn zu einem der reichsten Männer der Welt machen wird. Im Spanischen Bürgerkrieg (1936–39) siegt offensichtlich die konservative Grundhaltung der Mallorquiner über den Wunsch nach Eigenständigkeit: Sie unterstützen mehrheitlich die „Nationalisten" Francos. Andersdenkende, die auf Seiten der Republikaner stehen, werden nachts aus ihren Betten geholt und an Friedhofsmauern erschossen. Im Zweiten Weltkrieg bleibt Spanien erneut neutral, sympathisiert aber mit Hitler-Deutschland.

Ab 1939 – das Franco-Regime: Der „Caudillo" und „Generalisímo" Francisco Franco Bahamonde führt ein diktatorisches Regime, das durch Militär, Kirche und die rechtsextreme Falange-Partei gestützt wird. Eine der Konsequenzen für Mallorca ist das Verbot der katalanischen Sprache und aller Regungen regionaler Kultur. Den Tourismus, der ab 1956 mit dem Bau eines ersten Flughafens einsetzt und ab 1959 mit der Errichtung zahlloser Hotelkomplexe beachtliche Dimensionen erreicht, beeinträchtigt dies sinnigerweise nicht. Als Franco 1975 stirbt, knallen dennoch auch auf Mallorca die Sektkorken.

Geschichte im Überblick 35

Ab 1975 – die Demokratie: Francos Nachfolger wird der vom „Caudillo" selbst erwählte König Juan Carlos I., der jedoch sehr schnell ein eigenes Profil zeigt und die Demokratie vorbereitet. Bis heute ist der ehemalige König, der mittlerweile zugunsten seines Sohns Felipe abgedankt hat, häufig Sommergast im Marivent-Palast bei Cala Major. 1977 finden die ersten freien Wahlen statt. 1983 erhalten die Balearen den Status einer *Comunitat Autònoma*, einer Autonomen Gemeinschaft. Gleichzeitig erlebt die katalanische Sprache und Kultur eine Renaissance, die bis in die Gegenwart anhält.

1999: Nach 16-jähriger Regierungszeit auf den Balearen wird die konservative Partido Popular (PP, kat. Partit Popular) durch eine „Regenbogenkoalition" aus linken, regionalistischen und grünen Parteien abgelöst, den so genannten „Fortschrittspakt" unter Francesc Antich. Gleichzeitig erlebt Mallorca ein Rekordjahr im Tourismus aus Deutschland: Rund 4,15 Millionen Deutsche urlauben auf der Insel.

2002: Während viele andere spanische Regionen Gäste hinzugewinnen, geht die Besucherzahl auf Mallorca gegenüber 2001 um fast acht Prozent zurück; bei deutschen Urlaubern sind es sogar deftige 15,7 Prozent. Zu den Gründen zählen der erhebliche Preisanstieg in Hotellerie und Gastronomie seit Einführung des Euro, die Diskussion um die Ökosteuer und wohl auch der Eindruck einer gewissen, bis in die damalige Regierungskoalition reichenden Fremden- und Touristenfeindlichkeit.

2003: Bei den Wahlen zum Regionalparlament der Balearen erleidet der „Fortschrittspakt" eine Niederlage, die Partido Popular unter Spitzenkandidat Jaume Matas erringt die absolute Mehrheit im balearischen Parlament. Auch bei den Wahlen zum Inselrat Mallorcas wird die PP mit 16 Stimmen stärkste Kraft, bleibt aber auf eine Koalition mit der Unió Mallorquina (UM) angewiesen.

2007: Am 1. März tritt das neue Statut der Autonomen Gemeinschaft Balearen in Kraft. Die Inselgruppe erhält damit beispielsweise die Möglichkeit, eigene Finanzbehörden einzurichten und selbst Steuern einzuziehen. Auch eine baleareneigene Polizeitruppe wie im Baskenland und in Katalonien wird durch das neue Statut möglich. – Bei den

Eröffnet 2004:
Museu Es Baluard in Palma

Wahlen am 27. Mai erreicht die Partido Popular 46 Prozent der Wählerstimmen und verliert ihre absolute Mehrheit. Zweitstärkste Kraft wird die sozialistische PSIB-PSOE. Das Zünglein an der Waage bildet, trotz nur knapp sieben Prozent der Stimmen, wieder einmal die Unió Mallorquina. Die regionalistisch-bürgerliche Partei entscheidet sich gegen die PP und für eine Koalition mit PSIB-PSOE und dem Bloc, einem Zusammenschluss linker Kräfte. Als Ministerpräsident gewählt wird Francesc Antich von der PSIB-PSOE. Die neue Regierung ähnelt in ihrer Zusammensetzung dem „Fortschrittspakt" der Jahre 1999 bis 2003.

2009: Wie schon vorab erwartet, verursacht die Wirtschaftskrise einen Rückgang der Besucherzahlen. Zum Schock für Mallorquiner wie für Besucher der Insel werden jedoch die ETA-Anschläge im Sommer. Am 30. Juli tötet eine Autobombe in Palmanova zwei Polizeibeamte der Guardia Civil. Anderthalb Wochen danach explodieren vier weitere Bomben, eine davon direkt unter der Plaça Major von Palma. Wegen telefonischer Vorab-Warnungen der ETA und aufgrund der erheblich geringeren Sprengkraft gibt es diesmal keine Verletzten oder gar Toten, das Entsetzen freilich sitzt tief auf Mallorca.

2010: Eine Welle aufgedeckter Korruptionsskandale erschüttert die Insel. Verstrickt waren ranghohe Politiker bis in die Chefetagen von Partido Popular und Unió Mallorquina. Amtsmissbrauch, Unterschlagung, Veruntreuung öffentlicher Gelder, Beamtenbestechung, Vorteilsnahme, Betrug, Irreführung der Justiz, Verstoß gegen das Wahlgesetz, Urkundenfälschung – die Liste an Vorwürfen ist wahrlich beeindruckend. Maßgeblich an den Straftaten beteiligt gewesen sein sollen auch der ehemalige PP-Ministerpräsident Jaume Matas sowie Maria Antònia Munar, langjährige Vorsitzende der Unió Mallorquina und damalige Parlamentspräsidentin, sowie der UM-Tourismusminister Miquel Nadal. Alle drei erwarten lange Haftstrafen. Ministerpräsident Francesc Antich hat keine Wahl: Er entlässt alle UM-Minister aus dem Amt und versucht, bis zu den Wahlen mit einer Minderheitsregierung über die Runden zu kommen, was ihm auch gelingt.

2011: Es ist wohl auch eine Antwort auf die landesweite Krise und eine Ohrfeige für den damaligen spanischen Regierungschef Zapatero und dessen Wirtschaftspolitik – bei den Regionalwahlen vom 22. Mai erringt die konservative PP (wie fast im ganzen Land) einen nahezu erdrutschartigen Wahlsieg, während die PSIB-PSOE unter Francesc Antich bitter abgestraft wird. Im Balearenparlament kann die PP unter ihrem neuen Vorsitzenden und Ministerpräsidenten José Ramón Bauzá mit

Tierischer Politiker in Capdepera

Wahlwerbung für PP und PSIB-PSOE

einer satten Mehrheit von 35 der 59 Sitze ganz allein regieren. Mehr noch: Auch im Inselrat von Mallorca und im Stadtrat von Palma reicht es für die PP zur absoluten Mehrheit. Von der politischen Bühne verschwunden ist hingegen die im Zuge der Korruptionsskandale aufgelöste Unió Mallorquina. Trotz der komfortablen Machtverhältnisse im Parlament hat der neue Ministerpräsident keine sorgenfreie Amtszeit vor sich: Die Finanzlage der Inseln ist äußerst angespannt und auch auf den (im spanienweiten Vergleich) lange Zeit wirtschaftlich verwöhnten Balearen hat die Arbeitslosenquote enorm zugenommen.

2014: 2014 wird, wie schon die beiden Jahre zuvor, ein Superjahr für den Fremdenverkehr. Viele Urlauber wählen wegen der unsicheren Lage in Ägypten, Tunesien und anderen Ländern lieber die Balearen als Reiseziel. Mallorca zählt fast 9,7 Millionen Touristen. Deutsche Urlauber nehmen mit rund 3,7 Millionen Reisenden den ersten Rang ein. Die Briten stellen mit knapp 2,2 Millionen die zweitgrößte Besuchergruppe, Spanier mit 1,1 Millionen die drittgrößte. Aus der Schweiz kommen etwa 330.000 und aus Österreich 175.000 Mallorca-Fans.

2015: Bei den Wahlen am 24. Mai erlebt die regierende PP unter José Ramón Bauzá ein wahres Desaster, verliert im Parlament der Balearen, im Inselrat von Mallorca und auch im Stadtrat von Palma ihre absoluten Mehrheiten. Im Parlament der Balearen stürzt sie von 35 auf 20 Sitze ab, bleibt zwar stärkste Kraft, aber kann nicht einmal mehr mit den in Frage kommenden Koalitionspartnern regieren. Verluste erleiden auch die Sozialisten der PSIB-PSOE, die mit 14 Sitzen dennoch zweitstärkste Partei bleibt. Ein Traumstart gelingt der neugegründeten, aus der Protestbewegung hervorgegangenen Podemos, die mit 10 Sitzen ins Parlament einzieht. Gewinne erzielt auch die öko-regionalistische Linksformation Més per Mallorca, die sechs Sitze erhält. In der Summe ist dies eine Mehrheit für das linke Lager; im Inselrat von Mallorca und im Stadtrat von Palma sehen die Wahlergebnisse und Mehrheitsverhältnisse ganz ähnlich aus. Als Resultat der Parlamentswahlen ergibt sich denn auch ein Linksbündnis aus PSIB-PSOE und Més, das von der Podemos toleriert wird und die Sozialistin Francina Armengol zur Ministerpräsidentin der Balearen wählt. Neue Akzente setzt die Regierung insbesondere in der Bildungspolitik (Katalanisch wird wieder präferiert) sowie im Umwelt- und Sozialbereich.

Morgendliche Ankunft im Hafen von Palma

Reiseziel Mallorca

Es gibt viele Arten, die Insel zu entdecken. Mallorca lässt sich mit dem Mietwagen, mit Bussen und Bahnen, dem Fahrrad oder auch zu Fuß erobern. Man kann in großen Urlaubshotels übernachten, in kleinen Landherbergen, in Fincas, Apartments, auf Campingplätzen und sogar in Klöstern. Schließlich lohnt sich auch eine nähere Beschäftigung mit der mallorquinischen Küche, die weit besser ist als ihr Ruf.

Pauschal oder individuell?

Pauschalurlaub ist die auf Mallorca vorherrschende Form des Fremdenverkehrs, und gerade hier auch für eingefleischte Individualreisende eine Überlegung wert. Zum einen muss diese Urlaubsform keineswegs zwingend auch eine Pauschalisierung der Erlebnisse bedeuten: Wählt man eine dafür geeignete Urlaubsregion, lässt sich Mallorca auch sehr gut von einem festen Standquartier aus entdecken. Zum anderen erhalten Reiseveranstalter vom Hotelier oft erhebliche Nachlässe auf den Zimmerpreis eingeräumt: Noble kleine Landhotels, exquisite Strandquartiere mit Flair und luxuriös ausgestattete Fincas, die bei privater Buchung allesamt ein sehr hohes Preisniveau aufweisen, können für Pauschalgäste durchaus bezahlbar bleiben. Nicht zuletzt hat man bei dieser Urlaubsform auch die Gewähr, wirklich ein Zimmer im gewünschten Quartier zu erhalten – in der Hochsaison, die von Juli bis weit in den September reicht, kann sich die Suche nach einem freien Bett ausgesprochen mühsam gestalten.

Individualreisende sind eine vergleichsweise seltene, aber immer häufiger anzutreffende Spezies auf der Insel. Die Vorteile einer Reise auf eigene Faust, die Flexibilität bei der Wahl des Zeitraums, der mögliche Standortwechsel bei Nichtgefallen des Quartiers oder des gewählten Urlaubsorts, die Unabhängigkeit von eventuellen Essenszeiten etc., lassen sich schließlich auch auf Mallorca ausschöpfen. Die Auswahl an Hotels und Hostals ist immens, die öffentlichen Verkehrsverbindungen sind passabel, Mietwagen preiswert. Verbunden ist eine Individualreise allerdings mit einem höheren Aufwand bei der Planung. Wichtig ist auch die richtige Wahl des Zeitraums. Zur absoluten Hochsaison kann es sehr schwierig sein, ein freies Zimmer zu bekommen, doch sind bereits im Juni und oft noch Ende September viele Urlaubsorte so gut gebucht, dass eine Reservierung viel Ärger erspart. Billiger als eine Pauschalreise ist eine individuell geplante Tour allerdings nur in den seltensten Fällen.

Anreise

Die große Mehrheit der Mallorca-Besucher reist schnell und bequem per Flugzeug an. Eine Fährpassage lohnt sich auch nur bei Mitnahme des eigenen Fahrzeugs und längerem Aufenthalt.

Anreise mit dem Flugzeug

Zu den sommerlichen Spitzenzeiten landen auf Palmas Flughafen die Urlaubsjets im Minutentakt. Die reine Flugzeit nach Palma beträgt z. B. ab München gerade mal zwei Stunden.

Charter-, Lowcost- und Linienflüge: *Charter- und Lowcostflüge* sind die gängigste Form des Flugverkehrs nach Mallorca, zu buchen ab praktisch jedem deutschen Flughafen. Als „Mallorca-Shuttle" hat sich Air Berlin positioniert. Zur sommerlichen Hochsaison und zu Terminen über Ostern und Weihnachten ist rechtzeitige Buchung mehrere Monate im Voraus ratsam. *Linienflüge* (mit Umsteigen verbunden) sind im Normaltarif weitaus teurer als Charter, doch existieren eine Reihe von Sonderangeboten, die den Preis auf ein erträgliches Maß senken.

Fahrradtransport und Mitnahme von Sportgepäck Beim Transport fallen fast grundsätzlich Extra-Gebühren an, bei Air Berlin z. B. pro Strecke 70 € für ein Fahrrad. Generell ist es ratsam, entsprechende Wünsche gleich bei der Flugbuchung anzugeben und Instruktionen über die nötige Transportverpackung einzuholen.

Klimabewusst reisen Bekanntermaßen trägt jeder Flug zur globalen Klimaerwärmung bei. Auf verschiedenen Websites wie z. B. www.atmosfair.de kann man mittlerweile mithilfe eines Emissionsrechners die Kohlendioxid-Belastung seines Flugs (z. B. München–Mallorca und zurück: 570 kg) berechnen. Gleichzeitig besteht die Möglichkeit, für Klimaschutzprojekte zu spenden, die das durch den Flug verursachte Aufkommen an Treibhausgasen wieder kompensieren; nach Rechnung der Organisation wäre dies im genannten Fall durch eine Spende von 13 € möglich. Ähnlich arbeitet auch www.myclimate.org. ■

Fährverbindungen nach Palma

Unter Berücksichtigung aller Kostenfaktoren muss man schon deutlich über einen Monat vor Ort bleiben, um gegenüber der Fluganreise und den Kosten eines Mietwagens nennenswerte finanzielle Vorteile zu erzielen. Hinzu kommt der wesentlich erhöhte Zeitaufwand für Hin- und Rückweg.

Schiffsverbindungen ab Barcelona Der wichtigste Fährhafen für Mallorca ist von Frankfurt rund 1300 Kilometer entfernt, von Berlin gar 1800 Kilometer. Die noch weiter südlich liegenden Fährhäfen Valencia und Denia lohnen die längere Anreise nicht.

Fährgesellschaften: Die ACCIONA TRASMEDITERRÁNEA startet täglich außer Sa (zur HS auch dann) mindestens 1-mal täglich von Barcelona nach Palma, Abfahrt zuletzt 23 Uhr, Fahrtdauer acht Stunden. www.trasmediterranea.es. BALEÀRIA bedient ebenfalls häufig die Linie Barcelona–Palma, daneben auch die Route Barcelona–Alcúdia (z. T. allerdings via Menorca). www.balearia.com.

Unterwegs auf Mallorca

Das mallorquinische Verkehrsnetz ist gut ausgebaut und macht es leicht, die Insel zu entdecken. Nicht unterschätzen sollte man die Entfernungen und die teils sehr engen Bergstraßen.

Auf Mallorca gibt es Zehntausende von Mietwagen, außerdem ganz passable Busverbindungen, drei Bahnlinien, eine umfangreiche Flotte von Ausflugsschiffen und reichlich Taxis. Aber auch Wanderer und Radfahrer kommen auf ihre Kosten.

Mietwagen und andere Leihfahrzeuge

Das Angebot ist breit, die Konkurrenz groß. Mietwagen, Mopeds und Mietfahrräder sind auf Mallorca deshalb recht günstig. Dabei variieren die Tarife bei allen Fahrzeugen auch regional. Faustregel: Je größer das örtliche Angebot, desto niedriger die Preise.

Vorausbuchung Mit Ausnahme der Hochsaison ist eine Vorausbuchung bei deutschen oder internationalen Anbietern prinzipiell nicht nötig, in der Regel aber preisgünstiger. Ein weiterer Vorteil der Vorausbuchung kann sein, dass bei Streitigkeiten der Gerichtsstand in der Regel in Deutschland und nicht auf Mallorca ist.

Miete vor Ort Internationale Anbieter sind meist teurer als lokale Vermieter. Bei längerer Mietdauer wird Rabatt gewährt. Auch in Zeiten schwächerer Nachfrage fallen die Preise.

Im Angebot: Große Auswahl, vom Kleinwagen über den Jeep bis zum 9-Sitzer. Für den Normalfall reichen Kleinwagen völlig aus, größere Fahrzeuge können angesichts der oft engen Straßen und des Parkplatzmangels sogar lästig werden.

Modalitäten: Sehr ratsam, den Vertrag genau zu prüfen und auch dem Kleingedruckten Beachtung zu schenken: Rückgaberecht, Verfahrensweise bei Reifenpannen, Tankregelung etc. Unbegrenzte Kilometer sind im Preis meist inbegriffen, Vollkaskoversicherung und die spanische Mehrwertsteuer IVA (bei Mietwagen 21 %) nicht unbedingt. Lassen Sie sich immer Inklusivpreise nennen und vergleichen Sie auch die Versicherungskonditionen (Deckungssumme der Haftpflicht, Vollkasko mit/ohne Selbstbeteiligung, Höhe derselben); im dichten Verkehr Mallorcas kann es schon mal Kratzer geben. Das Mindestalter beträgt in der Regel 21 Jahre, der Führerschein muss mindestens 1 Jahr alt sein. Oft wird eine Kaution oder Kreditkarte verlangt. Der ADAC rät, vor Anmietung auf Beulen, Lackkratzer etc. zu achten, um hinterher nicht für Vorschäden zur Kasse gebeten zu werden. Besonderes Augenmerk sei auch auf den Zustand der Reifen sowie auf die Versicherungspapiere zu legen. Kindersitze sollte man vorab reservieren oder von daheim mitbringen.

Vermittler www.billiger-mietwagen.de vergleicht die Preise verschiedener Vermittler wie Car del Mar, Auto Europe etc. Alle vermitteln sie vorab Mietverträge, die dann vor Ort mit einem Vermieter abgeschlossen werden; die Preise liegen dabei in aller Regel deutlich unter denen einer Direktmiete. Beim Vergleich auch auf Details wie Gerichtsstand, Tankregelung (Rückgabe mit vollem Tank ist günstiger als der Ankauf einer Tankfüllung bei Anmietung und Abgabe mit leerem Tank), Selbstbehalt der Vollkaskoversicherung usw. achten.

Fahrräder, Mopeds und Motorräder Fahrräder und Mopeds sind in praktisch allen Urlaubsorten zu mieten; das Angebot ist im Norden und Osten am größten und meist auch am günstigsten. Motorräder sind seltener vorhanden und liegen preislich über dem Niveau von Mietwagen. Noch am häufigsten vertreten und für die schmalen Inselstraßen völlig ausreichend sind Enduros. Zwei Vermieter: www.mallorquin-bikes.de (BMWs), www.mallorca-motorrad.de (Chopper).

Hinweise für Autofahrer auf Mallorca
Grundsätzlich sind die Verkehrsbestimmungen die gleichen wie in der Heimat, die **Geldstrafen** (mittlerweile ab 70 € auch im

Mietwagen und andere Leihfahrzeuge

Ausland vollstreckbar, einzelne Gemeinden beauftragen schon Inkasso-Unternehmen) bei Verstößen allerdings wesentlich höher, die Abschleppwagen sehr flink; Falschparkern droht zudem die Radkralle. Bei Zahlung einer Geldstrafe innerhalb von 20 Tagen gibt es 50% Rabatt. **Geschwindigkeitsbeschränkungen**: innerorts 50 km/h, außerorts 90 km/h, auf autobahnähnlichen Straßen 100 km/h, auf Autobahnen 120 km/h. Überholverbot besteht 100 m vor Kuppen und auf Straßen, die nicht mindestens 200 Meter weit zu überblicken sind. Achtung jedoch, bald sollen durch eine Reform der STVO („Reglamento de Circulación") diverse Änderungen in Kraft treten! So wird auf manchen spanischen Autobahnabschnitten zeitweise Tempo 130 erlaubt sein, andere Höchstgeschwindigkeiten (inner- wie außerorts) sollen gesenkt werden.

Kreisverkehre sind in Spanien viel häufiger als bei uns, der Kreisverkehr hat immer Vorfahrt. Die „**Promillegrenze**" liegt bei 0,25 mg/l Atemalkohol, was ungefähr 0,5 Promille Blutalkohol entspricht (falls der Führerschein noch keine zwei Jahre alt ist: 0,15 mg/l bzw. 0,3 Promille). Die Kontrollen sind strikt, die Strafen hoch; ab 0,6 mg/l ist selbst eine Gefängnisstrafe drin. In spanischen Pkw müssen **zwei Warndreiecke** mitgeführt werden, die auf Straßen mit Gegenverkehr vor und hinter dem Fahrzeug aufzustellen sind – achten Sie bei der Anmietung von Leihwagen auch auf deren Vorhandensein. Pflicht ist auch eine **Warnweste** (anzulegen beim Aussteigen wegen Unfall/Panne außerorts) für den Fahrer. Beim Tanken müssen Radio und Handy ausgeschaltet sein. Für Kinder unter 12 Jahren und 135 cm Größe sind Kindersitze vorgeschrieben; verboten ist es, sie auf dem Beifahrersitz zu befördern, sofern auch Platz hinten im Wagen ist. Gelb markierte Bordsteine: Parkverbot. Blau markierte Bordsteine: gebührenpflichtige Parkzone mit Parkzeitbeschränkung, Bezahlung am nächsten Automaten, Zettel unter die Windschutzscheibe. Am Automaten stehen die Zeiten, zu denen bezahlt werden muss; gebührenfrei parkt man meist zur Siesta, nachts und am Sonntag. Hat man in der blauen Zone einen Strafzettel bekommen, seine Parkzeit aber nur kurz (i.d.R. bis zu einer Stunde) überzogen, kann man meist die Option „Anulación Denuncia" nutzen: Am Parkautomat den grünen Knopf „AD" drü-

Breites Angebot: zu mieten ist alles, was Räder hat

cken, ermäßigte Strafe bezahlen und das erhaltene Ticket samt der Anzeige zusammengefaltet in den Briefschlitz am Automaten werfen.

Das Tankstellennetz ist dicht, manche Stationen sind allerdings am Sonntag geschlossen. Die **Unfallrate** auf Mallorca ist relativ hoch, Mietwagenfahrer sind zudem überproportional häufig in Unfälle verwickelt. Gründe sind wohl die engen Straßen und vor allem die hohe Fahrzeugdichte, vielleicht auch die recht rasante, dabei aber meist gekonnte Fahrweise der Einheimischen. Lassen Sie sich jedoch nicht abschrecken, fahren Sie nicht zu schnell, aber auch nicht zu zögerlich, und genießen Sie die Panoramen nicht während der Fahrt, sondern vom Parkplatz oder Aussichtspunkt aus.

Öffentliche Verkehrsmittel

Die öffentlichen Verkehrsmittel sind auf Mallorca recht preisgünstig. So kostet z. B. die fast 70 Kilometer weite Busfahrt von Palma nach Cala Millor nur etwa 10 €.

Busse: Das Busnetz verteilt sich auf eine ganze Reihe von Gesellschaften und ist relativ dicht, aber sehr auf Palma konzentriert. Von dort fahren an Werktagen mindestens ein bis zwei Busse in fast alle Orte der Insel, zu wichtigen Zentren oft noch weit mehr. Bei den Verbindungen der einzelnen Ortschaften untereinander sieht die Situation oft weniger rosig aus. Sind die Siedlungen in den Buchten von Alcúdia und Pollença und auch im Norden der Ostküste noch durch relativ häufig verkehrende Buslinien miteinander verbunden, so bestehen im südlichen Bereich der Tramuntanaküste und an der südlichen Ostküste nur spärliche Verbindungen. Hinzu kommt, dass mit Bussen zwar viele Siedlungen, aber kaum entlegene Strände zu erreichen sind. Wer diese Abstriche beim Aktionsradius hinnimmt, fährt insgesamt aber nicht schlecht.

Achtung An Sonn- und Feiertagen (z. B. über Ostern!), teilweise auch an Samstagen, verkehren die Busse deutlich seltener, auf manchen Strecken überhaupt nicht. Das gilt ebenso während des Winterfahrplans, der für die meisten Linien von November bis April in Kraft ist. Die Angaben in diesem Führer beziehen sich auf Werktage (Mo–Fr) zur Sommersaison.

Stehplätze sind nicht auf allen Überlandlinien zugelassen (oder dort nur eingeschränkt verfügbar). Bei großem Andrang kann es also passieren, dass nicht alle Fahrgäste in den Bus kommen.

Fahrradmitnahme ist laut Beförderungsbedingungen prinzipiell nicht möglich.

Fahrpläne: Eine sehr gute und aktuelle Übersicht aller Bus- und Bahnlinien bietet (sogar auf Deutsch) die Seite www.tib.org.

Kleine Sprachfibel „Öffentlich reisen"

Katalanisch	Spanisch	Deutsch
diari	diario	täglich
feiners	laborables	werktags (i.d.R. Mo–Sa)
festius	festivos	feiertags
diumenges	domingos	sonntags
estiu	verano	Sommer
hivern	invierno	Winter
horari	horario	Fahrplan
tren	tren	Zug
l'estació	la estación	Bahnhof
autobus	autobús	Bus
parada	parada	Haltestelle
obert	abierto	geöffnet
tancat	cerrado	geschlossen
a quina hora?	a qué hora?	wann?
Bitlet	billete	Fahrkarte
anar i tornar	ida y vuelta	hin und zurück
quánt es?	cuánto es?	Wieviel kostet es?

Eisenbahnen: Mallorca besitzt drei Schmalspurlinien. Auf den Verbindungen von Palma (an den Fahrkartenautomaten: „Estació Intermodal") nach Sa Pobla und nach Manacor fährt modernes Zugmaterial; Fahrradmitnahme ist jeweils in vielen Zügen möglich. Einen Kontrast bildet die herrlich altmodische Bahn von Palma nach Sóller, der seit 1912 verkehrende „Rote Blitz"; Details im Kapitel zu Palma sowie im Abschnitt „Von Palma nach Sóller".

Taxis: Praktisch alle größeren Ortschaften besitzen mindestens einen Taxistandplatz, doch kann man Taxis natürlich auch auf der Straße anhalten oder telefonisch bestellen. Um sich z. B. am Ende einer Wanderung abholen zu lassen, empfiehlt sich Vorbestellung mit genauer Angabe des Treffpunkts und der Uhrzeit.

Tarife Taxis sind preiswerter als bei uns, aber nicht unbedingt billig. Generell wird nach Taxameter gefahren, Preisbeispiele aus Palma: Grundgebühr im Tarif 2 (Mo–Fr 7–21 Uhr) 3 €, pro Kilometer dann 0,90 €, Wartezeiten rund 18 € pro Stunde. Zuschläge gibt es für Gepäck, Nacht-, Samstags- und Sonntagsfahrten sowie für Fahrten zu bestimmten Zielen (z. B. Flughafen). Ein Preisbeispiel außerorts: Die Fahrt vom Flughafen nach Port de Sóller im Nordwesten kostet etwa 55 €.

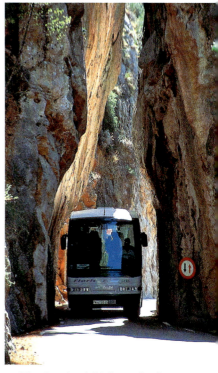

Oft sehr schmal: Mallorcas Straßen

Mallorca mit dem Fahrrad

Immer mehr Radfahrer entdecken Mallorca als Reiseziel. Vorreiter waren die Profis, die die günstigen Bedingungen der Insel im Winter schon immer gern als Trainingsgebiet nutzten. In ihrem Gefolge kamen die Freizeit- und Tourenradler. Sie bewegen sich dabei in Gesellschaft vieler Mallorquiner, denn auch die Insulaner sind radsportbegeistert. Für Touren per Rad ist Mallorca auch wirklich gut geeignet, ebenso für Rundreisen: Ganz ohne Kilometerstress lässt es sich hier, vorzugsweise natürlich zur Nebensaison, von Quartier zu Quartier radeln. Es gibt zahlreiche Vermieter, deren Material man jedoch besser auf Tourentauglichkeit testen sollte; Enthusiasten werden ohnehin ihr eigenes Rad mitnehmen wollen. Mit einer guten Straßenkarte bewaffnet, finden sich wenig befahrene Nebensträßchen für genussreiche Touren über Land. Gute Reviere sind besonders der relativ flache Osten und Süden, aber auch die Inselmitte und die Regionen um Pollença und speziell um Alcúdia, wo man sich besonders gut auf die Bedürfnisse der Radler eingestellt hat. Nicht nur aus Konditionsgründen eine zwiespältige Angelegenheit sind dagegen Touren durch die Tramuntana. So wunderschön dort die Landschaft, so stark ist auch der Ausflugsverkehr; Ausweichmöglichkeiten sind rar. Wer unbedingt die an sich sehr reizvolle Tour von Pollença über Lluc nach Sóller machen möchte, sollte dies zumindest nicht an einem Wochenende tun, wenn auch noch die Mallorquiner selbst unterwegs sind. Nach Möglichkeit zu meiden sind auch die viel befahrenen Hauptstrecken Palma-Alcúdia und Palma-Manacor. Leider bringt der erhöhte Radtourismus nach Mallorca einen Anstieg der Unfälle mit sich, fahren Sie bitte deshalb besonders vorsichtig.

Verkehrsvorschriften Für Radfahrer besteht außerhalb geschlossener Ortschaften Helmpflicht (hohe Strafen!), für unter 16-Jährige auch innerorts. Nachts ist reflektierende Kleidung Vorschrift. Auch für Radfahrer gilt die 0,5-Promille-Grenze. Fahren mit Kopfhörer ist verboten.

Organisierte Radreisen Eine ganze Reihe von Veranstaltern hat Urlaub rund ums Rad im Angebot, Auskunft in jedem guten Reisebüro. Ein bekannter, auf Mallorca breit vertretener Anbieter sowohl von Reisen als auch von Miträdern ist Max Hürzeler, www.huerzeler.com.

Radwege/Nebenstraßen Gab es Radwege lange vorwiegend im Bereich der Ferienzentren (z. B. um Port d'Alcúdia und Ca'n Picafort), so wird das Netz seit Jahren erweitert. Als Fernziel (mit Betonung auf „fern") sollen alle Dörfer der Insel auf Radwegen zu erreichen sein. Viele vorgebliche Radstrecken sind momentan jedoch noch schlicht als solche ausgeschilderte Nebenstraßen ohne Radweg.

Via Verde: Nur für Radfahrer und Fußgänger freigegeben ist diese knapp 30 km lange „grüne Route", die auf der ehemaligen Bahnstrecke von Artà nach Manacor verläuft. Näheres siehe unter Artà, wo man auch Räder leihen kann.

Schiffsausflüge

Ab praktisch jedem Urlaubsort finden zur Sommersaison Ausflugsfahrten per Schiff statt. Mallorca einmal vom Meer aus zu sehen, kann einen Bootsausflug schon wert sein, insbesondere auf den „klassischen" Touren nach Sa Calobra an der Tramuntanaküste oder zum Kap Formentor im Norden, aber auch auf dem Tagestrip zum Nationalpark Cabrera ab Colònia de Sant Jordi.

Beispiele der möglichen Touren sind in den Ortsbeschreibungen angegeben, über das komplette Angebot informieren die einzelnen Fremdenverkehrsämter.

Rennrad-Stillleben in Llubí

Traumlage: Luxushotel Jumeirah in Port de Sóller

Übernachten

Auf Mallorca warten an die tausend Hotels, Hostals und Pensionen auf Gäste, außerdem zahlreiche Fincas, Apartments und sogar Klöster. Schwerpunkte von Mallorcas Hotellerie sind erwartungsgemäß die Küstenregionen und die Großstadt Palma, doch hat sich auch im Inselinneren das Angebot erweitert. Schwierigkeiten bei der Quartiersuche können sich für Individualreisende besonders zur Hauptreisezeit zwischen Mitte Juni und September ergeben; im Zweifel weiß die örtliche Touristeninformation immer Bescheid, wie und wo sich noch freie Zimmer finden. Auch außerhalb der Sommersaison ist mit Einschränkungen bei der Quartierauswahl zu rechnen: Viele Hotels in Ferienorten haben ab Ende Oktober bis in den April oder Mai hinein geschlossen. Wir geben bei den Hotelbeschreibungen nach Möglichkeit die Öffnungszeiten mit an; wo kein Vermerk vorhanden ist, hält die Unterkunft in der Regel ganzjährig geöffnet. Wer im Winter Urlaub auf Mallorca macht, sollte darauf achten, dass eine Heizung vorhanden ist und diese auch funktioniert.

Hotel-Klassifizierung: Die Klassifizierung der spanischen Unterkünfte wird von den örtlichen Behörden vorgenommen. Doch ist die Zahl der Sterne nicht unbedingt aussagekräftig, da sie sich vor allem an bestimmten Ausstattungsdetails orientiert – ein Einsternhotel kann ohne weiteres besser möbliert und moderner sein als der Nachbar in der Dreisternklasse. Ein neues System ist geplant.

Hotel/Hotel-Residencia (H/HR) Diese Kategorie entspricht unseren Hotels, die Klassifizierungsspanne liegt zwischen einem und fünf Sternen. Das breite Angebot reicht vom sterilen 350-Betten-Klotz in Stahlbeton bis zum familiären Traditionshotel.

Hostal (HS) Etwa mit unseren Gasthöfen oder Pensionen vergleichbar und manchmal inoffiziell auch als „Pensió" benannt, Kategorie zwischen einem und drei Sternen. Vom Komfort, aber auch von den Preisen her rangieren Hostals in der Regel unter den Einsternhotels, was nicht ausschließt, dass es sich um ein sehr freundliche und angenehme Quartiere handeln kann. Anders als in der Mehrzahl der Hotels darf man in Hostals nur selten mit Fremdsprachenkenntnissen der Belegschaft rechnen.

46 Übernachten

Tipps für Individualreisende Preise: Sicher keine Überraschung – die Hotelpreise auf den Balearen sind die höchsten ganz Spaniens. Die Mehrwertsteuer IVA von 10 % ist nicht immer inklusive („incluido"), sondern wird manchmal erst bei Erstellen der Rechnung aufgeschlagen. Die in diesem Führer genannten Preise beziehen sich auf die individuell gebuchte Übernachtung im Doppelzimmer (DZ) und auf die reguläre Hochsaison (HS) und Nebensaison (NS) und beinhalten oft, aber nicht immer das Frühstück (F). Sie orientieren sich an offiziellen Angaben, was nicht ausschließt, dass mancher Betrieb in der Nebensaison mit sich handeln lässt oder sogar von sich aus weniger fordert. Übrigens: Internetbuchungen (www.booking.com, www.hrs.de etc.) sind oft günstiger als Anfrage direkt an der Rezeption.

Beschwerden: Jeder Beherbergungsbetrieb muss Beschwerdeformulare („Hojas de Reclamación") zur Verfügung stellen; meist verhilft schon die Frage danach zur gütlichen Einigung. Falls nicht: Die Beschwerdeformulare dürfen auch auf Deutsch ausgefüllt werden. Der Wirt erhält nur den rosa Durchschlag, das weiße Original geht ans Staatssekretariat für Tourismus in Madrid und den grünen Durchschlag behält der Reisende. Die Drohung mit dem Gang zum Fremdenverkehrsamt, z. B. bei überhöhten Preisen, zieht auch fast immer.

Singles haben es oft schwer auf Mallorca: Nicht jeder Beherbergungsbetrieb verfügt über Einzelzimmer. Wo vorhanden, muss man in etwa mit 70 Prozent des Doppelzimmerpreises rechnen. Ob Doppelzimmer verbilligt als Einzelzimmer abgegeben werden, steht allerdings im Ermessen des Hoteliers.

„Reis de Mallorca": Eine Vereinigung erlesener Traditionshotels zwischen einem und fünf Sternen. www.reisdemallorca.com.

Mallorca: Unterkünfte für „Individualisten und Globetrotter" vermittelt diese deutschsprachige Online-Reiseagentur, darunter viele preisgünstige Adressen. Nützlich z.B. für Reisende, die an mehreren Orten auf der Insel Quartier nehmen, sich aber nicht selbst um die Reservierung kümmern möchten. ✆ ab D, A, CH: 0034/971 520440, www.mallorica.de.

Andere Unterkünfte: Eine interessante Atmosphäre bieten Ferien auf der Finca, die kräftig expandierende mallorquinische Variante des „Urlaubs auf dem Bauernhof", sowie die Quartiere des „Turisme d'interior".

Apartments und Ferienhäuser Ähnlich den Hotels werden auch Apartments von den örtlichen Behörden klassifiziert und statt Sternen mit einem bis drei Schlüsseln eingestuft. Auf eigene Faust ein Apartment zu suchen, ist über Reisebüros und Immobilienagenturen möglich, im Internet oder über den Kleinanzeigenteil überregionaler Zeitungen oder des „Mallorca Magazins". Vor Ort können sich in kleineren Dörfern Anfragen in Bars und Geschäften lohnen. Zur HS, wenn auch die Preise kräftig ansteigen, ist jedoch Vorausbuchung geraten.

Fincas Agroturismo und Hotel rural heißen die Zauberworte für Ferien im ländlichen Mallorca. Bei beiden handelt es sich meist um Gutshöfe, die zu hotelähnlichen Quartieren umgebaut wurden. Sofern sie noch eigene Landwirtschaft und nicht mehr als zwölf Zimmer besitzen, sind es Agroturismo-Betriebe; falls keine Landwirtschaft mehr betrieben wird, gilt für Betriebe bis maximal 25 Zimmer die Bezeichnung Hotel rural. Neubauten sind verboten, einzig die Renovierung bestehender Gebäude ist erlaubt. Der Standard variiert vom eher einfachen Quartier bis zum Luxushotel im ländlichen Raum, das gelegentlich sogar über ein exquisites Restaurant verfügt. Allerdings bleibt man fast immer auf einen Leihwagen angewiesen, denn die meisten Fincas liegen weitab von Ortschaften. Auch sonst ist Finca-Urlaub nicht billig; auf eigene Faust gebucht liegen die Übernachtungskosten für zwei Personen etwa im Bereich zwischen 100 und 150 €, wobei einzelne Betriebe noch deutlich mehr verlangen.

Buchungen: *Associació Balear d'Agroturismes*, Service- und Buchungszentrale mit mehr als 60 Objekten. Man spricht Deutsch. ✆ ab D, A, CH: 0034/971 721508; www.rusticbooking.com.

Veranstalter/Vermittler: Auch Buchung über Reiseveranstalter ist möglich, oft sogar günstiger als bei den Fincas selbst. Neben den großen Vermittlern wie www.atraveo.de gibt es auch eine Reihe kleinerer Anbieter, z. B. www.fincaferien.de, www.finca-selection.de, www.fincallorca.de und www.mallorca-4you.com, außerdem regio-

Übernachten 47

nal spezialisierte Vermittler wie www.aufnach-mallorca.info (Osten), www.contactomallorca.de (Raum Pollença) oder www.fincasmallorca.de (Raum Sóller).

Turisme d'interior Ähnlich den Hoteles rurales handelt es sich hierbei um Hotels in Häusern, die vor 1940 errichtet wurden, jedoch innerhalb von Ortschaften liegen müssen. Sie dürfen maximal acht Gästezimmer besitzen und weisen oft eine sehr schöne Atmosphäre auf. Auch sie sind teilweise über Veranstalter und/oder die Associació Agroturisme Balear buchbar.

Jugendherbergen Mallorca besitzt derzeit gerade mal eine offizielle, dem internationalen Verband angeschlossene Jugendherberge (die JH in Platja de Palma wurde geschlossen), die einige Kilometer außerhalb von Alcúdia liegt, siehe dort.

Camping Die Insel verzeichnet keinen einzigen offiziellen Campingplatz. Ganz okay ist das „halbwilde" Campinggelände beim Kloster Lluc; dennoch fraglich, ob es sich lohnt, die Ausrüstung mitzuschleppen.

Berghütten Neben den am Fernwanderweg Ruta de Pedra en Sec (siehe „Kleiner Wanderführer") gelegenen Refugis des Consell de Mallorca existieren noch weitere Wanderquartiere, die von der Balearenregierung Govern de les Illes Balears (www.caib.es) bzw. deren Ministerium Ibanat betrieben werden und in der Tramuntana und der Serra de Levant liegen. Die Refugis des Govern sind jedoch nur komplett zu mieten; längst nicht alle besitzen Betten, Bäder oder Küchen. Infos und Buchung unter  971 177652, http://ibanat.caib.es.

Übernachtung im Kloster Mehrere Klöster auf Mallorca bessern ihre oft karge Kasse mit der Vermietung von sehr preiswerten Quartieren auf. An deren Komfort (Habitaciones = Zimmer, Hospedería = Schlafsaal) darf man zwar keine allzu hohen Erwartungen knüpfen, doch machen die meist herrliche Lage und die besondere Atmosphäre dies leicht wieder wett. Auf Gäste am besten eingestellt ist das Kloster Monestir de Lluc in der Tramuntana, gefolgt vom Kloster Santuari de Cura auf dem Berg Randa (Inselinneres); ein Sonderfall ist das privat betriebene Hotel in der Ermita de Sant Salvador bei Felanitx (Ostküste). In anderen Klöstern ist es dagegen oft schwierig, einen Verantwortlichen zu finden. Auch deshalb empfiehlt sich grundsätzlich telefonische Reservierung, bei der Spanischkenntnisse meist unumgänglich sind; vielleicht hilft ja der Hotelier. Aber: Ein Kloster ist kein Hotel – dass man sich als Gast hier respektvoll und angepasst verhält, ist hoffentlich selbstverständlich.

Mallorquinische Klöster: Wanderziel und Übernachtungsalternative

Warten auf den Gast: Abendstimmung in Port d'Andratx

La cuina mallorquina, die mallorquinische Küche

Auch wenn das Angebot in manchen Ferienorten einen anderen Eindruck vermitteln mag: Es gibt durchaus eine schmackhafte Inselküche. Natürlich kann man sich in den Touristenzentren ganz wie daheim ernähren. Um die mallorquinische Küche kennenzulernen, bedarf es dort schon einer gewissen Suche. Viele gute Restaurants liegen auch etwas außerhalb von Ortschaften, schließlich nehmen die Einheimischen für ein feines Mahl ohne Weiteres eine Autofahrt in Kauf.

Lokale

Bars: In Spanien praktisch die Kneipe ums Eck. Außer allen möglichen Getränken gibt es zumindest in den auf Einheimische ausgerichteten Bars fast immer auch kleine Gerichte. Hier nimmt man vor dem Gang ins Büro sein schnelles, schlichtes Frühstück und einen Kaffee und isst vielleicht auch nachmittags noch eine oder zwei Tapas.

Essen in Bars **Tapes**, spanisch **Tapas**, sind leckere Kleinigkeiten aller Art. Oliven, ein Häppchen Schinken, frittierte Fischchen, ein Stück Tortilla – die Auswahl ist bestechend. Eine „Ración" meint eine Art Über-Tapa, nämlich eine ganze Portion vom Gleichen. **Bocatas**, span. **Bocadillos**: belegte Weißbrote ohne Butter, etwa in der Art von Baguettes. Die Auswahl ist ähnlich breit wie bei Tapas.

Pa amb oli: Sozusagen das mallorquinische Nationalgericht, oft auch in einfacheren Restaurants zu haben. Pa amb oli (gesprochen „pamboli"), also „Brot mit Öl", ist eine einfache Speise, die ihren Geschmack aus der Güte der Zutaten bezieht: Geröstetes Brot wird mit Knoblauch und Tomaten eingerieben und mit Olivenöl beträufelt. Bei den etwas feineren Varianten wird dazu Käse oder der köstliche Bergschinken Jamón Serrano serviert.

Coca ist gewissermaßen die mallorquinische Variante der Pizza, ein Hefeteig, der nach Lust und Laune mit Gemüse, Sobrasada-Wurst oder, wie in Valldemossa, mit Kartoffeln belegt wird.

Restaurantes: Eine Sonderform mallorquinischer Gastronomie sind die Celler, ehemalige Weinkeller, die zu gemütlichen, rustikalen Restaurants umfunktioniert wurden und deftige Mallorca-Küche zu günstigen Preisen bieten. Berühmt sind die Celler von Inca, doch finden sich auch in einigen anderen Orten im Inselinneren (Sineu, Petra) bekannte Gaststätten dieser Art. Und wenn der Wirt Bon Profit sagt, freut er sich nicht etwa schon darauf, die Rechnung auszustellen, sondern wünscht schlicht „Guten Appetit".

Einige Tipps zum Thema Essengehen

Essenszeiten: Beginnen in Spanien viel später als bei uns, das Mittagessen keinesfalls vor 13 Uhr, meist sogar erst um 14 Uhr oder danach; zum Abendessen braucht man nicht vor 21 Uhr anzutreten. In Touristenzentren hat man sich allerdings an den mitteleuropäischen Magenfahrplan angepasst.

Platz nehmen: In Spanien gilt es als ausgesprochen unhöflich, sich zu einem Fremden an den Tisch zu setzen. In besseren Restaurants wird man ohnehin vom Kellner platziert, setzt sich also nicht einfach an einen freien Tisch. Dort ist es vor allem an Wochenenden und in der spanischen Ferienzeit auch ratsam, zu reservieren.

Zahlen: Die Rechnung verlangt man mit „el compte, per favor", auf Spanisch „la cuenta, por favor". Der Umgang mit der Mehrwertsteuer IVA wird unterschiedlich gehandhabt; vor allem in teureren Restaurants wird die Mehrwertsteuer manchmal erst beim Zahlen auf den Gesamtbetrag aufgeschlagen. In Spanien ist getrenntes Zahlen absolut unüblich. Einer am Tisch begleicht die Rechnung und die anderen geben ihm ihren Anteil oder übernehmen die nächste Runde.

Trinkgeld: Beim Bezahlen lässt man sich zunächst das Wechselgeld herausgeben und dann den entsprechenden Betrag, je nach Zufriedenheit bis etwa 10 %, auf dem Tellerchen liegen. Ein wenig Trinkgeld wird auch in der Bar erwartet.

Menú del Dia: Das „Tagesmenü" ist ein Festpreismenü, das meist sehr günstig Vorspeise (primero), Hauptgericht (segundo), Dessert (postre) und oft noch wahlweise Wasser oder ein Viertel Wein beinhaltet. In Lokalen, in denen Einheimische die Gästemehrheit bilden, ist es fast grundsätzlich gut und reichhaltig, in Touristenorten nicht immer. In ersterem Fall wird es in der Regel auch nur zur Mittagszeit an Werktagen angeboten, abends und sonntags nicht.

Mallorquinische und spanische Spezialitäten

Eiergerichte (Ous/Huevos): In Spanien als *Tortilla* (katalanisch: Truita) einer der Klassiker überhaupt, werden Omeletts als Vorspeise wie als Hauptgericht gegessen. Enthalten kann eine Truita vielerlei, von Kartoffeln bis Garnelen.

Reisgerichte (Arrossos/Arroces): Reisgerichte in vielerlei Variationen haben ihren festen Platz in der mallorquinischen Küche. Nudelgerichte sind dagegen eher selten, bekannt einzig die Fideuà genannte Nudelpaella.

Reisspezialitäten

Arròs brut, „schmutziger Reis", ein trockener Reiseintopf mit Gemüse und oft mehreren Fleischsorten, gewürzt und gefärbt mit Safran und Paprika.

Arròs a banda: Reisgericht mit Meeresgetier. Der Reis und die Beilagen werden separat serviert.

Arròs de Peix i Marisc, eine Variante, ebenfalls mit Fisch und Meeresfrüchten.

Arròs negre: Schwarz gefärbtes Reisgericht. Die dunkle Tönung rührt von der mitgekochten Tinte des Tintenfischs her.

Paella: Es gibt sie in mehreren Variationen, als „mixta" bzw. „valenciana" mit Fleisch und Meeresfrüchten, als „de marisco" nur mit Meeresfrüchten, als „ciega" („blind" zu essen) mit ausgelösten Bestandteilen etc. Eine anständige Paella benötigt ihre Zeit (ca. 30 Min.) und wird auch nur für mindestens zwei Personen angeboten.

Diverses

Katalanisch	Spanisch	Deutsch
Pa	Pan	Brot
Mantega	Mantequilla	Butter
Oli	Aceite	Öl
Vinagre	Vinagre	Essig
Sal	Sal	Salz
Pebre	Pimienta	Pfeffer
All	Ajo	Knoblauch
Tapes	**Tapas**	**„Häppchen"**
Olives	Aceitunas	Oliven
Mandoguilles	Albóndigas	Fleischbällchen
Anxova	Anchoas	Sardellen
Seitons	Boquerones	„Fischchen"
Tripes	Callos	Kutteln
Cargols	Caracoles	Schnecken
Ensalada russa	Ensaladilla rusa	Russischer Salat
Empanadas	Empanadas	Gefüllter Fladen
Faves	Habas	Bohnen
Patatas bravas	Patatas bravas	Kartoffeln scharf
Truita	Tortilla	Omelettstück
Bocatas	**Bocadillos**	**Sandwichs**
Tonyina	Atún	Thunfisch (meist Dose)
Botifarró	Butifarra	Blutwurst
Sobrassada	Sobrasada	Paprikawurst
Pernil serrà	Jamón serrano	Schinken (roh)
Pernil York	Jamón York	Schinken (gekocht)
Llom	Lomo	Lende (meist Schwein)
Formatge	Queso	Käse
Salchichon	Salchichón	Art Salami
Amanida	**Ensalada**	**Salat**
d'arròs	de arroz	Reissalat
de marisc	de marisco	Meeresfrüchtesalat
del temps	del tiempo	nach Saison
Verda	Verde	grüner Salat
Trempó	Trampó	Tomaten, Paprika, Zwiebeln

Gemüsegerichte (Verdures/Verduras)/**Salate:** Reine Gemüsegerichte sind selten, problematisch für Vegetarier, die praktisch nur in Palma spezialisierte Restaurants finden. Selbst *Tumbet*, ein in mehreren Etagen aufgeschichteter und je nach Kochzeit der einzelnen Gemüse unterschiedlich lange gegarter Eintopf, wird nicht immer „pur", sondern oft mit Fleisch oder Wurst serviert. Im Restaurant bestellte Salate sind leider häufig eine Enttäuschung.

Mallorquinische und spanische Spezialitäten

Fleischgerichte: Rindfleisch ist auf Mallorca natürlich auch erhältlich, Huhn ohnehin, doch gebühren die Küchenmeriten den zahllosen Zubereitungsarten von Schwein, Lamm und Zicklein. Berühmt sind die schwarzen Schweine von Mallorca, eine zwischenzeitlich fast ausgestorbene, aber wieder gezüchtete Rasse. Mallorcas Bauern verarbeiten es praktisch restlos, neben Fleisch auch zu Schweineschmalz („Saïm") und herausragend guten Würsten wie der Blutwurst Botifarró oder der Paprikawurst Sobrassada, die beide gelegentlich auch über offenem Feuer grillt angeboten werden.

Fleischgerichte

Katalanisch	Spanisch	Deutsch
Carn	Carnes	Fleisch
Bistec	Bistec	Beefsteak
Costella	Chuletas	Koteletts
Escalopa	Escalope	Schnitzel
Filet	Solomillo	Filet
Cabrit	Cabrito	Zicklein
Porc	Cerdo	Schwein
Conill	Conejo	Kaninchen
Xai	Cordero	Lamm
Guatlle	Codorniz	Wachtel
Faisà	Faisán	Fasan
Fetge	Hígado	Leber
Perdiu	Perdiz	Rebhuhn
Pollastre	Pollo	Huhn
Ronyons	Riñones	Nieren
Vedella	Ternera	Kalb
Vaca	Vaca	Rind

Mallorquinische Fleischspezialitäten
Sopa mallorquina ist keine Suppe, sondern ein Eintopf aus übereinander geschichtetem Brot, Schweinefleisch, Wurst, Gemüse und Kohl, gegart im Tontopf „Grexonera".

Frit mallorquí: Ein weit verbreitetes Gericht aus Leber und Niere vom Schwein oder Lamm mit Kartoffeln und Gemüse.

Llom amb Col: Schweinefilet mit Kohl, sozusagen die mallorquinische Variante der Kohlroulade, exotisch gewürzt mit Zimt, Pinienkernen und Rosinen.

Porcella (span.: Lechona): Spanferkel aus dem Ofen oder vom Grill. Sehr beliebt, muss aber manchmal vorbestellt werden.

Brac de Xot (oder: **Xai**) **al Forn**, Lammschulter aus dem Ofen, eine kräftig mit Knoblauch gewürzte Köstlichkeit.

Zubereitungsarten für Fleisch und Fisch

Katalanisch	Spanisch	Deutsch
a la brasa	a la brasa	vom Grill
a la planxa	a la plancha	vom heißen Blech
a l'ast	al ast	vom Drehspieß
a la cassola	a la cazuela	in der Kasserolle
a la marinera	a la marinera	nach „Seemannsart"
al forn	al horno	im Backofen
cuito	cocido	gekocht

Die mallorquinische Küche

Fisch und Meeresfrüchte: Die Überfischung des Mittelmeers ist auch auf Mallorca spürbar. Zwar ist die Auswahl riesig, doch müssen viele maritime Köstlichkeiten eingeführt werden und sind deshalb teuer. Mancherorts versucht man sich deshalb in der Fischzucht. Noch recht preiswert zu haben sind Tintenfische und auch Seezungen, die allerdings nicht aus dem Mittelmeer stammen.

Mallorquinische Fischspezialitäten

Peix a la Sal: Fisch in Salzkruste, eine ursprünglich andalusische und recht aufwändige Zubereitungsform, die den Eigengeschmack besonders gut bewahrt.

Peix a la mallorquina: Fisch auf einem Bett aus Gemüse serviert.

Caldereta de Llagosta: Langusteneintopf, eine köstliche, aber nicht billige Sache.

Llagosta amb conill/amb pollastre: Languste mit Kaninchen/mit Huhn, zwei uralte mallorquinische Rezepte.

Fisch und Meeresfrüchte

Katalanisch	Spanisch	Deutsch
Peix	**Pescados**	**Fisch**
Tonyina	Atún	Thunfisch
Bacallà	Bacalao	Stockfisch
Besuc	Besugo	Seebrasse
Bonítol	Bonito	kl. Thunfisch
Déntol	Dentón	Zahnbrasse
Orada	Dorada	Goldbrasse
Llenguado	Lenguado	Seezunge
Lluç	Merluza	„Seehecht"
Mero	Mero	Zackenbarsch
Rap	Rape	Seeteufel
Salmó	Salmón	Lachs
Sardines	Sardinas	Sardinen
Marisc	**Mariscos**	**Meeresfrüchte**
Escopinyes	Berberechos	Herzmuscheln
Llamàntol	Bogavante	Hummer
Calamars	Calamares	Tintenfisch (klein)
Calamarsons	Chipirones	Tintenfisch (noch kleiner)
Gambes	Gambas	Garnelen
Llagosta	Langosta	Languste
Llagostins	Langostino	Hummerkrabben
Musclos	Mejillones	Miesmuscheln
Sèpia	Sepia	Tintenfisch (groß)

Süßspeisen: Eine typische Leckerei ist die *Ensaïmada*, eine Art rundes Hefegebäck, die ihren Namen („Eingeschmalzene") dem Ausbacken in Schweineschmalz verdankt. Es gibt sie in verschiedenen Variationen: „Pur" mit Puderzucker oder mit Füllungen aus Schokolade, Pudding oder Kürbismarmelade. Ensaïmades werden gern zum Frühstück gegessen, sind aber auch, in Pappschachteln diverser Größen verpackt, ein beliebtes Souvenir.

Nachspeisen und Früchte

Katalanisch	Spanisch	Deutsch
Postres	**Postre**	**Nachtisch**
Flam	Flan	Karamelpudding
Pastís	Pastel	Gebäck
Gelat	Helado	Eis
Formatge	**Queso**	**Käse**
Mel i mató	Miel y mató	Frischkäse mit Honig
Fruita	**Fruta**	**Obst**
Maduixes	Fresas	Erdbeeren
Poma	Manzana	Apfel
Préssec	Melocotón	Pfirsich
Meló	Melón	Melone
Taronja	Naranja	Orange
Pera	Pera	Birne
Pinya	Piña	Ananas
Aranja	Pomelo	Grapefruit
Raïm	Uva	Trauben
Suc de fruta	Zumo de fruta	Fruchtsaft

Getränke

Alkoholisches: Eines vorweg: Mallorquiner sind beim Trinken keine Kinder von Traurigkeit; oft begleitet schon vormittags ein Sherry die Tapas oder ein Brandy den Kaffee. Betrunken zu sein, *borratxo* beziehungsweise *borracho*, ist jedoch absolut würdelos. Für die trunkenen Horden in S'Arenal und anderswo haben Einheimische nichts als blanke Verachtung übrig.

Wein: Mallorca besitzt dank seines Klimas und seiner mineralienreichen Böden beste Bedingungen für den Weinbau. Die lange Tradition fand allerdings um 1900 durch die Gemeine Reblaus ein jähes Ende. Erst im 20. Jh. begann man wieder mit dem Anbau, zunächst in weit kleinerem Maßstab. Längst jedoch boomt der mallorquinische Weinbau. Die seit 1991 durch eine D.O. (Denominació de Origen) herkunftsgeschützten Weine von *Binissalem* genießen besten Ruf, ebenso die Tropfen der 2001 zur D.O. erklärten Region *Plà i Llevant* in der Inselmitte und im Osten. Eine weitere Herkunftsbezeichnung ist VT (Ví de la Terra, „Landwein"); es gibt sie für die *Serra de Tramuntana-Costa Nord* und allgemein für die *Illes Balears*.

Andere Alkoholika: Bier (*Cervesa*, span. Cerveza) gibt es in zahlreichen deutschen Sorten, doch ist der einheimische Gerstensaft auch durchaus trinkbar und zudem preisgünstiger. Ein Glas vom Fass bestellt man mit „una caña", eine Flasche (Botella) schlicht mit „una cervesa". Alkoholfreies Bier (cervesa sin alcohol) gibt es fast überall in kleinen Flaschen. Der katalanische Sekt *Cava* ist in Qualität und

Die mallorquinische Küche

Herstellungsweise durchaus dem Champagner vergleichbar, aber weit preisgünstiger und auch auf Mallorca überall erhältlich.

Mischgetränke und Spirituosen Sangría: Die angeblich so „typisch spanische" Mischung aus Rotwein, Brandy, Orangen- oder Pfirsichsaft und Zucker wird von Spaniern selbst nur selten getrunken. Sie wissen warum, der Kopfschmerz am nächsten Tag kann fürchterlich sein.

Tinto de Verano, „Sommer-Rotwein": Die Mischung aus weißer Limo und Rotwein ist besonders zum Mittagessen beliebt.

Brandy: Fälschlicherweise, aber geschmacklich relativ treffend auch als „Coñac" bezeichnet. Ein Weinbrand, dessen beste Sorten aus Andalusien kommen. Exquisit ist aber auch der mallorquinische „Suau".

Palo: Ein süßbitterer Likör, der gern mit Soda getrunken wird. Zu seinen Ingredienzien zählen Chinarinde, Rohrzucker und Bitterwurz, manchmal auch Schoten vom Johannisbrotbaum.

Hierbas: Mallorquinische Kräuterliköre mit Anis, Thymian, Minze ... In drei Geschmacksrichtungen von trocken (seco) bis süß (dulce), meist als Digestif getrunken.

Wermut: Der auf etwa 15 bis 18 Prozent aufgespritete und mit Kräutern versetzte Wein, beliebt besonders als Aperitif zur Mittagszeit, ist im Zuge der Retro-Welle wieder in Mode gekommen.

Gin: Eine ähnliche Renaissance wie Wermut erlebt derzeit auch der Gin Tonic. Mallorca besitzt sogar eine eigene, noble Gin-Marke namens „Gin Eva" (www.gin-eva.com), erhältlich in vielen guten Bars.

Alkoholfreies: Erfrischungsgetränke sind im üblichen internationalen Angebot erhältlich. Etwas besonderes sind die frisch gepressten, angenehm süßen Orangensäfte, wie sie vor allem im Tal von Sóller erhältlich sind. *Granizados*, eine Art halbflüssiges Wassereis, das es meist in den Geschmacksrichtungen *café* oder *limón* (Zitrone) gibt, ist ebenfalls sehr lecker.

Wasser: Das Leitungswasser Mallorcas ist zum Trinken nicht, zum Kochen nur bedingt geeignet. Die inseleigenen Mineralwässer, abgefüllt in der Serra Tramuntana, sind dafür eine wahre Köstlichkeit und den meist aus Katalonien importierten Marken bei weitem vorzuziehen. Es gibt sie mit Kohlensäure (Aigua amb Gas/Agua con Gas) und als stille Wässer (sens/sin Gas).

Kaffee: Meint in Spanien immer etwas in der Art von „Espresso". *Café solo* = schwarz; *Café cortado* = mit ganz wenig Milch; *Café con leche* = ein Tässchen Espresso mit ganz viel Milch, optimal fürs Frühstück. Ein *Carajillo* ist ein Kaffee mit „Schuss", wahlweise mit Brandy, Whisky oder anderen Alkoholika. Wer unbedingt Filterkaffee möchte, findet ihn in allen Ferienorten.

Sonntagmittag herscht Hochbetrieb: im Restaurant Ca'n Torrat (Platja de Palma)

Platja de Palma: immer für eine Überraschung gut

Wissenswertes von A bis Z

Ärztliche Versorgung

Prinzipiell übernehmen die privaten und gesetzlichen Krankenkassen die Kosten ambulanter Behandlungen im EU-Ausland. Erkundigen Sie sich jedoch vorab bei Ihrer Kasse über die aktuelle Verfahrens- und Abrechnungsweise und führen Sie die *Europäische Krankenversicherungskarte EHIC* (in der Regel auf der Rückseite der normalen Versicherungskarte enthalten) mit; in manchen Hotels kennt man Ärzte, die direkt auf diese Karte hin behandeln. Um vor unangenehmen Überraschungen sicher zu sein, ist die *Urlaubs-Krankenversicherung*, die z. B. im Gegensatz zu fast allen anderen Versicherungen auch medizinisch notwendige Krankenrückflüge einschließt, eine sinnvolle Ergänzung. Zu erhalten ist sie zu sehr günstigen Tarifen bei manchen Automobilclubs und bei fast allen privaten Krankenversicherern, natürlich auch für Mitglieder gesetzlicher Kassen. Vor Ort geht man dann einfach zum Arzt, bezahlt bar, lässt sich unbedingt eine genaue Rechnung mit Diagnose und Aufstellung der ärztlichen Leistungen geben und reicht diese beim heimischen Versicherer zur Rückerstattung ein. Hospitäler gibt es in Palma und Manacor, Ärzte oder Ärztezentren („Centro Médico", teilweise nur saisonal) in praktisch allen Ferienorten. Adressen deutscher Ärzte finden sich in den deutschsprachigen Zeitungen Mallorcas, z. B. jeweils auf einer der letzten Seiten des „Mallorca Magazins".

Apotheken, Farmacias, können bei kleineren Problemen oftmals den Arzt ersetzen. Die spanischen Apotheker sind gut ausgebildet und dürfen auch manche Medikamente abgeben, die daheim rezeptpflichtig sind. Nacht- u. Sonntagsdienste sind an jeder Apotheke angeschlagen.

Notruf: ☎ 112 (deutschsprachig), **Polizei:** ☎ 091, **Ambulanz:** ☎ 061

Baden

Baden auf Mallorca ist (fast) das reine Vergnügen, an schönen Stränden herrscht kein Mangel. Seit einigen Jahren verleiden allerdings zunehmend, abhängig von den Wetterverhältnissen und Strömungen, zeitweilig *Quallen* das Badevergnügen. Falls es einen erwischt hat, die betroffene Stelle mit warmem oder besser noch heißem Meerwasser abwaschen, keinesfalls mit Süßwasser! Dann die Verbrennung mit Essig (deaktiviert das Quallengift) übergießen, schließlich Rasierschaum auftragen und diesen (z.B. mit einer Kreditkarte) wieder abschaben, um die verbliebenen Nesseln zu entfernen. Im Anschluss mit Eisbeuteln kühlen, später helfen Kortison oder Antihistamine. Viel trinken. Bei kleinen Kindern, Verletzungen im Gesicht, großflächigen Verbrennungen oder Kreislaufbeschwerden gibt es aber nur eins: sofort zum Arzt.

Mittlere Wassertemperaturen in Grad Celsius auf Mallorca

Januar	14	Mai	17	September	24
Februar	13	Juni	21	Oktober	21
März	14	Juli	24	November	18
April	15	August	25	Dezember	15

Badeunfälle vermeiden: Auch am so harmlos erscheinenden Mittelmeer kommt es jedes Jahr zu vielen tödlichen Badeunfällen. Unterströmungen beispielsweise können auch bei scheinbar ruhiger See auftreten, auflandige Winde unter Wasser Verwirbelungen hervorrufen. Ablandige Winde wiederum sind, insbesondere für Kinder, gefährlich beim Baden mit Plastikbooten oder Luftmatratzen. Nehmen Sie die Gefahren des Meeres ernst! Schwimmen Sie möglichst nicht allein und vermeiden Sie Alkohol und das Baden mit vollem Magen. Lassen Sie Ihre Kinder am Strand nie auch nur für kurze Zeit unbeaufsichtigt, ebensowenig am Pool des Hotels oder der Finca, denn auch dort geschehen alljährlich viele tragische Unfälle.

Warnflaggen: Falls an einem Strand grüne, gelbe oder rote Flaggen wehen, signalisieren sie mögliche Gefahren beim Baden: Rot – Gefahr, Badeverbot! Gelb – Vorsicht, Grün – Baden erlaubt. Bitte beachten Sie zu ihrer eigenen Sicherheit diese Flaggen unbedingt. Leider wird die Beflaggung außerhalb der Hochsaison oft eingestellt.

www.mallorcabeachguide.com, eine Seite der Balearenregierung, gibt einen guten Überblick über die Strände der Insel und liefert sogar eine Anzeige der aktuellen Badebedingungen.

Blaue Umweltflagge: Auch Blaue Europaflagge genannt, wird sie, nur auf Antrag, jährlich an solche Badeorte verliehen, die unter anderem bestimmte Kriterien des Umweltschutzes erfüllen. So muss das Badewasser im Vorjahr den gesetzlichen Bestimmungen entsprochen haben, dürfen industrielle und kommunale Abwässer nicht direkt eingeleitet werden.

FKK ist in Spanien generell wenig verbreitet. Erlaubt ist es auf Mallorca an der Platja El Mago bei Portals Vells, der Cala Torta bei Artà und Teilen von Es Trenc. Nur dort darf man dann auch offiziell die letzten Hüllen fallen lassen. Zumindest in der Nebensaison wird aber auch an manch anderen Stränden, z. B. im hinteren Bereich der Cala Mesquida, offensichtlich unbeanstandet nackt gebadet. Rücksichtnahme besonders auf einheimische Familien ist dabei freilich ein „Muss".

Einkaufen

Märkte: Fast jedes Dorf hält einmal wöchentlich seinen Markttag ab, der aber meist schon gegen 13.30 oder 14 Uhr endet. Die bunten mallorquinischen Märkte gelten auch als Urlaubsattraktion, zu einigen besonders bekannten Markttagen (Inca, Sineu) werden sogar Sonderbusse eingesetzt. Die Märkte im Umfeld der Ferienzentren sind heute allerdings sehr auf die dort überwiegend touristische Kundschaft eingestellt. Ursprünglicher und authentischer zeigen sich oft die Stände in den weniger besuchten Inlandsstädtchen. Auch Markthallen, wie es sie in Palma, Inca und einigen anderen Orten gibt, besitzen meist eine ganz eigene Atmosphäre.

Markttage (Auswahl): **Montag** in Calvià, Manacor, Montuïri; **Dienstag** in Alcúdia, Artà, Campanet, Porreres, Santa Margalida; **Mittwoch** in Andratx, Capdepera, Colònia St. Jordi (nachmittags), Llucmajor, Petra, Port de Pollença, Santanyí, Selva, Sineu; **Donnerstag** in Campos, Consell, Inca, Sant Joan, Ses Salines; **Freitag** in Algaida, Binissalem, Llucmajor, Son Servera; **Samstag** in Bunyola, Cala Ratjada, Campos (Flohmarkt), Esporles, Palma (Flohmarkt), Santa Margalida, Santanyí, Sóller; **Sonntag** in Alcúdia, Consell, Felanitx, Inca (Flohmarkt), Llucmajor, Muro, Pollença, Portocristo, Santa María del Camí, Valldemossa.

Öffnungszeiten In Palma haben die Geschäfte Mo–Fr ab 9.30/10–13.30 und 16.30/17–20 Uhr geöffnet (manche Boutiquen sowie viele Supermärkte durchgehend), Sa teilweise nur am Vormittag; von April bis Oktober dürfen größere Geschäfte des Zentrums auch am Sonntag öffnen. In Ferienorten gelten oft längere Öffnungszeiten als sonst üblich.

Souvenirs Eine nette Erinnerung sind kulinarische Souvenirs. Wie wäre es mit ein paar Flaschen Wein aus Binissalem, einem Hierbas oder Palo, vielleicht auch einigen Würsten?

„Agrorutes del Bon Gust" nennt sich eine Sammlung verschiedener kulinarischer Routen, die u.a. Regionalproduzenten von Wein, Käse, Sobrassada-Wurst und ökologisch angebauten Lebensmitteln auflistet. Vor einem Besuch empfiehlt sich in der Regel telefonische Anmeldung. Mit Glück findet sich die entsprechende Broschüre in einem Fremdenverkehrsamt, Adressen auch unter www.illesbalearsqualitat.es. ■

Glas: Die Glasbläsereien an den Hauptstraßen Inca-Alcúdia und Palma-Manacor produzieren nicht nur Kitsch, sondern auch schöne Stücke in venezianischer Tradition.

Kunstperlen: Mallorquinische Kunstperlen sind sehr hochwertig und von den echten höchstens von Fachleuten zu unterscheiden. Näheres im Kapitel zur Stadt Manacor.

Tongeschirr und Keramik: Die traditionellen Tonschüsseln „Greixoneras" oder auch die Tontöpfe „Ollas" sind hübsche Souvenirs, die man auch auf manchen Märkten findet. Keramik wird vor allem in Felanitx und Manacor produziert.

Kleidung und Schuhe: Mallorca, obwohl teurer als das spanische Festland, ist immer noch eine sehr gute Adresse für Textilien und Schuhe. Am größten ist die Auswahl natürlich in Palma. Es lohnt sich, auf Sonderangebote („Rebajas" bzw. „Rebaixes") zu achten.

Beliebtes Souvenir: Töpferwaren

Estancos So nennen sich die Tabakläden, kenntlich an dem braunen Schild mit der orangen Aufschrift „Tabacos". Doch gibt es im Estanco, auf katalanisch Estanc genannt, nicht nur Zigaretten und andere Tabakwaren (kubanische Zigarren sind in Spanien weit preisgünstiger als bei uns!), sondern ebenso Briefmarken und Telefonkarten, oft auch Zehnerkarten für Stadtbusse etc.

Feste und Feiertage

Festes, die oft uralten Volksfeste, haben ebenso wie die Jahrmärkte *Fires* ihren festen Platz im mallorquinischen Kalender. Neben den landesweit begangenen Festen und Feiertagen geht die Zahl der örtlichen Ereignisse in die Hunderte, feiert doch schon jedes Dorf einmal jährlich seinen Schutzpatron. Auf die lokalen Feste wird in den jeweiligen Ortskapiteln näher eingegangen. Hier deshalb nur eine Aufstellung der überregionalen Feiertage und wichtigsten Ereignisse.

Cap d'any: Neujahr, Feiertag.

Festa del Reis, *5./6. Januar*, Dreikönig: vor allem ein Spaß für Kinder. Der 6. ist Feiertag.

Beneïdes de Sant Antoni, *17. Januar*, Segen des Hl. Antonius für Hof- und Haustiere. Am Vorabend, der Revetla, wird kräftig gefeiert. In vielen Orten.

Carnestoltes, Carnaval (*Karneval, Fasching*): Unter Franco wegen antikonservativer Gesinnung der Feiernden verboten, heute bunt und ausgelassen wie eh und je.

Día de les Illes Baleares, *1. März*, sozusagen der „Nationalfeiertag" der Balearen.

Semana Santa, die *Karwoche* bis Ostern: ein großes Fest mit vielen Prozessionen. Gründonnerstag, Karfreitag und Ostermontag (letzterer nicht in allen Gemeinden) sind Feiertage. Am Dienstag, Mittwoch und Sonntag nach Ostern Wallfahrten in vielen Orten der Inselmitte.

Día del Treball, *1. Mai*, der Tag der Arbeit, auch in Spanien ein Feiertag.

Festa de Moros i Cristians (auch: „Ses Valentes Dones"), *Woche vor dem 2. Maisonntag*, in Sóller. Farbenprächtiges Fest zur Erinnerung an den abgewehrten Überfall türkischer Piraten im Jahr 1561.

Día de Sant Joan, *23./24. Juni*: Mittsommernachtsfest, das in einer Reihe von Orten wirklich die ganze Nacht hindurch gefeiert wird.

Mallorquinische Feste: bunt und traditionsreich

Mare de Déu del Carme, *16. Juli*, Fest der Schutzpatronin der Fischer, Meeresprozessionen in vielen Hafenorten.

Mare de Déu dels Angels, etwa eine Woche um den *2. August* in Port de Pollença, buntes Fest mit nachgespielten Kämpfen „Moros i Cristians".

Mariä Himmelfahrt, *15. August*, Höhepunkt vieler Sommerfeste. Feiertag.

Moros i Cristians, wechselnde Termine um den *7./8. September*, im Gedenken an die Landung des Reconquista-Heeres.

Diada de Mallorca, der offizielle „Mallorcafeiertag" am 12. September, zur Erinnerung an die 1276 erfolgte Ausrufung des Königreichs Mallorca durch Jaume II.

Festa de la Beata, erster Septembersonntag in Santa Margalida, interessantes Fest zu Ehren der „seligen" Catalina Tomás.

Tag der „Hispanidad", *12. Oktober*, der spanische Nationalfeiertag anlässlich der Entdeckung Amerikas – ein bei separatistischen Mallorquinern wenig beliebter Tag.

Festivitat de Tots Sants, *1. November*, Allerheiligen, Feiertag.

Dia de la Constitució, *6. Dezember*, Tag der spanischen Verfassung, Feiertag.

Immaculada Concepció, Mariä unbefleckte Empfängnis, *8. Dezember*, Feiertag.

Nadal, *25. Dezember*, Weihnachten. Gefeiert wird nur im engen Familienkreis.

Revetla de Cap d'any, *31. Dezember*, Silvester, ähnlich wie bei uns. Zu jedem Glockenschlag um Mitternacht isst man eine einzelne Weintraube, Symbol für Glück im entsprechenden Monat.

Geld

Gleich das ganze Bargeld für die Reise mitzuschleppen ist nicht ohne Risiko. Es gibt sicherere Alternativen.

Sperrnummer für Bank- und Kreditkarten: 0049 116116. Diese einheitliche Sperrnummer gilt mittlerweile für die Mehrzahl der deutschen Bankkunden und ist auch für die Sperrung von Personalausweisen mit Online-Ausweisfunktion zuständig. Aus dem Ausland ist sie auch unter 0049 30 4050 4050 anwählbar. Die Polizei empfiehlt, auch dann die Karte sofort sperren zu lassen, wenn der Automat sie einbehalten hat, da Bancomaten gelegentlich von Betrügern manipuliert werden. www.sperr-notruf.de.

Geldautomaten („Bancomat"): Die bequemste Lösung, an Bargeld zu kommen. Die Bedienungsanleitung kann auf Deutsch abgerufen werden. Geldabheben kostet Gebühren, zumindest sofern man nicht eine Filiale seiner heimischen Bank findet.

Kreditkarten: Die gängigen Karten (Mastercard und Visa sind verbreiteter als American Express) werden von fast allen größeren Hotels, teureren Restaurants etc. akzeptiert.

Informationsstellen und Konsulate

Spanisches Fremdenverkehrsamt: Informationsstellen der spanischen Tourismusbehörde gibt es in Deutschland, Österreich und der Schweiz.

Deutschland 10707 **Berlin**, Lietzenburger Str. 99, ✆ 030/8826543, berlin@tourspain.es.

60323 **Frankfurt/Main**, Myliusstraße 14; ✆ 069/725033, frankfurt@tourspain.es.

80051 **München**, Postfach 151940 (kein Publikumsverkehr); ✆ 089/5307460, munich@tourspain.es.

Österreich 1010 **Wien**, Walfischgasse 8, ✆ 0043 1 5120580. viena@tourspain.es.

Schweiz 8008 **Zürich**, Seefeldstraße 19; ✆ 0041 (0) 442536050. zurich@tourspain.es.

O.I.T.-Büros: Fremdenverkehrsämter (Oficina d'Informació Turística, O.I.T.) der balearischen Tourismusbehörde oder der jeweiligen Gemeinde sind in vielen Ferienorten sowie in Palma eingerichtet, Adressen und Öffnungszeiten im Text jeweils angegeben.

Konsulate: Konsulate Deutschlands, Österreichs und der Schweiz bestehen jeweils in bzw. bei Palma, Adressen siehe dort. Alle Konsulate sind nur Mo–Fr vormittags geöffnet. Meist unterhalten sie auch ein Fundbüro.

Internet

Immer mehr Hotels und Cafés offerieren ihren Gästen kostenfreies W-LAN (meist WiFi genannt), meist muss dazu der Code (Código oder Clave) beim Personal erfragt werden. Auch in manchen Fremdenverkehrsorten gibt es freie W-LAN-Zonen, z.B. an der Platja de Palma; die Uferpromenade der Hauptstadt soll bald folgen. Einfach ausprobieren; teilweise muss man sich registrieren.

Einige ausgewählte Sites Weitere Adressen finden Sie unter den jeweiligen Themenbereichen, die der deutschsprachigen Wochenmagazine Mallorcas z. B. unter „Zeitungen und Zeitschriften".

www.spain.info, die Site von Turespaña, dem spanischen Fremdenverkehrsamt.

www.illesbalears.travel, die Site des Instituts für Tourismusförderung der Balearen. Umfangreiches Info-Angebot zu Architektur, Festen, Gastronomie etc.

www.infomallorca.net, das Gegenstück des Consell de Mallorca, mit vielerlei praktischen Infos, Öffnungszeiten usw.

www.balearsculturaltour.es, eine vielfältige Seite zur Kultur, aber auch zur Natur und sogar zur Gastronomie der Balearen.

www.mallorca-forum.com, sehr informatives und gut gepflegtes Inselforum.

www.mallorca-today.de, hübsch aufbereitete kommerzielle Site zur Insel. Ähnlich sind z.B.: www.mallorca-homepage.de und www.mallorca-365.info.

www.mallorca-inselradio.com, interessant vor allem wegen der tagesaktuellen News.

www.mallorca-blog.de, eine weitere gute und aktuelle Infoquelle.

http://meinpalma.blogspot.com, private, sehr hübsch aufgemachte Homepage eines Inselkenners, die auch mal etwas ungewöhnlichere Aspekte beleuchtet.

www.mallorca-alles-inklusive.de, eine weitere private Homepage mit vielen Infos, auf der man stundenlang schmökern kann.

http://www.balearicislandstourism.info/newsletter/eventosmallorca.html, ein sehr umfangreiches Veranstaltungsverzeichnis.

www.watchaboutapp.com, von der Inselregierung gefördertes App-Verzeichnis zur Ruta de Pedra en Sec und zu verschiedenen Orten wie Andratx, Sóller und Valldemossa.

www.michael-mueller-verlag.de, unsere Seite, für aktuelle Infos nach Redaktionsschluss dieser Auflage, aber auch für das schnelle Senden stets gern gesehener Lesertipps – schauen Sie doch mal rein!

Klima und Reisezeit

Das Klima Mallorcas wird geprägt durch die Insellage im Mittelmeer, die für heiße, trockene Sommer und milde, feuchte Winter sorgt. Temperaturen unter dem Gefrierpunkt sind selten, ebenso Schneefall, der höchstens ab und an mal die Hochlagen der Serra Tramuntana in ein weißes Kleid hüllt. Mallorca kennt also durchaus Jahreszeiten, doch darf das Klima insgesamt als ausgesprochen angenehm bezeichnet werden: Rund 300 Sonnentage im Jahr sprechen für sich ... Baden lässt es sich in Anbetracht der Luft- und Wassertemperaturen am angenehmsten von Juni bis einschließlich September, oft sogar noch bis weit in den Oktober hinein. Für Wanderungen und Touren sind Frühling und Herbst mit ihren kräftigen Farben sicherlich die schönsten Reisezeiten.

	Palma				Monestir de Lluc		
	Ø Lufttemperatur (Min./Max. in °C)		Ø Niederschlag (in mm), Ø Tage mit Niederschlag ≥ 1 mm		Ø Lufttemperatur (Min./Max. in °C)		Ø Niederschlag (in mm), Ø Tage mit Niederschlag ≥ 1 mm
Jan.	8,3	15,2	43	5	1,3	11,2	151	8
Febr	8,5	15,7	34	5	1,8	11,8	100	8
Mär	9,5	17,1	26	4	2,9	13,8	116	9
April	11,3	18,7	43	6	5,0	15,8	105	8
Mai	14,7	22,1	30	4	8,6	20,2	71	6
Juni	18,4	25,9	11	2	12,5	24,8	39	3
Juli	21,3	28,9	5	1	15,5	28,7	21	1
Aug.	22,2	29,5	17	1	16,0	28,8	37	3
Sept	19,8	27,1	39	4	13,0	24,5	100	6
Okt.	16,1	23,4	68	7	9,5	19,4	181	10
Nov.	12,1	19,2	58	6	5,3	14,9	149	8
Dez.	9,7	16,5	45	6	3,1	12,3	153	10
Jahr	14,3	21,6	427	52	7,9	18,8	1223	79

Daten: Agencia Estatal de Meteorología (España)

Die Jahreszeiten auf Mallorca Im Frühjahr grünt und blüht die Insel. Das beginnt schon im Winter mit der Mandelblüte Ende Januar und reicht bis in den Mai, mit dem auch die Badesaison beginnt. Das Wetter kann zwar wechselhaft sein, doch der Andrang hält sich in Grenzen.

Der **Sommer** beginnt im Juni und erreicht ab Ende Juli seinen Höhepunkt. In heißen Jahren werden im Inselinneren dann schon mal Temperaturen über 40 Grad gemessen (Rekord: 44,2 Grad in Muro). Die Landschaft trocknet aus, die Farben verblassen. Im Juli und erst recht im August liegt auch die Höchstsaison mit vollen Hotels und dicht belegten Stränden.

Der **Herbst** setzt oft schlagartig ein. „Gota fría" heißen die ab Ende August möglichen Schlechtwettereinbrüche mit Sturzregen, der „kalte Tropfen". Meist scheint aber bald schon wieder die Sonne, und das Meer bleibt ohnehin noch lange warm. Allerdings werden die Tage besonders ab der Zeitumstellung (wie bei uns) deutlich kürzer. Ab Mitte, Ende Oktober leert sich die Insel. In den Ferienorten schließen viele Lokale und auch die Bootsausflüge und manche andere Attraktionen machen Winterpause.

Der **Winter** hat seine sonnigen Seiten, die seit einiger Zeit verstärkt Golfer, Radfahrer und andere Aktivurlauber locken. Besonders gilt das für den sogenannten „kleinen Sommer", der in manchen Jahren um Mitte Dezember einsetzt und eine Reihe windstiller und sonniger Tage bringt, die „Calmas". An Schlechtwettertagen spürt man der hohen Feuchtigkeit wegen allerdings die relative Kälte umso mehr, auch in den Zimmern. Eine funktionsfähige Heizung ist im Winterurlaub auf Mallorca ein Muss!

Wettervorhersage www.aemet.es, Super-Site (nur Spanisch, aber leicht verständlich) für Prognosen bis hin zu einzelnen Orten.

Kriminalität

Mallorca gilt allgemein als verhältnismäßig sicheres Urlaubsziel. Gewalttätige Überfälle sind selten. Doch ziehen die Urlauberscharen natürlich auch Kleinkriminelle

Was drin ist, kann schnell draußen sein

auf die Insel. Autoaufbrüche (auch an Strand- und Wanderparkplätzen und vor Sehenswürdigkeiten), Taschendiebstähle und andere Eigentumsdelikte sind keine Seltenheit: Vorsicht vor Ablenkungsmanövern aller Art, geparktes Auto immer offensichtlich leer lassen (Handschuhfach offen), kein Geld und keine Dokumente im Hotelzimmer lassen (Hotelsafe), Wertsachen und Pass am Körper tragen, immer etwas Kleingeld in der Tasche einstecken haben, um nicht mit großen Scheinen wedeln zu müssen. Aufmerksamkeit ist insbesondere in manchen Vierteln Palmas, auf Märkten, am Flughafen und in Bussen geboten.

Einige Tipps „Nelkenfrauen" versuchen, dem Urlauber als „freundlichen „Willkommensgruß" eine Nelke anzustecken, entweder umsonst oder gegen einen winzig erscheinenden Geldbetrag. Besser, man gibt ihnen keine Chance dazu und geht gleich weiter: manche der meist zu mehreren operierenden Frauen sind gewiefte Taschendiebe.

Hütchenspieler („Trileros") sind an manchen Strandpromenaden unterwegs. Oft lassen sie einen Kumpan als Lockvogel gewinnen, damit ein Zuschauer hoch „einsteigt". Natürlich gewinnt letztlich immer der „Trilero" selbst. Nicht nur vor dem Spiel, sondern auch vor Auseinandersetzungen mit den als Banden organisierten Gesellen sollte man sich hüten.

Post (Correos)

Postämter, teilweise in mobilen Containern untergebracht, gibt es in vielen Orten, doch sind sie meist nur bis etwa 14 Uhr geöffnet. Um Briefmarken („Sellos") zu kaufen, muss man sich ohnehin nicht auf die Post bemühen, zu erhalten sind sie auch im Tabakladen („Estanco"). Achten Sie darauf, ihre Briefe auch wirklich in einen der gelben Briefkästen der spanischen Post (Aufschrift: Correos) einzuwerfen, alle anderen Kästen gehören zu Privatanbietern, die nicht immer zuverlässig zu arbeiten scheinen.

Preise

Mallorca boomt. So manche Institution, sei sie öffentlich oder privat, versteht die stetig steigende Nachfrage als Aufforderung, ebenso stetig die Preise zu erhöhen. Die angegebenen Eintrittspreise, Tarife für Tickets etc. sind deshalb nur als Richtwert und als Anhaltspunkt zu verstehen.

Radio/TV

„Das Inselradio" auf Ukw 95,8 sendet täglich rund um die Uhr ein deutsches Programm mit Musik und Mallorca-Infos für Urlauber und Residenten. Fernsehsender aus der Heimat sind in vielen Hotels via Satellit zu empfangen, und auch so mancher deutsche Gastronom auf der Insel lockt besonders bei Sportereignissen potenzielle Gäste mittels Großbildschirm in seine Bar.

Rauchverbote

Seit 2011 ist in Spanien eines der schärfsten Anti-Tabak-Gesetze der EU in Kraft. War der Konsum von Zigarette, Zigarre oder Pfeife bereits vorher am Arbeitsplatz und in öffentlichen Gebäuden verboten, so gilt das Verbot nun – allen Protesten der Wirte zum Trotz – auch in der gesamten Gastronomie. Sogar unter freiem Himmel greift das Gesetz teilweise, auf Kinderspielplätzen etwa. Stierkampfarenen und Stadien sind vom Verbot ausgenommen. Hotelzimmer werden als vorübergehender Privatraum angesehen, Hotels dürfen deshalb einen bestimmten Prozentsatz ihrer Zimmer als Raucherzimmer ausweisen, wobei es sich natürlich immer um dieselben Zimmer handeln muss. Tabakwaren gibt es schon seit Jahren nur noch im Estanco oder am Zigarettenautomaten in der Kneipe, der aus Jugendschutzgründen per Fernbedienung kontrolliert wird.

Reisedokumente

Trotz des Schengener Abkommens ist weiterhin ein gültiger Personalausweis oder Reisepass Pflicht. Autofahrer benötigen zusätzlich Führer- und Fahrzeugschein; die Grüne Versicherungskarte wird empfohlen. Achtung, seit 2012 benötigen Kinder ein eigenes Reisedokument, der Eintrag im Ausweis der Eltern ist nicht mehr ausreichend. Anzuraten ist, von allen wichtigen Papieren Fotokopien mitzuführen.

Siesta

Auch wenn die Siesta im öffentlichen Dienst per Gesetz 2006 abgeschafft wurde – zwischen etwa zwei und fünf Uhr nachmittags hat Mallorca immer noch weitgehend geschlossen. Spürbar wird dies besonders in Palma, aber auch in allen Inlandsorten, die sich dann völlig verwaist zeigen: Wem es möglich ist, der hält daheim im abgedunkelten Zimmer ein Nachmittagsschläfchen oder ruht sich zumindest aus. Die Nächte sind dafür oft lang ...

Mallorcas Küsten: für Wassersportler ein Traum

Sport

Mallorca verfügt über ein äußerst vielfältiges Sportangebot und günstige klimatische Bedingungen, die rund ums Jahr aktive Sportler vieler Kategorien anziehen. Die Mehrzahl der Anbieter findet sich in den Ferienzentren an den Küsten, wo vom Minigolfplatz bis zur Segelyacht nahezu alles geboten wird. Bei Spezialinteressen sind die touristischen Informationsstellen vor Ort gerne behilflich.

Angeln im Meer bringt meist nicht viel ein. Eine Erlaubnis ist erforderlich (Adressen der zuständigen Stellen bei den Fremdenverkehrsämtern). Ratsam, sich vorab über Schutzbestimmungen zu informieren.

Ballonfahren: „Mallorca Ballons" veranstaltet verschiedene Ballonfahrten; eine schöne Möglichkeit, die Insel mal aus der Vogelperspektive zu sehen. Die Preise beginnen bei 160 € p.P. Ballonhafen an der Autobahn Palma–Manacor, Ausfahrt 44; ✆ 971 596969, www.mallorcaballoons.com.

Fußball: Fans können in Palmas Stadion Iberostar Estadi hochklassigen Fußball der Heimmannschaft Real Mallorca (✆ 971 221221, www.rcdmallorca.es) erleben – wenn es ihnen gelingt, eine Karte zu ergattern.

Golf: Seit Ende der 80er-Jahre mauserte sich Mallorca zu einem der Golferziele im Mittelmeer. Insgesamt zählt die Insel mehr als 20 Plätze, die meisten davon öffentlich. Eine detaillierte Beschreibung aller Golfplätze („Golf auf den Balearen") ist bei den Infostellen oder unter www.golfin mallorca.com erhältlich.

Laufen: Ein Großereignis ist der „Palma de Mallorca Marathon" in Palma, der in der Regel Mitte Oktober abgehalten wird, www.palmademallorcamarathon.com.

Triathlon: Gefordert werden Athleten auch beim „Thomas Cook Ironman 70.3", der etwa Anfang/Mitte Mai bei Alcúdia stattfindet, www.ironmanmallorca.com.

Reiten: Eine ganze Reihe von Reitställen verleiht Pferde und führt Kurse und Ausritte durch. Günstig gelegene Ställe sind im Text angegeben, doch haben auch die Infostellen ein Verzeichnis („Reiten auf Mallorca").

Segeln: Mallorca besitzt mehr als 40 Sporthäfen, die sich über fast die gesamte Küstenlinie verteilen; nur an der Tramuntanaküste besteht mit Port de Sóller gerade mal ein einziger Hafen. Den richtigen Schein vorausgesetzt, lassen sich auch Yachten chartern. Umfangreiches Verzeichnis: www.mallorcanautic.com.

Tennis: In der Heimat von Carlos Moyà und Rafael Nadal gibt es Tennisplätze in praktisch jedem Ferienort. Meist sind sie Hotels angeschlossen. Als Hochburg gilt Cala Ratjada.

Tauchen: Tauchschulen finden sich in einer ganzen Reihe von Küstenorten, u. a. in Port d'Andratx, Sant Elm, Port de Pollença, Cala Ratjada und Cala Figuera.

Windsurfen & Kiten: Vermieter und Schulen für Windsurfer gibt es in den meisten Urlaubsorten. Als gute Reviere gelten besonders die Buchten von Pollença und Alcúdia und Es Trenc. Kiting ist zur Saison fast überall verboten, toleriert wird es beispielsweise in der Bucht von Pollença.

Sprachen: Català oder Castellano?

Die eigentliche Sprache der Mallorquiner ist nicht etwa Spanisch, sondern *català*, Katalanisch. Der örtliche Dialekt *mallorquí* bildet eine Variante davon; richtig auffällig wird der Unterschied aber eigentlich nur bei den Artikeln, wenn z. B. „Sa" statt „La" steht. Català selbst, eine völlig eigene Sprache, zählt wie Spanisch (Castellano, Kastilisch: „Hochspanisch") zu den aus dem Vulgärlatein entstandenen romanischen Sprachen, ist aber dem Provençalischen näher verwandt. Seit 1990 ist Català vom Europäischen Parlament als europäische Sprache anerkannt – reichlich spät, bedenkt man, dass (je nach Quelle) etwa sechs bis zehn Millionen Menschen Katalanisch sprechen.

Spanisch oder Deutsch: auf Mallorca die Fremdsprachen Nummer eins und zwei

Der Sprachraum des Katalanischen reicht an der Mittelmeerküste von Andorra und der französischen Grenze bis hinunter nach Alicante, bezieht aber auch Teile Aragóns, das französische Roussillon und sogar die sardische Gemeinde Alghero ein. In früheren Jahrhunderten, aber auch zur Zeit des Franco-Regimes, war der Gebrauch der katalanischen Sprache von der kastilischen Zentralmacht immer wieder unterdrückt und sogar verboten worden. Nach dem Tod Francos und erst recht nach der Einführung der Autonomen Gemeinschaften erlebte Català jedoch eine Renaissance, auch als Symbol der regionalen Eigenständigkeit. Die Zweisprachigkeit der Insel wurde per Gesetz verankert. Seit einer Reihe von Jahren hat sich der Einfluss des Català noch verstärkt, wurde das Spanische zurückgedrängt – ein Trend, der für die *forasters*, die starke Minderheit der vom Festland zugezogenen Spanier, natürlich erhebliche Probleme aufwirft. Die sogenannte und nicht unumstrittene, h sogar von Großdemonstrationen beider Lager begleitete *normalizació linguistica*, die „sprachliche Normalisierung", ist auf jeden Fall bereits weit gediehen. So ist die offizielle Bezeichnung der Balearen schon längst „Illes Balears" statt „Islas Baleares". Spanischkundige mögen sich damit trösten, dass man mit Spanisch dennoch überall problemlos durchkommt: Ausländern wird der Gebrauch dieser „Fremdsprache" in der Regel verziehen. Und an das Hinweisschild „Platja" (statt Playa: Strand) gewöhnt man sich schnell ...

Zur Schreibweise von Orts- und Straßennamen: Den Gegebenheiten entsprechend, werden in diesem Buch nach Möglichkeit die katalanischen Bezeichnungen verwendet und, wo nötig, die spanischen Namen in Klammern ergänzt.

Telefonieren

Gebühren: Von Calling Cards etc. abgesehen, ist es im Normalfall billiger, sich von der Heimat aus anrufen zu lassen – die spanischen Normaltarife für Auslandsgespräche sind höher als bei uns.

Telefongesellschaften: Der Telekommunikationsmarkt ist viel zu schnelllebig, um hier Informationen über die günstigsten Anbieter für Gespräche Richtung Spanien zu geben. Das gilt auch in der Gegenrichtung.

Telefonzellen werden immer seltener. Sie akzeptieren nicht nur Münzen, sondern meist auch Telefon- und sogar Kreditkarten.

Telefonkarten: Die „Tarjetas telefónicas", in praktisch jeder Telefonzelle anwendbar, bedeuten bei Ferngesprächen großen Komfortgewinn. Es gibt sie im Tabakgeschäft (Estanco) oder bei der Post.

Calling Cards: Eigentlich nur eine Merkhilfe für eine Netzzugangsnummer, mit der man sich zu einem meist sehr günstigen Tarif bei der jeweiligen Telefongesellschaft einwählt. Abgerechnet wird über das Girokonto oder prepaid, also per Vorauszahlung.

Handys: Beim Telefonieren ist die ganz große Abzocke vorbei – durch eine EU-Verordnung wurden die Minutenpreise bei Auslandsanrufen deutlich gesenkt. Pläne der EU sehen sogar vor, die Roaming-Gebühren bis Mitte Juni 2017 nahezu völlig zu streichen (Ausnahmen sollen u.a. für Intensivnutzer gelten) und in einem Zwischenschritt ab 30. April 2016 die Preise für Telefonate im EU-Ausland auf maximal 5 Cent pro Minute zu deckeln. Solange Roaming erlaubt ist, kann vor allem der Datenabruf über Smartphones jedoch noch ganz

> ### Vorwahlen
> Von **Mallorca** für internationale Gespräche 00 vorwählen.
>
> Nach **Deutschland** (00)49, nach **Österreich** (00)43, in die **Schweiz** (00)41.
>
> Immer gilt: die Null der Ortsvorwahl weglassen.
>
> **Nach Mallorca** ab Deutschland, Österreich und der Schweiz: Vorwahl 0034, dann die komplette Teilnehmernummer (Beispiel: 0034/971 123456).

erheblich ins Geld gehen. Es gilt deshalb eine automatische Kostensperre, die die Verbindung bei einem Betrag von 50 € (plus Mwst., wahlweise ein anderer, mit dem Mobilfunkanbieter ausgehandelter Betrag) automatisch trennt. Sind 80 % der Summe verbraucht, informiert der Betreiber den Kunden z. B. per SMS; der entscheidet dann, ob er das Limit ändern möchte.

www.teltarif.de/reise: Nützliche Seite mit aktuellen Infos und Tipps zum Thema „Telefonieren im Ausland".

Tiere

Hundehalter sollten es sich zweimal überlegen, ob sie ihren Vierbeiner nicht lieber bei guten Freunden daheim lassen. Die Mehrzahl der Hotels und Restaurants akzeptiert nämlich keine Hunde, fast alle Strände und öffentlichen Verkehrsmittel sind für sie gesperrt. Herrenlose, ausgesetzte Tiere sind im Süden leider häufig anzutreffen – Mallorca macht da keine Ausnahme.

Einreisevorschriften für Haustiere EU-Pass, ein für Hunde, Katzen und Frettchen (Tatsache!) obligatorischer „Reisepass" samt implantiertem Mikrochip, durch den die Identität des Tiers nachgewiesen und attestiert wird, dass es gegen Tollwut geimpft ist. Über Details informiert der Tierarzt, der auch die Prozedur durchführt.

Tierklinik Euro-Tierklinik, Carrer Dragonera 3, Arenal/Son Veri; eine Filiale liegt in Portals Nous. ✆ 971 441213 bzw. 971 677606, www.eurotierklinik.es.

Internet-Infos www.guide4dogs.com, englischsprachige Site für Reisende mit Hund; hundefreundliche Hotels, Hundepensionen, Tierarztverzeichnis etc.

Touristensteuer

Die 2015 ins Amt gewählte Linkskoalition hat die Einführung einer Tourismus-Steuer beschlossen, quasi den Nachfolger der seinerzeit umstrittenen „Ökosteuer" Ecotasa (2001–2003). Die neue Steuer, in Kraft ab dem 1. Juli 2016, beträgt je nach Saison und Kategorie der Unterkunft zwischen 0,25 und 2 € pro Tag und Person. Die Einnahmen sollen in den Fremdenverkehr und den Umweltschutz reinvestiert werden und beispielsweise helfen, die bessere Auslastung der Nebensaison zu fördern und vom Tourismus beeinträchtigte Gebiete zu regenerieren.

Zeitungen und Zeitschriften

Die meisten deutschen Zeitungen und Zeitschriften sind mit etwa einem Tag Verspätung am Kiosk erhältlich, manche auch schon am Nachmittag des Erscheinungstages. Eine Ausnahme bildet die „Bild", die eine eigene Balearenausgabe samt Wetterbericht druckt und bereits morgens zum Verkauf steht.

Deutschsprachige Inselzeitungen: Alle bieten auch viel Service, Kleinanzeigen etc.

Mallorca Magazin: Das traditionsreichste deutschsprachige Wochenblatt, 1971 gegründet. Optisch etwas altbacken, sehr viele Anzeigen, Berichte über (Ex-)Stars und Sternchen. www.mallorcamagazin.net.

Mallorca-Zeitung, mit recht attraktivem Layout. Die Mallorca-Zeitung gehört zur spanischen Mediengruppe „Prensa Ibérica", die auch den „Diario de Mallorca" verlegt. www.mallorcazeitung.com.

Die Inselzeitung, 2013 gestartetes Monatsmagazin, das an vielen Standorten (vornehmlich in Urlaubsorten mit überwiegend deutscher Kundschaft) kostenlos ausliegt. www.die-inselzeitung.com.

Durchblick: Felsbogen „Es Pontas" bei Cala Santanyi

Mallorca – Reiseziele

Palma	→ S. 70	Der Norden um Pollença und Alcúdia	→ S. 178
Die Bucht von Palma und die Costa de Calvià	→ S. 110	Die Ostküste	→ S. 206
Der Nordwesten	→ S. 128	Die Südküste	→ S. 246
		Inselmitte	→ S. 256

Stolz der Stadt – und der Insel: Kathedrale La Seu

Palma

Die Mallorquiner nennen sie schlicht La Ciutat: die Stadt. Schließlich ist Palma schon seit den Zeiten der Römer die Metropole der Insel. Und was für eine … kosmopolitisch, jugendlich, selbstbewusst und vital, gesegnet mit architektonischen Schätzen, pulsierendem Nachtleben und einer vom Fremdenverkehr erfrischend unbeeinflussten Alltagskultur. Wer mediterrane Städte mag, wird Palma lieben.

Etwa in der Mitte der weiten Bucht *Badía de Palma* gelegen, ist Palma sowohl Hauptstadt Mallorcas als auch der gesamten Balearen, bildet das politische, wirtschaftliche und kulturelle Zentrum des Archipels. Rund 400.000 Einwohner zählt die Inselmetropole – fast die Hälfte aller Mallorquiner lebt in Palma, das sich seit 2012 auch offiziell wieder „Palma de Mallorca" nennen darf. So steht die Hauptstadt denn auch in deutlichem Kontrast zu den nahen Ferienorten im Osten und Westen der Bucht. Statt Bermuda-Shorts und bunter T-Shirts bestimmen hier die gut geschnittenen Anzüge und schicken Kostüme der berufstätigen Einheimischen das Straßenbild (Bummeln mit nacktem Oberkörper oder im Bikini ist sogar mit Geldbußen bedroht). Palma gehört in erster Linie seinen Bewohnern, den Palmeros. Der Tourismus wirkt keineswegs prägend.

Bedingt durch seine Geschichte ähnelt Palma in vielem Barcelona, der weit größeren Kapitale Kataloniens. In beiden Städten entstammen die Glanzlichter der Ari-

Palma

chitektur hauptsächlich der Gotik und dem Modernisme, der katalanischen Variante des Jugendstils. Hier wie dort finden sich elegante Einkaufsstraßen voll exklusiver Designerläden, säumen noble Paläste die engen, winkligen Gassen der Altstadtviertel. Schließlich scheint den Palmeros auch der schon sprichwörtliche katalanische Instinkt für Geschäfte eigen: Palma ist eine der reichsten Städte ganz Spaniens.

Urbanes Flair und das breite Angebot an hochrangigen Sehenswürdigkeiten, kulturellen Veranstaltungen, attraktiven Einkaufsmöglichkeiten und Restaurants machen die Hauptstadt zu einem der reizvollsten, vielseitigsten Orte der Insel und zu einem interessanten Ausflugsziel. Mit guten Verkehrsverbindungen, der breiten Quartierauswahl sowie einem ausgeprägten Nachtleben bietet sich Palma aber auch als Standquartier an – zum Baden kann man immer noch in die umliegenden Strandorte fahren. Außerhalb der Saison ist die Hauptstadt ohnehin einer der wenigen Orte, in denen nicht die Bürgersteige hochgeklappt werden.

Wer einen **Tagesausflug** nach Palma plant, sollte seinen Besuch nicht gerade auf einen Sonntag legen, da dann u.a. viele Restaurants ihren Ruhetag nehmen und die Stadt oft wie ausgestorben wirkt. Zudem ist es ratsam, schon möglichst früh am Vormittag einzutreffen: Zwischen 14 und 17 Uhr hält Palma Siesta, auch manche Läden sind dann geschlossen. Verzichten Sie nach Möglichkeit auf das Auto oder stellen Sie es zumindest außerhalb des Zentrums oder in einem Parkhaus ab; die gesamte Innenstadt von Palma ist Parkkontrollzone, Parkplätze sind eine Rarität.

Stadtaufbau und Orientierung

Altstadt: Palmas Altstadt wird von den sogenannten *Avingudes* begrenzt, vielspurigen Verkehrsadern, deren Verlauf weitgehend den früheren, erst 1902 geschleiften Stadtmauern entspricht. Eine Orientierungshilfe im Gassengewirr innerhalb dieses Straßenrings bilden die aufeinander folgenden, über einem ehemaligen Bachbett erbauten Hauptstraßen Avinguda d'Antoni Maura, Passeig d'es Born, Carrer de la Unió und Passeig de la Rambla.

Die **Oberstadt** erhebt sich ungefähr im Gebiet östlich dieser Zickzacklinie. Hier liegen die Ursprünge Palmas, und hier, etwa zwischen der weithin sichtbaren *Kathedrale* und der *Plaça Cort*, steht auch die Mehrzahl der Monumente. Dank eines aufwändigen Restaurierungsprogramms erstrahlt dieser Bezirk wieder im alten Glanz. Außerhalb der Besichtigungs- und Geschäftszeiten geht es in der Oberstadt freilich eher ruhig zu, Nachtleben findet hier nur in sehr begrenztem Umfang statt.

Die **Unterstadt** wirkt deutlich lebendiger und belebter als die meisten Viertel der Oberstadt. In Hafennähe erstreckt sich meerwärts des Carrer Apuntadors das Kneipenviertel *La Llotja*, ein Stück landeinwärts gilt die breite *Avinguda Jaume III.* als nobelste Einkaufsstraße der Stadt. Nördlich von ihr und der Verlängerung Carrer de la Unió liegen ruhigere Viertel, an denen die Jahre ohne große Änderungen vorbeigezogen zu sein scheinen.

Palmas **Hafen** ist eine Welt für sich. Leider verwehren Verbotsschilder den Zugang zu Teilen des ausgedehnten Gebiets. Immerhin bietet die mehrere Kilometer lange, hübsch herausgeputzte und sogar mit einer Fahrradspur versehene Uferstraße *Passeig Marítim* (offiziell Av. Gabriel Roca genannt) sehr schöne Ausblicke. Das Zentrum des Hafens grenzt an die Südwestecke der Altstadt. Die große *Moll Vell* entstand im 19. Jh. Nach einem Umbau erhielt sie 2014 eine Aussichtsterrasse samt einer Handvoll neuer Restaurants; für die Zukunft hegt man noch weitere, nicht unumstrittene Modernisierungspläne. Der Moll Vell gegenüber liegt auf der „Gegenmole" Contramoll der farbenprächtige *Fischerhafen*, an den sich das Gelände des *Real Club Náutico* anschließt. Von hier ziehen sich die Liegeplätze für Sportboote im weiten Bogen nach Südwesten bis zum *Club de Mar*, einem weiteren Yachtclub. Gleich nebenan, vom Zentrum aber rund drei Kilometer entfernt, legen in der

Ü bernachten
35 Hotel Colón
42 Hotel Mirador
43 Hostal Bonany
44 Hotels Portixol / Azul Playa / Ciutat Jardí
45 Hostal Pinar
47 Hostal Corona

E ssen & Trinken
36 Bodega Blanquerna BB 8
37 Bar-Rest. Casa Gallega
38 Rest. Eco-Vegetaria
39 Rest. A ma Maison
40 Rest. Duke/Rest. Bunker's
41 Viêt Nam Café
46 Nassau Beach Club / Rest. Bungalow / Tapas Club
48 Anima Beach

Stadtaufbau und Orientierung

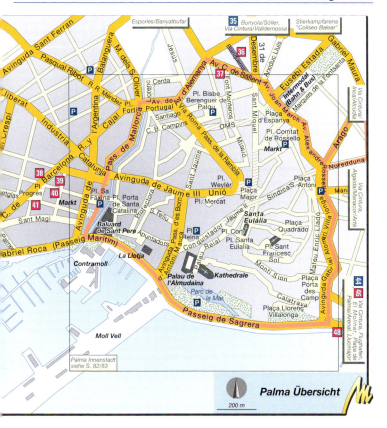

Estación Marítima die Fähren vom Festland und den anderen Baleareninseln an. Südlich der Fährstation schließlich folgt Palmas zweiter Hafen *Portopí*, dessen Befestigungen noch aus dem Mittelalter stammen.

Santa Catalina liegt oberhalb des Passeig Marítim und nur knapp westlich der Innenstadt. Im letzten Jahrzehnt wurden viele Straßenzüge dieses ehemaligen Fischer- und Arbeiterviertels herausgeputzt, und dank zahlreicher neuer Restaurants und Bars hat sich Santa Catalina, obwohl manchmal noch fast dörflich wirkend, sogar zur abendlichen Trendzone entwickelt.

El Terreno, das langgezogene Viertel um die breite *Avinguda Joan Miró*, erstreckt sich ein ganzes Stück südwestlich von Santa Catalina ebenfalls oberhalb des Passeig Marítim, ist aber von der Uferstraße aus nur an wenigen Stellen zugänglich. Einst galt El Terreno als Palmas „Künstlerviertel", entwickelte sich später zu einer Hochburg skandinavischer Billigtouristen. Mittlerweile scheinen die strand- und zentrumsfernen Quartiere jedoch auch zum Dumpingpreis nur noch schwer an den Mann zu bringen zu sein. Beliebt bei der Jugend von Palma ist das Gebiet um die zentrale *Plaça Gomila* jedoch als Ausgehzone.

El Molinar und Ciutat Jardí: In der Gegenrichtung, nämlich weit im Osten der Stadt, liegt das ehemalige Fischerviertel El Molinar, dessen hübsche Promenade an den Hafen von *Portixol* anschließt. Noch etwas weiter östlich liegt die „Gartenstadt" Ciutat Jardí mit ihren beiden Stränden und einer Reihe feiner (wenn auch nicht billiger) Fischrestaurants. Beide Vororte sind in Mode, hübsche Plätze für einen Bummel am späten Nachmittag, viele neue Lokale haben hier eröffnet.

Via Cintura: So heißt Palmas autobahnähnliche Ringstraße, die in großem Bogen wie ein Gürtel das Stadtgebiet umspannt und die Verbindung zwischen den einzelnen Autobahnen herstellt, aber auch Ausfahrten zu allen wichtigen Überlandstraßen besitzt. Eine zweite Umgehung („Segunda Cinturón", zunächst als vierspurige Verbreiterung der bisherigen MA-30 vom Flughafen zur Inca-Autobahn) ist geplant und wurde sogar teilweise fertiggestellt, steht nach dem Regierungswechsel aber vor einer ungewissen Zukunft.

Stadtgeschichte

Bereits in der Zeit der Talayot-Kultur, also ab etwa 1300 v. Chr., bestand im heutigen Stadtgebiet eine Siedlung. Als die eigentlichen Gründer Palmas gelten jedoch die Römer, die schon bald nach ihrer Eroberung der Insel 123 v. Chr. die Siedlung Palma (von *Palmeria*: „Siegespalme") anlegten. Eine Zeit hoher Blüte erlebte die Stadt unter den Mauren, die 903 Mallorca eingenommen hatten. Sie beließen Palma den Rang der Hauptstadt und nannten die Siedlung fortan *Medina Mayurqua*, „Stadt Mallorca".

Mit den neuen Herrschern kam auch eine ganz andere, der damaligen christlichen Zivilisation weit überlegene Kultur. Paläste, Moscheen und öffentliche Bäder wurden errichtet, ebenso das Gebäude der heutigen Almudaina, das als Regierungssitz des Emirs diente. Am Silvestertag des Jahres 1229 eroberten die Christen unter

Übersichtlich: Blick vom Castell de Bellver auf Hafen und Altstadt

Basis-Infos 75

Jaume I. Palma zurück. Die Zerstörungen der folgenden Brandschatzung fielen so gründlich aus, dass heute kaum noch etwas an die über dreihundert Jahre währende Maurenzeit erinnert. 1276 wurde Palma als *Ciutat* die Hauptstadt des Königreichs Mallorca und erlebte vor allem dank seines Hafens eine weitere Blütezeit, deren Ende sich mit dem Verlust der Unabhängigkeit an Aragón 1349 jedoch bereits wieder abzuzeichnen begann. Die Entdeckung Amerikas leitete endgültig den Niedergang ein: Die Seefahrt verlagerte sich in den Atlantik, türkische und afrikanische Piraten stießen in das entstandene Vakuum und machten den Handel im Mittelmeer praktisch unmöglich. Selbst in der Hauptstadt musste man auf der Hut sein, wappnete sich deshalb mit neuen Stadtmauern. Die wachsende Kluft zwischen relativ reichen Städtern und der verarmten Landbevölkerung führte zu mehreren Bauernaufständen; Hungersnöte und Pestepidemien taten ein Übriges. Erst gegen Ende des 19. Jh. hatte der Aufschwung in Landwirtschaft und Handwerk der mittlerweile wieder „Palma" genannten Hauptstadt einen erneuten, bescheidenen Wohlstand beschert. Der Tourismus steckte damals noch in den Anfängen. Zwar gab es bereits seit 1837 eine regelmäßige Dampferlinie von Barcelona nach Palma, doch erst 1901 eröffnete das „Gran Hotel", heute ein Kulturzentrum. Den Beginn des Fremdenverkehrs in großem Stil markierte 1956 der Bau eines Flughafens bei Son Bonet. 1983 wurde Palma Hauptstadt der neu geschaffenen Autonomen Gemeinschaft Balearen.

Basis-Infos

Internet-Info:
www.palmademallorca.es

Fremdenverkehrsämter

O.I.T. Consell de Mallorca, zuständig für die gesamte Insel. Plaça de la Reina 2; ℡ 971 173990. Geöffnet Mo–Fr 9–20 Uhr, Sa 9–14 Uhr. **Zweigstelle** im Flughafen, hinter der Sperre bei Tür Nr. 3, ℡ 971 789556. Öffnungszeiten: Mo–Sa 8.30–20 Uhr, So 9–13.30 Uhr.

O.I.T. Municipal, städtisches Büro am Passeig d'es Born 27, im Casal Solleric, wie alle städtischen Büros täglich 9–20 Uhr geöffnet. Gemeinsame Telefonnummer aller städtischen Infostellen Palmas: ℡ 902 102365.

O.I.T. Municipal, in einem Häuschen beim Parc de Ses Estacions (Plaça d'Espanya). Geöffnet wie oben.

O.I.T. Municipal, Kiosk am Rand des Parc de la Mar, neben der Av. d'Antoni Maura. Parc de la Mar s/n, geöffnet wie oben.

Palma Pass: In allen Fremdenverkehrsämtern erhältlich ist diese Chipkarte, die freien Eintritt zu einer Reihe von Sehenswürdigkeiten gewährt und auch zehn Fahrten mit Stadtbussen sowie zwei Fahrten vom/zum Flughafen beinhaltet. Ob sich das Sammelticket wirklich lohnt, ist auch eine Frage der persönlichen „Besichtigungsfrequenz", man muss sich schon ranhalten... 48 Stunden kosten 34 €, 72 Stunden 41 €. www.palmapass.com.

Nützliche Adressen/Telefonnummern

Notruf: ℡ 112 (deutschsprachig)

Krankenhäuser/Ärztehaus: Hospital Universitari Son Espases, Carretera de Valldemossa 79, im Norden der Stadt, ℡ 871 205000, www.hospitalsonespases.es.

Hospital Son Llàtzer, Carretera Manacor, km 4; ℡ 871 202000, www.hsll.es.

Ärztehaus Palma, deutsche Praxis im Stadtzentrum, Carrer Unió 9, nahe Plaça Rei Joan Carles I., ℡ 971 228067, www.aerztehaus-palma.com.

Internationales Facharztzentrum Porto Pí, mit einer ganzen Reihe deutschsprachiger Spezialisten, vom Internisten bis zum Zahnarzt. Edificio Reina Constanza (selbes Gebäude wie das deutsche Konsulat), Porto Pi 8, 1./2. Stock, ℡ 971 707055, www.centromedicoportopi.es.

Palma

Fundbüro ("Objectes trobats"): Av. Gabriel Alomar i Vilalonga 18, ℡ 971 225906.

Deutsches Konsulat: Edificio Reina Constanza, C. Porto Pí 8, 3. Stock, deutlich außerhalb des Zentrums Nähe Passeig Marítim und Fährhafen; ℡ 971 707737. www.palma.diplo.de.

Österreichisches Honorarkonsulat: Avinguda Jaume III, 29 Entresuelo; im Zentrum unweit des Passeig d´es Born, ℡ 971 425146.

Schweizer Honorarkonsulat: Carrer Antonia Martínez Fiol 6, 3-A; weit im Norden der Stadt, ℡ 971 768836.

Post: Hauptpost am Carrer Constitució 6, geöffnet Mo–Fr 8.30–20.30 Uhr, Sa 9.30–13 Uhr.

Gepäckaufbewahrung: Palma Lock & Go, im Intermodal-Bahnhof an der Pl. Espanya. Ein Koffer kostet tagsüber 4,50–5,50 €, sogar Fahrräder und Fahrradtransportkoffer werden verwahrt. Auch Fahrradverleih. Geöffnet 9–20 Uhr, Okt.–März 9.30–19.30 Uhr. ℡ 971 716417, www.palmalockandgo.com.

Internet-Zugang: WiFi bieten viele Cafés an, z.B. die Cappuccino-Kette. Die Uferstraße Passeig Marítim soll künftig mit freiem WiFi ausgestattet werden, der genaue Zeitpunkt ist jedoch noch unklar.

Reinigung: 5 à sec, Carrer Joseph Tous i Ferrer 10, beim Mercat de l'Olivar.

Sprachschulen: Akzent, C. Carme 14, ℡ 971 228129, www.akzent-palma.com; Dialog, Plaza Convent de Santa Magdalena 3, ℡ 971 666331, www.dialog-palma.com; beide jeweils einer internationalen Buchhandlung angeschlossen, siehe "Einkaufen". Die Akademie, C. Morei 8, ℡ 971 718290, www.dieakademie.de. Auch die Universität (www.uib.es) veranstaltet Sprachkurse.

Verbindungen

Flugverbindungen

Der **Flughafen Aeroport Son San Joan** (Flugplankürzel: PMI, Telefonzentrale 971 789000) liegt etwa zehn Kilometer östlich des Zentrums, in der Nähe von Ca'n Pastilla und der Platja de Palma. In den Sommermonaten gehört der Airport zu den verkehrsreichsten Flughäfen Europas. Störend sind die weiten Wege von der Ankunft bis zu den Gepäckbändern. Vorsicht vor Taschendieben! Keine Gepäckaufbewahrung, bei manchen Airlines ist jedoch ein Früh-Check-In möglich.

Taxi: Taxis stehen am Ausgang bereit, die Fahrt ins Zentrum von Palma kostet je nach dem genauen Ziel etwa 18–20 €.

Stadtbus: Der EMT-Bus Nr. 1 startet hinter dem Laufband zum Parkhaus und pendelt zwischen Airport, der Plaça d'Espanya am nordwestlichen Zentrumsrand von Palma (in deren Umfeld die meisten Inselbusse und auch die Züge abfahren), dem Passeig de Mallorca, dem Passeig Marítim und dem Hafen. Betriebszeiten ab Airport zuletzt von 6.00 bis 1.45 Uhr (Winter 1.10 Uhr), Abfahrten tagsüber etwa alle 15 Min., nachts etwas eingeschränkt; Fahrpreis 3 €, Erhöhung auf 5 € geplant. Etwa halbstündlich verkehrt von 7.00 bis 0.30 Uhr (Winter 22.10 Uhr) die Linie 21 zur Platja de Palma, Fahrpreis ebenfalls 3 € bzw. künftig 5 €. Überall Vorsicht vor Dieben!

Fahrrad: Aus dem Ausgang kommend, folgt man dem Verkehrsfluss (also in Richtung Parkhaus gesehen rechts), hält sich in der Linkskurve an die Beschilderung "Zona Industrial" und "Parquing" und folgt später dem Zeichen "Bicicletas", gelangt so zur Siedlung Coll d'en Rebassa zwischen Palma und Platja de Palma.

Abholer: ausreichend Stellplätze im Parkhaus. Bei wildem (auch kurzzeitigem) Parken anderswo reagiert die Polizei schnell.

Schiffsverbindungen

Der **Fährhafen Estación Marítima** liegt etwa drei Kilometer südwestlich der Innenstadt. Von der Fähre kommend, geht es am Passeig Marítim bzw. Av. Gabriel Roca rechts Richtung Innenstadt; hier auch Haltestelle von Stadtbus Nr. 1 ins Zentrum.

Fährlinien: *Acciona Trasmediterránea*, Reservierungen unter ℡ 902 454645. Nach Barcelona, Valencia, Ibiza und Mahón (Menorca). www.trasmediterranea.es.

Baleària, ℡ 902 160180. Barcelona, Valencia, Ibiza und Dénia, www.balearia.com.

Ausflugsfahrten: Schiffsausflüge starten z. T. gegenüber der Llotja (Hafenrundfahrten, Mitte März–Okt., 12 €), meist jedoch an der Moll de Tràfic Local, bei der Uferstraße Passeig Marítim auf Höhe des Auditoriums; die Mehrzahl findet nur von Mai bis

Auf dem Oberdeck ist Sonnenschutz ratsam: Linie 50 („Bus turístic")

Oktober statt. Näheres im dortigen Büro oder in jeder Infostelle.

Zug- und Busverbindungen

Das Gebiet um die Plaça d'Espanya ist Ausgangspunkt der Überlandbusse, der SFM-Zuglinien nach Sa Pobla und Manacor (beide via Inca) sowie der Sóller-Bahn.

Estació Intermodal So heißt der Kombibahnhof, der im Untergrund der Plaça d'Espanya bzw. des Parc de Ses Estacions den SFM-Zugbahnhof, den Busbahnhof aller Überlandlinien und eine Metro zur Universität vereinigt. Gepäckaufbewahrung.

Zug: *Ferrocarril SFM:* Etwa stündlich verkehrende Züge auf den Linien Palma–Inca–Muro–Sa Pobla und Palma–Inca–Sineu–Petra–Manacor. Ab Inca und Manacor besteht Busanschluss zu vielen Orten im Norden und Osten. In einem Großteil der Züge (Ausnahmen sind im Fahrplan ausgewiesen) ist die Gratismitnahme von Fahrrädern möglich.

Ferrocarril de Sóller („Roter Blitz"): Der traditionsreiche Sóller-Bahnhof liegt um die Ecke der Estació Intermodal. Abfahrten ab Palma 6-mal, Rückfahrten 5-mal täglich, im Winter in beide Richtungen 4-mal täglich. Die Preise steigen jährlich, Fahrpreis zuletzt einfach ca. 15 €, hin und zurück 21 €. Es gibt auch Kombi-Tickets mit der Sóller-Straßenbahn (30 €) sowie der Straßenbahn und den Schiffen zur Bucht Sa Calobra (ca. 50 €). Man kann, z.B. als Autofahrer, auch erst im Ort Bunyola zusteigen, die Strecke Bunyola–Sóller (hin und zurück ca. 15 €) ist der weitaus schönere Teil der Route. Im Winter macht die Sóller-Bahn wegen Wartungsarbeiten für zwei Monate Betriebspause. Näheres zu diesem charmanten Oldtimer-Zug im Info-Kasten im Kapitel „Von Palma nach Sóller". Info-℡ 971 752051, www.trendesoller.com.

> www.tib.org informiert über Fahrpläne für Züge und Überlandbusse, sogar in deutscher Sprache.

Bus: Alle Überlandbusse starten im Untergrund der Intermodal-Station, Tickets gibt es im Bus. Für die Busnummern gilt folgende Faustregel: 100er-Nummern bedienen den Südwesten (z.B. Gemeinde Calvià, Andratx), 200er die Tramuntanaküste ab Estellencs (Valldemossa, Deià, Sóller), 300er Teile der Inselmitte und den Norden (Inca, Pollença, Alcúdia), 400er den Rest des Inselzentrums und den Osten (Sineu, Petra, Artà, Cala Ratjada) und 500er den Südosten und Süden (Cala d'Or, Santanyí, Colònia de Sant Jordi). 800er-Linien fahren zu manchen

78 Palma

Märkten (z.B. Port d´Alcúdia–Sineu), natürlich nur an den entsprechenden Markttagen. Die folgenden Angaben beziehen sich auf die Sommersaison (ca. Mai–Oktober) und auf Werktage (Mo–Fr). Erkundigen Sie sich bei Tagesausflügen bitte grundsätzlich, wie es um die Rückfahrmöglichkeiten bestellt ist!

Platja de Palma, Arenal: Diese Orte liegen noch im Bereich der EMT-Stadtbusse, Details siehe „Stadtverkehr".

Zone von Calvià und Andratx: Die meisten Ziele zwischen Portals Nous und Port d'Andratx werden von der Gesellschaft Transabus etwa halbstündlich bis stündlich bedient, nach Sant Elm in Port d'Andratx umsteigen.

Weitere Ziele (Auswahl): Abfahrten nach Alcúdia/Port d'Alcúdia etwa stündlich, via Llucmajor und Santanyí nach Cala d'Or 8-mal, Cala Millor 11-mal, Artà/Cala Ratjada 6-mal, Ca'n Picafort etwa stündlich, Colònia Sant Jordi 9-mal, Coves del Drac (Höhlen) 4-mal, Pollença/Port de Pollença 14-mal, via Felanitx nach Porto Colom 7-mal, Porto Cristo 8-mal täglich. Nach Sóller/Port de Sóller via Bunyola ca. stündlich, via Valldemossa–Deià 6-mal täglich; nach La Granja–Banyalbufar–Estellencs 7-mal täglich.

Stadtverkehr/Mietfahrzeuge

Innerhalb des Zentrums sind die Entfernungen so gering, dass auf öffentliche Verkehrsmittel verzichtet werden kann. Nützlich sind sie jedoch für die Besichtigung abseits gelegener Sehenswürdigkeiten und für Strandausflüge.

Auto

Besser außerhalb der Innenstadt parken oder ein Parkhaus aufsuchen, z. B. am Parc de la Mar, am der Av. d'Antoni Maura, am Südende der Rambla unterhalb der Pl. Major, am Passeig de Mallorca, der Pl. Bispe Berenguer de Palou oder der Pl. Espanya. Langzeitparkplätze (Minimum ein Monat, aber finanziell schon bei deutlich kürzerer Parkdauer lohnend) finden sich über die städtische Parkplatzverwaltung SMAP, C. Sant Joan de la Salle 6, www.smap.es.

O.R.A.: In der gesamten Innenstadt (also innerhalb der Avingudes) und teilweise auch darüber hinaus gilt das Parkkontrollsystem O.R.A. Die betroffenen Bereiche sind an blau eingefärbten Randsteinen zu erkennen. Dort ist das Parken zu Geschäftszeiten gebührenpflichtig und nur für höchstens 90 Minuten gestattet. Die Gebühr muss an einem Automaten (an dem auch die Zeiten stehen, zu denen bezahlt werden muss) passend eingeworfen, die Quittung hinter die Windschutzscheibe gelegt werden. Bei Parkverstößen wird oft blitzschnell abgeschleppt, auch Mietwagen!

Stadtbus

Der Aktionsradius der EMT-Stadtbusse reicht im Osten bis zum Flughafen, nach Platja de Palma und S'Arenal, im Westen bis Portals Nous und Palmanova. Die einfache Fahrt, beim Fahrer bezahlt, kostete zuletzt 1,50 €. 10er-Karten à 10 € („Targeta 10") gibt es in manchen Tabakgeschäften und Kiosken sowie im EMT-Büro am C. Josep Anselm Clavé 5, nicht weit von der Plaça Espanya. Für einige entferntere Ziele (Airport) werden höhere Tarife verlangt. Achtung, Umsteigen erfordert einen neuen Fahrschein. Für Vielfahrer nützlich ist die Gratis-App „MobiPalma".

Einige nützliche Linien: Änderungen möglich, aktuelle Fahrpläne sind den O.I.T.-Büros erhältlich. Línia 3 fährt Richtung Cas Català/Illetes, Haltestellen sind u. a. die Plaça Espanya, Plaça Rei Joan Carles I. (Zentrum), Plaça Progrés, Av. Joan Miró, Plaça Gomila (Fußweg Castell de Bellver), Av. Joan Miró (Cala Major); Línia 46 Richtung Gènova, Haltestellen u. a. Plaça Espanya, Plaça Rei Joan Carles I. (Zentrum) und Gènova (Höhlen Coves de Gènova). Die Línia 15 fährt Richtung S'Arenal, Haltestellen sind u. a. die Plaça Reina (Zentrum), Plaça Espanya, Av. Bartomeu Riutort (Ca'n Pastilla), Marbella, Llaüt (beide Platja de Palma) sowie Trasimè und Balneari 1 (S'Arenal). Nr. 25 ist als Schnell-Linie „Arenal-Express" ab der Plaça de la Reina via Plaça Espanya wesentlich flotter unterwegs. Nr. 23 fährt ab der Plaça Espanya nach S´Arenal.

Bus turístic: Die roten Doppeldeckerbusse der Linie 50 (auch „Bus Ciutat" genannt) veranstalten Stadtrundfahrten, an deren 16 Stationen man beliebig oft aus- und einsteigen kann; die Erläuterungen unterwegs gibt es auch auf Deutsch. Haltestelle z.B. an der Plaça d'Espanya, Tageskarte (24 h) p.P. 17 €, Kinder die Hälfte.

Taxi

Innerhalb des Stadtgebiets wird zu relativ moderaten Preisen nach Taxameter gefahren, für Fahrten zum Flughafen ist allerdings ein Aufschlag fällig. Bei Auswärtsfahrten wird ebenfalls nach Taxameter gefahren, die Fahrer informieren gerne über den ungefähren Preis. Taxistände finden sich an allen strategischen Punkten, telefonische Bestellung z. B. über ✆ 971 401414 oder 971 755440; behindertengerechte Taxis unter ✆ 971 703529.

Autovermietung

Autovermieter finden sich besonders an der Uferstraße Passeig Marítim (Avinguda Gabriel Roca). Hier nur zwei Adressen, komplette Liste bei den O.I.T.-Büros: **Avis/Budget**, Nr. 16, ✆ 971 730720, **Europcar**, Nr. 19, ✆ 902 105055. Viele weitere Anbieter im Vorort Ca'n Pastilla nahe Platja de Palma.

Fahrradvermietung

》》》 Mein Tipp: Mietfahrräder sind optimal für einen Ausflug entlang des Hafens und insbesondere für die reizvolle Tour über El Molinar und unter der Einflugschneise des Flughafens (spannend für Kinder) hindurch bis Platja de Palma, entlang der sich viele nette Bars und Restaurants finden. Beide Routen sind als Radwege ausgebaut, aber Vorsicht: schmale Trasse, viele „Anfänger".

Generell: Keine Bürgersteige benutzen, hohe Strafen. „Palma on Bike" verleiht Räder ab 12 €/Tag; Filialen in der Av. Antoni Maura 10 (Unterstadt, neben dem Café Lírico, ✆ 971 718062) und an der Uferstraße Av. Gabriel Roca 15 (nahe Auditorium, ✆ 971 9189 88). www.palmaonbike.com. „Milenium" am Altstadtplatz Plaça Coll 8 hat ähnliche Preise (ab 11 €), Mobil-✆ 671 364219. Das günstigste Angebot bietet die Gepäckaufbewahrung Palma Lock & Go im Intermodal-Bahnhof: Rad ohne Schaltung für 6 €/Tag, mit Schaltung 10 €. 《《

Bicipalma, das dezentrale Fahrradvermietsystem der Stadt, steht prinzipiell auch Touristen offen und wirkt auf den ersten Blick recht preisgünstig: drei Tage Mitgliedschaft kosten 9 €, fünf Tage 12 €. Das System ist jedoch eher für Einheimische konzipiert – jedes geliehene Fahrrad muss möglichst nach maximal 30 min. wieder an einer der Verleihstationen abgestellt werden (bis zu dieser Zeitspanne ist die Benutzung jeweils gratis), danach steigen die Tarife mit zunehmender Entleihdauer immer stärker an. Details (auch auf Deutsch) und Anmeldung mit Kreditkarte unter www.bicipalma.es.

Geführte Stadttouren

Mallorca Rutes offeriert Rundgänge zu den schönsten Patios von Palma. Start ist Di–Fr um 10 und 12 Uhr, Dauer 2,5 Stunden, p.P. 35 €. Infos und Treffpunkt im Geschäft Típika, C. Morei 7, nahe Pl. Santa Eulàlia, ✆ 971 728983; www.mallorcarutes.es.

Übernachten

→ Karten S. 72/73 und 82/83

Preisgünstige und dabei akzeptable Hostals sind leider relativ selten, die Zahl der Luxusherbergen hingegen nimmt Jahr für Jahr zu. Zumindest in den beliebtesten Quartieren treten oft Engpässe auf, Vorausbuchung empfiehlt sich deshalb dringend. Zur genauen Lage der Hotels siehe die entsprechenden Stadtpläne.

In der Innenstadt

Im Zentrum des Geschehens. Viele reizvolle Hotels, oft in alten Palästen. Autofahrern stellt sich allerdings das Parkplatzproblem.

***** **Hotel Can Cera** 27, sehr zentral gelegenes Luxusquartier in einem Stadtpalast des 17. Jh., manche Gebäudebereiche sind sogar noch weit älter. Spa. Nur zwölf Deluxe-Zimmer und Suiten, alle im Charakter etwas unterschiedlich. Die Preise für zwei Personen bewegen sich je nach Standard und Saison zwischen etwa 170 und 500 €. C. Sant Francesc 8, ✆ 971 715012, www.cancerahotel.com.

***** **Boutique Hotel Calatrava** 34, am südöstlichen Rand der Altstadt, ein 2013 eröffnetes Schwesterhotel des Can Cera. Aller Komfort, Dachterrasse mit weitem Meerblick, Spa. Die Hauptstraße jenseits des Parks ist zu hören, stört aber nicht wirklich. 16 Zimmer und Suiten, die Deluxe-Zimmer gehen nach hinten, Junior-Suiten und Suiten zum Meer. Die Preise liegen etwa auf demselben Niveau wie im Can Cera. Plaza Llorenç Villalonga 8, ℡ 971 728110, www.boutiquehotelcalatrava.com.

***** **Hotel Palacio Ca Sa Galesa** 32, kleines und feines Nobelhotel unweit der Kathedrale. Nur zwölf Zimmer und Suiten in einem 1576 erbauten Palast. Dachterrasse mit Blick, originelles Hallenbad; Parkmöglichkeit im Hof. DZ entsprechend der Kategorie und Ausstattung etwa 280–350 €, für die Suiten legt man noch eine Kleinigkeit mehr an. Carrer Miramar 8, ℡ 971 715400, www.palaciocasagalesa.com.

**** **Hotel Cort** 19, im Zentrum der Oberstadt, untergebracht in einem ehemaligen Bankgebäude. 2013 eröffnet; sehr schönes, geschmackvolles Interieur (Mitglied der Vereinigung Design Hotels). Exzellentes Hotelrestaurant. Insgesamt 16 DZ und Suiten, alle unterschiedlich gestaltet. Zwei Personen zahlen etwa 170–300 €, für die Top-Suiten noch mehr. Plaça de Cort 11, ℡ 971 213300, www.hotelcort.com.

**** **Hotel Puro** 21, 2004 eröffnetes Stadtquartier im Llotja-Viertel; extravagantes Design (vielleicht nicht immer mit dem Fokus auf Funktionalität), schöne Dachterrasse; gefragtes Bar-Restaurant. Zum Haus gehört der „Strandclub" Puro Beach in Ca'n Pastilla. DZ im Schnitt etwa 170–270 €, Suiten 230–400 €. Carrer Montenegro 12, ℡ 971 425450, www.purohotel.com.

**** **Hotel Tres** 25, gleich um die Ecke. 41 skandinavisch-stilvoll eingerichtete Zimmer in einem Stadtpalast des 16. Jh. Großer, hübscher Patio, Dachterrasse mit kleinem Pool und Kathedralenblick. Sehr freundlicher Service. DZ etwa 190–300 €, Suiten noch darüber. Carrer Apuntadors 3, ℡ 971 717333, www.hoteltres.com.

**** **Hotel Convent de la Missió** 7, in einem ehemaligen Kloster des 17. Jh., wenige Schritte von den Rambles. Puristischer Stil (Besitzer Antoni Esteva ist ein bekannter Innenarchitekt); 14 Zimmer bzw. Suiten, teilweise mit Terrasse. Whirlpool und Sauna. Hervorragendes Restaurant. DZ kosten etwa 170–300 €, es gibt auch Suiten. Carrer de la Missió 7a, ℡ 971 227347, www.conventdelamissio.com.

**** **Hotel San Lorenzo** 15, ebenfalls ein traumhaftes kleines Hotel, Mitglied der „Reis de Mallorca". Untergebracht in einem restaurierten Altstadtpalast des 17. Jh. Ruhig gelegen, nur sechs unterschiedlich ausfallende Zimmer, schöner Garten mit Pool. DZ etwa 180–220 €, Junior-Suite 280 €. Carrer Sant Llorenç, ℡ 971 728200, www.hotelsanlorenzo.com.

**** **Hotel Palau Sa Font** 18, im Llotja-Viertel, jedoch etwas abseits des Trubels. Die Innenausstattung des Bischofspalasts aus dem 16. Jh. besticht mit gekonntem Design. 19 Zimmer, kleiner Pool, Turm mit Blick. DZ nach Saison und Größe etwa 150–200 €. Carrer Apuntadors 38, ℡ 971 712277, www.palausafont.com.

**** **Hotel HM Jaime III** 8, großes, aber attraktiv gestaltetes Quartier in noch recht zentraler Lage am Rand der Altstadt. Viele Geschäftsreisende. 88 sehr gut ausgestat-

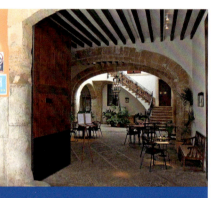

▲ Luxus in zentraler Lage: Hotel Can Cera

▼ Preisgünstige, nostalgische Alternative: Hotel Born

tete Zimmer. Preise stark nachfrageabhängig, Richtwert fürs DZ etwa 130 €, zu Kongressen etc. deutlich mehr. Passeig de Mallorca 14, ℡ 971 72594, www.hmhotels.net.

**** **Hotel Misión de San Miguel** 6, in guter, zentraler Lage, betrieben von der Gruppe „Urban Rustic", die weitere Quartiere in Ciutat Jardí besitzt. 29 Zimmer und drei Suiten mit solider Ausstattung; im Haus die „Misa Braseria & Bar" von Kochkünstler Fosh. Eigene Garage, etwas schwierig anzufahren. DZ im Schnitt etwa 130–170 €, es gibt auch Junior-Suiten. Can Maçanet 1a, ℡ 971 214848, www.urhotels.com.

**** **Hotel Dalt Murada** 26, in einem früheren Herrenhaus der oberen Altstadt, unweit der Kathedrale. Acht DZ bzw. Suiten, vielleicht nicht topaktuell eingerichtet, aber gemütlich und mit Antiquitäten dekoriert; Dachterrasse. DZ etwa 120–220 €, Superior-DZ und Suite gegen Aufpreis. Carrer Almudaina 6, ℡ 971 425300, www.daltmurada.com.

**** **Hotel Santa Clara** 33, ebenfalls in der oberen Altstadt. 2008 eröffnetes Quartier, dessen alte Mauern einen reizvollen Kontrast zum modern gestalteten Interieur bilden. Kleiner Spa-Bereich, Dachterrasse mit traumhaftem Blick. DZ nach Saison und Ausstattung etwa 160–220 €; es gibt auch Suiten. Carrer Sant Alonso 16, ℡ 971 729231, www.santaclarahotel.es.

**** **Hotel Hostal Cuba** 16, am Rand des Restaurantviertels Santa Catalina, Bus Nr. 1 vom Airport hält in der Nähe. Nach jahrelangem Umbau wurde das traditionsreiche einstige Hostal 2014 als Boutiquehotel neu eröffnet – sehr schick (und teuer) ist es geworden. Angeschlossen eine gefragte Gastro-Bar, die Do–So nachts auch als Music-Club fungiert. Traumhafte Dachterrasse. Ein Manko ist leider die Lage an der vielbefahrenen Straße, die Räume sind jedoch gut isoliert. Nur wenige Zimmer, DZ etwa 180–260 €, auch Suiten. Carrer Sant Magí 1, ℡ 971 452237, www.hotelhostalcuba.com.

»»» Mein Tipp: *** **Hotel Almudaina** 11, ordentliche Mittelklasse in zentraler Lage, 2009 renoviert. 80 Zimmer, die zur Straße hin gelegenen Räume können allerdings recht laut sein. Die rückwärtigen Zimmer in den Obergeschossen bieten schöne Aussicht, die Dachterrasse ebenso. Insgesamt in dieser Preisklasse eine Empfehlung. DZ etwa 100–160 €, es gibt auch Superior-Zimmer. Av. Jaume III. 9, ℡ 971 727340, www.hotelalmudaina.com. «««

** **Hotel Born** 10, nostalgisches Quartier in einem ruhig gelegenen Altstadtpalast des 16./18. Jh. Hübscher Patio, Zimmer eher einfach, aber solide möbliert; Klimaanlage. Von Lesern gelobt und für den Preis ein Tipp; Reservierung sehr ratsam. DZ etwa 95–120 €, Superiorzimmer bis 130 €. Carrer Sant Jaume 3, unweit der Plaça Rei Joan Carles I, ℡ 971 712942, www.hotelborn.com.

** **Hostal Res. Terminus** 2, an der Plaça Espanya zwischen den Bahnhöfen nach Inca/Manacor und Sóller. Älteres Haus mit nicht gerade jugendfrischem Mobiliar in ziemlich lauter, aber immerhin sehr verkehrsgünstiger Lage. DZ/Bad etwa 65 €, ohne Bad etwas günstiger. Carrer Eusebi Estada 2, ℡ 971 750014, www.terminushostal.com.

** **Hostal Apuntadores** 23, schlichtes Quartier in einer lebendigen Kneipengasse. 27 etwas hellhörige Zimmer auf fünf Etagen (Lift) – je weiter oben, desto weniger Lärm von der Straße. Zimmer z. T. mit Dusche, WC grundsätzlich auf dem Flur, Heizung; Bettenqualität sehr unterschiedlich. Dachterrasse mit Blick. Reservierung ratsam. DZ/Du etwa 60–70 €, ohne etwa 50–55 €, im Winter etwas günstiger. Carrer Apuntadors 8, ℡ 971 713491, www.apuntadoreshostal.com.

* **Hostal Ritzi** 23, nebenan und derzeit wohl die bessere Wahl, da 2015 nach einem Besitzerwechsel renoviert. 15 schlichte, aber ansprechende Zimmer mit Heizung, Dachterrasse. Wer lärmempfindlich ist, sollte nach einem der ruhigeren Räume fragen. Seit der Renovierung ist das Preis-Leistungs-Verhältnis für hiesige Verhältnisse durchaus in Ordnung: DZ/Bad 80 €, DZ/Du (ohne WC) 70 €, DZ ohne Bad 65 €. Carrer Apuntadors 6, ℡ 971 714610, www.hostalritzipalma.com.

Außerhalb der Innenstadt

An der Uferstraße Passeig Marítim (Av. Gabriel Roca) stehen vorwiegend große Mittelklassehotels, die zwar eine schöne Aussicht bieten, aber nicht ganz ruhig sind. Im Gebiet von El Terreno wohnt man zwar noch etwas weiter vom Schuss, doch gibt es hier preisgünstige Hostals, in deren Umfeld sich auch Parkplätze finden.

Übernachten

- 2 Hostal Res. Terminus
- 6 Hotel Misión de San Miguel
- 7 Hotel Convent de la Missió
- 8 Hotel HM Jaime III
- 10 Hotel Born
- 11 Hotel Almudaina
- 15 Hotel San Lorenzo
- 16 Hotel Hostal Cuba
- 18 Hotel Palau Sa Font
- 19 Hotel Cort
- 21 Hotel Puro
- 23 Hostal Apuntadores und Hostal Ritzi
- 25 Hotel Tres
- 26 Hotel Dalt Murada
- 27 Hotel Can Cera
- 32 Hotel Palacio Ca Sa Galesa
- 33 Hotel Santa Clara
- 34 Boutique Hotel Calatrava

Essen & Trinken

- 1 Rest. Buscando El Norte
- 3 Celler Sa Premsa
- 4 Rest. Más Natural
- 5 Rest. Sa Pastanaga
- 6 Misa Braseria & Bar
- 7 Rest. Simply Fosh
- 9 Tast Club
- 12 Bodega San Antonio
- 13 Rest. 13 %
- 14 Rest. Bon Lloc
- 17 Rest. Bruselas
- 20 Celler Pagés
- 22 Rest. Cocteleria Sadrassana
- 24 Rest. Forn de Sant Joan
- 28 Rest. Ca'n Eduardo
- 29 Café Botiga Es Pes de Sa Palla
- 30 Rest. Caballito del Mar
- 31 Taberna del Caracol

150 m

Palma Innenstadt

Palma

**** **Hotel Portixol** 🔢, am Hafen des gleichnamigen Vororts im Osten der Stadt. Ein Klassiker seit 1956, mit Sinn für klares Design und modernen Komfort renoviert, viele der 23 Zimmer mit schöner Aussicht. Großer Pool, gutes Restaurant mit maritimer Küche. DZ nach Lage und Größe 210–440 € (Zimmer ohne Aussicht sind etwas günstiger); es gibt auch Suiten. Carrer Sirena 27, ℡ 971 271800, www.portixol.com.

**** **Hotel Ciutat Jardí** 🔢, etwas weiter östlich im gleichnamigen Ortsteil, nur 50 Meter vom Strand. Eines der ältesten Hotels der Insel, 1921 gegründet. Verspielte Architektur, komplett renoviert und unter Denkmalschutz gestellt. Schöner Garten mit kleinem Pool, freundlicher und kompetenter Service. 20 Zimmer. DZ nach Ausstattung und Saison etwa 105–190 €, Suite 230 €. C. Illa de Malta 14, ℡ 971 746070, www.hciutatj.com.

**** **Hotel Azul Playa** 🔢, ebenfalls in Ciutat Jardi, nur durch die Promenade vom Strand getrennt. Die ehemalige Pension, umgebaut von der Gruppe „Urban Rustic" (die in der Nähe auch noch das Portofino Urban Sea Hotel betreibt), ist schon von weitem an ihrem strahlenden Blau zu erkennen. Modernes Ambiente und (allerdings kleine) Zimmer mit weitem Blick. DZ nach Lage und Saison etwa 120–320 €, es gibt auch Superior-Zimmer. Carrer Isla de Rodhes 24, ℡ 971 919020, www.hotelazulplayamallorca.com.

**** **Hotel Mirador** 🔢, Beispiel für die Hotels an der Uferstraße von Palma – viele Zimmer mit Balkon zum Meer, Restaurant mit toller Aussicht. Standard-DZ etwa 100–140 €, größere Zimmer gegen Aufpreis. Av. Gabriel Roca 10, ℡ 971 732046, www.hotelmirador.es.

*** **Hotel Colón** 🔢, wenige Gehminuten nördlich der Innenstadt, mithin noch relativ zentral und auch günstig zum Intermodal an der Plaça Espanya gelegen. Solide ausgestattete Zimmer; leider etwas hellhörig. Standard-DZ in der Regel etwa 60–80 €. Kein Frühstück, die Umgebung bietet aber Möglichkeiten genug. C. 31 de Desembre 31, ℡ 971 750245 oder (Reservierungszentrale) 902 400661, www.amic-hotels.com.

** **Hostal Pinar** 🔢, im Viertel Son Armadans am Anfang der Av. Joan Miró, auch mit Stadtbus Nr. 3 zu erreichen. Keine besonders schöne Lage, aber mit Pool und recht ordentlichen, wenn auch nicht topmodernen Zimmern. DZ/Bad etwa 45–60 €. Camilo José Cela 6, ℡ 971 288864. www.hostalpinar.es.

* **Hostal Corona** 🔢, in El Terreno unweit der Plaça Gomila. In der schönen, 1904 errichteten Modernisme-Villa „Ca'n Quetglas", mit Café und hübschem Gartenrestaurant, das am Wochenende bis spät nachts geöffnet hat. „Alternative" Atmosphäre, gelegentlich Konzerte etc. Einfach, aber gemütlich eingerichtete Zimmer ohne eigenes Bad. Von November bis Januar geschlossen. DZ etwa 55–75 €. Carrer José Villalonga 22, Eingang im Carrer Santa Rita 17, ℡ 971 731935, mobil: 617 559767, www.hostal-corona.com.

* **Hostal Bonany** 🔢, in einem ruhigen Wohngebiet, Parken kein Problem. 28 Zimmer, Garten mit kleinem Pool und Tischen fürs Frühstück. Familiäre Atmosphäre, netter Service und durchaus brauchbare, teilweise renovierte Zimmer. DZ/Bad etwa 45–60 €. Carrer Almirante Cervera 5, ℡ 971 737924. www.hostalbonany.com.

Essen & Trinken → Karten S. 72/73 und 82/83

Mittags ist es sicher keine schlechte Idee, sich an den Einheimischen zu orientieren: Restaurants, die sich dann mit den Berufstätigen der Umgebung füllen, bieten fast immer solide Tagesmenüs *(Menú del Dia)* für wenig Geld. Eine sehr beliebte Restaurantzone ist das Viertel Santa Catalina westlich der Altstadt: Hier reiht sich wirklich fast ein Lokal ans nächste, die Mehrzahl öffnet nur abends. Sonntags haben viele Restaurants geschlossen.

Cafés, Kneipen und Bars

Als Treffpunkt, für die Ruhepause auf der Besichtigungstour oder den kleinen Imbiss …

Bar Bosch, an der Plaça Rei Joan Carles I., am oberen Ende des Passeig d'es Born. Hier kommt jeder mal vorbei – und setzt sich auf einen der Korbstühle im Freien oder nach innen. Seit über einem halben Jahrhundert der beliebteste Treffpunkt der Stadt.

Essen & Trinken 85

Drink mit Kathedralenblick: Bar Varadero

Café-Bar Lírico, ebenfalls schon eine Institution. Schön altmodisches Café mit effektiven Kellnern und einer interessanten Publikumsmischung. Gute Auswahl an verschiedenen Kaffeesorten. Av. d'Antoni Maura 6, fast direkt an der Plaça Reina.

Café Cristal, an der Plaça Espanya und dem „Lírico" ganz ähnlich: ein klassisches Café mit Jugendstilanklängen. Ebenso reizvoll, wenn auch nicht so alt wie der Name suggeriert, ist das nahe „Café 1916".

El Café, an der Plaça Weyler im Erdgeschoss des ehemaligen Gran Hotel, einem superben Modernisme-Bau. Nobles Ambiente, kreisrunder Tresen, elegante Besucher.

Gran Café Cappuccino Passeig Marítimo, schickes Café an der Uferstraße Passeig Marítim, ein paar Fußminuten westlich der Innenstadt und ein beliebter Treffpunkt urbaner Jugend. Gleich nebenan liegt das **Hard Rock Café**, gegenüber direkt am Wasser mit wirklich schöner Aussicht auf den Hafen die **Bar Dàrsena**.

Gran Café Cappuccino Sant Miquel, in der gleichnamigen Einkaufsgasse der Oberstadt. Sehr schön untergebracht in einem Palast des 18. Jh. mit Garten; gehobenes Preisniveau. Carrer Sant Miquel 53. Weitere Filialen in Palma bei der Bar Bosch, am C. Unió 11 (Plaça Weyler) und im Palau March neben dem Treppenaufgang der Plaça de la Reina sowie in Port Portals, Palma Nova, Port d'Andratx, Valldemossa und Port de Pollença.

Café Ca'n Joan de S'Aigo, wohl das traditionsreichste Café der Stadt: Gründungsjahr 1700! Wunderbares Dekor, gute Ensaïmades, Eis, Kuchen und Chocolate (flüssige Schokolade) – nicht versäumen! Carrer Ca'n Sanç 10, zwischen Plaça Major und der Kirche Santa Eulàlia. Eine (natürlich jüngere) Filiale liegt an der C. Baró Sta. María del Sepulcre 5, in der Unterstadt nahe der Av. Jaume III.

》》》 Lesertipp: Xurrería-Xocolatería Rosaleda, „mit frischen Churros und herrlich zähflüssiger Schokolade sowie selbst frittierten Chips. Hinter Sant Miquel, Costa de la Pols 12" (Oliver Kurz). **《《《**

Bar Sa Bóveda, in der Llotja, eine allabendlich knackvolle In-Bar, die mit guten, wenn auch nicht billigen Tapas glänzt. Carrer Botería 3. Ein Ableger, die Taberna Sa Bóveda, findet sich am Passeig Sagrera, neben dem Restaurante Caballito del Mar.

Bar La Cueva, ebenfalls im Llotja-Viertel. Auch die „Höhle" ist eine prima Adresse für feine Tapas und deshalb stets bestens besucht. Carrer Apuntadors 5.

》》》 Mein Tipp: Bar-Cafetería Varadero, etwas außerhalb des Llotja-Viertels, nämlich in Spitzenlage auf der alten Mole Moll Vell. Sehr beliebte und belebte Freiluftbar, die mit frischer Meeresbrise und feinem Blick auf die Kathedrale glänzt, ein schöner Platz für einen Drink. Essen (eher einfacher Natur) gibt es auch. Bis zwei Uhr morgens geöffnet. **《《《**

Palma

Bar Coto, an einem Platz schon jenseits des Carrer Apuntadors. Farbenfrohes Lokal mit freundlicher deutscher Leitung und hübscher Terrasse. An Werktagen gibt es hier mittags je ein Tapas- und ein Mittagsmenü für 10 €. Das Innere feiert die mexikanische Malerin Frida Kahlo. Täglich geöffnet. Plaça Drassana 12.

Café Zanzibar, direkt beim Markt im Viertel Santa Catalina, ein beliebtes Speisecafé an der Plaça Navegació mit einigen Tischen auch im Freien. Gleich nebenan und im Charakter ähnlich: **Monolisto**.

Bar Lizarrán, direkt an der Plaça Major, Filiale einer spanienweiten Kette von Tapas-Bars im baskischen Stil. Preiswert: Ein „Montadito" (Tapa auf Weißbrot gespießt, der Zahnstocher dient auch zur Abrechnung) kostet 1,40–1,90 €, auch der spritzige baskische Weißwein Txakolí ist günstig. Plaça Major 11. Ein weiteres Lizarrán liegt am Carrer Blanquerna 6, einer Fußgängerzone nördlich des Zentrums.

Bars La Botana, früher ebenfalls der Lizarrán-Kette angeschlossen, jetzt selbständig; das Konzept ist jedoch dasselbe geblieben. Carrer Brondo 6 (zentral nahe Passeig d'es Born) und Carrer Enrique Almazora 2.

Bar Ca La Seu, im sonst eher ruhigen Gerreria-Viertel in der Oberstadt. Gemütliche Kneipe mit Tischen, umgebaut aus einem uralten Korbwarengeschäft, das von 1510 bis 1983 in Betrieb war. Buntes Publikum, prima Tapas. Voll wird es hier besonders zur „**Ruta martiana**" am Dienstagabend, wenn – wie in so manch anderer Bar des Gebiets auch – für 2 € ein kleines Glas Bier oder Wein (Zurrito de cerveza/vino) samt Tapa serviert wird. C. Cordería 17, östlich der Plaça Coll. Ein weiteres sehr gefragtes Lokal der Ruta martiana liegt noch etwas südöstlich im Carrer del Pes de la Farina 12: **Molta Barra**.

Bar Sifoneria, ein echtes Kuriosum in der Oberstadt. Der winzige, dunkle, schlauchartige Raum ist gestopft voll mit Fässern, Gläsern, Flaschen und 70er-Jahre-Krimskrams, für die Sitzplätze (Strohmatten auf alten Bierkästen) bleibt wenig Platz. Es gibt Wein vom Fass (auch zum Mitnehmen) und Wermut, den Besitzer Juan-Carlos, der „Sifonero", gern mit einem Spritzer Soda auffüllt. Zum Ambiente passt die Musik, die ausschließlich von Kassetten und Vinyl-Platten stammt. Schmale Öffnungszeiten, in der Regel Mi–Sa 13–15 und 18.30–21 Uhr. Carrer Santa Clara 4, Ecke Carrer de Can Pont i Vic.

Bodega La Rambla, ein Klassiker der Stadt, beliebt und voll besetzt, musste 2015 nach mehr als sieben Jahrzehnten umziehen. Traditionelle Tapas, nicht teuer. Neue Adresse ist die Via Roma 6, die Verlängerung des Passeig de la Rambla.

Cafeteria Tast, um die Ecke von der Bar Bosch. Unscheinbarer Eingang; prima Tapas, Montaditos und mehr. Zu Recht ausgesprochen beliebt bei den Einheimischen. Carrer Unió 2. Eine Filiale liegt nordwestlich der Pl. Espanya an der Av. Comte de Salent 13, Ecke C. Francesco de Borja Moll. Mittlerweile hat die Gruppe auch ein Restaurant (Tast Club, s.u.) eröffnet.

Bar Kiosco Alaska, ganz in der Nähe des erstgenannten „Tast". Eher der Originalität halber erwähnt: Dieser quadratische, jahrzehntealte Freiluftausschank ist eine der letzten althergebrachten Tränken. Hamburger, „heiße Hunde" und Bier vom Fass… Leider mit unsicherer Zukunft.

Es Rebost, an der Einkaufsstraße Jaume III., mit kleiner (allerdings nicht gerade ruhig gelegener) Terrasse. „Mallorca-Etnofood" – schmackhafte kleine Gerichte aus Bio-Produkten, die ganz überwiegend auf der Insel hergestellt werden; einige wenige stammen aus Menorca. Auch Verkauf von mallorquinischem Salz, Öl, Wein etc. Avinguda de Jaume III. 20. ■

Gastrobar Cuba, am Rand des Restaurantviertels Santa Catalina. Schöner Bau aus dem frühen 20. Jh., der u.a. auch einmal als Hostal fungierte und heute wieder ein Hotel beherbergt, siehe „Übernachten". Komplettservice vom Frühstück über das Mittagsmenü (Sa-Mittag wird, einer Mode aus Barcelona folgend, Wermut mit Tapas serviert) bis zum Abendessen und zur nächtlichen Musicbar. Carrer Sant Magí 1.

Mercado Gastronómico San Juan, auf dem Gelände des ehemaligen Schlachthofs S'Escorxador weit im Norden der Stadt. Ein neuer Gastro-Markt (Eröffnung 2015) mit mehr als einem Dutzend Ständen, die von Tapas über Burger, Fisch- und Fleischgerichte bis hin zu Sushi und Austern eine breite Auswahl bieten. Reizvolles Ambiente, gegessen wird ganz leger an hohen Holztischen. Bleibt abzuwarten, ob sich das Konzept durchsetzt. Carrer Emperatriu Eugenia 6.

Fibonacci, im östlichen Küstenvorort El Molinar. Eine Bäckerei mit Café und beliebter Terrasse, Teil einer kleinen Kette, die noch weitere Filialen in Palma besitzt. Nett fürs Frühstück, aber auch tagsüber. C. Vicario Joaquin Fuster 95, gegenüber vom Club Marítimo Molinar.

Restaurants in der Innenstadt

Rest. Simply Fosh **7**, im Hotel Convent de la Missió. Das Top-Restaurant des britischen Meisterkochs Marc Fosh, mit einem Michelinstern ausgezeichnet. Mittagsmenü erschwingliche 26 €, abends mit diversen Degustationsmenüs ab 60 € aufwärts. Außerhalb der Saison So geschlossen, Reservierungen unter ✆ 971 720114. Ganz in der Nähe betreibt Fosh im Hotel Misión de San Miguel (✆ 971 595301) die legerere Misa Braseria & Bar **6**.

»› Mein Tipp: Rest. Cocteleria Sadrassana **22**, an einem erst in jüngster Zeit herausgeputzten Platz jenseits des Carrer Apuntadors. Reizvolles Interieur in einem restaurierten Herrenhaus mit mehreren kleinen Räumen, im ersten Stock eine frei zugängliche Kunstgalerie. Moderne Interpretationen mediterraner Küche, gute Weinauswahl, prima Cocktails. Menü ab etwa 40 €, man kann es aber auch bei Tapas oder einer der raffinierten Versionen mallorquinischer Cocas belassen. Plaça Drassanes 15, nur abends, im Winter Mo Ruhetag. Reservieren: ✆ 971 728515. «‹

Tast Club **9**, die jüngste Eröffnung der Tast-Gruppe, unweit des Hotels Born gelegen und in einem wunderbaren Stadtpalast (kein Namensschild!) untergebracht. Labyrinthisches, sehr schön dekoriertes Inneres mit diversen Räumen. Gehobene spanische Küche, kleine Karte, manche Gerichte auch als Tapas erhältlich. Menü à la carte ab etwa 30–35 €, man kann aber durchaus mehr anlegen. Sa-Mittag und So geschlossen. Carrer Sant Jaume 6, Reservierung ratsam: ✆ 971 710150.

Rest. Caballito del Mar **30**, bei der Plaça Llotja. Spezialität des „Seepferdchens" sind erwartungsgemäß Fischgerichte, das Menü à la carte kommt ab etwa 40 € aufwärts auf den Tisch. Gute Weinauswahl. Passeig de Sagrera 5, ✆ 971 721074.

Forn de Sant Joan **24**, nicht weit entfernt. Feine spanisch-internationale Küche, eine immense Auswahl an Tapas und ein guter Service zeichnen dieses auch von Lesern gelobte Lokal aus. Mittagsmenü etwa 16 €, à la carte legt man ab etwa 40 € aufwärts an. C. Sant Joan 4, ✆ 971 728422. Unter derselben Leitung eröffnete gleich gegenüber das schicke, auf Tapas, Pizzas, Grillgerichte und Cocktails spezialisierte Koa.

Rest. Ca'n Eduardo **28**, auf der Mole des Fischerhafens, im Gebäude der ehemaligen Fischauktionshalle Llotja del Peix. Klar, was da auf den Teller kommt: Fisch, frisch. Die Preise haben es allerdings in sich, Hauptgerichte etwa 25 € bzw. nach Gewicht. Im Winter So-Abend geschlossen. ✆ 971 716574.

Taberna del Caracol **31**, im Gebiet östlich der Kathedrale. Serviert werden als Spezialität „tolle Tapas zu verhältnismäßig moderaten Preisen" (Leserbrief von Charlotte Kranefeld), darunter die namensgebenden Schnecken Caracoles. So und Mo-Mittag geschlossen. Carrer Sant Alonso 2. Reservierung ratsam: ✆ 971 714908.

»› Mein Tipp: Rest. Buscando El Norte **1**, unweit der Plaça d´Espanya. Gemütliches Lokal mit schönem Ambiente, das noch viele Details aus seiner Geschichte als ehemalige Handlung für Künstlerbedarf (gegründet 1860!) bewahrt. Raffinierte Tapas und Raciones zu absolut bezahlbaren Preisen, ideal auch zum Teilen; gute Weinauswahl. Hervorragendes Preis-Leistungs-Verhältnis. So geschlossen. Carrer Sant Miquel 77, Reservierung unter ✆ 971 966619. «‹

Pintxos-Angebot im Rest. Buscando El Norte

🌿 Café-Botiga Es Pes de Sa Palla **29**, im Gebiet hinter der Basílica Sant Francesc. Ein Restaurant der Behindertenorganisation Amadip Esment, viele Produkte stammen aus eigenem Öko-Anbau. Hübsche Terrasse. Mittagsmenü 15 € (Sa 17 €), auch nett fürs Frühstück. Abends geschlossen, So Ruhetag. Pl. Es Pes de Sa Palla 3. ■

》》》 Lesertipp: Bodega San Antonio **12**, Nachbarschaftslokal am östlichen Rand der Oberstadt. „Mittagsmenü 10 €, Hauptspeisen sehr bodenständig und reichhaltig, lecker zubereitet. Geöffnet nur Mo–Sa und nur bis Nachmittag. Plaça Puerta S. Antoni 10" (Dr. Rolf Sauren). Achtung Eltern, das freizügig präsentierte Angebot des benachbarten Sexshops könnte den Nachwuchs irritieren. 《《《

Celler Pagés **20**, in einer Seitengasse des Carrer Apuntadors. Solide mallorquinische Küche, reichliches Mittagsmenü für etwa 14 €, viele Hauptgerichte à la carte unter 18 €. Carrer Felip Bauzá 5, Sa-Abend und So geschlossen.

》》》 Mein Tipp: Rest. Bruselas **17**, gleich um die Ecke vom Celler Pagés. Gemütliches argentinisches Keller-Restaurant mit sehr schmackhaften Fleischgerichten vom Holzkohlegrill. Menü à la carte ab etwa 20–25 €, vor allem aber prima Mittagsmenüs à 13 €. Carrer S'Estanc 4. 《《《

Rest. 13% **13**, nicht weit entfernt. Gemütliches Lokal mit prima Weinauswahl (auch im Verkauf) und sehr guter Küche; der Renner ist das Mittags-Tapasmenü, bei dem man sich für etwa 11 € aus sechs Tapas drei aussuchen darf. Das Fleisch ist aus ökologischer Haltung. C. Sant Feliu 13.

Rest. Bon Lloc **14**, hübsches vegetarisch-veganes Restaurant mit prima Auswahlmenüs für etwa 15 €. Carrer Sant Feliu 7, eine westliche Seitenstraße des Passeig d'es Born; geöffnet Mo–Sa jeweils mittags, Do–Sa auch abends.

Rest. Sa Pastanaga **5**, ein weiterer Vegetarier, der sich deutlich an die Werktätigen der Umgebung wendet; vom Preis her ähnlich wie das Bon Lloc. Carrer de Sant Elies 6, zu erkennen an der großen Karotte, ums Eck von der deutschen Buchhandlung Akzent. Nur Mo–Fr mittags geöffnet.

》》》 Mein Tipp: Celler Sa Premsa **3**, eine der urigsten Gaststätten der Stadt. Großer Saal, in dem fast ein Dutzend Kellner wirbelt. Gemütlich-rustikale Dekoration, an den Wänden uralte Stierkampfplakate, auf denen noch der legendäre „El Cordobés" angekündigt wird – der Celler Sa Premsa, der 2008 sein 50jähriges Jubiläum feierte, ist ein Klassiker. Kulinarisch wird Hausmannskost geboten, mallorquinische und spanische Gerichte zu Preisen, die neben Urlaubern auch Einheimische anziehen: Viele

Seit Jahrzehnten fast unverändert: Celler Sa Premsa

Essen & Trinken

Hauptgerichte kosten um 8–10 €. Noch recht neu sind die moderne Bar und die (wenigen) Tische im Freien. Plaça Bispe Berenguer de Palou 8, im nördlichen Altstadtbereich unweit der Rambla. So geschlossen, im Juli/August auch Sa. «

Rest. Más Natural 4, direkt an der Plaça Espanya. Salathungrige sollten hier glücklich werden, die Auswahl ist gigantisch. Klein hingegen die Preise, die (üppige) Salatportion kommt auf etwa 8–9 €. Andere Gerichte gibt es aber auch. Plaça Espanya 8 (das Pluszeichen steht für „Más"), So Ruhetag.

Restaurants außerhalb des Zentrums

Rest. Duke 40, gleich um die Ecke vom Markt in Santa Catalina, von außen kaum zu erkennen, da ohne Namensschild. Nettes, relaxtes Ambiente im Surferlook, freundlicher Service, sehr variantenreiche und schmackhafte „Weltküche". Etwa 25–30 € sind zu rechnen, das Mittagsmenü kommt für 15 € auf den Tisch. Sa-Mittag und So geschlossen. C. Soler 36, Reservierung ratsam: ☎ 971 071738. Im Stil ähnlich und ebenfalls top ist das benachbarte **Bunker's** 40.

» **Lesertipp:** **Rest. A ma Maison** 39, etwas oberhalb in derselben Straße. „Tolles Restaurant, französisch-tunesische Küche, alle Gerichte frisch gemacht. Für die Qualität nicht zu teuer". (Jürgen Freyer). Hauptgerichte im Schnitt 15–20 €. So/Mo geschlossen. Carrer Soler 18, ☎ 971 919697. «

Viêt Nam Café 41, ebenfalls in Santa Catalina und in diesem schnelllebigen Viertel fast schon so etwas wie ein Klassiker, da bereits 2004 gegründet. Freundlich geführtes, familiäres Lokal mit hübscher, schlicht-moderner Dekoration. Guter und aufmerksamer Service, authentische vietnamesische Küche. Menü ab etwa 25 €, an Werktagen meist auch ein recht günstiges Mittagsmenü. Mo geschlossen. Plaça del Progrés 14, ☎ 971 285023.

Rest. Eco-Vegetaria 38, ganz knapp außerhalb des Catalina-Viertels. Öko-zertifiziertes, vegetarisches Restaurant mit guter Küche und sehr preisgünstigem Viergänge-Menü (auch abends!) für knapp 9 €, Fr- und Sa-Abend kostet es 10 €. Öko-Weine und ebensolche Biere. Freundlicher Chef, nette Atmosphäre. So Ruhetag. Carrer Comte de Barcelona 26. ∎

Schick: Nassau Beach Club

» **Mein Tipp:** **Bar-Rest. Casa Gallega** 37, modernes, noch recht junges Lokal, zwar etwas abseits an den nördlichen Avingudes gelegen, aber dennoch sehr beliebt und oft voll besetzt. Galicische Küche, natürlich mit Schwerpunkt auf Fisch und Meeresfrüchten. Mittagsmenü etwa 13,50 €; auch abends recht moderate Preise – das Menü (ab zwei Personen angeboten) inklusive einem halben Hummer kostet 26 €. An der Bar prima Tapas und Montaditos. Mo (außer im Sommer) Ruhetag. Av. Comte de Sallent 19, ☎ 871 948115. «

Bodega Blanquerna BB8 36, in einer nahen Fußgängerzone (nicht weit von der Plaça d'Espanya), in der sich noch viele andere Lokale ganz unterschiedlicher Art finden; Tische auch im Freien. Auf der Karte galicische Gerichte und Tapas; günstiges und solides Mittagsmenü à 10 €, auch sonst sind die Preise im Rahmen. C. Blanquerna 8, ☎ 971 908606; So Ruhetag.

Palma

Rest. El Bungalow 46, Beispiel für die Restaurants der östlichen Vorortzone von Portixol über El Molinar bis Ciutat Jardí. Das „Bungalow" mit seiner schönen Terrasse zum Meer gehört zu den Klassikern hier. Spezialität sind Reis- und Fischgerichte, Hauptspeisen etwa 15–20 €, Fisch nach Gewicht. Carrer Arrecife 2 in Ciutat Jardí, ℡ 971 262738. So-Abend geschlossen, im Winter oder bei schlechtem Wetter nur mittags geöffnet. Wer es weniger traditionell liebt und feine Tapas à la carte, eine reizvolle Lage sowie relativ günstige Preise schätzt, ist gut bedient mit dem beliebten, in El Molinar am Carrer Vicari Joaquim Fuster 67 gelegenen **Tapas Club**.

Nassau Beach Club 47, etwas stadtnäher, von Palma aus gesehen ganz am Ende des Strands Platja de Ca'n Per Antoni und kurz vor dem Hafen von Portixol. Strandclub mit gehobenem Restaurant und feinem Ambiente. Spitzenlage, deftige Preise – man kann es ja auch bei einem Drink oder Cocktail in der Lounge belassen. Passeig de Portixol s/n, ℡ 971 701159.

Anima Beach 48, am anderen, stadtseitigen Ende der Platja de Ca'n Per Antoni. Ein weiterer, nett gestylter Beachclub, ebenfalls in schöner Lage direkt am (eher noch: im) Meer. Internationale Küche mit Bistro-Touch, deutlich preisgünstiger als im Nassau. Natürlich lassen sich auch hier Strandliegen & Co. mieten. ℡ 971 595591.

Nachtleben

La Llotja, das Viertel zwischen der gleichnamigen Plaça und dem Carrer Apuntadors, hat aufgrund von Lärmschutzmaßnahmen ein wenig an Beliebtheit verloren, besitzt aber immer noch zahlreiche Kneipen. Weitere Nachtbars und auch eine Reihe von Discos (oft nur zur Saison geöffnet) liegen am Passeig Marítim in Richtung Club de Mar.

Llotja-Viertel

Ábaco, wohl die meistbeschriebene Bar Mallorcas. Der bildhübsche Stadtpalast des 17. Jh. quillt fast über vor Blumengebinden, Früchtearrangements und anderem romantisch-übersteigerten Dekor. Gesalzene Getränkepreise und Türsteher – wenn am Wochenende die Bude voll ist, dann bleibt, Designerkleid hin, Brillantcollier her, der unauffällige Eingang schon mal geschlossen. Carrer Sant Joan 1, eine Seitenstraße des Carrer Apuntadors. www.bar-abaco.es.

Café Sa Llotja, direkt an der Plaça Llotja. Gemütliches und nostalgisches Café, beliebter Treffpunkt zum Auftakt der Nacht. Gute Cocktails. C. Llotja del Mar.

La B del M, eigentlich La Bodeguita del Medio, der gleichnamigen Lieblingsbar Hemingways in Havanna nachempfunden. Klar, dass karibische Rhythmen eine ebenso wichtige Rolle spielen wie tropische Cocktails. C. Valseca 18, eine Filiale liegt am Passeig Marítim 27.

Jazz Voyeur Club, direkt in der Hauptgasse der Llotja, ein enger Jazzclub mit Ambiente und guter Live-Musik, Eintritt in der Regel frei. Apuntadors 5, erster Stock.

Blue Art Café, in einer Parallelgasse meerwärts, eine nette kleine Music-Bar. Carrer Valseca 9.

Atlántico Café, in einer Seitengasse des Passeig d´es Born, sehr beliebt besonders wegen der guten Cocktails. Carrer Sant Feliu 12.

Passeig de Mallorca

Brassclub, 2013 eröffnete, exquisite Cocktail-Bar, geleitet von Rafa Martín, einem mehrfach prämierten Cocktailkünstler. Stilvolles Ambiente, kreative Drinks. Passeig de Mallorca 34.

Passeig Marítim und Umgebung

Tito's, noble Disco in interessanter Architektur, mit Traumblick über den Hafen. Vor etwa zwei Uhr ist, wie in allen spanischen Discos, kaum etwas los. Plaça Gomila 1, Auffahrt vom Passeig Marítim per verglastem Lift. www.titosmallorca.com.

Pacha, die Filiale der berühmten Clubs aus Ibiza und Sitges, öffnete 2013 wieder an ihrem früheren Standort, den zwischenzeitlich das „Abraxas" innehatte. Auch hier geht es erst spät so richtig los. Passeig Marítim 42, www.pachamallorca.es.

El Divino Mallorca, ein 2009 eröffneter Ableger des ja leider verblichenen Superclubs von Ibiza. Terrasse mit toller Aussicht, viel einheimisches Publikum. Pg. Marítim 33, www.eldivinomallorca.com.

Made in Brasil, eine Music-Bar mit lateinamerikanischen Rhythmen und Cocktails. Passeig Marítim 27.

Garito Café, hübsch gestylte und sehr beliebte Bar mit langer Geschichte, gelegen an der Dársena Ca'n Bárbara, einem kleinen Hafen landeinwärts des Passeig Marítim. Geöffnet ab 20 Uhr mit Lounge-Atmosphäre, später Tanzbar mit diversen Events. Gute Cocktails, vernünftige Preise; ordentliches Essen gibt es auch. www.garitocafe.com.

Kaelum, knapp abseits des Passeig Marítim am Rand des Viertels Santa Catalina. Nettes Interieur, das Publikum ist dem Teenie-Alter meist schon einige Jährchen entwachsen. Av. Argentina 1, hinter der Infostelle.

Casino de Mallorca, vor einigen Jahren von Magaluf ins Centro Comercial Porto Pí (siehe „Einkaufen") und damit strategisch günstig in die Nähe der Kreuzfahrtschiffe umgezogen. www.casinodemallorca.com.

Ciutat Jardí

El Peñón, über dem hinteren der beiden Strände von Ciutat Jardí. Superb gelegene Terrassenbar mit abendlichem Chillout-Sound wie in Ibizas Café del Mar. Auch Restaurant. www.elpenon1957.com.

Einkaufen/Märkte

Gute Shoppingreviere sind die noble Einkaufsstraße *Avinguda Jaume III.*, der *Passeig d'es Born*, die *Fußgängerzone* zwischen Plaça Rei Joan Carles I. und Plaça Major, der Carrer *Sant Miquel* sowie die *Via Sindicat*, die beide von der Plaça Major ausgehen; in der *Via Verí* finden sich Galerien und Boutiquen exklusiver Designer. Von April bis Oktober dürfen größere Geschäfte innerhalb der Avingudes auch am Sonntag öffnen.

Lebensmittelmärkte

Mercat de l'Olivar, am gleichnamigen Platz, etwa auf halbem Weg zwischen Plaça Major und Plaça d'Espanya. Größte Markthalle der Stadt, gute Tapas- und Sushi-Stände, sogar frische Austern gibt es. Geöffnet Mo–Sa vormittags, am Freitag auch nachmittags. Der Supermarkt im ersten Stock ist Mo–Sa durchgehend bis 21.15 Uhr geöffnet.

Mercat Santa Catalina, im gleichnamigen Viertel westlich der Innenstadt. Kleinerer Markt, im Umfeld eine Reihe spezialisierter Delikatessengeschäfte. Geöffnet Mo–Sa, jeweils vormittags.

Bioprodukte & Regionales

Ökomarkt (Mercado ecológico), jeden Dienstag und Samstag von 8–14 Uhr auf der Plaça Bisbe Berenguer de Palou (auch: Pl. dels Patins), oberhalb des C. Oms. ∎

Bioladen: Yerbabuena, ganz in der Nähe der o.g. Plaça. Gute Auswahl an Bioprodukten von der Gesichtscreme bis zum frischen Obst; auch vegetarischer Imbiss. Carrer de Jeroni Antic 7, www.yerbabuena.com.es.

Weine, Delikatessen: Ca´n Sureda, der Laden von Peter Maffays gleichnamiger Bio-Finca bei Pollença. Öl und Wein stammen von dort, andere Produkte (Kapern, Allioli, Marmelade, Mandellikör etc.) von ausgewählten kleinen Produzenten der Insel. Die Erlöse fließen in Maffays Stiftung. Carrer Santo Domingo 2, nahe der Plaça de Cort.

Son Vivot, Pl. Porta Pintada 1, nahe der Plaça Espanya. Breite Weinauswahl, Sobrasada-Würste (auch Bio) etc. www.sonvivot.com.

Ensaïmades: Vielfältige Variationen der mallorquinischen Gebäckspezialität bietet der „Forn del Sant Cristo" im Carrer de Paraires 2, unweit der Plaça Rei Joan Carles. Eine weitere bekannte Adresse ist der „Forn d'es Teatre" mit seiner häufig fotografierten Jugendstilfront zur Plaça Weyler.

Gewürze und Kräuter: Especias Crespí, Ladengeschäft einer lokalen Gewürzmühle, im Angebot z.B. Kräuter, Trockenfrüchte, mit Rotwein gefärbter Safran etc. Via Sindicato 64 (Oberstadt), Stände auch in den Märkten Olivar und Santa Catalina. www.especiascrespi.com.

Diverses: Típika, „Coses d´aquí" (Sachen von hier), verschiedene Produkte kulinarischer und kunsthandwerklicher Natur, alle auf Mallorca hergestellt, die Mehrzahl von Kleinbetrieben. C. Morei 7, nahe der Pl. Santa Eulàlia. Hier auch Infos zu geführten Stadt- und Patiotouren. www.tipika.es. ∎

Flohmarkt

Rastrillo, auch Baratillo („der kleine Billige") genannt. Jeden Samstag bis 14 Uhr am südöstlichen Rand der Innenstadt im Bereich der Avinguda Gabriel Alomar i Vilalonga. Vorwiegend Stände mit importierter Allerweltsware. Handeln ist Pflicht, Achtung vor Taschendieben!

Internationales Angebot: Flohmarkt „Rastrillo"

Kaufhäuser/Shopping-Center

El Corte Inglés, Spaniens dominierende Kaufhauskette, mit Filialen an der zentralen Av. Jaume III. 15 und der östlichen Ringstraße Av. Alexandre Rosselló, in der Nähe des Carrer de Manacor, mit Tiefgarage.

Centro Comercial Porto Pí, am südwestlichen Stadtrand, hinter dem Fährhafen. 150 Läden, Supermarkt, Restaurants etc.

Festival Park Mallorca, Shopping- und Freizeitcenter vor den Toren der Stadt in der Gemeinde Marratxí, siehe auch Kapitel „Die Inselmitte". Viele Outlets.

Rialto Living, zwei Schritte vom Passeig d´es Born. Lifestyle-Laden über zwei Etagen in einem alten Palast – fast schon eher eine Sehenswürdigkeit als ein Geschäft. Kleidung, Wohn-Accessoires, Stoffe etc. Ein Café gehört auch dazu. Carrer Sant Feliu 3.

Mode/Schuhe/Accessoires

Loewe, Spaniens Nobelmarke Nummer eins. Handtaschen, Schals, Krawatten, Leder, klassisch-elegant und hochpreisig. Av. Jaume III. 1; Ecke Passeig d'es Born.

Adolfo Domínguez, einer der bekanntesten Modedesigner des Landes. Edle Ware für beide Geschlechter, für das Gebotene relativ preisgünstig. Carrer Unió 5.

Purificación García, Understatement-Mode für Männer und Frauen. Klassischer Stil, feines Material, akzeptable Preise. Plaça Mercat 13, in einem der Modernisme-Gebäude der Edifici Casasayas.

Custo, Designer-T-Shirts (und mehr) aus Barcelona. Nicht billig. C. Sant Miquel 15. Eine Filiale liegt an der Av. Jaume III., Ecke C. Protectora.

Desigual, ganz in der Nähe des erstgenannten Custo-Ladens. Bunte, poppige und preisgünstige Mode im C. Sant Miquel 12.

Mango, eine weitere Kette mit Heimat in Barcelona. Aktuelle Damenmode in recht ordentlicher Qualität. Av. Jaume III. 9. Ein Mango-Outlet (mit Männerabteilung) liegt am Carrer Sindicat 55 A.

Zara, ständig aktualisierte Mode für beide Geschlechter zum günstigen Preis. Passeig d'es Born 25 (Frauen) und Plaça Rei Joan Carles (Männer). Direkt neben letzterem liegt eine Filiale von **H&M**.

Massimo Dutti gibt sich etwas klassischer, zählt aber wie Zara zur galicischen Inditex-Gruppe. Passeig d'es Born, Ecke Sant Feliu.

▲ Weit verbreitet: Modekette Desigual

▼ Einzelstück: Forn d'es Teatre

Camper, die bekannte Trendschuhmarke aus Inca, innovativ und preisgünstig. Av. Jaume III. 5 und Carrer Sant Miquel 17.

Diverses

Deutsche Buchhandlungen: Akzent, C. Carme 14, ✆ 971 228129, www.akzent-palma.com; Dialog, Plaza Convent de Santa Magdalena 3, ✆ 971 666331, www.dialog-palma.com. Beide liegen in der Unterstadt nahe dem Passeig de la Rambla und bieten zahlreiche Titel zum Thema Mallorca, daneben auch Belletristik, Ratgeber, Kinderbücher usw. ✆ 971 228129.

Zeitungen, Zeitschriften: Gute Auswahl in den Kiosken an der Plaça d'Espanya und am Passeig d'es Born.

Wanderkarten: La Casa del Mapa, Carrer Santo Domingo 11, in der Oberstadt. Beste Kartenauswahl Mallorcas, Wander- und Radführer etc.

Bergsteiger- und Campingausrüstung: Es Refugi, Via Sindicat 21, nahe der Plaça Major. Gute Qualität, nicht billig.

Zigarren: Estanco Borne, mit breiter Auswahl an „puros" aus Kuba, von den Kanaren etc. Passeig d'es Born 20.

Feste und Veranstaltungen/Baden

Nützlich ist das vierteljährlich erscheinende Heftchen *On anar* (Veranstaltungen), erhältlich in allen O.I.T.-Büros.

Veranstaltungsorte

Teatre Principal, Carrer de Riera 2 a (Plaça Weyler), ✆ 971 713346. Klassische Aufführungen, superbes Dekor. www.teatreprincipal.com.

Teatre Municipal Catalina Valls, Passeig de Mallorca 9 b, ✆ 971 739148. Zeitgenössische Stücke, Ballett, Filmklassiker. www.cultura.palma.es.

Teatre Municipal Xesc Forteza, ein weiteres städtisches Theater. Plaça de Miquel Maura 1, ganz im Südosten der Altstadt, ✆ 971 710982.

Auditorium, Passeig Marítim 18, ✆ 971 734735. In erster Linie Konzerte. www.auditoriumpalma.com.

Ses Voltes/Parc de la Mar, Freiluftgelände unterhalb der Kathedrale. Tolles Setting, von Ende Juni bis Ende August häufige Veranstaltungen: Gratiskonzerte; Rock, Pop, Open-Air-Kino etc.

CineCiutat, das ehemalige Cine Renoir, ein selbstverwaltetes Programmkino auf dem Gelände des früheren Schlachthofs S'Escorxador. Einheimische Filmkunst und Klassiker im Original mit Untertiteln. C. Emperatriu Eugenia 6, im Norden der Stadt, ✆ 971 205453. www.cineciutat.org. Im Umfeld diverse Gastronomiebetriebe, darunter der neue Gastro-Markt San Juan.

Café Tragaluz, ganz in der Nähe, jedoch außerhalb des S'Escorxador-Geländes. Beliebtes Musik-Café, in dem häufig auch Konzerte stattfinden. Geöffnet nur Fr/Sa ab etwa 20.30 bis 3 Uhr. Carrer Emperatriu Eugenia 11, www.cafetragaluz.com.

Son Fusteret, großes Veranstaltungszentrum jenseits der Via Cintura, zu erreichen mit der U-Bahn (Haltestelle Son Fuster) ab der Pl. Espanya.

Feste & Veranstaltungen

Festa dels Reis, 5./6. Januar, Fest der Heiligen Drei Könige. Am 5. Januar Boots-Einfahrt der Hl. Drei Könige in den Hafen, gefolgt von einem Empfang im Rathaus, abends Bescherung der Kinder.

Beneïdes de Sant Antoni Abad, 17. Januar, Segnung der Haustiere.

Festa de Sant Sebastià, 20. Januar, Fest des Schutzheiligen der Stadt, der Palma 1559 vor einer Pestepidemie bewahrt haben soll. Schon am Vorabend (Revetla) wird mit Freudenfeuern gefeiert, auf denen die typischen Würste gegrillt werden.

Semana Santa, die Karwoche. Zwischen Palmsonntag und Karfreitag tägliche Prozessionen, an Gründonnerstag große Prozession mit der „La Sang" genannten Christusfigur aus der Kirche des alten Hospitals an der Plaça Hospital, nahe der Rambla.

Festa del Llibre, 23. April, „Fest des Buches" zu Ehren von Sant Jordi, des katalanischen Nationalheiligen. Im ganzen Stadtgebiet Verkaufsstände.

Feria de Abril, an wechselnden Terminen Ende April, Anfang Mai. Das temperament-

Patio in Palma: Die Stadt zählt über 150 dieser Innenhöfe

volle Fest der andalusischen Einwanderer, mit Flamenco, Pferden, Kutschen ... Im Industriegebiet Polígono de Son Rossinyol, im Norden der Stadt.

Fira del Llibre, Büchermesse Ende Mai, Anfang Juni; ähnlich wie die Festa del Llibre.

Corpus Cristi, Fronleichnam. Beim „Fest der Innenhöfe", das in der Zeit um Fronleichnam stattfindet, sind für etwa zwei Wochen rund 50 der sonst verschlossenen Privat-Patios frei zugänglich.

Sant Joan, Nacht des 23. auf den 24. Juni, nächtliche Freudenfeuer zu Ehren des Heiligen Johannes.

Sant Pere, 29. Juni, Fest des Hl. Petrus, mit Bootsprozession.

Summer Pride Mallorca/Fiesta del Orgullo, Gay-Event Ende Juni, veranstaltet von der Gruppe Ben Amics. www.benamics.com.

Ella, lesbisches Festival, etwa neun Tage Anfang September. 2013 gegründet und sehr erfolgreich; www.ellafestival.com.

Nit de l´Art, die „Nacht der Kunst", meist um Mitte September. Zahlreiche Galerien, Museen und Kulturzentren der Altstadt öffnen ihre Türen, auch in Cafés, Bars und im öffentlichen Raum werden Kunstwerke gezeigt. www.nitdelartartpalma.com.

Festa de la Beata, am dritten Samstag im Oktober. Fest zu Ehren der Hl. Catalina, mit großer Karrenprozession durch die Straßen der Unterstadt.

Festa de L'Estendard, 31. Dezember. Großes Fest zum Gedenken an die Rückeroberung der Stadt durch Jaume I. 1229, das bis auf die Zeit gleich nach diesem Ereignis zurückgeht. Am Vormittag wird die königliche Flagge vom Rathaus zur Plaça Cort gebracht und dort ausgestellt, gefolgt von einer feierlichen Messe in der Kathedrale.

Baden

Palma bietet vieles – zum Baden sollte man wegen der Wasserverschmutzung in Stadtnähe jedoch vielleicht besser in die Umgebung ausweichen. Saubere und per Stadtbus leicht zu erreichende Alternativen finden sich in den Küstenorten im Osten (Platja de Palma) und Westen (Illetes, Portals Nous).

Platja de Ca'n Per Antoni: Im östlichen Stadtbereich, etwa dort, wo die Avingudes ans Meer stoßen, beginnt dieser zentrumsnächste Sandstrand, der bis zum Hafen von Portixol reicht. Er eignet sich immerhin für ein Sonnenbad und bietet einen schönen Blick auf die Kathedrale.

Einfach schön: die Kathedrale, gespiegelt im Wasser des Parc de la Mar

Sehenswertes

Plaça de la Reina: Der verkehrsgeplagte Platz, zentral am Anfang des Passeig d'es Born gelegen, bildet einen guten Ausgangspunkt für die Besichtigung der Altstadt. Von hier führt eine Treppengasse hinauf zum Almudaina-Palast und zur Kathedrale. Vorher mag man noch auf einen Blick in die unterhalb gelegenen Gärten *Jardines d'es Hort del Rei* und auf die Bronzeskulptur *Personatge* (auch: Monument) werfen, die Joan Miró der Stadt 1975 schenkte.

In der Oberstadt

Im Umfeld der Kathedrale erstreckt sich der älteste Stadtbereich Palmas, der nach Norden etwa bis zur Plaça de Cort und nach Osten fast bis zur Ring-Avinguda reicht: ein ruhiges Viertel der engen Gassen, kleinen Plätze, der schönen Stadtpaläste, Innenhöfe und Portale, die an die goldenen Zeiten der Stadt erinnern. Der zur Plaça Major hin gelegene Bezirk geht dagegen erst auf das 16. bis 18. Jh. zurück.

Museu Palau March/Fundación Bartolomé March

Die Architektur dieses prachtvollen, am Carrer Palau Reial 18 nahe der Treppe zur Kathedrale gelegenen Palasts mag zwar an das 16. Jh. erinnern, doch stammt das Gebäude tatsächlich erst aus dem Jahr 1939. Der Bauherr, Multimillionär Juan March, sparte nicht an der Ausstattung; so engagierte er für die Gemälde im Gewölbe des Treppenhauses und im Musiksaal keinen Geringeren als Josep Maria Sert, den katalanischen Meister der Wandmalereien. Seit 2003 ist der Palast als Museum der von einem Sohn Juan Marchs gegründeten Stiftung Bartolomé March geöffnet. Zu den Glanzlichtern zählen eine moderne Skulpturensammlung mit Werken von Chillida, Rodin und Henry Moore, eine neapolitanische Weihnachtskrippe des 18. Jh. sowie eine Kollektion romanischer und gotischer Marienstatuen. Auch Kulturveranstaltungen bietet der Palast eine Bühne.

Mo–Fr 10–18.30 Uhr (Nov.–März nur bis 17 Uhr), Sa 10–14 Uhr; Eintrittsgebühr 4,50 €. Carrer del Palau Reial 18.

Kathedrale La Seu

Das bedeutendste Bauwerk der gesamten Insel bietet schon aus großer Entfernung einen imposanten Anblick, prägt immer noch die Silhouette der Stadt. Einst stand die aus goldfarbenem Sandstein errichtete, dreischiffige Kathedrale direkt oberhalb der Küste, heute spiegelt sie sich im ruhigen Wasser des „Meeresparks" Parc de la Mar. Lang ist die Baugeschichte des Gotteshauses. Bereits kurz nach der christlichen Rückeroberung 1229 legte König Jaume I. den Grundstein, der Überlieferung zufolge in Erfüllung eines Gelübdes, das er bei der Anfahrt nach Mallorca in höchster Seenot der Jungfrau Maria abgelegt hatte. Als Standort wählte man, wie in solchen Fällen üblich, die Stelle der ehemaligen Hauptmoschee, um so den Triumph des Christentums über den Islam zu dokumentieren. Doch kamen die Arbeiten nur langsam voran, zogen sich bis in die Anfänge des 17. Jh. hin. Auch später wurde die Kathedrale noch mehrfach umgestaltet. So stammt das Westportal aus der Zeit der Renaissance und die Hauptfassade in neogotischem Stil aus dem 19. Jh. Der letzte größere Umbau erfolgte 1904 unter dem großen katalanischen Modernisme-Architekten *Antoni Gaudí*.

Dennoch ist die Kirche eindeutig gotisch geblieben, eine der größten gotischen Kathedralen überhaupt: Mit einer Gesamtfläche von 6600 Quadratmetern, einer Länge von rund 110 Metern, einer Breite von knapp 40 Metern und einer Höhe von nahezu 45 Metern kann sie sich durchaus mit dem Kölner Dom messen, steht auch der gigantischen Kathedrale von Toledo nur wenig nach. Ungewöhnlich ist die Höhe der fast 30 Meter aufragenden Seitenschiffe. Bevor man das Innere betritt, empfiehlt sich zunächst ein Rundgang um das wehrhaft wirkende Gebäude. Besonders reizvoll zeigt sich die zum Meer gewandte Südfassade mit ihren zahlreichen Pfeilern und Stützbögen. Hier verdient besonders das *Portal del Mirador* („Tor der Aussicht") nähere Beachtung, das auf das 14. Jh. zurückgeht und mit seiner reichen, meisterhaft ausgeführten Dekoration besticht. Genau auf der gegenüberliegenden Seite, also im Norden der Kirche, liegt der heutige Haupteingang *Portal de l'Almoina*, das nur zu den Messen geöffnete „Almosentor". Linker Hand ragt der nie vollendete Glockenturm auf, der nicht so recht zum Gesamtbild passen will.

La Seu, gesehen vom Fischerhafen

Das **Innere** erreicht man durch das *Kathedralenmuseum*. Neben sakralen Gemälden, darunter die bemerkenswerten Arbeiten des sogenannten „Maestro de los Privilegios" aus dem 14. Jh., fallen hier vor allem die großen Monstranzen und Kandelaber ins Auge, die bis zu 250

Kilo wiegen. Das Kircheninnere selbst zeigt sich am schönsten an einem sonnigen Vormittag, wenn eine wahre Fülle an Licht durch die bunten Glasfenster in den weiten Raum flutet. Ursprünglich sollte die Kathedrale nahezu hundert Fenster erhalten, doch blieben viele von ihnen geschlossen oder wurden im Laufe der Jahrhunderte zugemauert. Anlässlich des Umbaus durch Gaudí und dann wieder ab den 30er-Jahren hat man jedoch damit begonnen, Zug um Zug eine Reihe der Fenster zu öffnen. Mittlerweile macht die Kirche ihrem Beinamen „Kathedrale des Lichts" deshalb wieder alle Ehre. Unter den fünf Rosetten beeindruckt besonders diejenige an der Ostseite, über dem Triumphbogen des Eingangs zur Apsis: Zusammengesetzt aus über 1200 Glasstücken, zählt sie mit einem Innendurchmesser von 11,30 Metern zu den größten Rosetten der Welt; jeweils am 11. November und 2. Februar morgens gegen 8 Uhr projiziert die Sonne eine farbenprächtige Doublette auf die gegenüberliegende Wand. Verblüffend ist das immense Raumgefühl, das der riesige, von ungewöhnlich schlanken Säulen getragene Bau von innen vermittelt. Dies ist auch ein Verdienst Gaudís, der den Chor aus dem Mittelschiff, dem üblichen Platz in spanischen Kirchen, ins Presbyterium verlegen ließ und so den Blick auf die Königskapelle Capilla Real öffnete. Der ungewöhnliche Baldachin aus Schmiedeeisen, der den alabasternen Hauptaltar der Königskapelle überwölbt, stammt ebenfalls von Gaudí. Dahinter birgt die Dreifaltigkeitskapelle Capilla Trinidad, ältester Bereich der Kirche, die Grabmäler der Könige Jaume II. und Jaume III. Rechter Hand der Capilla Real drängen sich die Besucher um die Kapelle Sant Pere, geschaffen vom mallorquinischen Künstler Miquel Barceló und seit 2007 der Öffentlichkeit zugänglich. Ihre spektakuläre, knapp 300 Quadratmeter große Keramik-Verkleidung stellt in der typischen Handschrift Barcelós das biblische Wunder der Vermehrung von Fisch und Brot dar. Im Zentrum steht eine helle, in ihren Umrissen nur angedeutete Christusfigur (ohne Kreuz, aber mit Wundmalen), flankiert von einem Fisch und einer Palme. Die linke Seite der Kapelle ist dem Meer gewidmet, das sich in einer großen Welle bricht und von allerlei Seegetier bevölkert ist; auf der rechten Seite repräsentieren Brotlaibe und Früchte das fruchtbare Land. Auch die fünf grauen Glasfenster wurden neu von Miquel Barceló gestaltet. – Die restlichen, überwiegend barock ausgestatteten Kapellen sind kunstgeschichtlich von vergleichsweise geringem Interesse.

Mo–Fr 10–18.15 Uhr (April, Mai, Okt. bis 17.15 Uhr, Nov. bis März nur bis 15.15 Uhr), Sa 10–14.15 Uhr, Eintrittsgebühr 7 €, das Ticket gilt auch für das Museu Diocesá. Zu Messen ist gratis geöffnet, doch sollte man die Schilder „Bitte während des Gottesdienstes keine Besichtigung" respektieren. Plaça de l´Almoina s/n.

Palau de l'Almudaina

Der wuchtige Palast im Westen der Kathedrale wurde ursprünglich von den Mauren als Festung und Regierungssitz angelegt. Jaume II. ließ ihn zur Residenz erweitern, die auch seine Nachfolger nutzten. Aufgrund der zahlreichen Umbauten ist von der maurischen Bausubstanz praktisch nichts mehr zu erkennen. Ein Rundgang führt durch eine ganze Reihe von Gemächern, die teilweise noch den spanischen Majestäten als Empfangs- und Repräsentationsräume dienen. Auffallend sind hier besonders die großen flämischen Wandteppiche, wohingegen in manchen Räumen die Mischung aus Möbeln und Kunstwerken verschiedener Epochen etwas kurios wirkt. Als Abschluss lohnt sich ein Blick in die gotische Kapelle Santa Ana im Hof.

Di–So 10–19 Uhr, Okt.–März nur bis 17 Uhr; Eintrittsgebühr 7 €, Mi/Do ab 17 Uhr (Okt.–März ab 15 Uhr) für EU-Bürger frei. Carrer del Palau Reial s/n.

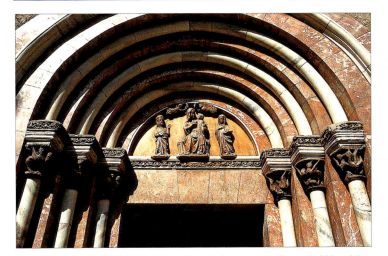

Schlicht: Portal der Kapelle Santa Ana im Palau de l'Almudaina

Parc de la Mar

Zwischen Almudaina-Palast und Kathedrale führen Treppen hinab zu dem mit moderner Kunst (darunter ein Wandbild von Miró) bestückten „Meerespark" mit seinem künstlichen See, eigentlich ein Meereskanal. In den 80er-Jahren eingerichtet, bietet der Parc de la Mar einen sehr schönen Blick auf die beiden Bauten. Etwas oberhalb liegen, innerhalb der Renaissancemauern und direkt unterhalb der Kathedrale, das Veranstaltungsgelände „Ses Voltes" sowie das *Centre d'Art i Creació Ses Voltes* (Di–Sa 10–13 Uhr, So 14–20 Uhr; gratis), das Künstlerateliers und wechselnde Ausstellungen beherbergt. – Im Gebiet einige hundert Meter östlich des Parks liegt das Kongresszentrum *Palau de Congresos*, das nach vielen Jahren als ruhende Dauerbaustelle demnächst tatsächlich eröffnen soll.

Museu Diocesá

Gleich östlich der Kathedrale und entlang deren Südseite gut zu erreichen, beherbergt der bereits im 13. Jh. errichtete, aber mehrfach umgebaute Bischofspalast das Diözesanmuseum. 2007 komplett renoviert, beeindruckt bereits die Architektur des Museums; zu den Höhepunkten der schön präsentierten Ausstellung zählen ein großes Gemälde des Hl. Georg (Pere Niçard, 15. Jh.), der den Drachen vor der Kulisse des damaligen Palma tötet, der Sarkophag Jaimes II., eine Sammlung spanischer Keramik sowie Arbeiten Gaudís für die Kathedrale.

Geöffnet wie die Kathedrale; Eintrittsgebühr 3 €, Kombiticket mit Kathedrale 7 €. Carrer del Mirador 5.

Museu de Mallorca

Am Carrer Portella liegt eines der schönsten Museen der Stadt, untergebracht im Renaissancepalast *Can Aiamans*. Schade, dass fast alle Beschriftungen nur in katalanischer Sprache gehalten sind. Der zeitliche Rahmen beginnt mit der Talayot-Kultur, die unter anderem durch eine faszinierende Kriegerstatuette vertreten ist.

Carrer Almudaina

Eine enge Gasse, in der ein maurischer Torbogen den letzten Rest der einstigen arabischen Stadtbefestigung markiert. Unter den noblen Adelspalästen hier fällt besonders der *Can Bordils* (13. Jh.) ins Auge, das heutige Stadtarchiv und einer der ältesten Bauten Palmas.

Plaça Cort

Der heutige Hauptplatz der Oberstadt bildet eine Art Grenze zwischen dem stillen Viertel um die Kathedrale und den belebteren, jüngeren Geschäftsgassen. Das Rathaus *Ajuntament* (17./18. Jh.) mit seiner prächtigen Fassade im Übergang vom Manierismus zum Barock besitzt eine große, „En Figuera" genannte Uhr und eine schön verzierte Dachtraufe. Fast rührend deplatziert wirkt der uralte Olivenbaum auf dem Platz.

Plaça Marquès del Palmer

Kurz vor der Plaça Major lohnt sich an diesem kleinen Platz noch ein kurzer Aufenthalt, um zwei Schätze des Modernisme-Stils zu bewundern. Die beiden benachbarten Häuser *Can Rei* und *L`Aguila* entstanden 1908/1909. Der mit einer Art Gorgonenhaupt geschmückte Can Rei gilt mit seiner farbigen „Trencadís"-Bruchkeramik sogar als Höhepunkt des von Gaudí beeinflussten Modernisme auf Mallorca.

Plaça Major

Der harmonisch von Gebäuden eingefasste Platz könnte eigentlich das große Wohnzimmer der Stadt sein, doch sind die wenigen Cafés hier fest in touristischer Hand. Anders die Straßen der umliegenden Fußgängerzonen, in denen für jeden etwas geboten ist. Schöne Schaufenster und edle Dekorationen finden sich vor allem im Gebiet zwischen dem Carrer Jaume II. und der Plaça Rei Joan Carles I.

Harmonisches Ensemble: Plaça Major, beliebt bei den Straßenkünstlern

Museu d'Art Espanyol Contemporani/Fundació March

Nur wenige Meter hinter der Plaça Major lohnt sich in der Fußgängerzone Carrer Sant Miquel ein Abstecher in die Ausstellung auf Nr. 11. Untergebracht in einem imposanten, 1917 restaurierten Stadtpalast, glänzt die vom Selfmade-Millionär Juan March gegründete Stiftung neben wechselnden Ausstellungen auch mit bedeutenden Exponaten spanischer Kunst des 20. Jh., darunter Arbeiten von Picasso, Miró, Tàpies, Gris, Dalí, Chillida und des mallorquinischen Künstlers Miquel Barceló.
Mo–Fr 10–18.30 Uhr, Sa 10.30–14 Uhr; Eintritt frei.

Plaça Espanya

Vom Carrer Sant Miquel rechter Hand über die kurze Porta Pintada zu erreichen. Mit ihren wimmelnden Menschenmassen ist die Plaça Espanya der lebendigste, wenn auch nicht gemütlichste Platz Palmas.

Modernisme-Bauten: Katalanischer Jugendstil auf Mallorca

Die Jahrzehnte um die Wende des 19. zum 20. Jh. waren geprägt von vorwärtsdrängendem Optimismus, der sich auf wirtschaftlichen Aufschwung und Fortschritt in Kultur, Wissenschaft und Technik stützte. Etwa zeitgleich entwickelte sich in vielen westlichen Ländern eine Kunstform, die sich nicht mehr mit der Nachahmung bestehender Stile begnügen wollte, sie allenfalls genüsslich und etwas schräg zitierte. In Deutschland entstand der Jugendstil, in Frankreich die Art Nouveau, England und USA erlebten die Geburt des Modern Style, in Italien feierte der Liberty und in Österreich die Sezession Triumphe. In Katalonien, das zu jener Zeit eine Renaissance („Renaixença") seiner Kultur erlebte, prägten Architekten wie Antoni Gaudí oder Lluís Domènech i Montaner den Modernisme. Auch auf Mallorca besann man sich, angespornt vom Beispiel Barcelona, wieder seiner katalanischen Wurzeln. Die katalanische Sprache wurde in Gedichten und Romanen wieder belebt, und auch die Architektur profitierte: In Palma, das sich allmählich wieder eines bescheidenen Wohlstands erfreute, entstand eine Reihe von kunstvollen Modernisme-Bauten, die z. T. noch heute reizvolle Akzente im Stadtbild setzen. Ähnliches geschah in Sóller an der Nordwestküste. Doch beschränkte sich der Modernisme nicht auf die Architektur. Schöne Beispiele auf dem Gebiet der dekorativen Künste (Möbel, Lampen etc.) sind im *Museu de Mallorca* zu sehen.

Bunt: Modernisme-Palast „Can Rei"

Von Sphingen bewacht: Passeig d'es Born

In der Unterstadt

Auch für einen Bummel durch die westlichen Altstadtbezirke bietet sich die Plaça de la Reina als Ausgangspunkt an. Hier unten, in den tiefer gelegenen Bereichen der Innenstadt, schlägt heute das wahre Herz Palmas.

Carrer Apuntadors

Die enge „Straße der Souffleure" trägt ihren Namen wohl nach dem Theater, das einst in der Nähe stand. Seit Jahrzehnten ist sie eine der beliebtesten Kneipenzonen der Stadt, mittlerweile hauptsächlich von Urlaubern aufgesucht und besonders am Abend belebt.

Passeig d'es Born

Die Platanenallee, an den Enden von steinernen Sphingen bewacht, bildet die wichtigste Promenade der Stadt, ist ihre eigentliche „Rambla". So viel Betrieb wie auf den berühmten Rambles von Barcelona herrscht hier allerdings längst nicht (mehr). Westlich des Born erstreckt sich ein alter Stadtteil, in dessen engen Gassen sich noch manch schönes Gebäude versteckt. Direkt am Passeig d'es Born selbst erhebt sich auf Nummer 27 der barocke Privatpalast *Casal Solleric* aus dem 18. Jh. Er beherbergt eine Infostelle sowie wechselnde Ausstellungen; der schöne Patio öffnet sich zum Carrer Sant Gaietà.

Plaça Rei Joan Carles I.

Der Platz am oberen Ende des Passeig d'es Born ist nach dem ehemaligen spanischen König Juan Carlos benannt. Linker Hand verläuft die teure Einkaufsstraße

Carrer Jaume III., nach rechts der *Carrer de la Unió*. Verglichen mit den beiden breiten Hauptstraßen zeigt sich das Gebiet nördlich der Plaça eher verträumt. Hier hat sich eine Reihe von Kunstgalerien niedergelassen, darunter im Carrer Concepció 12 das *Centre de Cultura Sa Nostra* (Mo–Fr 11–20 Uhr, Sa 11–14 Uhr, Eintritt frei).

Carrer de la Unió

Beiderseits der Straße, die sich bald zur gemütlichen *Plaça del Mercat* verbreitert, steht eine Reihe architektonisch sehr reizvoller Bauten unterschiedlicher Epochen und Stile. Auf Hausnummer 3, also gleich am Anfang des Carrer Unió, bildet der Barockpalast *Casal Balaguer* (17. Jh.) mit seinen schlanken Palmen im Innenhof ein beliebtes Fotomotiv.

Edifici Casasayas

Die beiden Häuser an der Plaça del Mercat beeindrucken durch ihre extravaganten Modernisme-Fassaden. Die organischen Formen der 1908–1911 errichteten Bauten zeigen den Einfluss Gaudís, stammen aber vom Architekten Francesc Roca.

Gran Hotel

Nur ein paar Schritte weiter steht mit dem Gran Hotel an der Plaça Weyler ein weiteres Beispiel für die Vielfalt des Modernisme. Errichtet wurde es 1901–1903 durch Lluís Domènech i Montaner, einen der ganz großen Architekten des katalanischen Jugendstils. Der verspielte Bau mit seiner reich dekorierten Fassade wurde von der Sparkassenstiftung Fundació La Caixa aufwändig restauriert und beherbergt neben einem schicken Café und einer gut sortierten Kunstbuchhandlung auch wechselnde Ausstellungen sowie eine Sammlung von Gemälden aus dem Besitz des Malers Anglada Camarasa. Schräg gegenüber dem Gran Hotel liegt die wegen ihrer Jugendstildekoration viel fotografierte Bäckerei Forn d'es Teatre. Ihren Namen trägt sie nach dem benachbarten Opernhaus Teatre Principal, einem klassizistischen Bau von 1857, dessen wunderbares Interieur dem Gran Teatre de Liceu von Barcelona nachempfunden ist.

Passeig de la Rambla

Die platanenbestandene Allee, die sich vom Opernhaus in ungefähr nördliche Richtung erstreckt, zeigt sich an den meisten Tagen von der ruhigen Seite. Einzig die bunten Stände der Blumenverkäufer bringen ein wenig Leben auf den etwas verstaubt wirkenden Boulevard.

Von Gaudí inspiriert: Edifici Casasayas

In Hafennähe

Passeig de Sagrera: So nennt sich die vielspurige Uferstraße im Bereich westlich der Avinguda d'Antoni Maura, und so heißt auch der stadtwärts parallel verlaufende, palmengesäumte Boulevard. Direkt an der Kreuzung erinnert ein Denkmal an den Wissenschaftler und Missionar *Ramón Llull*. Nur wenige Schritte weiter erstreckt sich um die Plaça de la Llotja eine der beliebtesten Kneipenzonen Palmas.

La Llotja

Der mit Zinnen und vier Ecktürmen gekrönte Bau an der gleichnamigen Plaça zählt zu den reizvollsten der ganzen Insel. Llotja (span.: Lonja) bedeutet „Börse", und genau diese Funktion hatte das prachtvolle Gebäude auch einst. Dem Architekten Guillem Sagrera, der auch am Ausbau der Kathedrale beteiligt war, gelang mit diesem gotischen, 1426 begonnenen Profanbau ein Meisterstück. Kein Wunder, dass Kaiser Karl V., als er im 16. Jh. Palma besuchte, die Llotja für eine Kirche hielt, erinnert die gesamte Ausführung doch wirklich an ein Gotteshaus, vor allem das Portal mit dem schön gestalteten Engel. Tatsächlich sollte jedoch der Unternehmungsgeist der Seefahrer- und Handelsstadt Palma gefeiert werden. Wunderbar gearbeitet ist das feine Maßwerk der Fenster. Ebenso elegant zeigt sich die Llotja von innen, eine beeindruckend lichte Architektur, getragen von sechs schlanken Säulen, die in ihrer gewundenen und sich unter dem Dach fächerartig aufzweigenden Form an Palmen erinnern – ein wunderbarer Rahmen für die hier stattfindenden, wechselnden Ausstellungen und Installationen internationaler Künstler. Nach einer umfassenden Restaurierung hat die Llotja erst vor wenigen Jahren auch wieder ihr originales (leider nicht zugängliches) Flachdach wiedererhalten.

Nur zu den Ausstellungen geöffnet, dann meist Di–So 10–14, 17–20 Uhr; Eintritt frei.

Formvollendet: Dachkonstruktion der Llotja

Alte Mauern und moderne Kunst: Es Baluard

Consolat de Mar/Plaça Drassana

Hinter der Llotja steht mit dem Consolat del Mar das Gebäude des früheren Seehandelsgerichts, ein repräsentativer Bau aus der Mitte des 17. Jh. Stadteinwärts liegt die hübsche Plaça Drassana, der „Platz der Werft". Obwohl noch am Rand des Nachtviertels gelegen und erst vor kurzem ein wenig herausgeputzt, zeigen sich der Platz und das angrenzende Gebiet eher von der bodenständigen Seite. Folgt man vom Consolat de Mar stattdessen der Uferlinie, lässt sich an der „Gegenmole" Contramoll ein Abstecher in die bunte Welt des Fischerhafens unternehmen.

Museu d'Art Modern i Contemporani Es Baluard

Palmas größtes Museumsprojekt seit langem – im wuchtigen *Baluard de Sant Pere*, im 16. Jh. als Teil von Palmas Stadtbefestigung errichtet und über die Plaça Porta de Santa Catalina zugänglich, eröffnete 2004 ein hochrangiges und unbedingt sehenswertes Museum moderner und zeitgenössischer Kunst. Kern der Ausstellung sind Arbeiten aus der Privatsammlung des Medienmagnaten Pere Serra (u.a. „Ultima Hora", „Mallorca Magazin"). Deren Fundus, der – nicht nur wegen gelegentlicher Wechselausstellungen – natürlich nie komplett gezeigt werden kann, umfasst an die 3000 Kunstwerke, darunter Gemälde von Picasso und Miró, letzterer ein Freund von Serra. Auch das Zusammenspiel mittelalterlicher und moderner Architektur beeindruckt (insbesondere die ehemalige Zisterne „El Aljub", in der wechselnde Ausstellungen stattfinden), ebenso die Aussicht von der Stadtmauer. Nicht völlig unumstritten ist die dort installierte Skulptur „Bou" (Stier) des valencianischen Stararchitekten Santiago Calatrava, ein 15 Meter hohes Kunstwerk aus fünf versetzt übereinander angeordneten Würfeln.

Di–Sa 10–20 Uhr, So 10–15 Uhr. Eintrittsgebühr 6 €, Di 4,50 €, für Fahrradfahrer (sichtbar im Hof parken) grundsätzlich nur 2 €. Freitags gilt „Tú decides" (Du entscheidest): Jeder zahlt, was er für den Besuch für angemessen hält (ab 10 Cent). Der Zugang zu den Außenterrassen mit Kathedralenblick ist gratis. Ein schön gelegenes Restaurant ist angeschlossen. Plaça Porta de Santa Catalina 10.

Außerhalb der Innenstadt

Poble Espanyol

Das „Spanische Dorf" liegt ein ganzes Stück westlich der Innenstadt, nördlich des nach Gènova führenden Carrer Andrea Doria. Ähnlich dem größeren und weit älteren Vorbild in Barcelona ist hier in verkleinertem Maßstab eine Reihe von typischen Architekturformen und charakteristischen Gebäuden Spaniens zu bewundern.

Anfahrt mit Bus Nr. 5 ab Plaça Espanya bis Carrer Andrea Doria 22, dann zu Fuß über den C. Marinero Moll Duniach. Geöffnet 9–19 Uhr (Sa/So und im Winter bis 17 Uhr), Eintritt 6 €. Carrer del Poble Espanyol 55.

Poble Espanyol:
El Cristo de los Faroles – das Original steht in Córdoba

Castell de Bellver

Einer der Standardausflüge ab Palma, den man sich auch wirklich nicht entgehen lassen sollte. Zum einen besticht die etwa drei Kilometer südwestlich des Zentrums hoch über dem Stadtteil El Terreno gelegene Schlossburg mit einer wirklich reizvollen gotischen Architektur, gilt sogar als eine der bedeutendsten mittelalterlichen Festungen Europas. Zum anderen bietet sich nirgends ein besserer Blick über die Stadt als von der „Schönen Aussicht" Bellver, am reizvollsten am späten Nachmittag. Der kreisrunde Bau mit den drei halbkreisförmigen Wachttürmen besteht aus dem typischen Sandstein aus Santanyí, ebenso der separat stehende, nur durch einen steinernen Brückenbogen verbundene „Turm der Ehrung" *Torre de Homenaje*. Das Kastell erhebt sich auf einem Hügel 112 Meter über dem Meer, umgeben von einer weitläufigen, parkähnlichen Anlage. Es wurde bereits unter König Jaume I. begonnen, jedoch erst 1309 unter seinem Sohn Jaume II. fertiggestellt. Ursprünglich als königliche Residenz geplant, diente Bellver in seiner langen Geschichte jedoch vor allem als Gefängnis, war Zeuge grausamer Judenverfolgungen im Mittelalter und Schauplatz von Exekutionen im spanischen Bürgerkrieg. Von 1802 bis 1808 wurde hier der Schriftsteller und Minister Gaspar Melchior Jovellanos festgehalten, der mit der Inquisition aneinandergeraten war. Die dem Bau ursprünglich zugedachte Funktion als Königspalast merkt man nur dem Inneren an: Der runde Hof mit der doppelstöckigen Galerie strahlt hohe Eleganz und Anmut aus. Entsprechen die unteren Rundbögen noch dem romanischen Stil, so repräsentiert das Obergeschoss reine Gotik. Im Erdgeschoss dokumentiert das *Museu municipal* die Geschichte Palmas von der Frühzeit bis hin zur christlichen Rückeroberung. Ein Stockwerk höher zeigt die *Col.lecció Despuig* eine Reihe römischer Skulpturen. Zugänglich sind auch das kreisrunde Dach, das so konstruiert worden war, dass es das Regenwasser auffing und in eine Zisterne im Hof leitete, sowie der Hauptbau mit einer Kapelle und einer antiken Küche.

Busse Nr. 3 und 46 ab Plaça Espanya oder Plaça Rei Joan Carles I. bis zur ersten Haltestelle an der Av. Joan Miró, über den Carrer Bellver noch etwa einen Kilometer bergauf. Autozufahrt über die Av. Joan Miró, dann rechts in den Carrer Camilo José Cela. Geöffnet April–Oktober Mo 8.30–13 Uhr, Di–Sa 8.30–20 Uhr, So 10–20 Uhr, Okt.–März Mo 8.30–13 Uhr, Di–Sa 8.30–18 Uhr, So 10–18 Uhr. Eintrittsgebühr 4 €; Sonntag gratis, Museum und Sammlung sind dann geschlossen.

Castell Sant Carles

Weit im Südwesten Palmas, noch jenseits von Portopí und in unmittelbarer Küstennähe, steht dieses Kastell aus dem 17. Jh., das wegen seines Militärmuseums (Di–So 10–14 Uhr; gratis) der Öffentlichkeit zugänglich ist. Hauptattraktion sind die schöne Lage und der Blick von den alten Mauern auf Palma; die Militaria, darunter ein Porträt Francos als „Held des Marokkokriegs", dürften für die meisten von eher geringem Interesse sein.

Wehrhaft: Castell Sant Carles

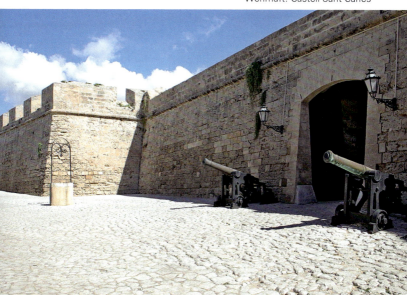

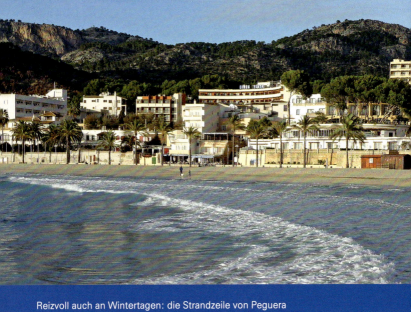

Reizvoll auch an Wintertagen: die Strandzeile von Peguera

Die Bucht von Palma und die Costa de Calvià

Nahezu ohne Unterbrechung reihen sich die Ferienorte östlich und westlich der Hauptstadt. Vor allem hier stehen jene Bettenburgen, die Mallorca in der Vergangenheit den Ruf eingetragen haben, billig und manchmal auch ein wenig schäbig zu sein. Doch beherbergt die Bucht von Palma gleichzeitig auch den nobelsten Yachthafen der Insel.

Östlich der Hauptstadt zeigt sich die Landschaft vorwiegend flach und vom langen Sandstrand Platja de Palma geprägt. In der Gegenrichtung erstreckt sich ab dem feinen Ferienort Illetes die *Costa de Calvià*, die Küste von Calvià, die gen Westen noch über die Bucht von Palma hinaus reicht und aus kleinen, felsigen Vorgebirgen mit eingestreuten Badebuchten besteht. Gemeinsam sind beiden Bereichen die intensive touristische Nutzung und die damit einhergehende Architektur. Hier muss der Ausdruck „Balearisation" entstanden sein, der eine völlig unkontrollierte, geradezu brutale Siedlungstätigkeit beschreibt. Heute mühen sich die Gemeinden zwar, die Bausünden der Vergangenheit zu mildern. Da werden Promenaden verschönert und besonders hässliche Hotelkästen schon mal demonstrativ in die Luft gesprengt. Viel lässt sich jedoch nicht ausrichten gegen den Wildwuchs, der seit dem Bauboom der 60er- und 70er-Jahre nahezu die gesamte Bucht mit Beton überzogen hat. Und so erstreckt sich von S'Arenal im Osten bis Peguera im Westen, unterbrochen nur von der Hauptstadt selbst, eine fast durchgängige Abfolge von Hotels, Ferienvillen und Apartmentanlagen. Die Grenzen der einzelnen Siedlungen sind da

Die Bucht von Palma und die Costa de Calviá

oft kaum noch zu erkennen. Deutlicher als im Ortsbild zeigen sich die Unterschiede zwischen den einzelnen Urlaubszielen in ihrer Gästestruktur: Bilden die Platja de Palma und auch Peguera ganz offensichtlich deutsche Hochburgen, so lebt beispielsweise Magaluf ebenso eindeutig von britischem Publikum. Und gilt S'Arenal unter Touristikfachleuten geradezu als Paradebeispiel einer Destination, die traditionell von nicht eben kaufkräftiger Kundschaft gebucht wird, so darf sich Illetes seiner eher elitären Besucher rühmen.

Im Osten: Platja (Playa) de Palma und S'Arenal

Die deutsche Ecke in der Bucht von Palma – deutscher Filterkaffee, deutsches Bier, deutsche Wurst vom deutschen Metzger.

Platja de Palma („Strand von Palma") ist bestens bekannt aus Funk und Fernsehen: deutsche Schlager, Mega-Park, die Schinken- und die Bierstraße, nicht zu vergessen natürlich der einst berühmt-berüchtigte „Ballermann", der seine besten Zeiten jedoch definitiv hinter sich hat. Knapp fünf Kilometer feinsandiger und flach abfallender Strand, 15 sogenannte „Balnearios" und gut 50.000 Betten in rund 250 Hotels bilden das größte Urlaubszentrum der Insel. Hier ist Highlife rund um die Uhr angesagt, tagsüber am Strand, nachts in einer der zahlreichen Discos. Die Zusammensetzung des Publikums folgt dabei festen saisonalen Regeln: Im Frühjahr fallen die ersten Clubs ein und hauen die Vereinskasse auf den Kopf, im Hochsommer kommt das Jungvolk, aber auch die sich sparsamer gebenden Familien. Im September erreicht der Karneval am Strand seinen Höhepunkt, denn dann sind wieder die Clubs an der Reihe.

Der Rahmen für diese Form von Ferienvergnügen zeigt sich gepflegter, als mancher vielleicht annimmt, und er wird künftig noch gediegener erscheinen. „Qualitätstourismus" heißt die Devise. 2015 wurde ein Zehnjahresplan verabschiedet, dessen Gesamtinvestitionssumme von fast einer halben Milliarde Euro insbesondere der Aufwertung der Hotellerie dienen soll; vorgesehen sind der Bau einer Reihe neuer Vier- und sogar Fünfsternehäuser sowie die Renovierung, Aufstockung und Erweiterung bestehender Quartiere. Der schöne Strand wird natürlich täglich porentief gesäubert, die Uferpromenade wurde attraktiv gestaltet, mit Palmen bepflanzt und verkehrsberuhigt. Entlang dieser kilometerlangen Flanierzone reihen sich die durchnummerierten *Balnearios*, ein Ausdruck, der eigentlich mit „Badeanstalten" zu übersetzen wäre. Tatsächlich handelt es sich um Strandbars, die sich in regelmäßigen Abständen über die gesamte Uferlinie verteilen; auch für sie ist eine Umgestaltung geplant bzw. teilweise bereits erfolgt. Die Kette der Balnearios reicht von S'Arenal im Osten (Balneario 1) über 4,1 Kilometer bis zum Westende des Strands bei Ca'n Pastilla (Balneario 15) und bietet eine echte Orientierungshilfe. Platja de Palma, auf spanisch Playa de Palma genannt, teilt sich nämlich in verschiedene Bereiche, deren Grenzen oft kaum zu erkennen sind.

Ca´n Pastilla ist, aus Richtung Palma kommend, die erste Siedlung, die einen (kleinen) Anteil an der Platja de Palma besitzt, daneben eine weitere Badebucht (Cala Estancia) und sogar eine Art Zentrum. Die Atmosphäre in diesem ehemaligen Fischerort ist internationaler, weniger eindeutig deutsch geprägt als an der zentralen Platja, weshalb Ca´n Pastilla auch von Spaniern als Ferienort geschätzt wird.

Sometimes und **Las Maravillas** bilden den Hauptbereich der Platja de Palma. Hier finden sich die besten Hotels dieses Küstenstreifens, und hier steht auch, etwa auf Höhe des Balneario 7, das *Riu-Centre,* das mit Discos, Boutiquen etc. eine Art Ortszentrum darstellt. Im Umfeld findet sich alles, was das deutsche Urlauberherz zu begehren scheint, darunter neben zahlreichen Discos und Bierbars

Fast fünf Kilometer Strand: Platja de Palma

auch die Bier- und die Schinkenstraße sowie eben der „Ballermann", nämlich Balneario 6. Der Inselregierung sind diese Stätten teutonischen Frohsinns schon immer ein Dorn im Auge gewesen. Strengere Auflagen und Verbote sollen nun helfen, den Ballerwahn zu bremsen. „Eimersaufen" ist mithin Vergangenheit: Alkohol am Strand oder auf der Straße kostet jetzt eine hohe Geldstrafe.

S'Arenal beginnt irgendwo zwischen Balneario 4 und 3, zählt aber offiziell nicht zur Platja de Palma. Dieser Umstand sorgt zwar immer wieder für Verwirrung, erklärt sich aber leicht daraus, dass die oben aufgeführten Siedlungen noch im Gemeindebereich von Palma liegen, S'Arenal teilweise aber bereits zur Gemeinde Llucmajor gehört. Doch sonst zeigt S'Arenal deutliche Unterschiede: Die Bebauung hier ist wesentlich dichter, höher und chaotischer, die Straßen sind schmaler, die Hotels älter und billiger, das Publikum sparsamer. In gewisser Weise ist S'Arenal allerdings auch „echter": Hier gab es bereits vor dem Einsetzen des Fremdenverkehrs eine kleine Siedlung, und auch heute hat sich zumindest das Gebiet um den Yachthafen noch einen Hauch von Atmosphäre bewahrt. Das zersiedelte Hinterland zeigt sich wie das der gesamten Platja de Palma dagegen eher reizlos.

„Eimersaufen" ist passé

Basis-Infos

Information O.I.T. Platja de Palma, Kiosk in Strandnähe, etwa auf Höhe des Balneario Nr. 7, ☎ 971 264532. Geöffnet täglich 9–20 Uhr.

Verbindungen Bus: Platja de Palma und S'Arenal liegen noch im Bereich der EMT-Stadtbusse von Palma. Bus Nr. 15 und Nr. 25 (als „Arenal-Express" wesentlich flotter) fahren bis zu Palmas Plaça de la Reina, Nr. 23 nur bis zur Plaça d'Espanya. Linie 21 verkehrt im Sommer halbstündlich, im Winter stündlich zum Flughafen.

Promenaden-Bahn: Auch das schnuckelige Bähnchen, das die Strandpromenade zwischen Ca'n Pastilla und S'Arenal abfährt, zählt als Nr. 52 zum Netz der EMT.

Geführte Radtouren: „Stadtrad Palma" veranstaltet geführte und kommentierte Touren entlang der Küste und dann durch die Altstadt von Palma; Dauer etwa sieben Stunden, Gesamtstrecke ca. 30 km, p.P. ca. 28 €. Carrer de la Missió de Santa Bàrbara, zwischen Balneario 6 und 7, neben dem Hotel Riu San Francisco. Mobil- 609 609599, www.stadtrad-palma.com.

Schiffsausflüge: Fahrten ab S'Arenal ins Meeresschutzgebiet beim Cap de Regana (ca. 20 €) finden von etwa April bis Okt. ein- bis mehrmals täglich statt.

Übernachten/Essen & Trinken

Übernachten Wer hierher fährt, hat sein Domizil in der Regel schon zu Hause gebucht. Individualreisende müssen zumindest zur HS damit rechnen, dass viele Hotels komplett von Veranstaltern in Beschlag genommen sind. Der Flughafen ist je nach Windrichtung in Hörweite.

**** Hotel Marina Luz, am Richtung Palma weisenden Rand des Siedlungsgebiets von Cala Estancia und unweit des Puro Beach Club, mithin etwas abseits des Trubels der Platja de Palma. 2008 nach Komplettrenovierung wieder eröffnetes, schickes Hotel gehobener Kategorie mit Pool, Jacuzzi etc. Von vielen der 120 Zimmer schöner Meerblick. Ganzjährig geöffnet. „Adults only": Auf Kinder ist man nicht eingerichtet, zielt eher auf Pärchen. DZ nach Saison und Lage etwa 110–220 €; es gibt auch Suiten. C. Maestro Ekitai Ahn s/n, Cala Estancia, ✆ 971 492400, www.marina-hotels.com.

Essen & Trinken An Restaurants mit deutscher Küche, die vor allem über den Preis werben („Schnitzel mit Pommes nur 8 €"), herrscht kein Mangel.

Rest. 12 Apóstoles, gleich beim Riu-Centre, Ableger einer Berliner Kette und durchaus ein Kontrastprogramm zur nahen Bierstraße: Pizza und Pasta in reizvollem Ambiente und mit gutem Preis-Leistungsverhältnis, Pizza um die 13–14 €. Oft Spezialangebote, z.B. mittags. 2015 umgezogen; aml sehen ob die Qualität bleibt. Carrer Llaüt 17, ✆ 971 262015.

Rest. Ca'n Torrat, rustikales Grillrestaurant oberhalb von Las Maravillas. Beliebt wegen der üppigen Fleischgerichte und der relativ günstigen Preise. Camino Maravillas, etwa 20 Min. Fußweg vom Strand, kurz vor der Autobahn. Es gibt auch eine (schickere) Filiale direkt an der Plaça Las Maravillas nahe der Infostelle. ✆ 971 262055.

Sa Farinera, in einer alten, nachts angestrahlten Getreidemühle untergebracht und von Angebot, Preisen und Ambiente her ähnlich, aber etwas inseleinwärts der Autobahn (Ausfahrt 10) in deren Nähe gelegen. Nur abends geöffnet. ✆ 971 262011.

Restaurant Las Sirenas, in schöner Lage oberhalb vom Yachthafen von S´Arenal. Ein Klassiker für Fischgerichte, freilich nicht ganz billig. Auch gute Paellas. Reservierung sehr ratsam. C. Roses s/n, ✆ 971 440039.

》》》 Lesertipp: Varadero Beach, ebenfalls beim Yachthafen, jedoch auf der Strandseite, ein schicker Beachclub. „Sehr empfehlenswertes Restaurant, vor allen Dingen die frischen Fischspeisen. Preis-Leistungs-Verhältnis gut, die Räume sind großzügig, hell und sauber (Eugen Beyer). 《《《

Spanische „Seppl": Reklame fürs „Oberbayern" am Strand von Platja de Palma

Unterhaltung/Nachtleben

Unterhaltung Aqualand: Der größte Wasserpark Mallorcas (und angeblich sogar Europas) liegt südlich von S'Arenal und ist über die Straße nach Cala Blava zu erreichen. Mit diversen Pools, Rutschen, Restaurant etc. ist er vor allem für Kinder ein Spaß, allerdings ein nicht ganz billiger: Eintritt p.P. rund 28 €, Kinder nach Größe 10–19 €. Geöffnet ist bei gutem Wetter von etwa Mitte Mai bis Mitte September.

Nachtleben Platja de Palma und S'Arenal bedienen fast jeden Geschmack und jede Generation …

Riu Palace, Riesendisco im Herzen von Las Maravillas, nämlich direkt im Riu-Centre. Platz für rund 2000 Besucher, die am Wochenende auch aus Palma und anderen Ecken der Insel kommen. Nähe Balneario 7.

Oberbayern, mit Schlagern für die etwas ältere Generation. Immer wieder mal galoppiert zu Reklamezwecken ein Trupp junger Spanier in Seppl-Verkleidung über den Strand: „Heeeuuute aaabend …".

Mega-Park, im Gebiet hinter dem Oberbayern, mit dem Look einer gotischen Kathedrale. Fromm geht es hier freilich nicht gerade zu …

Puro Beach, mal etwas ganz anderes: Gestylter Beach-Club mit Pool, Restaurant und Sunset-Blick, ein Ableger des Puro-Hotels von Palma. Nicht billig. Cala Estància, Ca'n Pastilla. www.purobeach.com.

Unter Haien: das „Palma Aquarium"

Das riesige Meerwasseraquarium im Hinterland der Platja de Palma eröffnete nach diversen Verzögerungen im Juni 2007. Rund 700 Arten leben in den 55 kleineren Tanks und dem 30 mal 22 Meter großen und neun Meter tiefen Hauptbecken (dem tiefsten Europas), in dem sich Haie und Rochen tummeln, gut zu beobachten durch einen Tunnel aus Acrylglas. Die Themengebiete des ambitionierten Projekts reichen von der Fauna des Mittelmeers über Schiffswracks bis zur Unterwasserwelt Amerikas – lehrreich und seinen (hohen) Preis wert. Das Aquarium liegt im Gebiet von Ses Fontanelles, landeinwärts von Balneario 14, an der Straße nach Ca'n Pastilla. Geöffnet ist je nach Jahreszeit und Wochentag täglich von 10 Uhr bis 15.30/16.30/18.30 Uhr; Eintritt ca. 24 €, Kinder bis 12 J. 14 €. www.palmaaquarium.com.

Von der Hand in den Mund: Fischfütterung im „Palma Aquarium"

Oase am Cap Blanc: Hotel Cap Rocat

Richtung Cap Blanc: Südlich von S'Arenal erstreckt sich überwiegend Steilküste. Fast direkt auf den Ort folgt die kleine, exklusive Siedlung *Son Veri*, ein Stück weiter die Urbanisation *Cala Blava*, von der sich ein schöner Ausblick auf die Bucht von Palma bietet. Zwischen hier und dem etwa 15 Kilometer entfernten „Weißen Kap" Cap Blanc verläuft die Hauptstraße abseits der Küste durch eine monotone Landschaft, streift dabei die Urbanisation *Badia Gran*.

***** **Hotel Cap Rocat**, in völliger Alleinlage südlich von Cala Blava am Cap Enderrocat. Eines der spektakulärsten Hotels am Mittelmeer, 2010 in einer ehemaligen Militärfestung des 19. Jh. eröffnet. Das Gelände (zwei Kilometer eigene Küste!) mit seinen restaurierten Mauern, Toren, Zinnen und Wehrgängen ist so ausgedehnt, dass Golfbuggys zum Einsatz kommen; herrlicher Ausblick, Infinity-Pool und kleine Badebucht. Top-Gastronomie. Die Suiten liegen in ehemaligen Munitionslagern und bieten viel Privatsphäre. Keine Kinder unter 15 Jahren. Im Winter geschlossen. Unterkunft ganz überwiegend in Suiten, Richtwert für zwei Personen etwa 500–800 €. Ctra. d'Enderrocat s/n, Cala Blava, ✆ 971 747878, www.caprocat.com.

Im Westen: Cala Major und die Fundació Miró

Billige Betonklötze an einem vergleichsweise winzigen Strand, der von Urlauberscharen aus England und Skandinavien völlig überbelegt ist. Aber auch die Stiftung des großen Künstlers Miró …

Cala Major schließt sich südwestlich direkt an das Stadtgebiet von Palma an, bildet fast noch einen Vorort der Hauptstadt. Einst eine feine Adresse, ist Cala Major mit seinen altersgrauen Hochhäusern heute keine Schönheit mehr. Die vorwiegend englischen und skandinavischen Urlauber, die hier und in der ganz ähnlich gestrickten Nachbarsiedlung *Sant Agustí* ihre „schönsten Wochen des Jahres" opfern, scheinen sich daran nicht zu stören. Gleiches gilt für die spanische Königsfamilie, die in ihrem wunderbaren Sommerpalast *Marivent* („Meer und Wind") allerdings

Im Westen: Cala Major und die Fundació Miró

auch gut abgeschottet ist. Der Palast liegt aus Richtung Palma gleich am Ortsanfang linker Hand, ist jedoch nicht zu besichtigen. Das einzige Argument für einen Abstecher nach Cala Major ist deshalb die Stiftung des berühmten spanischen Surrealisten Joan Miró und seiner Frau Pilar.

Fundació Pilar i Joan Miró: Joan Miró wurde zwar nicht auf der Insel geboren, doch stammten seine Mutter und auch seine Frau aus dem mallorquinischen Sóller. Der Künstler selbst liebte Mallorca: „Hier habe ich Wurzeln". 1956 kaufte sich das Ehepaar Miró in Cala Major das Haus Son Abrines, in dessen Umfeld jedoch schon bald die ersten Hochhäuser entstanden. Unter anderem deshalb zog Miró, der Hochhäuser hasste, 1959 in das höher gelegene Herrenhaus Son Boter. Ganz in der Nähe ließ er sich ein Atelier errichten, in dem er noch über zwei Jahrzehnte arbeitete. Joan Miró starb am 25. Dezember 1983. In seinem Testament hatte er die Gründung einer Stiftung verfügt, eines „lebendigen Ortes, wo Musiker, Dichter, Maler und Kunsthandwerker zusammenkommen." Nachdem Mirós Witwe 42 seiner Werke in Paris hatte versteigern lassen, war die Finanzierung der Stiftung gesichert. 1992 konnte das Museum der Fundació eröffnet werden.

Kernstück des Museums ist das *Edificio Estrella*. In dem sternförmigen Bau von Rafael Moneo werden neben einem informativen, englisch- und spanischsprachigen Video zum Leben des Künstlers auch wechselnde Exponate aus dem über 6000 Arbeiten umfassenden Nachlass Mirós gezeigt. Ebenfalls sehenswert ist das nahe *Atelier* des Malers, das dem Willen Mirós entsprechend nach seinem Tode unverändert geblieben ist. Zwar muss es der Besucher bei einem Blick durch die Fensterscheiben belassen, doch gibt dieser einen ausreichenden Eindruck vom kreativen Chaos in der Werkstatt des Künstlers, der oft an einem Dutzend Gemälde gleichzeitig arbeitete. Das originelle Gebäude selbst verdient ebenfalls einen näheren Blick: Es stammt von Mirós Freund, dem berühmten katalanischen Architekten Josep Lluís Sert. Dieser war zur Zeit der Franco-Diktatur in Spanien nicht eben

Ungewöhnliche Architektur: Mirós Atelier, konzipiert von Josep Lluís Sert

wohlgelitten und musste das Atelier deshalb fast heimlich, gewissermaßen „schwarz" errichten. Die Fundació veranstaltet auch Wechselausstellungen sowie Vorträge und Seminare mit Bezug zu Miró oder zeitgenössischer Kunst. Angeschlossen sind ein Souvenirshop und ein Café.

Das Museum liegt am Carrer Joan de Saridakis 29. Ab Palmas Plaça Espanya oder Plaça Rei Joan Carles I. mit EMT-Bus Nr. 46 bis zur Haltestelle Joan de Saridakis; mit dem Auto über den Passeig Marítim oder die Av. Joan Miró Richtung Cala Major, kurz nach der Abzweigung zum Ort hinter der Tankstelle rechts bergauf in Richtung des nahen Gènova (s. u.). Öffnungszeiten: 16. Mai bis 15. Sept. Di–Sa 10–19 Uhr, sonst 10–18 Uhr, So jeweils 10–15 Uhr. Eintrittsgebühr 6 €, Studenten ermäßigt.

Ein Malerfürst auf Mallorca: Joan Miró

Joan Miró wurde 1893 in Barcelona geboren. Zunächst schwankend zwischen „ordentlichem" Beruf und der Malerei, entschied Miró sich nach schwerer Krankheit für das Studium der Kunst. 1919 besuchte er erstmals Paris, kam dort in Kontakt mit Kubismus und Surrealismus. Wenig später entwickelte er seinen ureigenen Stil, der von kräftigen, fast kalligraphischen Linien, organischen, assoziativen Formen und intensiven Farben geprägt wird. Die Mehrzahl seiner Werke ist von bunter und heiterer Atmosphäre, vorherrschend die Farben Rot, Blau und Gelb. Beispiele für Mirós Handschrift sind das Logo der Spanischen Fremdenverkehrswerbung und das der Pensionskasse „La Caixa". Miró schuf auch Mosaike, Wandteppiche und Skulpturen. Seine viel fotografierte Skulptur Personatge („Persönlichkeit") steht unweit von Palmas Plaça de la Reina, am Anfang der Treppengasse zur Kathedrale.

Gènova

Das Bergdorf hoch über Cala Major bildet besonders an Wochenenden ein beliebtes Ausflugsziel der Einwohner von Palma. Hauptattraktion sind, neben den Höhlen *Coves de Gènova* und dem etwa drei Kilometer höher gelegenen Aussichtspunkt *Na Burguesa*, vor allem die hiesigen Restaurants, zu deren Spezialitäten Schnecken (Caracoles) und Fleischgerichte zählen.

Verbindungen Bus Nr. 46 der städtischen EMT ab Palmas Plaça d'Espanya oder Plaça Rei Joan Carles I. Mit dem **Auto** wahlweise über den Carrer Andrea Doria oder vorbei an der Miró-Stiftung.

Essen & Trinken Rest. Mesón Ca'n Pedro, nahe der Ampel am Ortsanfang aus Richtung Palma, oberhalb der Hauptstraße, mit großem Parkplatz. Gut und reichlich bemessenes Essen, Schwerpunkt Fleisch, köstlich insbesondere die Lammgerichte. Menü ab etwa 25–30 €. Carrer Rector Vives 14. Am Wochenende besser reservieren: 971 702162.

Coves de Gènova: Die hiesigen Tropfsteinhöhlen wurden erst 1906 entdeckt. Sie sind sicher nicht so spektakulär wie die großen Höhlen im Osten, doch auch deutlich weniger überlaufen. Etwa eine halbe Stunde dauert die Führung, in deren Verlauf man über 30 Meter tief absteigt. Der Eingang liegt im Garten des Restaurants Ses Coves unweit der Hauptstraße (beschildert), Informationen und Eintrittskarten ebenda.

11–13, 16–18 Uhr, Mo geschlossen. Führungen nur bei mindestens 2–3 Interessenten; Eintrittsgebühr 9 €, Fotoverbot.

Im Sommer oft überfüllt: Cala Comtessa bei Illetes

Illetes

Illetes, die „Inselchen", wie der Ort nach den kleinen Eilanden vor seiner Küste heißt, markiert den Beginn der Küste von Calvià. Die Siedlung liegt zwar nur ein kleines Stück südwestlich von Cala Major, ist aber doch eine ganz andere Welt: Villen statt Hochhäuser, Gärten statt Beton. So hübsch sich das zunächst präsentiert, so auffällig wird auf den zweiten Blick, wie rigoros die feinen Privatgrundstücke den Zugang zum Meer blockieren. Ans Wasser gelangt man einzig an den beiden hübschen kleinen Stränden, an denen es im Sommer naturgemäß oft sehr voll wird. Die gut situierten Gäste der hiesigen Nobelhotels allerdings können sich fast immer über einen eigenen Meerzugang freuen. Alle anderen mögen sich damit trösten, dass Illetes außer den Stränden eigentlich nur gepflegte Langeweile zu bieten hat.

Verbindungen Busse der EMT-Linie 3 alle zehn Minuten von und zu Palmas Plaça Joan Carles I. Westwärts mit TransaBus, z. B. der Linie 104 nach Peguera.

Übernachten Ausschließlich Quartiere gehobener Kategorien, die auch über einige Veranstalter buchbar sind.

***** **Hotel Maricel**, in reizvoller Lage über dem Meer, zu suchen am Ortsanfang aus Richtung Palma. Elegantes Hotel der exklusiven Hospes-Kette, innen puristisch gestaltet. Sehr schöner Pool etc. Standard-DZ („Dreamer´s") nach Lage und Saison rund 300–800 €, die Deluxe-Zimmer und Suiten kosten noch eine Kleinigkeit mehr. Carretera d'Andratx 11, ℡ 971 707744, www.hospes.es.

**** **Hotel Bon Sol**, der renommierten Hotelvereinigung „Reis de Mallorca" angeschlossen. Nostalgischer Charme (gegründet 1953), Pool und eigener Strand, eingebettet in einen üppigen Park. Ökologisch orientiert und auch zertifiziert. DZ nach Saison 180–270 €, es gibt auch Suiten. Passeig d'Illetes 30, etwa in der Mitte der Hauptstraße des Ortes, ℡ 971 402111, www.hotelbonsol.es. ∎

Essen & Trinken/Nachtleben Virtual Club, alles in einem: Beach-Club, Restaurant, Cocktailbar und auch ein Club in einer natürlichen Höhle, in der nachts gelegentlich DJs auflegen. Das Vergnügen hat seinen Preis, für ein Menü à la carte legt man abends leicht 50 € an. Passeig de Illetes 60, Reservierung ratsam: ℅ 971 703235, www.virtualclub.es.

Baden Die beiden Strände von Illetes liegen nicht weit voneinander im Süden des Ortes. **Balneario Illetes** ist eine Art Strandbad, dessen kleine Bucht fast völlig mit Sonnenschirmen und Strandliegen belegt ist; Parkplätze sind gebührenpflichtig. Das dazugehörige Restaurant (nur abends geöffnet) wurde von Lesern gelobt.

Cala Comtessa: Wenige hundert Meter weiter südlich, eine felsgerahmte und z. T. mit Bäumen bestandene kleine Sandbucht; im Umfeld mehr Parkplätze als beim Strandbad. Südlich schließt sich ein Militärgebiet an, dessen früherer Privatstrand der Allgemeinheit zugänglich gemacht wurde.

Bendinat und Portals Nous

Südwestlich von Illetes zeigt die Küste weiterhin einen gewissen exklusiven Touch: Der Yachthafen von Portals Nous gilt als die Nobelmarina der Insel. Aus Richtung Illetes kommend, trifft man jedoch zunächst auf die Randbezirke der zu Portals Nous gehörenden Urbanisation Bendinat. Benannt ist sie nach dem Schloss *Castillo de Bendinat* in der Nähe der Autobahn, das wiederum seinen Namen angeblich einer historischen Begebenheit verdankt: Während der christlichen Rückeroberung Mallorcas soll König Jaume I. hier an ein sich karges Mahl aus Brot und Knoblauch mit den wohlwollenden Worten *Bé hem dinat* gewürdigt haben: „Wir haben gut gespeist". Portals Nous selbst wird wegen seines exklusiven Yachthafens *Port Portals* oft mit Marbella verglichen. Das ist wohl etwas hoch gegriffen. Sicher können sich die großen Yachten hier ohne weiteres mit denen in Marbellas Nobelhafen Puerto Banús messen. Auch das Aufgebot an exotischen Sportwagen ist beeindruckend, ebenso das Preisniveau der hiesigen Nobelhotels. Außerhalb des Hafenbereichs stören jedoch einige hässliche Betonklötze das Bild, und eine schöne Altstadt wie die von Marbella sucht man vergeblich. Doch haben die Ausflügler, die Portals Nous besuchen, ja vor allem eines im Sinn: einmal so richtig ausgiebig Luxusschlitten, Millionärsyachten und deren Eigentümer zu inspizieren – und dafür ist der Hafen auch wirklich bestens geeignet. Abends mischen sich in den schicken Open-Air-Restaurants und den teilweise recht originellen Bars Touristen, Residenten und Yachtler. Tagsüber kann man sich, nur ein paar Schritte östlich der Marina, an einem der schönsten Strände der Bucht von Palma aalen. Ein guter Blick über den Hafen und den Strand mit seinem vorgelagerten Inselchen bietet sich von der reizvoll hoch über dem Meer gelegenen Pfarrkirche (19. Jh.) am Ende des Carrer Oratorio.

Verbindungen Busse der TransaBus-Linien 104 und 106 von und zu Palmas Busbahnhof.

Übernachten ***** Hotel St. Regis Mardavall Mallorca Resort, etwa zwei Kilometer westlich des Hafens von Portals Nous. Mit einem Investitionsvolumen von rund 85 Millionen Euro gehörte das 2002 eröffnete Mardavall damals zu den teuersten Hotelbauten Europas. Dementsprechend luxuriös fällt das Ambiente aus; der 4700 Quadratmeter umfassende Spa-Bereich ist der größte ganz Spaniens. Kein Strand, jedoch mehrere Pools; Golf-Shuttle. Michelinbesterntes Restaurant „Es Fum". Über 130 Zimmer und Suiten. Die Preise für die günstigste DZ-Kategorie liegen bei etwa 400–900 €, man kann aber auch erheblich mehr anlegen. Passeig Calvià s/n, ℅ 971 629629, www.stregis.com/mardavall.

**** **Lindner Golf & Wellness Resort Portals Nous**, im Bereich von Bendinat. Drei Gebäude, um einen Pool gelegen und umgeben vom 18-Loch-Platz des Real Golf de Bendinat, dementsprechend viele Golfer. Das Interieur im Kolonialstil wendet sich hingegen eher an Afrika-Liebhaber. Komfortable Ausstattung, Wellness-Bereich mit Indoor-Pool, Sauna, Hammam, Außen-Spa etc. 100 geräumige Zimmer. „Classic"-DZ nach Saison und Ausstattung etwa 140–250 €, natürlich gibt es auch Suiten. C.

Arquitecto Francisco Casas 18, ℡ 971 707777, www.lindner.de.

*** **Hotel Bendinat**, Mitglied der „Reis de Mallorca". Reizvoller Bau direkt an der Küste, wenn auch ohne echten Strand, dafür ein kleiner Pool in feiner Lage. Schöner Garten, die insgesamt 31 Zimmer und Suiten verteilen sich auf Haupthaus und Bungalows. Gutes, sehr schön am Meer gelegenes Restaurant. Geöffnet ca. März bis Okt. DZ nach Saison etwa 210–320 €, auch Suiten. Carrer Andres Ferret Sobral, ℡ 971 675725, www.hotelbendinat.es.

Essen & Trinken Ein beliebter Treffpukt ist das hiesige **Café Cappuccino**.

Tristán, am Yachthafen, ein Klassiker, der seit vielen Jahren von Gerhard Schwaiger geleitet wird. Marktfrische, saisonabhängige Küche mit Pfiff, ob Fleisch oder Fisch. Mittagsmenü rund 30 €, abends ab 50 €. Mo Ruhetag (außer zur HS), Jan./Feb. geschlossen. ℡ 971 675547.

Unterhaltung Marineland, bei Costa d'en Blanes, an der Straße von Portals Nous nach Palmanova. Großer Vergnügungspark und Meereszoo mit Haien, Krokodilen, Seelöwen und Papageien, der jährlich gut eine halbe Million Besucher zählt. Die (sehr umstrittene) Hauptattraktion ist das Delfinarium. Geöffnet etwa April bis Oktober, Eintritt ca. 24 €, Kinder 10–14 €.

Palmanova und Magaluf

Die beiden Orte gehen praktisch ineinander über, bilden zusammen ein kilometerweit ausgedehntes Ferienzentrum, zu dessen Kennzeichen lange Sandstrände und ein breites Vergnügungsangebot ebenso zählen wie das vorwiegend britische und skandinavische Publikum.

So gesehen bilden Palmanova und Magaluf quasi ein Gegengewicht zur deutsch dominierten Platja de Palma auf der Ostseite der Bucht. Hier muss kein Brite auf sein „English Breakfast" verzichten. In den Katalogen deutscher Reiseveranstalter spielt Palmanova nur eine kleine, Magaluf praktisch gar keine Rolle. Übermäßig attraktiv mag man beide Ferienorte auch wirklich nicht nennen, auch wenn (eine weitere Parallele zur Platja de Palma) gerade diverse Modernisierungsmaßnahmen laufen. Die Skyline von Hochhäusern besonders in Magaluf und auf der kleinen Halbinsel Torrenova, die in etwa die Grenze zu Palmanova bildet, erinnert frappierend an heimische Trabantenstädte. Hunderte von Souvenirshops, Pubs und Spielhallen befriedigen die Bedürfnisse der in Palmanova eher etwas gesetzten, in Magaluf dagegen auffallend jungen und feierfreudigen Ferienkundschaft. Zugute halten mag man beiden Orten ihre ausgedehnten Strände, Magaluf besitzt zudem ein äußerst reges Nachtleben, das freilich nicht frei von Auswüchsen ist – nicht ohne Grund wurde hier der Alkoholkonsum auf der Straße zwischen 22 und 8 Uhr verboten.

Information O.I.T. Municipal Palmanova, an der Uferpromenade Passeig de la Mar 13, ℡ 971 682365. Geöffnet täglich 9–18 Uhr, im Winter bis 15 Uhr. www.visitcalvia.com.

O.I.T. Municipal Magaluf, Pere Vaquer Ramis 1, einen Straßenzug hinter der Strandpromenade, ℡ 971 131126, geöffnet 9–18 Uhr.

Verbindungen Busse der TransaBus ab Palmas Busbahnhof. Mehrere Linien, am schnellsten fahren 105 und 106.

Übernachten **** **Hotel ME Mallorca**, auch bekannt als Meliá Beach House, am hinteren Strandende von Magaluf. Eines von mehreren Hotels im Ort, die von der Meliá-Kette übernommen und renoviert wurden, um so auch die Destination Magaluf aufzuwerten. Cooles Interiordesign, großer Poolbereich. Standard-DZ („Aura") nach Saison etwa 160–280 €, höhere Zimmerkategorien (Meerblick!) gegen Aufpreis. Avingunda Notari Alemany 1, ℡ 971 123950, www.melia.com.

Unterhaltung Western Park, am Westrand von Magaluf, ein „aquatisches" Westerndorf mit Bars und Restaurants sowie Wasserrutschen und Whirlpool. Geöffnet etwa Mitte/Ende Mai bis September, Eintritt 27 €, Kinder nach Größe 10–19 €. Ctra. Cala Figuera a Sa Porrasa s/n.

Katmandu Park, im Zentrum Magalufs. Im Mittelpunkt steht hier das „House of Katmandu", ein scheinbar auf dem Kopf stehendes Haus, das den Besucher in interaktiven Themenräumen in den tibetischen Himalaya entführen soll. Was das Ganze mit Mallorca zu tun hat? Keine Ahnung. Etwa Februar bis Oktober, Eintritt rund 18 €, Kinder 12 €, diverse „Attraktionen" gegen Aufpreis. Av. Pedro Vaquer Ramis s/n.

Strand- und Nachtleben Nikki Beach, superschicker und ebenso teurer Beachclub neben dem Hotel Meliá Beach House; Teil einer internationalen Kette, die weitere Clubs beispielsweise auf Ibiza, Koh Samui, in Marbella, Miami und Saint-Tropez betreibt. Nur im Sommer geöffnet.

BCM, massiver Bau nahe der Infostelle von Magaluf. Einer der größten Tanztempel Spaniens, Platz für 5000 Personen. Av. Olivera 14, www.bcmplanetdance.com.

Richtung Portals Vells: Erstaunlicherweise blieb die Ostseite der Halbinsel südlich von Magaluf von touristischer Erschließung weitgehend verschont. Zu erreichen ist das Gebiet über die Straße zum *Cap de Cala Figuera*, die westlich von Magaluf von der Hauptstraße Palma-Peguera abzweigt. Keine Busverbindung. Vorbei an der Abzweigung nach Son Ferrer taucht das nun schmalere Sträßchen kurz hinter dem „Golf Poniente" in ausgedehnte Kiefernwälder ein.

Platja El Mago: Rund drei Kilometer hinter dem Golfplatz führt linker Hand eine beschilderte Abzweigung zu den beiden winzigen, durch Fels getrennten Strandbuchten von El Mago; der Name rührt daher, dass hier 1967 der Film „The Magus" (deutscher Titel: „Teuflische Spiele", Hauptrolle Michael Caine) gedreht wurde. Der idyllische Flecken, ein offiziell zugelassener Nacktbadeplatz, ist zwar kein Geheimtipp mehr, normalerweise jedoch nicht allzu überlaufen. Im Sommer öffnen ein einfaches Bar-Restaurant und ein Kiosk.

Portals Vells: Die kleine Strandbucht, ein beliebter Ankerplatz für Yachten und Ausflugsboote, ist den Platjas El Mago direkt benachbart, jedoch von dem oben beschriebenen Sträßchen über eine separate Zufahrt zu erreichen. Auch hier gibt es ein Strandrestaurant. Im Süden der Bucht liegen Steinbrüche, aus denen vielleicht auch Material für die Kathedrale von Palma gewonnen wurde.

Traumhaft: Platja El Mago bei Portals Vells

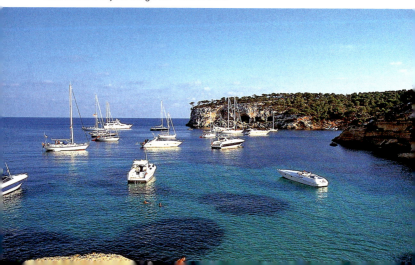

Port Adriano/El Toro: Etwa auf der Höhe von Portals Vells, jedoch auf der Westseite der Halbinsel südlich von Santa Ponça gelegen, wurde der Yachthafen Port Adriano 1992 eröffnet und unter Beteiligung von Stardesigner Philippe Starck umgebaut und erweitert. Die nahe Urbanisation El Toro entstand auf dem Reißbrett, was man ihr auch ansieht. Immerhin findet sich ein ganz passabler Sandstrand.

Übernachten/Essen ***** **Hotel Port Adriano**, Luxusquartier in schöner Lage über dem Meer. Geräumige, komfortable Zimmer, Pool, Golfshuttle und Wellness-Bereich, sehr gutes Restaurant. „Adults only" – keine Kinder. DZ nach Saison und Ausstattung etwa 200–400 €, auch Suiten. Urbanización El Toro, ✆ 971 237323, www.hotelportadriano.com.

》》 Lesertipp: Mesón Son Ferrer, in der östlich von El Toro gelegenen Siedlung Son Ferrer. „Hier gibt es Mo–Sa ein Menú del Dia für nur 9,50 €, mit Auswahl aus jeweils drei Vorspeisen, Hauptgerichten und Desserts. Das Essen ist von den Portionen her wie auch geschmacklich sehr gut. Sehr viel von Spaniern besucht" (Helmut Bischoff). Carrer Mussol 4, die Hauptstraße am südlichen Ortsrand, ✆ 971 230978. **《《**

Calvià

Das Verwaltungszentrum, etwa sechs Straßenkilometer inseleinwärts von Palmanova gelegen, profitiert prächtig vom Fremdenverkehr der Küste: Calvià gilt als reichste Gemeinde ganz Spaniens. Folgerichtig leistet sich die Kleinstadt ein üppig dimensioniertes Rathaus sowie ein luxuriöses Sportzentrum. Sehenswert ist einzig die Pfarrkirche *Sant Joan Baptista*, die im 19. Jh. in einem kuriosen, „historisierenden" Stilmix erbaut wurde.

Santa Ponça

Im Umkreis des modernen Ferienorts erstrecken sich entlang der Küste in jede Richtung kilometerweit ausgedehnte Villenurbanisationen. Santa Ponça liegt an einer weiten Bucht mit hübschem, von einer Promenade flankierten Sandstrand, dem man sogar noch einen Teil der ursprünglichen Kiefern (bevölkert übrigens von grünen Mönchssittichen, die irgendwann ihren Besitzern entflohen sind und sich seitdem rege vermehrt haben) belassen hat. Die Siedlung selbst ist ein internationales Ferienzentrum der austauschbaren Art. An Freizeitmöglichkeiten besteht kein Mangel; das Nachtleben ist dort beispielsweise in Magaluf intensiver. Zu einem gewissen Ruhm in der Boulevardpresse hat es der Ort durch die Ansiedlung von Lokalen wie dem „Café Katzenberger" oder Jürgen Drews' „König von Mallorca" gebracht; beide Berühmtheiten sind aber nur sehr selten persönlich anwesend, Frau Katzenberger hat ihr Café sogar wieder verkauft.

Auch wenn man es Santa Ponça nicht ansieht, so hat der Ort doch Vergangenheit: Hier landete einst die christliche Flotte unter König Jaume I. zur Rückeroberung Mallorcas. An der Südseite der Bucht markiert oberhalb der Einfahrt zum Yachthafen das Gedenkkreuz „Creu de la Conquesta" die Stelle, an der an einem Septembertag des Jahres 1229 erstmals die königliche Fahne wehte. Noch viel weiter zurück, nämlich bis in die Zeit der Talayot-Kultur, reichen die Spuren der Geschichte im Archäologie-Park „Puig de Sa Morisca", am Südrand des Ortes gelegen (vom Zentrum kommend am Kreisel vor der Zufahrt zum Golfplatz rechts in die Av. Nova Santa Ponça, dann wieder links); vom Gipfel des Hügels bietet sich zudem ein weiter Blick.

Information O.I.T., Via Puig de Galatzó 1, ✆ 971 691712. Zentral und strandnah in der Nähe des Kreisverkehrs an der Plaça de Santa Ponça; geöffnet täglich 9–18 Uhr, im Winter nur bis 15 Uhr. www.visitcalvia.com.

Verbindungen Busse der TransaBus-Linien 102, 104 (mit Umweg und vielen Stopps) und 111 ab Palmas Busbahnhof; weiter nach Peguera fahren 102 und 104, bis Port d'Andratx 102.

Übernachten/Essen *** **Hotel Playas del Rey**, noch im zentralen Ortsbereich an der Straße Richtung Port Adriano. Etwas anders als die anderen Hotels hier, ein 60er-Jahre-Bau, der 2011 komplett renoviert und innen sehr hübsch und modern gestaltet wurde. Pool. Für die Klasse recht geräumige Zimmer; ab dem dritten der fünf Stockwerke darf man mit weitem Meerblick rechnen. Freundlicher und hilfsbereiter Direktor. Geöffnet Mai bis Oktober, DZ etwa 60–120 €. Av. Del Rey Jaume I. 76, ✆ 971 691213, www.playasdelrey.com.

Rest. Miguel, Spezialist für Fisch und Meeresfrüchte, für Essen und Service von Lesern sehr gelobt. Menü à la carte ab etwa 30 €. Im November geschlossen. Av. Rei Jaume I 92, nicht weit vom südlichen Strandbereich; ✆ 971 690913.

Rest. Mesón del Rey, gemütliches, beliebtes Lokal mit Schwerpunkt auf mallorquinischer Küche. Viele Hauptgerichte um 10 €, Mo–Fr auch ein preiswertes Mittagsmenü à etwa 9 € (Sa 12 €). Via Puig d'es Teix, Ecke Sta. Eugenia; nördlich des großen Kreisverkehrs landeinwärts.

Unterhaltung Jungle Parc, ein in Bäumen angelegter Hochseilgarten etwas außerhalb des Zentrums Richtung Toro. Unterschiedliche Schwierigkeitsgrade, die einfachste Variante („Piratas") ist geeignet für Kinder von etwa 4–11 Jahren und Minimum 1,05 Meter Größe. Preis für einstündige Exkursionen 13–16 €. Geöffnet ca. April bis Oktober, zur NS nur Fr–So, ab etwa Mitte Juni bis Mitte September tägl. außer Mo. Av. Jaime I. 404, www.jungleparc.es.

Feste Moros i cristians, am Wochenende vor dem 12. September. Das farbenprächtig nachgespielte Gefecht der „Mauren und Christen" erinnert an die Landung des christlichen Heers unter Jaume I.

Costa de la Calma: Die „Küste der Stille" liegt nordwestlich von Santa Ponça in Richtung Peguera. Der werbewirksame Name steht für ein gepflegtes Siedlungsgebiet, das jedoch nur bescheidene Bademöglichkeiten bietet.

Peguera (Paguera)

Ein verkehrsberuhigtes Zentrum, gleich mehrere Strände und eine landschaftlich reizvolle Umgebung: Peguera hat, was viele Urlauber wünschen. Besonders deutsche Feriengäste schätzen den Ort.

Schon seit mehreren Jahrzehnten bildet Peguera (spanisch: Paguera) eine fast rein deutsche Kolonie. Hier muss niemand Angst vor Verständigungsschwierigkeiten haben: Keine Reklametafel, keine Speisekarte irritiert mit fremder, also einheimischer Sprache den zahlenden Gast – eine touristische Monokultur, die offensichtlich ihre Anhänger hat. Vom Ortsbild her zählt Peguera, obwohl erst für den Frem-

Peguera (Paguera) 125

denverkehr angelegt, zu den angenehmeren Siedlungen der Costa de Calvià. Seine Straßen sind fast klinisch sauber und die teilweise noch von Kiefern begrenzten Strände aufs beste gepflegt. Die Hauptstraße *Bulevar de Peguera* wird zeitweise für den Durchgangsverkehr gesperrt und hat sich dadurch zur Flanierzone entwickelt. Die Auswahl an Sportmöglichkeiten ist gut, die hügelige Umgebung verlockt zu Radtouren und Wanderungen, z.B. auf dem vor wenigen Jahren neu angelegten, parallel zur Straße verlaufenden, aber dennoch reizvollen Fußweg ins fünf Kilometer entfernte Capdellà.

Basis-Infos

Information O.I.T., Carrer Ratoli 1, ℡ 971 687083. Meerwärts der Hauptstraße beim Strand Platja de Torà; geöffnet tägl. 9–18 Uhr. Hier u.a. gute Infokarten für Wanderer und Radfahrer. www.visitcalvia.com.

Verbindungen Bus: Von/nach Palma mit der TransaBus-Linie 102, mit Umweg auch Linie 104. Nach Port d'Andratx mit Linie 102.

Mietfahrzeuge: Mehrere Autovermieter an der Hauptstraße Bulevar. „Rent a Bike BP" auf Nummer 26, ℡ 971 685239, vermietet auch Fahrräder (ab 10 €/Tag), Scooter und Motorräder. www.rentabikepaguera.es.

Schiffsausflüge: Zur Saison breites Angebot, z.B. Fahrten nach Dragonera für etwa 20 € p.P.

Ärztliche Versorgung Deutsches Facharzt-Zentrum, C. Malgrat 6, nahe Hotel Nilo, ℡ 971 685333.

Übernachten
Hostal Res. Villa Columbus
Hotel Nilo
Hostal Villa Ana
Hotel Hesperia Villamil
Hotel Cala Fornells
Hotel Coronado

Essen & Trinken
3 Bar Eucaliptus
4 Rest. Las Poetas
5 Casa Rustica
8 Rest. Sa Finca

Peguera und Cala Fornells

Übernachten/Essen & Trinken/Nachleben → Karte S. 124/125

Übernachten Obwohl Peguera ganz überwiegend von Pauschalreisenden besucht wird, finden sich hier doch erstaunlich viele familiäre Hostals und Hotels.

**** Hotel Hesperia Villamil 7, burgähnliches Gebäude in bevorzugter Lage zwischen Hauptstraße und Strand. Erstes Hotel des Ortes, 1955 errichtet, 2005 komplett renoviert und immer noch von leicht nostalgischem, charmantem Stil, gleichzeitig durchaus komfortabel mit Garten, Pool, Tennis etc. DZ kosten je nach Saison, Ausstattung und Lage rund 170–260 €; es gibt auch Deluxe-Zimmer und Suiten. Av. de Peguera 66, ℡ 971 686050, www.hesperia-villamil.com.

**** Hotel Nilo 2, auch über verschiedene Veranstalter zu buchen. Schon etwas älteres, aber gepflegtes und stilvolles Haus mit Ambiente und gutem Service. Pool und Hallenbad, angeschlossen ein kurioser Wohnturm und eine Apartmentanlage. DZ etwa 90–160 €. Carrer Malgrats 9, oberhalb der Hauptstraße, ℡ 971 686500, www.grupotel.com.

** Hostal Res. Villa Columbus 1, gepflegte, verwinkelte Anlage im Bungalowstil, recht zentral und doch relativ ruhig gelegen; mit kleinem Pool, Garten und Tennisplatz. Freundliches Personal, viele Stammgäste. Geöffnet März bis Mitte Nov. DZ/Bad etwa 80–90 €. Carrer Palmira 12, ℡ 971 686569, www.villacolumbus.com.

* Hostal Villa Ana 6, in ruhiger und recht zentraler Lage. 1968 eröffnet, vor einigen Jahren von der lokalen Morlans-Kette übernommen und hübsch renoviert; im nahen Hotel „Morlans Garden" befindet sich auch die Rezeption und, Luxus in Peguera, ein Parkplatz (geringe Gebühr, besser reservieren). Kleiner Pool. Geöffnet Feb.–Okt. DZ/Bad nach Saison und Ausstattung etwa 45–70 €. Carrer Gavines 13, etwa auf Höhe der Infostelle landeinwärts der Hauptstraße, ℡ 971 686749, www.morlanshotels.com.

Essen & Trinken Deutsche Küche dominiert, Werbeschilder versprechen „Essen wie zu Hause".

Rest. Casa Rustica 5, fast am Ortsende Richtung Port d´Andratx, nicht weit vom Kreisel. Fast schon ein Klassiker, zwischenzeitlich länger geschlossen, seit wenigen Jahren unter neuen Betreibern wieder eröffnet. Hübsch gestalteter Garten; marktabhängige, frische Küche gehobener Qualität. Preise leicht über dem Durchschnitt; günstiges Mittagsmenü à etwa 12 €. Carrer Olivera 5, ℡ 971 686484.

Rest. Sa Finca 8, direkt am Bulevar. Gemütliches Restaurant mit angenehmer Atmosphäre und guter spanischer Küche, darunter auch mallorquinische Gerichte. Mehrfach von Lesern gelobt, Hauptgerichte kosten etwa 14–22 €. Nur abends geöffnet; Bulevar de Peguera 65.

》》 Mein Tipp: Rest. Las Poetas 4, alteingesessenes Lokal, 1977 gegründet und seitdem optisch wohl kaum verändert. Gut sind hier besonders die Fleischgerichte vom Grill, es gibt aber auch Fisch. Ordentliche Portionen, freundlicher Service, prima

Angenehm anzusehen: Aldea Cala Fornells 1

Preis-Leistungs-Verhältnis. Ganzjährig geöffnet. In der „Orangenstraße" C. Tarongers (Naranjos), Local 3–4, vom Bulevar über die C. Torá oder Pins. ⟪

Bar Eucaliptus 🔳, deutsch geführte Bar mit guten, variantenreichen Tapas, von mehreren Lesern gelobt. Carrer Eucaliptus 6.

Kneipen/Nachtleben Nächtliche Exzesse sind Pegueras Besuchern eher fremd.

Carrer Eucaliptus, eine landeinwärts abzweigende Seitenstraße des Bulevar, ist mit mehreren Music-Bars einer der beliebtesten abendlichen Treffpunkte.

Rendezvous, am Bulevar, bei der Abzweigung des Carrer Eucaliptus. Tanzbar und Restaurant mit Terrasse zum Meer. In der Nähe liegt das von Lesern empfohlene **Romantico**.

Baden: Peguera darf sich gleich dreier langsam abfallender, mit bester Infrastruktur versehener Sandstrände rühmen, die zur Saison allerdings auch mehr als nur gut besucht sind. Die *Platja Palmira*, der am weitesten westlich gelegene Strand, ist auch der am häufigsten frequentierte. Die *Platja de Torà* jenseits des kleinen Kaps zeigt sich optisch schon attraktiver, da nicht so dicht von Bauten bedrängt. Die kleine *Platja de la Romana* schließlich bietet neben dem üblichen Strandleben auch eine Windsurfstation.

Cala Fornells

Die kleine Bucht, gut zwei Kilometer westlich des Zentrums von Peguera gelegen, ist mit ihren Pinienwäldern, den zerklüfteten Felsen und dem glasklaren, smaragdgrünen Wasser ein wahrer Augenschmaus. Die knapp bemessenen Liegeplätze am Wasser sind im Sommer jedoch schnell überfüllt.

Übernachten → Karte S. 124/125

**** **Hotel Coronado** 🔟, ein älterer Klotz in recht schöner Lage über der Bucht. Pool, Hallenbad und Tennisplatz, neuerer Thalasso- und Spa-Bereich. Geöffnet etwa April bis Oktober. DZ etwa 110–190 €. Platja Cala Fornells s/n, ☏ 971 686800, www.hotelcoronado.com.

**** **Hotel Cala Fornells** 🔟, familiärer und architektonisch dezenter. Pool auf dem Dach, Tennisplatz. Geräumige Zimmer. DZ nach Saison etwa 110–180 €, die „Superior"-Zimmer kosten Aufschlag. Geöffnet Anfang/Mitte Feb. bis Oktober. Platja Cala Fornells s/n, ☏ 971 686950, www.calafornells.com.

Aldeas Cala Fornells – die Architektur des Pedro Otzoup

An der Straße, die hoch über dem Meer zur kleinen Bucht von Cala Fornells führt, kleben sie am Hang: mehrere Apartmentanlagen, die in krassem Gegensatz zur konventionellen Architektur der übrigen Bauten von Peguera stehen – in erdigen Farbtönen gehalten, harmonisch und naturnah, verspielt, aber nicht kitschig. Und obwohl stets auf Funktionalität geachtet wurde, ist jedes der durch Treppenwege verbundenen Apartments ein Einzelstück. Schöpfer dieser „Dörfer" (Aldeas) war das Insel-Original Pedro Otzoup, ein gebürtiger Russe. Dabei durfte Otzoup, der in den 30er-Jahren in Berlin Bühnenbildner lernte und erst 1958 auf Mallorca sein erstes Haus konzipierte, nicht einmal selbst seine Baupläne abzeichnen, da ihm die offizielle Anerkennung als Architekt fehlte. Das hinderte ihn freilich nicht, neben zahlreichen Apartments auch weit über hundert Privatvillen auf der Insel zu errichten, von denen die meisten im Gebiet zwischen Santa Ponça, Peguera und Port d'Andratx stehen. Otzoup verstarb im Dezember 2000, doch „Design by Pedro Otzoup" gilt auf Mallorca noch immer als Gütesiegel.

Steilhänge, Weingärten, weite Sicht: Küste bei Banyalbufar

Der Nordwesten: Serra de Tramuntana

Wie eine gewaltige Mauer zieht sich das Tramuntana-Gebirge entlang der gesamten nordwestlichen Küste zwischen der Insel Sa Dragonera und dem Cap de Formentor. Der rund 90 Kilometer lange und bis in Höhen von deutlich über tausend Meter aufragende Gebirgszug ist das Wanderparadies und das bevorzugte Individualistenziel der Insel.

Schon immer war der Nordwesten dünn besiedeltes Land. Sieht man von der aufstrebenden Gemeinde *Andratx* im äußersten Süden des Gebiets einmal ab, so zählt die gesamte Tramuntanaregion kaum über 30.000 Einwohner, weniger als allein das Gebiet von Calvià. Deutlicher ist der Unterschied noch in den Übernachtungszahlen. An Tagesbesuchern herrscht dagegen kein Mangel. Das viel beschworene „andere Mallorca" – hier wird es wohl am häufigsten gesucht. Während der Sommersaison drängen sich auf den engen, kurvigen und steilen Sträßchen der Tramuntana oft wahre Heerscharen von Mietwagen und Bussen.

Bettenburgen sind im Nordwesten Mallorcas dagegen wirklich kein Thema. Das liegt wohl vor allem daran, dass es der Nordwestküste an Sandstränden mangelt. Schließlich fallen die felsigen änge des auch Serra del Norte („Nordgebirge") genannten Bergzugs auf weiten Strecken steil und zerrissen ins Meer ab. Und auch dort, wo schmale Stichstraßen sich mühevoll ans Meer schlängeln, finden sich fast immer nur kleine, steinige Einstiege ins Wasser. Doch besitzt der Nordwesten andere Qualitäten. Hier

Der Nordwesten: Serra de Tramuntana

wachsen noch Wälder aus Steineichen und Aleppokiefern, ziehen Geier und Adler ihre Kreise. In ihrem südlichen, flacheren Abschnitt zeigt sich die Tramuntana ausgesprochen sanft und mediterran, mit putzigen Dörfern wie *Estellencs* und *Banyalbufar*, deren Terrassengärten bis hinunter ans Meer reichen. Weiter nördlich wird der Gebirgszug schroffer, überwiegt schon deutlich der alpine Charakter.

Aber auch im Norden finden sich liebliche Landschaften wie das „Tal der Orangen" von *Sóller*, zusammen mit seinem Hafen *Port de Sóller* die größte Siedlung des Nordwestens und Zentrum des Wandertourismus auf Mallorca. Überhaupt finden Wanderer in der Serra de Tramuntana beste Reviere aller Schwierigkeitsgrade, vom schlichten Spaziergang bis zur abenteuerlichen Durchquerung der Erosionsschlucht Torrent de Pareis. Kulturinteressierte werden dagegen das berühmte Kloster nicht versäumen wollen, in dem seinerzeit die Schriftstellerin George Sand und der Komponist Frédéric Chopin einen „Winter auf Mallorca" verbrachten. Es steht in *Valldemossa*, einem auch sonst sehenswerten Örtchen. In der Umgebung locken mehrere Landgüter zu einer Besichtigung: La Granja, das in eine Art lehrreiches Volkskundemuseum verwandelt wurde, sowie das Monestir de Miramar und Son Marroig, beide einst im Besitz des exzentrischen Privatgelehrten Erzherzog Ludwig Salvator. Nur wenig weiter nördlich gilt das viel fotografierte *Deià* schon seit einer ganzen Reihe von Jahren als „Künstlerdorf". Unter vielen anderen reizvollen Zielen in der Tramuntana bleiben schließlich noch zwei absolute Highlights zu nennen: Zum einen die Bucht *Cala Sa Calobra* am Ende der Schlucht des Torrent de Pareis, ein allerdings leider oft überlaufenes landschaftliches Juwel; zum anderen das *Monestir de Lluc*, das bedeutendste Kloster der Insel, das auch sehr günstige Übernachtungsmöglichkeiten bietet.

Klimatisch unterscheidet sich die Serra de Tramuntana deutlich vom Rest der Insel. Der hoch aufragende Bergzug wirkt als Windfang, stoppt auch den kalten Nordwind Tramuntana, der vom spanischen Festland kommt und dem die Serra ihren Namen verdankt. Durch den Steigungsregen verzeichnet das Nordwestgebirge häufigere und stärkere Niederschläge als die Regionen in seinem Windschatten. Auf den Gipfeln fällt gelegentlich Schnee, und auch im Sommer sollten Wanderer die Gefahren der Hochlagen nicht unterschätzen.

Fast überall im Nordwesten sind die Bettenzahlen der Quartiere gering, die Preise nicht niedrig. Für Individualreisende empfiehlt sich besonders im Sommer rechtzeitige Reservierung. Die breiteste Auswahl an Hotels besitzen Port de Sóller und Sóller.

Die Region um Andratx

Das Gebiet der Gemeinde Andratx bildet den äußersten Westen Mallorcas. Eine reizvolle Landschaft an den üppig grünen Ausläufern der Tramuntana, die sich hier ins Meer senken.

Camp de Mar: Vom Charakter her zählt die östlichste Küstensiedlung der Gemeinde Andratx fast noch zu den nahen Touristenhochburgen der Costa de Calvià. Camp de Mar ist ein lupenreiner Ferienort, im Winter nahezu menschenleer. Neben Hotels und Apartmenthäusern prägen mehrere Villensiedlungen, darunter die von Pedro Otzoup gestylte Urbanisation Porto de Mar, das Bild der an sich hübschen, im Sommer jedoch häufig überfüllten Sandbucht. Ungewöhnlich platziert ist das Restaurant „Illeta", das namensgemäß auf einem kleinen Inselchen thront und über einen Steg erreicht werden kann. Einen gewissen Ruf erreichte Camp de Mar durch seine vorwiegend deutsche Prominentenkolonie, durch den Golfplatz und das zugehörige Resort hat sich das Image noch weiter in Richtung Luxusadresse verschoben.

Information O.I.T., in Strandnähe, Carrer des Torrent s/n, ℡ 971 235943. Geöffnet etwa März bis Oktober, dann Di–Sa 10–16 Uhr, So 10–14 Uhr.

Übernachten ***** **Steigenberger Golf & Spa Resort**, das ehemalige Dorint-Hotel, jetzt als Franchise von der RIMC-Gruppe betrieben. Wenige hundert Meter vom Strand, 162 Zimmer, mehrere Pools und Restaurants; Wellnessbereich. Auch bei Familien beliebt. DZ etwa 260–380 €. Calle Taula 2, ℡ 971 136565. www.rimc.de.

Tatsächlich auf einem Inselchen: Restaurant Illeta

Andratx (Andraitx)

Der Hauptort der gleichnamigen Gemeinde zählt etwa 7.000 Einwohner, darunter viele vom spanischen Festland stammende „Gastarbeiter", die in den Fremdenverkehrszentren Peguera und Santa Ponça als Kellner, Köche oder Zimmermädchen arbeiten. Andratx („Andratsch" gesprochen) liegt wie die meisten größeren Ortschaften Mallorcas einige Kilometer abseits der Küste, der mittelalterlichen Piratengefahr wegen. Wie gefährdet die Bewohner auch hier noch waren, zeigt die wehrhafte Architektur der gotischen Pfarrkirche *Santa María* ebenso wie die Bauweise des am Ortsrand neben der Straße Richtung Estellencs gelegenen Palasts *Son Mas*, der das Rathaus des Ortes beherbergt. Das wasserreiche Tal von Andratx ist äußerst fruchtbar. Schon seit den Zeiten der Araber werden in der „Horta", dem bis zur Küste reichenden Plantagenland, Orangen, Oliven und vor allem Mandeln gezogen, aus denen hervorragendes Eis hergestellt wird. Sonst hat der schachbrettartig aufgebaute Ort, abgesehen vielleicht noch vom ganz netten Hauptplatz, dem Reisenden nicht viel zu bieten; einzige Attraktionen sind der Mittwochsmarkt und das Kulturzentrum.

Information O.I.T., im Rathaus, Av. de la Curia 1, ✆ 971 628019. Geöffnet April bis Okt., Di–Fr 9–15 Uhr, Sa 9–13 Uhr.

Verbindungen Busse der TransaBus-Linie 102 etwa halbstündlich bis stündlich nach Port d'Andratx und nach Palma; nach Sant Elm in Port d'Andratx umsteigen.

Übernachten Hotel Son Esteve, etwas außerhalb Richtung Port d'Andratx. Schönes Agroturisme-Hotel auf einem uralten Landgut. Ruhige Lage, stilvolles Ambiente, großer Pool. DZ etwa 90–150 €, es gibt auch „Economy"-Zimmer und Suiten. Camí Ca's Vidals 42. Zunächst Richtung Port d'Andratx, beim Kreisverkehr links Richtung Camí de Son Vich, dann beschildert, ✆ 971 235 272, mobil 655 572630, www.sonesteve.com.

Einkaufen Bodega Santa Catarina, Direktverkauf von Wein, Besuchszeiten der Bodega Mo–Fr 10–18, So 12–14 Uhr. Auch Weine des Schwesterweinguts Macià Batle sowie Olivenöl. Straße Andratx–Capdellà, ca. vier Kilometer vom Ort, beschildert; ✆ 971 235413; www.santacatarina.es.

Feste Sant Pere i Sant Pau, mehrere Tage um den 29. Juni. Breites Programm.

Konzerte, Theater & Co. Sa Taronja, unabhängiger Kulturverein, der Livemusik, Theater, Tanz etc. präsentiert. Zugehörig ist das hübsche Rest. „Limón y Chelo", geöffnet Mi–Sa 19–23 Uhr, So 13–16 Uhr. Ein Ausbau zum Künstlerquartier („Can Burgos") ist geplant. C. Andalucía 23, im äußersten westlichen Ortsbereich, ✆ 971 235268 bzw. 971 136368. www.sataronja.com.

Der große Waldbrand im Sommer 2013

Am Freitag, dem 26. Juli, begann eine der größten Brandkatastrophen in der Geschichte Mallorcas. Auslöser war der Leichtsinn eines einzigen Mannes, der noch glühende Grillkohle einfach in die Landschaft gekippt hatte. Vom Ortsrand von Andratx breitete sich das Feuer mit verheerender Geschwindigkeit in die umliegenden Hügel aus. Angefacht durch Hitze und starken Wind, waren die Flammen tagelang nicht zu stoppen. Am Samstag mussten mehrere Häuser bei S'Arracó und Sant Elm evakuiert werden, am Sonntagmorgen wegen der starken Rauchentwicklung die gesamte Ort Estellencs – rund 700 Menschen wurden in Sicherheit gebracht. Erst am 31. Juli war das Großfeuer weitgehend unter Kontrolle, seine Ausweitung gestoppt. Insgesamt wurden bei dem Brand mehr als 2300 Hektar Naturlandschaft vernichtet, darunter auch ein großer Teil des Gebiets um das Kloster Sa Trapa, das von den Umweltschützern der GOB nach einem Feuer im Jahr 1994 wiederaufgeforstet worden war. Verletzte oder gar Tote waren zum Glück nicht zu beklagen, doch bis sich die Natur wieder völlig erholt haben wird, dürften Jahrzehnte ins Land gehen.

Centro Cultural Andratx: Mit einer Ausstellungsfläche von über 3000 Quadratmetern zählt das private, 2001 eröffnete Kulturzentrum von Andratx zu den größten Zentren für zeitgenössische Kunst in Europa. In der hiesigen „Kunsthalle" werden wechselnde Ausstellungen gezeigt; die Werke in der „Gallery" können auch käuflich erworben werden. Umgeben ist das Zentrum von einem 22 Hektar großen, parkähnlich gestalteten Gelände samt idyllisch gelegenem, etwa fünf Fußminuten entfernten Quellwasserpool, der den Besuchern gratis zur Verfügung steht. Ein gutes Café-Restaurant ist dem Kulturzentrum angeschlossen.

Etwas außerhalb beim Dörfchen Sa Coma, Anfahrt von Andratx Richtung Estellencs, beim Kreisel Richtung Capdellà. Geöffnet ist Di–Fr 10.30–19, Sa/So 10.30–16 Uhr, Nov.–Feb. nur Di–Sa 10.30–16 Uhr; Eintritt 8 €, eine Tasse Kaffe inklusive. www.ccandratx.com.

Port d'Andratx (Puerto de Andraitx)

An einer tief eingeschnittenen, von Bergen bewachten Bucht gelegen, wird Port d'Andratx gern von Seglern angelaufen. Doch nicht nur Yachties wissen den Ort zu schätzen.

Die gegen Mitte des 17. Jh. gegründete Siedlung, früher ein reiner Fischerort, hat sich zu einer der beliebtesten Wohnadressen deutscher Residenten entwickelt. Und da zu den Wahlbürgern von Port d'Andratx auch allerlei hochkarätige Prominenz zählt, gehören die Preise hier zu den höchsten der Insel. Tatsächlich besitzt Port d'Andratx, der Herkunft der meisten Zuzügler wegen gern als „Düsseldorfer Loch" bespöttelt, durchaus einen gewissen Reiz. Der Fischerhafen erfüllt seine Aufgabe immer noch, weshalb in der Bucht neben noblen Yachten auch brave, eher plumpe Pötte schaukeln. Die Atmosphäre im Ort zeigt sich leger, das Publikum gut gekleidet bis elegant, manchmal auch ein wenig protzig, und das Aufkommen an Edelcabrios, teuren Jeeps und Harleys ist fast so hoch wie in Port Portals – insgesamt ergibt das eine Mischung von hohem Unterhaltungswert. An Sommerabenden und am Wochenende ist in den Bars entlang der Hafenfront denn auch einiges los. Der winzige Hauptplatz mit seiner Handvoll Restaurants brummt dann geradezu vor Leben. Außerhalb der Saison wirkt das gerade mal tausend Einwohner zählende Dorf dagegen manchmal regelrecht verschlafen. Dass es in der gesamten Bucht keinen Strand gibt, verzeiht man gerne, blieb Port d'Andratx dadurch doch auch vom Massentourismus verschont. Leider wurde in der Umgebung jedoch, begünstigt durch den 2006 wegen Korruption verurteilten Bürgermeister Eugenio Hidalgo (PP), viel zuviel gebaut, die Urbanisationen kriechen wirklich jeden verfügbaren Hang hinauf. – Ein architektonisch erfreulicher Neubau ist

Port d'Andratx (Puerto de Andraitx)

hingegen das 2003 errichtete „Studio Weil" (www.studioweil.com) an der Straße zur Urbanisation Sa Mola, das vom berühmten Architekten Daniel Libeskind für die amerikanische Künstlerin Barbara Weil entworfen wurde.

Basis-Infos

Information O.I.T., Av. Mateo Bosch 6; ✆ 971 671300. Geöffnet etwa März bis Oktober, Di–Sa 10–16 Uhr, So 10–14 Uhr.

Verbindungen Busse der TransaBus-Linie 102 fahren halbstündlich bis stündlich via Andratx nach Palma, Linie 100 6-mal täglich nach Sant Elm.

Auto: Ratsam, den Großparkplatz vor dem Ort oder den kleineren Parkplatz in der Parallelstraße zum Hafen zu nutzen; beide sind gratis.

Bootsausflüge nach Sant Elm mit „Cruceros Margarita". Abfahrten ab der Mole zuletzt Feb.–Okt. bei gutem Wetter 1-mal morgens, Rückfahrt am Nachmittag, p.P. etwa 8 €, bis Sa Dragonera & zurück 20 €. Mobil ✆ 639 617545.

Fußweg nach Andratx: Ein schöner, etwa fünf Kilometer langer Spazierweg führt vom Hafen nach Andratx. Er beginnt nahe dem Großparkplatz jenseits der Brücke; die Abzweigung ist beschildert.

Übernachten → Karte S. 135

***** **Aparthotel Villa Italia** 12, ein Luxushotel erster Ordnung, das in einem restaurierten Herrenhaus überwiegend Suiten offeriert. Tolle Aussichtslage und lange Reservierungslisten haben ihren Preis: Zwei Personen zahlen im DZ je nach Saison etwa 200–360 €, die Suiten kommen deutlich teurer. Camí Sant Carles 13, Port d'Andratx, ✆ 971 674011, www.hotelvillaitalia.com.

**** **Hotel Mon Port** 1, im Gebiet landeinwärts des Yachthafens. Großzügige Anlage mit mehr als hundert komfortablen Zimmern, Pool, Fitness- und Wellnessbereich etc. DZ etwa 160–210 €, auch Suiten. Cala d'Egos, Finca La Noria, ✆ 971 238623, www.hotelmonport.com.

Meerverbundener Promi-Treff: Port d'Andratx

134 Der Nordwesten: Serra de Tramuntana

**** **Aparthotel La Pérgola** ❷, ebenfalls etwas außerhalb in einer Urbanisation gelegen, ein recht großer Komplex mit Pool, auch Bungalows und „Villas". Ganzjährig. Apartment für zwei Personen nach Saison und Ausstattung etwa 80–210 €. Adva. S'Almudaina 16, ✆ 971 671550, www.lapergolahotel.es.

** **Hotel Brismar** ❼, direkt an der Hafenstraße. Bereits 1954 gegründetes Haus; geräumige und hübsch teilrenovierte Zimmer, Parkplatz (Gebühr), ambitioniertes Restaurant; im Meer eine Badeplattform. DZ nach Saison und Lage (mit/ohne Meerblick) etwa 85–170 €. C. Almirante Riera Alemany 6, ✆ 971 671600, www.hotelbrismar.com.

»» Mein Tipp: ** **Hostal Res. Catalina Vera** ⓫, 1943 als erstes Quartier im Ort gegründet. Die meisten der einfachen Zimmer liegen in einer Art Anbau mit kleinen Terrassen zum Garten. Das Haupthaus mit dem Frühstücksraum ähnelt schon fast einem Museum. Ruhige Lage in einer Parallelstraße zur Uferfront, Nähe Hotel Brismar; einige Parkplätze, öffentlicher Parkplatz nebenan. Störend einzig die gelegentlich auftretenden Mücken. Geöffnet ist April bis November. DZ/Bad etwa 65–85 €, Frühstück inklusive. Carrer Isaac Peral 63, ✆ 971 671918, www.hostalcatalinavera.es. **«**

Essen & Trinken

Restaurante Urbano ❺, am kleinen Hauptplatz. Das Nachfolge-Lokal des ehemaligen, von deutschen Residenten sehr geschätzten „El Patio"; manchem ist die Belegschaft vielleicht sogar noch von dessen Vorgänger „Restaurante Jens" in Camp de Mar bekannt. Gehobene Küche, Festmenüs etwa 35–45 €, à la carte ab etwa 45 €. Di Ruhetag. Plaça dels Patrons Cristino 4, Reservierung: ✆ 971 671703.

Restaurante Trespais ❿, etwas versteckt im Gebiet oberhalb der Tankstelle. Sehr beliebtes Lokal, hübsches Gärtchen und variantenreiche internationale Küche. Täglich wechselnde Festmenüs rund 35–50 €, Hauptgerichte kosten im Dreh um die 25–30 €. Nur abends, Mo Ruhetag. C. Antoni Calafat 24, ✆ 971 672814.

»» Lesertipp: **Rest. Barlovento** ❸, beim Segelclub Club de Vela auf der anderen Seite der Bucht. „Man sitzt direkt über dem Wasser. Gute Fischgerichte, sehr zu empfehlen" (Manuela und Hansdieter Schwerin). Mittlere Preislage. Ärgerlich, aber in manchen Lokalen eben immer noch Usus, dass die Mehrwertsteuer IVA erst hinterher auf der Rechnung erscheint. Camí Vell d'es Far 1, Mo geschlossen. ✆ 971 671049. **«**

Rest. La Gallega ❽, galicisches Fischrestaurant mit ziemlich nüchternem Ambiente, aber feiner Auswahl aus der Fischtheke. Portion etwa 15–25 € bzw. nach Gewicht. Carrer Isaac Peral 52.

Osteria da Sandro ❾, gleich gegenüber. Gemütliches, sehr beliebtes italienisches Lokal, oft voll besetzt – früh kommen oder reservieren: ✆ 971 671038. Nudelgerichte überwiegend um die 15 €, auch Antipasti, Pizza und gute Fleischgerichte von der Tageskarte. Carrer Isaac Peral 47.

Rest. Es Portal ❻, wiederum am freundlichen und gemütlichen Hauptplatz. Familienbetrieb, gute „Paella Ciega" („blind" zu essen, da ohne Gräten & Co.). Plaça dels Patrons Cristino.

Bar Acal ❹, das ehemalige „Las Palmeras" und trotz (wiederholt) aufgefrischter Optik immer noch eine Hafenkneipe mit gemischtem Publikum, bei Fußballübertragungen bestens besucht. Essen gibt's auch, z.B. Tapas und Pa amb oli, durchaus ordentlich und nicht teuer. Av. Mateo Bosch 11.

Vorbereitungen für Pa amb oli

Port d'Andratx (Puerto de Andraitx)

Sport/Nachtleben/Feste/Baden

Sport Tauchcenter Diving Dragonera, bewährte, deutsch geführte Schule. Almirante Riera Alemany 23, ✆ 971 674376; www.diving.de.

Nachtleben Disco Barracuda, auf mehreren Ebenen im Einkaufszentrum „Ses Veles" am Ortseingang.

Tim's Bar/Mitj & Mitj: Die beiden Bars, nur ein paar Schritte hinter dem Hotel Brismar gelegen, bilden zusammen die Kneipenecke des Ortes und glänzen sogar mit Terrasse zum Meer.

Feste Mare de Déu del Carme, um den 16. Juli, mehrtägiges Fest zu Ehren der Schutzpatronin der Seeleute. Höhepunkt ist eine Schiffsprozession.

Baden In der Bucht selbst kaum Möglichkeiten, Sandstrände gibt es in Camp de Mar und Sant Elm.

Cala Llamp, eine etwa 1,5 steile und kurvige Kilometer entfernte kleine Bucht, die über eine Abzweigung der Straße nach Camp de Mar erreicht werden kann, ist zwar durch eine Ferienanlage verbaut, doch besteht auch für Nichtgäste Zugang zum „Beach Club Gran Folies" mit Restaurant (nicht billig), Felsstrand und Pool.

Sant Elm (San Telmo)

Ein freundliches Dorf im äußersten Westen Mallorcas. Sant Elm, Ausgangspunkt für Ausflüge zur Insel Dragonera, ist einen Abstecher wert. „Dieser Theil Mallorcas ist der schönste und für Seebäder sehr geeignet", schrieb weiland Erzherzog Ludwig Salvator. „Gleichviel, ob man den Süden oder Norden von Sant Elm aufsucht, überall ist es gleich schön." Nur ein schmales, kurviges Sträßchen führt über den Straßenweiler *S'Arracó* (samstags findet hier ein netter kleiner Markt statt), einen gepflegten Wohnort ausländischer Residenten, in das Dorf. Obwohl die offiziell nicht einmal 400 Einwohner zählende Siedlung über einen durchaus passablen, wenn auch relativ kleinen Sandstrand verfügt, hält sich der Pauschaltourismus in Grenzen. Der einstige Geheimtipp ist Sant Elm heute zwar nicht mehr. Dazu wurden in den Randbezirken des bescheidenen Dorfes, dessen Zentrum praktisch nur aus der Hauptstraße Av. Rei Jaume I. besteht, einfach zu viele Villen und Apartments gebaut. Ein hübsches, ruhiges Örtchen ist Sant Elm dennoch geblieben. Die bewaldeten Ausläufer der Tramuntana erstrecken sich bis an die stark gegliederte Küste, vor der die größere Insel Dragonera und das dem Ort direkt vorgelagerte Inselchen Pantaleu die Blicke auf sich ziehen.

Information O.I.T., an der Hauptstaße Jaume I. 28, ℡ 971 239205. Geöffnet etwa März bis Oktober, dann Mo–Sa 10–16 Uhr, So 10–14 Uhr.

Verbindungen Busse der TransaBus-Linie 100 bedienen Sant Elm ab Port d'Andratx 6-mal täglich. Im Winter ist das Angebot sehr eingeschränkt.

Auto: Die Hauptstraße ist als Fußgängerzone gesperrt, der Parkplatz am Ortsrand zur Saison gebührenpflichtig. Freie Parkplätze gibt es meist oberhalb im Villengebiet; den Schildern „Centro" und „Parc Natural de Sa Dragonera" folgen.

Schiff: 1-mal täglich besteht eine Bootsverbindung ab Port d'Andratx. Zu den Schiffen nach Dragonera siehe unten.

Übernachten *** Hotel Aquamarin, einziges „echtes" Hotel vor Ort, ein unübersehbarer Klotz direkt am Strand mit fast 120 Zimmern. Im Programm eines Schweizer Reiseveranstalters, Erklärung für das zahlreiche Auftreten von Eidgenossen. Geöffnet Mai bis Mitte Oktober. DZ etwa 70–140 €, zur HS ist HP inkludiert; auch Studios. Carrer Cala Conills 4, ℡ 971 239075, www.universalhotels.es.

*** Hotel Apartamentos Don Camilo, hübsch zum Meer hin ausgerichtet und komfortabel, mit Pool. Geöffnet Ostern bis Oktober. Studio für zwei Personen etwa 70–100 €, es gibt auch größere Apartments. Calle Cala Conils 5, ℡ 971 239107, www.universalhotels.es.

Im Hintergrund liegt Dragonera: Strand von Sant Elm

Sant Elm (San Telmo)

** Hostal Dragonera, familiäres 24-Zimmer-Hostal direkt am Meer, die Räume mit Balkon dorthin sind begehrt und teurer. Geöffnet März bis November. DZ/Bad nach Saison und Lage etwa 65–75 €. An der Hauptstraße Av. Rei Jaume I. 5, ✆ 971 239086, www.hostaldragonera.es.

》》 Lesertipp: Hotel L'Escaleta, in S'Arracó (außerhalb von Sant Elm). „Wunderschönes Hotel mit gemütlichen Zimmern, herrlicher Garten mit Zitronen-, Orangen- und Mandelbäumen" (Petra Jahn-Ramsenthaler). DZ etwa 80–90 €. Carrer del Porvenir 10, S'Arracó. ✆ 971 671011, www.hotelescaleta.com. 《《

Essen & Trinken Rest. Cala Conills, an der gleichnamigen Felsbucht beim südlichen Ortsrand, am Ende der dortigen Apartmentzone. Spezialität Fischgerichte, traumhafte Lage am Meer, besonders schön zum Sonnenuntergang. Swimmingpool und Liegen sind für Gäste gratis. Nicht gerade billig, Menü ab ca. 35 €. Reservierung ratsam: ✆ 971 239186.

Rest. Na Caragola, mit schöner Aussicht am Ende der Hauptstraße gelegen. Variantenreiche Küche mit Schwerpunkt auf Fisch, ordentliche Paella, gehobene Preise. Gute Weinauswahl. Carrer Jaume I. 23, ✆ 971 239299; Mi Ruhetag.

Sport Tauchschule Scuba Activa, deutsch geführte Schulung, Tauchgänge und Ausrüstungsmiete; Unterkunftsvermittlung. Plaça Mossen Sebastia Grau 7, ✆ 971 239102, www.scuba-activa.de.

Baden Der Ortsstrand aus grauem Sand wird durch das Hotel Aquamarin zweigeteilt. Er wirkt gepflegt, ist aber im Sommer gut besucht. Sonnenliegen etc. sind vorhanden.

Parc Natural Sa Dragonera: Die unbewohnte, gut vier Kilometer lange, maximal einen Kilometer breite Insel vor Sant Elm, immerhin das sechstgrößte Eiland der Balearen, wurde den Baulöwen gerade noch einmal entrissen: Eine Urbanisation war bereits geplant. Proteste von Naturschutzorganisationen verhinderten jedoch glücklicherweise die Bebauung. 1995 wurde Dragonera als Naturpark ausgewiesen.

Das 278 Hektar messende, felsige Eiland bildet eine Fortsetzung der Serra de Tramuntana – daher das sehr bergige Relief mit einer Höhe von 376 Metern. Bewachsen ist Dragonera nur spärlich. Bedeutung besitzt die Insel wegen ihres vielfältigen Vogelbestandes, zu dem neben verschiedenen Möwenarten und Sturmtauchern eine große Kolonie von Eleonorenfalken zählt; manchmal sieht man auch Fischadler. Auffällig ist die hohe Zahl der Baleareneidechsen; möglicherweise verdankt die „Dracheninsel" den kleinen Reptilien sogar ihren Namen. Besucher können zu einem der Leuchttürme im Süden und Norden wandern, die miteinander durch einen guten Weg verbunden sind, nach Süden ist er sogar asphaltiert. Eine anstrengende Alternative ist der Aufstieg zum „Alten Leuchtturm" Faro Vell an der höchsten Stelle der Insel; der Pfad dorthin zweigt von der Route nach Süden ab. In jedem Fall ist es sehr ratsam, Sonnenschutz, Trinkwasser und Proviant mitzuführen, denn Einkaufsmöglichkeiten oder Bars gibt es nicht.

Schiffsanleger im nördlichen Ortsbereich am Ende der Hauptstraße. Fährverbindungen mit „Cruceros Margarita" bei gutem Wetter Mo–Sa 8- bis 11-mal täglich, von April bis September auch sonntags. Von November bis Januar kein Betrieb. Fahrpreis etwa 12 €; vorab den Zeitpunkt der Rückfahrt klären. Angelandet wird in der Bucht Cala Es Lladó („Räuberbucht"). Infos unter Mobil-✆ 639 617545 oder 629 606614, www.crucerosmargarita.com.

Tour 1 – Zum alten Trappistenkloster Sa Trapa → S. 276
Kräftiger Aufstieg, belohnt mit herrlichen Ausblicken auf die Steilküste

Von Andratx über Puigpunyent nach Valldemossa

Die Alternative zur Fahrt auf der Küstenstraße via Estellencs und Banyalbufar besticht besonders durch die friedvolle Landschaft, die sich zu Füßen des Puig de Galatzó (1026 m) erstreckt, des höchsten Bergs der südlichen Tramuntana.

Capdellà, knapp neun sehr schmale und kurvige Straßenkilometer östlich von Andratx, bildet die erste Station auf dieser Route. Außer einigen wenigen Bars an der Hauptstraße hat das unscheinbare Dorf dem Reisenden nicht viel zu bieten.

Finca Pública de Galatzó: Etwas nördlich von Capdellà erstreckt sich dieses fast 1400 Hektar große, vom Puig de Galatzó überragte Landgut, das 2006 von der Gemeinde Calvià erworben und der Öffentlichkeit zugänglich gemacht wurde. Mehrere beschilderte Wanderungen führen über das ausgedehnte Gelände, Hinweistafeln infomieren über Besonderheiten. Die historisch wertvollen Hauptgebäude der Finca sollen eines Tages einmal ein Infozentrum beherbergen.

Autoanfahrt ab Capdellà über die Straße nach Puigpunyent, etwa 2 km hinter dem Ort dann links in eine Piste (beschildert), noch ca. 1 km bis zum Parkplatz (Tor wieder schließen), von dort etwa 15 min. zu Fuß zu den Hauptgebäuden. Fußgänger gehen etwas kürzer über ein beschildertes Sträßchen, das bei der Kreuzung am Westende der Hauptstraße von Capdellà nach Norden abzweigt. Geöffnet ist täglich 8–17 Uhr; Eintritt frei. Kein Zugang mit Hunden!

Galilea, ein kleines Örtchen etwas oberhalb der Landstraße, liegt acht Kilometer von Capdellà entfernt. Das hübsche Dorf auf 460 Meter Höhe hat sich zu einem gefragten Zweitwohnsitz von Ausländern entwickelt; Leser empfahlen das Restaurant „Galilea Trattoria & Lounge" an der Carretera de Capdellà 5–6. Von der schön gelegenen Dorfkirche reicht der Blick bis zum Meer.

La Reserva Puig de Galatzó: Ein sehenswertes und lehrreiches Naturreservat an den Hängen des Galatzó. Bereits im Ortsbereich von Puigpunyent, noch etwa hundert Meter vor der Kirche, weisen Schilder den Weg zu dem Privatpark, der über eine vier Kilometer lange Straße zu erreichen ist. Das mit vielfältiger Vegetation bestandene, wasserreiche Gelände wurde durch einen 3,7 km langen Rundweg, der über Brücken und Natursteintreppen und vorbei an Felshöhlen, Teichen und künstlichen Wasserfällen führt, relativ behutsam für Besucher erschlossen. Am Wendepunkt des Rundwegs wartet ein großer Grillplatz mit angeschlossener Bar, in der es auch Grillware zu kaufen gibt; wer mag, kann sich Fleisch etc. aber auch von außerhalb mitbringen. Gegen kräftigen Aufpreis (14–28 €) wird auch ein „Abenteuerprogramm" Aventura mit Klettern etc. angeboten.

Friedliche Koexistenz: Fauna in der Reserva Puig de Galatzó

April bis Oktober täglich 10–18 Uhr geöffnet, Nov. bis März nur Sa/So; letzter Einlass jeweils 16 Uhr. Von Mitte Dez. bis Mitte Jan. ist komplett geschlossen. Eintritt 14 €, Kinder 7 €. Festes Schuhwerk! ☎ 971 616622, www.lareservamallorca.com.

Puigpunyent, fast schon ein Pendlervorort der Hauptstadt, liegt im fruchtbaren Tal des Torrent de Sa Riera. Dank des rund ums Jahr Wasser führenden Bachlaufs wächst einige Kilometer außerhalb an der Straße nach Palma sogar ein echter Auwald. Puigpunyent selbst zeigt sich wenig spektakulär. In der Umgebung des Dorfes steht eine Reihe der typischen wehrhaften Gutshöfe, die sogenannten „Possessions". Von Puigpunyent sind es noch knapp 20 höchst kurvige Kilometer bis Valldemossa. Auf dem Weg dorthin ist das weiter unten beschriebene Museums-Landgut *La Granja* bei Esporles einen Besuch wert.

Übernachten ***** **Gran Hotel Son Net**, nur wenige Fußminuten außerhalb des Ortes. Ausgesprochen edles Landhotel in einem Palast des 17. Jh. Insgesamt 21 liebevoll eingerichtete Zimmer, üppiger Komfort, riesiger Pool und das exklusive Restaurant „Sa Tafona", das in einer alten Ölmühle untergebracht ist. Das alles hat seinen Preis: „Classic"-DZ nach Saison und Ausstattung etwa 170–330 €, nicht zu reden von den Grand oder gar den Royal Suiten (150 qm und mehr). Castillo Son Net, ℡ 971 147000, www.sonnet.es.

Entlang der Küste von Andratx nach Sóller

Eine der Traumstraßen Mallorcas. Hoch über der felsigen Steilküste windet sich die wildromantische Ma-10 durch eine faszinierende Landschaft, eröffnet dabei immer wieder herrliche Panoramen. An oder wenig abseits der insgesamt rund 60 Kilometer langen Strecke liegen hübsche Dörfer und Sehenswürdigkeiten, die zu den bedeutendsten der Insel zählen.

Mirador de Ricardo Roca: Rund zwölf Kilometer hinter Andratx und sechs Kilometer vor Estellencs liegt dieser Aussichtspunkt in 300 Metern Höhe. Das hiesige Restaurant „Es Grau" bietet von seiner Terrasse einen ähnlich spektakulären Ausblick und wird deshalb häufig von Reisebussen angesteuert.

Estellencs (Estellenchs)

Das hübsche Dorf schmiegt sich an die steilen Abhänge des Puig de Galatzó. Die umliegenden Felder wurden schon vor langer Zeit in harter Arbeit terrassiert und liefern, durch kleine Kanäle bewässert, vor allem Tomaten, aber auch anderes Gemüse und Obst. Mit seinen engen, verwinkelten Gassen, den Natursteinhäusern und der bereits 1422 erwähnten, im 17. Jh. umgebauten Pfarrkirche Sant Joan Bautista macht das bescheidene Dörfchen einen malerischen Eindruck. Abends ist hier allerdings praktisch nichts geboten.

Verbindungen Busse von Palma fahren via Esporles, La Granja und Banyalbufar 7-mal täglich.

Übernachten **** **Hotel Maristel**, gemütliches, auf zwei Gebäude beiderseits der Hauptstraße verteiltes und gut in Schuss gehaltenes Hotel. Mit Spa; fast alle der geräumigen Zimmer besitzen einen Balkon mit hübscher Aussicht, auch das Restaurant glänzt mit schönem Panorama. DZ nach Lage und Saison etwa 100–140 €. C. Eusebi Pascual 10, ℡ 971 618550, www.hotelmaristel.com.

Hotel Nord, mitten im Ortskern unterhalb der Hauptstraße; enge Zufahrt. Ein sehr schönes Hotel des „Turisme d'interior", das eine alte Ölmühle inkorporiert. Acht stilvolle Zimmer. Von Nov. bis Jan. geschlossen. DZ 100–160 €. Pl. Triquet 4, ℡ 971 149006, www.hotelruralnord.com.

Petit Hotel Sa Plana, charmantes kleines Hotel, von Lesern sehr gelobt. Fünf geschmackvoll eingerichtete Zimmer, hübsches Gärtchen, in dem das gute Frühstück und auf Wunsch auch Abendessen serviert werden. DZ je nach Größe etwa 100–130 €.

C. Eusebi Pascual s/n; am Ortseingang aus Richtung Andratx rechts hoch, ☎ 971 618666, www.saplana.com.

Essen & Trinken Rest. Montimar, in einem ehrwürdigen Haus oberhalb der Hauptstraße, Nähe Kirche. Tische im Freien auf einer alten Steintreppe, gute mallorquinische Küche, Hauptgerichte überwiegend 15–18 €. Plaça Constitució 7, Mo Ruhetag.

Feste Sant Joan Baptista, um den 29. August, vier bis fünf Tage währendes Patronatsfest mit Konzerten, Theater etc.

Umgebung von Estellencs

Cala Estellencs: Die winzige Hafenbucht mit Sommerbar liegt knapp zwei Kilometer unterhalb, zu erreichen auf einer sehr schmalen, steilen Straße, die beim Hotel Maristel abzweigt; Parkplätze sind äußerst rar. Der kleine, steinige bis felsige Strand lädt nur bedingt zum Baden ein.

Finca Pública Planícia: Erst 2009 von der Inselregierung erworben wurde diese ausgedehnte Finca rund vier Kilometer außerhalb von Estellencs in Richtung Banyalbufar. Eine Wandertafel am Eingang informiert über die drei Wege (darunter der asphaltierte Weg zu den Gebäuden des Landguts selbst), die das sehr steile, mehr als 400 Hektar große Gelände durchziehen. Der Zugang liegt rechter Hand der Straße bei km 90,3; schräg gegenüber wurde ein Parkplatz eingerichtet.

Torre des Verger: Noch etwas weiter nördlich, nur noch ein kurzes Stück vor Banyalbufar, steht dieser viel fotografierte Turm, der auch als Torre de Ses Animes („Turm der Geister") bekannt ist. Er wurde im 16. Jh. als *talaya* (Wachtturm) zum Schutz vor der Piratengefahr erbaut und bietet, sofern geöffnet, eine weite Aussicht.

Banyalbufar

Ähnlich wie Estellencs ist auch das etwas größere, ebenso schön gelegene Straßendorf Banyalbufar von terrassierten Hängen umgeben. Bewässert werden sie von einem System aus Zisternen

Der „Turm der Geister": Torre de Ses Animes bzw. Torre des Verger

und gemauerten Kanälen, das in seinen Grundzügen noch bis in die vormaurische Zeit zurückgeht und von den Mauren erweitert und ausgebaut wurde. Von ihnen stammt auch der romantische Name „Kleiner Weingarten am Meer". Auch heute noch wird in Banyalbufar, wenn auch in geringerem Maße als früher, Malvasía-Wein gekeltert; ein Verkaufsgeschäft der örtlichen Kooperative (Di–So 11–15 Uhr) liegt an der Hauptstraße. Recht reizvoll zeigt sich der Ortskern des 500-Seelen-Dorfes, in dem abends zumindest ein bisschen mehr Betrieb herrscht als im völlig verträumten Estellencs. Unterhalb der Siedlung, zu erreichen über ein sehr steiles Sträßchen, liegt die kleine, steinige Bucht *Cala de Banyalbufar*.

Verbindungen Bus: siehe Estellencs. Banyalbufar liegt an derselben Linie.

Auto: Die Hauptstraße ist Parkverbotszone; unterhalb und vor dem Ort selbst liegen mehrere gebührenfreie Parkplätze.

Banyalbufar

Maurisches Erbe: Terrassengärten bei Banyalbufar

Übernachten *** Hotel Mar i Vent, („Meer und Wind"), den „Reis de Mallorca" angeschlossen, ein auch optisch angenehmes Quartier in schöner Lage hoch über dem Meer. Pool und Zimmer mit Aussicht, Parkplatz, Tennis. Im Dezember u. Januar geschlossen. DZ etwa 80–125 €. Carrer Major 49, ✆ 971 618000, ℻ 971 618201, www.hotelmarivent.com.

*** **Hotel Sa Coma**, im unteren Ortsbereich, Mitglied der „Reis de Mallorca". Architektonisch keine Schönheit, aber mit Pool, Tennisplatz und schöner Aussicht. Familiäre Atmosphäre, freundlicher Service. Geöffnet März–Oktober. DZ etwa 130 €, im Winter etwas günstiger. Sa Coma, ✆ 971 618034, www.hotelsacoma.com.

** **Hostal Baronía**, einem alten Gutshof angeschlossen. Zimmer in einem Anbau, viele mit Balkon und schöner Aussicht, die man ebenso vom Pool genießt; es gibt allerdings auch einige weniger attraktiv gelegene Räume. Geöffnet April–Okt., DZ/Bad nach Saison und Ausstattung (ohne/mit Balkon) etwa 75–100 €. Carrer Baronía 16, aus Richtung Estellencs am Ortseingang, ✆ 971 618146, www.hbaronia.com.

Hotel Son Borguny, kleines Hotel des „Turisme d'interior" im Gebiet oberhalb der Hauptstraße, Nähe Kirche und Rathaus. Ehrwürdiger Bau des 15. Jh., acht freundlich dekorierte Zimmer. Sehr netter Service. DZ etwa 90–100 €, Suiten 110–130 €. C. Borguny, ✆ 971 148706, www.sonborguny.com.

Hostal Rural Ca'n Busquets, originelles Quartier in einem alten Steinhaus; nur sechs antik eingerichtete Zimmer teils sehr beachtlicher Größe. Freundliche Führung. Schlicht-hübsche DZ/Bad mit sehr gutem Frühstück etwa 90–105 €. C. Miramar 24, am Ortsausgang Richtung Valldemossa, Mobil 639 737630, www.hostalcanbusquets.com.

Essen & Trinken Rest. Son Tomàs, am Ortsausgang Richtung Estellencs. Hübsche Terrasse mit weiter Aussicht, die Küche ist spezialisiert auf Fisch und Meeresfrüchte. Menü à la carte um die 30 €. Carrer Baronía 17, Di Ruhetag.

Restaurant 1661 Cuina de Banyalbufar, an der Hauptstraße im Ort, kleine Terrasse. Betrieben von der früheren Besatzung des nahen „Trast", das nun von anderen Besitzern als Tapas-Restaurant weitergeführt wird. Nettes Ambiente, feine Küche, alles frisch gemacht; gute Weine. Menü ab etwa 30–35 €. C. Baronía 1–3, im Winter Mi Ruhetag.

Café-Rest. Bellavista, ebenfalls an der Hauptstraße, Nähe Hotel Mar i Vent. Tatsächlich mit weiter Aussicht, zumindest als Café empfehlenswert (Kuchen!).

Rest. Ca'n Paco, im Gebiet unterhalb der Hauptstraße, da solide und preiswert; freundlicher Service. Fleischgerichte und Paellas etwa um 12–18 €, Fisch nach Gewicht. Mo geschlossen.

Feste Festes patronals, mehrtägiges Patronatsfest um den 8. September.

Port d'es Canonge: Knapp acht Kilometer hinter Banyalbufar zweigt von der Straße Richtung Valldemossa ein sehr schmales Serpentinensträßchen ab, das nach etwa fünf Kilometern die kleine Feriensiedlung am Meer erreicht. Etwas Leben zieht in die ansonsten weitgehend verwaiste Kolonie nur an Wochenenden und im Hochsommer ein. Dann sind auch ein, zwei Restaurants geöffnet, worauf man sich außerhalb der Saison nicht verlassen kann. Die etwas unterhalb gelegene Hafenbucht ist mit ihrem Gemisch aus Steinen und Kieseln zum Baden ganz passabel. Nach Süden wird die Küste felsiger, das Gebiet einsamer.

Esporles (Esporlas) und La Granja

Esporles liegt ein kleines Stück abseits der Küstenroute, zu erreichen über eine Abzweigung acht Kilometer hinter Banyalbufar. Das langgestreckte Dorf beiderseits der Straße nach Palma erstreckt sich in einem fruchtbaren Tal, das sogar im Hochsommer vor Grün strotzt. Fast zu groß für den Ort wirkt die neogotische Kirche am Hauptplatz Plaça Espanya.

Übernachten S'Hostal d'Esporles, direkt bei der Kirche, ein kleines, aber hübsches Quartier mit Gärtchen, das auch über ein Restaurant verfügt. Aufgrund der Lage gleich am GR 221 viele Wanderer. DZ etwa 80 €. Plaça Espanya 8, ✆ 971 610202, www.hostalesporles.es.

La Granja: Trotz der eindeutig „touristischen" Ausrichtung lohnt sich ein Besuch in dem ausgedehnten, von reizvoller Landschaft umgebenen Gut (Granja bedeutet eigentlich schlicht Bauernhof), das in eine Art privates Volkskundemuseum verwandelt wurde. Von Banyalbufar oder Valldemossa kommend, liegt La Granja noch vor der Ortschaft Esporles selbst, unweit der Abzweigung nach Puigpunyent. Wegen seiner starken Quelle wurde das Gebiet bereits von den Römern genutzt. Zur Maurenzeit des 10. Jh. gab es hier eine „Alquería", eine Art Bauernhofsiedlung. Nach der christlichen Rückeroberung wurde sie zunächst einem Grafen als Lehen übergeben, der das Gut jedoch bald dem Zisterzienserorden abtrat. Als die Mönche zwei Jahrhunderte später nach Palma zogen, verkauften sie La Granja an die Adelsdynastie der Vida, denen die Fortunys und schließlich der aktuelle Besitzer folgten. Der ausgeschilderte Rundgang lässt schnell erkennen, dass sich ein solches Landgut in früheren Zeiten praktisch völlig selbst versorgen konnte. Da gibt es Werkstätten aller Art, von der Färberei über die Schmiede bis zum ratternden Webstuhl, hier wurde Olivenöl gepresst, dort Wein gekeltert oder Käse hergestellt. Deutlich werden auch die durchaus nicht spartanischen Lebensumstände einer Gutsherrenfamilie des 18. und 19. Jh. Etwas deplatziert wirkt dagegen die Rekonstruktion einer Folterkammer, die mit Skeletten und drastischer akustischer „Untermalung" für kleinere Kinder arg gruselig sein dürfte. Umso reizvoller zeigen sich die Innenhöfe, die wasserreichen Gärten und der Park des Guts, in dem sich schwarze Schweine, Hirsche und anderes Getier tummeln. Als Abschluss des Rundgangs darf man sich an Wein und frischem Schmalzgebäck (Bunyols) laben; ein Restaurant ist angeschlossen.

Täglich 10–19 Uhr, Nov.–März bis 18 Uhr, Eintritt ca. 15 €. Am Mi und Fr gibt es nachmittags von 15–16.30 Uhr ein Spezialprogramm mit der Vorführung alter Handwerkskünste etc. Das gastronomische Angebot ist dann erweitert, der Andrang allerdings stärker.

Valldemossa: alte Mauern, Zypressen und Palmen

Valldemossa (Valldemosa)

Wohl das meistbesuchte Dorf der Insel. Grund ist die Erinnerung an George Sand und Frédéric Chopin, die den Winter 1838/39 im hiesigen Kloster verbrachten. Der als kräftigende Kur für den lungenkranken Chopin geplante Aufenthalt entwickelte sich zum Fiasko. Heute freilich lebt Valldemossa prächtig vom Mythos der beiden.

Das Ausmaß der Busparkplätze am Ortsrand spricht Bände, was die Besucherzahlen von Valldemossa betrifft. Im Mittelpunkt des Interesses steht natürlich das ehemalige Kartäuserkloster *Sa Cartoixa*, in dem die beiden Berühmtheiten jenen traurigen Winter verbrachten. Dabei würde Valldemossa auch wegen seiner schönen mittelalterlichen Architektur einen Besuch lohnen. Schon die Römer schätzten das grüne, fruchtbare Tal. Seinen Namen soll Valldemossa dem Mauren Wali Musa verdanken, der hier einst ein Landgut besaß. Anfang des 14. Jh. ließ sich der an Asthma leidende König Sanxo in der relativ kühlen Luft des über 420 Meter hoch gelegenen Orts eine Residenz errichten. 1399 widmeten Kartäuser aus Tarragona den Bau zum Kloster um. Wer weiß, wie es um Valldemossa heute stünde, wären die Mönche nicht im Zuge der Säkularisation von 1835 zum Abzug gezwungen gewesen – das legendäre Liebespaar jedenfalls hätte sich nach einem anderen Aufenthaltsort umsehen müssen. Auf die Spuren einer anderen Berühmtheit stößt man in den stillen, von Natursteinhäusern und Blumenschmuck geprägten Pflastergassen des alten Ortsteils östlich der Kartause. Fast jedes Haus trägt hier ein Kachelbild, das die Inselheilige *Santa Catalina Tomàs* (1531–1574) um Beistand bittet. Die

Heilige Catalina, zwar bald nach ihrem Tod selig, aber erst 1930 heilig gesprochen und deshalb auf Mallorca immer noch *La Beata* („Die Selige") genannt, wurde in Valldemossa geboren, ihr Geburtshaus im Carrer Rectoría in eine Kapelle verwandelt.

„Ein Winter auf Mallorca": George Sand und Frédéric Chopin

Sie waren ein ungewöhnliches Liebespaar, die vierunddreißigjährige, zierliche, selbstbewusste und leidenschaftliche Schriftstellerin und der sieben Jahre jüngere, zurückhaltende und kränkelnde Komponist. Paris war ihnen zu eng geworden, zudem schien die entlegene Insel im Süden der richtige Ort, um Chopins Lungenkrankheit zu kurieren. Als die kleine Reisegesellschaft, zu der noch Georges fünfzehnjähriger Sohn Maurice, die zehnjährige Tochter Solange und die Zofe Amélie gehörten, am 8. November 1838 mit dem Dampfer in Palma eintraf, strahlte die Sonne. Bald war ein Haus im Dorf Establiments gefunden, nur ein paar Kilometer von der Hauptstadt. Mallorca zeigte sich von seiner schönsten Seite, Chopin war begeistert: „Ein Himmel wie Türkis, eine See wie Lapislazuli, Berge wie Smaragd, Luft wie der Himmel. Den ganzen Tag Sonne, und warm; alle Welt in Sommerkleidung; abends Gitarren und stundenlanger Gesang. Kurzum, ein grandioses Leben." Dennoch verschlechterte sich Chopins Gesundheit. Drei Ärzte stellten die gleiche Diagnose: Schwindsucht, Tuberkulose. Der entsetzte Vermieter warf die beiden hinaus, nicht ohne eine saftige Rechnung für das Neukalken des Hauses und das Verbrennen der Bettwäsche zu stellen. So zogen sie denn nach Valldemossa, in das erst wenige Jahre vorher säkularisierte Kloster, dessen „Zellen" nunmehr als Privatbesitz zu mieten waren. Dort begann der große Regen. Zudem zeigten sich die Dörfler vom hohen Besuch aus Paris nicht sehr angetan: Die emanzipierte, Hosen tragende, Zigarren rauchende, in wilder Ehe lebende Sand sprengte natürlich alle Konventionen der bäuerlichen Gesellschaft von Valldemossa. Die Furcht vor Chopins vermeintlich ansteckender Krankheit machte die Sache nicht besser. In ihrem Klassiker „Ein Winter auf Mallorca", der vor Ort in so ziemlich jeder lebenden Sprache zu erstehen ist, findet George Sand denn auch sehr herbe Worte für die Mallorquiner, während sie die landschaftliche Schönheit der Insel begeistert lobt (und vielleicht deshalb 2004 vom Inselrat posthum zur Ehrenbürgerin Mallorcas ernannt wurde). Trotz aller Widernisse arbeiteten beide diszipliniert. Dabei stand dem bemitleidenswerten Chopin nur ein miserables Klavier zur Verfügung: Sein edles „Pleyel", per Schiff nach Mallorca verschickt, war vom spanischen Zoll wochenlang zurückgehalten worden und traf erst kurz vor seiner Abreise in Valldemossa ein. Dennoch war die Arbeit produktiv. So soll unter anderem in jenem nassen Winter auch das „Regentropfen-Prélude" entstanden sein ... Das feuchte Wetter war natürlich Gift für den Gesundheitszustand des großen Komponisten, der sich stetig verschlechterte. Alptraumhaft gestaltete sich die Rückreise Mitte Februar, die sie auf einem Dampfer antreten mussten, der Schweine transportierte. Halbtot kam Chopin in Barcelona an. Obwohl er noch ein Jahrzehnt zu leben hatte, sollte er sich nie wieder von den Strapazen dieses Winters erholen. George Sand, die sich zwei Jahre vor seinem Tod von dem Komponisten trennte, überlebte ihn um fast dreißig Jahre.

Valldemossa (Valldemosa) 145

Information O.I.T. Valldemossa, Av. de Palma 7, an der Durchgangsstraße gegenüber Costa Nord, beschildert „Infovall"; ✆ 971 612019. Gutes Büro, geöffnet Mo–Fr 9–15 Uhr, evtl. auch Sa 10–13 Uhr. www.visitvalldemossa.com.

Verbindungen Busse nach Palma 12-mal, Deià und Port de Sóller 6-mal täglich. Bushaltestelle am westlichen Zentrumsrand, jenseits der Umgehungsstraße.

Auto: Der Ortskern ist autofrei. Viele Straßen im Umfeld sind als gebührenpflichtige Parkzone (Tickets am Automaten) blau markiert.

Übernachten Hotel Valldemossa, Luxusquartier am südlichen Ortsrand, der Vereinigung Relais & Châteaux angeschlossen. Traumblick auf die Kartause, kleines Hallenbad und Pool. Nur drei DZ sowie neun Suiten, Preisbereich für zwei Personen ab etwa 300 € aufwärts. Ctra. Vieja de Valldemossa s/n, Zufahrt aber von der neuen Straße nach Palma, ✆ 971 612626, www.valldemossahotel.com.

** Hotel Apartamentos El Encinar, knapp vier Kilometer von Valldemossa an der Hauptstraße in Richtung Deià. Teilweise schöne Aussicht, Pool. Geöffnet Feb. bis Okt. DZ nach Saison etwa 80–110 €, Apartments etwa in derselben Preisklasse. Ctra. Pto. Soller–Andratx, km 16,8, ✆ 971 612000, www.hotelencinar.com.

⟫⟫⟫ Mein Tipp: Es Petit Hotel Valldemossa, direkt im Ort, nur ein paar Meter vom Kloster. Kleines, in persönlicher Atmosphäre geführtes Hotel in einem typischen Steinhaus, mit Garten, Aussichtsterrasse und nur acht schlicht-hübsch gestalteten Zimmern. DZ nach Ausstattung 130–180 €. Carrer Uetam 1, ✆ 971 612479, www.espetithotel-valldemossa.com. ⟪⟪⟪

Essen & Trinken Eine berühmte Spezialität Valldemossas ist das aus Kartoffelmehl hergestellte Gebäck „Cocas de Patata", das man in jedem Café vor Ort probieren kann. Die Restaurants von Valldemossa sind dagegen überwiegend auf schnelle Abfütterung der Besucherscharen eingerichtet.

Casa de sa Miranda, praktisch an der Rückseite des Palau Rei Sanxo, hundert Meter südlich des Café Cappuccino. Einige Tische auch im Freien, wunderbare Aussicht. Kleine Karte, Hauptgerichte etwa 12–18 €, auch Tapas. Pl. Miranda des Lladoners 3.

⟫⟫⟫ Lesertipp: Bar Es Roquissar, am Hauptplatz, nahe Eingang zum Palau Rei Sanxo. „Ein kulinarischer Traum. Ambiente, herzliche Bedienung und perfektes Essen. Ein Muss für jeden Individualisten mit Sinn für das Besondere" (Christine Püffel). Plaça Cartoixa 5. Leider etwas unregelmäßig geöffnet. ⟪⟪⟪

Rest. Ca'n Mario, im gleichnamigen ehemaligen Hostal unweit des „Petit Hotel", erster Stock. Altes Haus, innen fast schon ein Museum, von außen kaum als Restaurant zu erkennen. Authentische mallorquinische Gerichte zu günstigen Preisen. C. Uetam 8.

Einkaufen Wochenmarkt jeden Sonntag.

QuitaPenas, versteckt gelegener kleiner Delikatessenladen, gleichzeitig Tapas-Bar. Alle Produkte (Würste, Käse, Öl, Wein etc.) stammen von Mallorca, einzige Ausnahme ist der andalusische Schinken. Der freundliche (spanische) Besitzer Axel öffnet in der Regel von 12–17 Uhr, zur Saison auch länger; evtl. am Eingang läuten. Carreró de L'Amargura, ganz im Osten des Altorts, vom Zentrum über den Carrer de la Rosa und vorbei an der Kirche Sant Bartolomé. ■

Feste und Veranstaltungen Festes de Sor Catalina Tomàs, mehrtägiges Fest zu Ehren der Inselheiligen. Den Höhepunkt bildet der 28. Juli, an dem ein großer Karrenumzug mit dem „Carro Triumfal" stattfindet; auch am Vorabend ist schon einiges geboten. Chopin-Festival, Sonntagskonzerte im August; Vorverkauf im Kloster (✆ 971 612351) oder im Netz, www.festivalchopin.com.

Nicht ganz leicht zu finden: Delikatessenladen QuitaPenas

Sehenswertes

Costa Nord de Valldemossa: Ein Kulturzentrum, im Jahr 2000 gegründet von Hollywoodstar Michael Douglas, dessen Beziehung zu Mallorcas Nordwesten sich seinerzeit ja schon mit dem Kauf von S'Estaca manifestierte, dem ehemaligen Landgut Ludwig Salvators ganz in der Nähe von Valldemossa. 2003 erwarb die Balearenregierung Costa Nord für mehr als vier Millionen Euro, sicher kein schlechtes Geschäft für Herrn Douglas. Mit großem optischen und tricktechnischen Aufwand widmet sich das Zentrum der Tramuntana-Küste und ihren illustren Zuzüglern wie Robert Ranke Graves und eben Erzherzog Ludwig Salvator. Die Visite startet mit einem viertelstündigen, etwas bombastischen Film, in dessen Verlauf Michael Douglas das Gebiet und seine Geschichte vorstellt. Anschließend beleuchtet eine raffinierte Lichtregie im nachempfundenen Inneren von Salvators Dampfyacht „Nixe" verschiedene Aspekte im Leben des Erzherzogs. Nach insgesamt etwa 25 Minuten ist alles vorbei. Sofern der Besucher Mallorca schon etwas kannte, hat er eigentlich nicht viel Neues erfahren, dürfte aber durch die glanzvolle Präsentation dennoch beeindruckt sein.
Costa Nord liegt an der Avinguda de Palma 4, der Durchgangsstraße von Valldemossa. Zuletzt war das Zentrum geschlossen, die Regierung sucht nun einen neuen Pächter.

Fundació Cultural Coll Bardolet: An der Hauptgasse des Zentrums liegt diese Stiftung, die Gemälde des katalanischen Malers Josep Coll Bardolet (1912–2007) ausstellt. Bardolet, von Mallorcas Landschaften und Bräuchen fasziniert, ließ sich 1944 in Valldemossa nieder, wo er mehr als 60 Jahre lang lebte; 1987 wurde er zum Ehrenbürger ernannt. Seine Arbeiten zeigen überwiegend lokale Motive wie Palma und Sóller, Festtänze und Tramuntana-Landschaften, und immer wieder die Kartause.
Von April bis Okt. Mo–Fr 10–19 Uhr, Sa 10–14, 16–19 Uhr, So 10–20 Uhr; im restlichen Jahr Di–Sa 10–16 Uhr, So 10–14, 15–18 Uhr. Eintritt frei.

Sa Cartoixa (span: La Cartuja): Nach der Kathedrale von Palma ist die Kartause von Valldemossa das am zweithäufigsten besuchte Bauwerk der Insel. Ein Rundgang beginnt mit der ab 1751 errichteten *Kirche*, deren Kuppelfresken von einem der Brüder Bayeu stammen, Schwager des genialen Goya. Einen eigenartigen Reiz besitzt die *Klosterapotheke* aus dem 17./18. Jh., die bis unter die Decke gefüllt ist mit Holzkästchen, Glasbehältern und Keramiktiegeln. Die *Zelle des Priors* birgt heute Schriftstücke und religiöse Kunst aus dem Besitz des Ordens. Ähnlich wie die berühmten Zellen 2 und 4 besteht sie aus drei Zimmern mit einem kleinen Garten, der eine schöne Aussicht über das Tal bietet, war also eher komfortable Wohnung denn spartanische Behausung.

In welchen Räumen Chopin und Sand jenen Winter verbrachten, weiß heute eigentlich niemand mehr sicher zu sagen. Zwischen den Eigentümern der Zelle 2 und der Zelle 4 tobte deshalb lange ein kurioser Streit über die Frage, welche die „wahre" Chopin-Zelle sei; den Sieg davongetragen hat letztlich Zelle 4, die sich seitdem als „öffentlich anerkannte Chopinzelle" bezeichnen darf. Interessanter dürfte vielleicht das Gemeindemuseum *Museu Municipal* sein: In verschiedenen Zimmern ist hier eine der ältesten Druckpressen Europas zu

Valldemossa (Valldemosa) 147

Frei zugänglich: Der Klostergarten mit schönem Blick auf Sa Cartoixa

sehen, außerdem eine Sammlung von Landschaftsgemälden. Ein eigener Raum ist dem Entdecker und Forscher Erzherzog Ludwig Salvator gewidmet. Nicht versäumen sollte man einen Besuch der Abteilung zeitgenössischer Kunst *Art Contemporani*, die über einen Aufgang zwischen den Zellen 2 und 3 zu erreichen ist. Hier finden sich Werke großer spanischer Maler wie Miró, Picasso und Tàpies ebenso wie Gemälde unbekannterer Künstler. Viele Arbeiten stammen von Juli Ramis (1909–1990), einem Mallorquiner, der sich offensichtlich keiner aktuellen Stilrichtung verschloss.

Mo–Sa ab 9.30 Uhr, geschlossen wird je nach Jahreszeit zwischen 15.30 und 19 Uhr; So 10–13 Uhr. Eintritt 8,50 €, den Palau de Rei Sanxo eingeschlossen. Die Zelle 4 (separater Eingang) kostet 4 € Eintrittsgebühr.

Palau de Rei Sanxo: Der Palast neben der Kartause ist sicher nicht mehr der Originalbau aus den Zeiten des Königs Sanxo, doch geht er wohl bis ins 16. Jh. zurück und bildet den ältesten Teil der Klosteranlage. Im 19. und frühen 20. Jh. lebten hier berühmte Schriftsteller wie Gaspar Melchior Jovellanos, Rubén Dario und Miguel de Unamuno. Die Zimmer sind mit Originalmöbeln verschiedener Epochen eingerichtet, mehrmals täglich finden Konzerte statt.

> **Tour 2 – Hoch über Valldemossa** → S. 279
> Sehr reizvolle Bergwanderung, ein wenig Kondition sollte man mitbringen

„Mein Anzug ist satt": Erzherzog Ludwig Salvator, „S'Arxiduc"

Er war schon ein bunter Vogel, der österreichische Erzherzog Luis Salvator (1847–1915): Adliger aus hohem Hause, Forscher, Schriftsteller, Umweltschützer und Tierfreund, nicht zuletzt auch Exzentriker erster Ordnung. Bis heute ist der im noblen Palazzo Pitti zu Florenz geborene Sohn des Großherzogs Leopold II. für die Mallorquiner schlicht „S'Arxiduc" geblieben, der Erzherzog. Und immer noch wird der blaublütige Sonderling auf der Insel sehr verehrt, tragen viele Straßen und Plätze seinen Namen. Im Sommer 1867 war der junge, kaum zwanzigjährige Ludwig Salvator erstmals nach Mallorca gekommen und hatte sich inkognito als „Graf Luis de Neudorf" in Palma eingemietet. Es muss der Beginn einer lebenslangen Liebe gewesen sein. Denn wenige Jahre später kehrte er zurück und lebte fortan, unterbrochen nur von seinen Forschungsreisen, rund vier Jahrzehnte auf der Insel. Ludwig Salvators Interessen galten schon seit seiner Jugend den Naturwissenschaften, der Geographie und der Schriftstellerei. Mit 21 Jahren veröffentlichte er das erste von insgesamt über siebzig Werken zu ganz unterschiedlichen Themen. Mallorca jedoch entwickelte sich zu seiner besonderen Leidenschaft. Binnen kurzem hatte er sich das Mallorquinische einverleibt, als nur eine von 14 Sprachen, die er beherrscht haben soll. Mit Notizheft und Skizzenblock durchwanderte der Erzherzog die Insel, zeichnete hier eine seltene Pflanze, befragte dort Köhler und Schafhirten nach ihrer Arbeit. Wichtigste Frucht seines Schaffens ist das siebenbändige Oeuvre „Die Balearen in Wort und Bild", das heute noch als das Standardwerk schlechthin gilt. Auf zwei Bände gekürzt, wurde es auf der Pariser Weltausstellung 1899 mit einer Goldmedaille prämiert; eine Auszeichnung, die als Nebeneffekt auch das touristische Interesse an Mallorca weckte. Legendär ist die Liebe Ludwig Salvators zur Natur, die ihn als einen frühen Umweltschützer ausweist: Kein Ast durfte auf seinen Besitzungen abgehackt werden, es herrschte strenges Jagdverbot. Er ließ viele Aussichtswege anlegen, achtete jedoch immer sehr darauf, dass sie sich in die Landschaft einfügten. Des Erzherzogs besondere Lieblinge waren die knorrigen Ölbäume. Wie es heißt, kaufte er so manches Grundstück nur, um die jahrhundertealten Bäume dort vor dem Abholzen zu bewahren.

Adeliger von Format: Salvator

So sensibel Ludwig Salvator mit der Natur umging, so schroff konnte er sich unliebsamen Zeitgenossen gegenüber geben. Und unliebsam waren ihm, der gemein-

Auf uralten Grundmauern errichtet: Monestir de Miramar

hin mit einer abgewetzten Reisetasche unterwegs war und meist alte und fadenscheinige Kleidung trug, alle, die auf Rang und Etikette achteten. Das Leben am Hofe in Wien, Eitelkeit und Pomp waren dem Erzherzog völlig fremd. Verständnis fand er in seinen Kreisen nur bei der Kaiserin Elisabeth („Sissi"), die ihn auf Mallorca besuchte und, siehe ihre Treffen auf der Roseninsel mit Cousin Ludwig II., ja ein Herz für Exzentriker besaß. Ein amüsantes Licht auf Ludwig Salvators Verhältnis zur Etikette und der sogenannten besseren Gesellschaft wirft folgende Anekdote, von der Horst Joseph Kleinmann berichtet, Autor der spannenden Biographie „Erzherzog Ludwig Salvator – ungekrönter König Mallorcas": Einst war der Erzherzog von einem reichen Gutsbesitzer als Ehrengast zu einer Feier geladen. Vorab hatte der gute Mann ihn dringend gebeten, doch bitte ausnahmsweise angemessen gewandet zu kommen. Und tatsächlich, Ludwig Salvator erschien im edlen Zwirn. Doch die stolzen Gastgeber freuten sich zu früh – als bald darauf die Suppe aufgetragen wurde, nahm der Erzherzog den Teller und schüttete den Inhalt in die Außentaschen seiner Jacke. Dann stand er auf und verabschiedete sich von der entsetzten Runde mit den Worten: „Sie haben nicht mich, sondern meinen Anzug eingeladen, und der ist satt."

Schier unzählige Geschichten kursieren auch über des Erzherzogs Liebesleben, über das er selbst nie etwas verlauten ließ. Belegt ist die lange Liaison mit der Mallorquinerin Catalina Homar. Die Tochter eines Tischlers soll bald ein halbes Dutzend Sprachen beherrscht haben und wurde – Skandal, Skandal – auch dem Wiener Hof vorgestellt. 1905 starb Catalina Homar nach jahrelanger Krankheit, die sie sich auf einer gemeinsamen Reise ins Heilige Land zugezogen hatte. Sie war wohl nicht die einzige Liebschaft des Erzherzogs, der hartnäckigen Gerüchten zufolge rund um Valldemossa gleich Dutzende illegitimer Nachkommen hinterlassen haben soll. Ludwig Salvator starb 1915 im Alter von 68 Jahren in Böhmen, wohin er wegen des Ersten Weltkriegs zurückbeordert worden war. Begraben liegt er in der Kapuzinergruft in Wien. Testamentarischer Erbe des gesamten erzherzöglichen Besitzes auf Mallorca wurde sein Sekretär Antonio Vives und dessen Kinder. Mehr über den Erzherzog unter www.ludwig-salvator.com.

Umgebung von Valldemossa

Port de Valldemossa: Der winzige Hafen von Valldemossa, sechs Kilometer vom Ort entfernt, ist über ein sehr enges und serpentinenreiches Sträßchen zu erreichen, das von der Hauptstraße Richtung Banyalbufar abzweigt. Der Hafen selbst besteht nur aus einer Handvoll Häuser und dem bekannten Restaurant „Es Port". Der schmale Strand ist steinig und der meist starken Brandung voll ausgesetzt – nicht umsonst sind die Hafenanlagen mit viel Beton solide befestigt.

Richtung Son Marroig und Deià: Einer der schönsten Abschnitte der Küstenstraße. Immer wieder öffnen sich Panoramen auf fruchtbare, mit Palmen, Olivenhainen und Steineichen bestandene Hänge, die steil hinab zum Meer stürzen.

Ermita de Santissima Trinitat: Etwa 2,5 Kilometer hinter Valldemossa zweigt kurz vor dem Restaurant Ca'n Costa rechter Hand in sehr spitzem Winkel die steile (und weiter oben für viele Autos zu enge) Auffahrt zu dem Kloster ab. Die kleine Einsiedelei aus dem 17. Jh. ist ein lauschiger Platz mit herrlicher Aussicht.

Monestir de Miramar: Weniger bekannt als der nahe Landsitz Son Marroig ist dieses Anwesen des Erzherzogs Salvator. Es steht an derselben Stelle, an der Ramón Llull (siehe Randa im Inselinneren) im Jahr 1276 mit Hilfe von Jaume II. ein Kloster samt Übersetzer- und Missionarsschule gründete, und an der es davor möglicherweise bereits ein maurisches Jagdhaus gegeben hatte. Salvator ließ einen Teil des Kreuzgangs wieder aufrichten und auf den Grundmauern des Klosters ein Herrenhaus errichten, das auch von seiner Vertrauten Sissi besucht wurde. Das alte Haus birgt viele Erinnerungsstücke an den Erzherzog, darunter ein Raum mit Ausrüstungsgegenständen von Salvators Schiff „Nixe II". Auch die zu einem kleinen Museum ausgebaute Ölmühle, der Garten mit einem noch unter Salvator gepflanzten „Teix"-Baum (der höchste der Insel), die ebenfalls noch aus der Zeit Salvators stammende Kapelle und nicht zuletzt die schöne Lage von Miramar lohnen den Besuch.
Etwa 5 km hinter Valldemossa und 2 km vor Son Marroig. Geöffnet täglich 10–17.45 Uhr (Nov.–April 9–16.45 Uhr), Eintritt 4 €. Bei der Ausfahrt 2x links die etwas versteckten Knöpfe drücken.

Son Marroig

Rund sieben Kilometer hinter Valldemossa wartet meerwärts der Straße nach Deià eine weitere geschichtsträchtige Sehenswürdigkeit auf den interessierten Besucher. Mit Son Marroig hatte sich der österreichische Erzherzog *Ludwig Salvator* einen fantastisch gelegenen Landsitz ausgesucht. Nachdem er es 1872 erworben hatte, ließ der Erzherzog das Herrenhaus hoch über der Steilküste, das in seinen Grundzügen bis ins 16. Jh. zurückgeht, beträchtlich umbauen. In den folgenden Jahren kaufte er noch weitere Güter in der Umgebung, darunter Miramar (siehe oben), Son Moragues und S'Estanca. Son Marroig blieb jedoch sein Lieblingsrefugium. Heute ist das weitgehend unveränderte Herrenhaus als Museum eingerichtet. Außer schönen alten Möbeln und einer Keramiksammlung sind viele Erinnerungsstücke an den Erzherzog zu sehen, darunter Fotografien, Büsten und auch eine Landkarte, auf der sich die Studienreisen des eifrigen Forschers nachvollziehen lassen. Begeisternder ist jedoch die Aussicht, die sich vom Balkon des Hauses ebenso bietet wie von dem aus italienischem Marmor erbauten Pavillon im Garten. Ein besonderer Blickfang ist der Lochfelsen *Na Foradada* („Die Durchlöcherte"), eine

Salvator-Landgut mit Aussicht: Son Marroig

hohe Landzunge, die gut 250 Meter unterhalb von Son Marroig ins Meer ragt und auf einer insgesamt etwa zweistündigen Wanderung erreicht werden kann.

Öffnungszeiten Mo–Sa 9.30–19 Uhr (Okt.–März bis 17 Uhr); von 14 bis 15/15.30 Uhr evtl. geschlossen. Eintritt 4 €. Achtung, am Parkplatz häufig Autoaufbrüche!

Essen & Trinken Bar-Rest. Mirador de Na Foradada, beim Parkplatz in Richtung Deià. Überdachte und verglaste Terrasse mit herrlicher Aussicht. Mittleres Preisniveau. Mo geschlossen. ℡ 971 636341.

 Tour 3 – Von Son Marroig zum „Lochfelsen" Na Foradada → S. 282
Abstieg zum malerisch gelegenen „Auge" Mallorcas

Deià (Deyá)

Ein traumhaft gelegenes Örtchen an den Ausläufern des Teix, das schon früh Kunstschaffende und Schriftsteller aus aller Welt anzog. Heute gilt Deià als das „Künstlerdorf" Mallorcas schlechthin. Oft stellt sich allerdings die Frage nach Sein oder Schein …

Schön anzusehen ist Deià allemal. Das Dorf, schon zu maurischen Zeiten bewohnt, thront hoch über der Küste, umgeben von Olivenhainen, Palmen und terrassierten Obst- und Gemüsegärten. Auf dem Kirchberg und an den benachbarten Hängen stehen urige, fein restaurierte Natursteinhäuser, Jahrhunderte alt und wegen der Piratengefahr oft wehrhaft konstruiert.

"Künstlerdorf" in Traumlage: Deià

„Entdeckt" wurde Deià in den 20er-Jahren vom Schriftsteller Robert Ranke Graves (1895–1985), Autor des Geschichtsromans „Ich, Claudius, Kaiser und Gott". Graves lebte bis zu seinem Tod in Deià und wurde auf dem hiesigen, schön gelegenen Friedhof begraben; sein Haus Ca n'Alluny ist heute ein Museum. In Graves' Gefolge etablierte sich eine internationale Künstlerkolonie. Den Spuren der Kreativen folgten Hippies und andere Lebenskünstler. Dann kam die Schickeria, kamen Manager und Makler. Heute stammt ein gutes Drittel der etwa 700 offiziellen Einwohner aus dem Ausland, der höchste Ausländeranteil unter allen Balearengemeinden. Den edlen Wohnsitzen und geräumigen Grundstücken nach zu urteilen, verdient die Mehrzahl von ihnen nicht eben schlecht. Internationale Atmosphäre bestimmt das Bild, in den zahlreichen Galerien ebenso wie in den Bars und Restaurants an der Hauptstraße.

Verbindungen Busse auf der Linie Palma–Valldemossa–Sóller 6-mal, in der Gegenrichtung 7-mal täglich.

Auto: Parkplätze sind rar, am besten die (gebührenpflichtigen) Stellplätze an den Ortsrändern nutzen.

Übernachten Deià ist ein exklusiver Standort mit dementsprechend hohen Preisen. Reservierung empfiehlt sich, insbesondere in den unteren Kategorien.

**** *Hotel La Residencia*, eine der ersten Adressen Mallorcas. Stilvolles Nobelhotel in zwei alten Herrenhäusern mit wunderbarem Blick auf Deià; aller Komfort selbstverständlich, superbes Restaurant. Das Preisniveau freilich hat es in sich: DZ ab etwa 400 € weit, weit aufwärts … Son Canals s/n, ☎ 971 639011, www.hotel-laresidencia.com.

**** *Hotel Es Molí*, bereits 1965 gegründeter Klassiker. Exquisiter Rahmen; gutes Restaurant. Geöffnet etwa von Mitte April bis Mitte Okt. DZ nach Saison und Ausstattung etwa 130–320 €, natürlich auch Suiten. Carretera Valldemossa, ☎ 971 639000, www.esmoli.com.

S'Hotel d'es Puig, auf dem Kirchberg. Nur acht komfortable, mit Klimaanlage ausgestattete Zimmer, schöne Aussicht und reizvolles Ambiente, Pool. DZ rund 150–180 €, auch Suiten. Es Puig 4, ☎ 971 639409, www.hoteldespuig.com.

* Pensión Miramar, hoch über dem Ort, ab der Hauptstraße beschildert. Neun eher einfache Zimmer, familiäre Atmosphäre, schöne Aussicht. Geöffnet von März bis Mitte Nov. DZ je nach Saison und Ausstattung (mit/ohne Bad) etwa 80–120 €. Ca'n Oliver, ✆ 971 639084, www.pensionmiramar.com.

* Pensión Villaverde, oben auf dem Kirchberg, beschildert. Schlichte Zimmer, hübsche Gartenterrasse mit Aussicht. Wegen der vergleichsweise günstigen Preise sehr oft belegt. DZ/Bad etwa 90 €, gegen Aufpreis mit Terrasse. Es gibt auch Apartments. Carrer Ramón Llull 19, ✆ 971 639037, www.hostalvillaverde.com.

Refugi Can Boi, im Viertel Es Clot, einem unteren Ortsbereich von Deià. Eine privat geleitete Wanderherberge für den Fernwanderweg „Ruta de Pedra en Sec". Übernachtung im Schlafsaal p. P. 11 €. Reservierung ratsam; Es Clot 5, Deià, ✆ 971 636186; www.refugicanboi.com.

Essen & Trinken/Kneipen Rest. Es Racó des Teix, örtlicher Vertreter der Michelinstern-Liga, geführt von Josef Sauerschell. Neben der Gourmetküche beeindruckt auch die Aussicht von der Terrasse. Mittagsmenü etwa 40 €; Degustationsmenüs etwa 75–100 €. Sa Vinya Vella 6, etwa 100 m oberhalb der Hauptstraße Richtung Pensión Miramar; ✆ 971 639501. Mo/Di Ruhetage, etwa von Nov. bis Mitte Feb. geschlossen.

Rest. Sebastian, benannt nach seinem deutschen Eigentümer. Hübsches Interieur, sehr fantasievolle Küche, Menü ab etwa 50 €. Carrer Felipe Bauza, von der Hauptstraße bei der Bank talwärts abbiegen; ✆ 971 639417. Nur abends, Mi Ruhetag, etwa Mitte Nov. bis Feb. geschlossen.

》》 Mein Tipp: El Barrigón Xelini, nicht weit entfernt an der Hauptstraße. Gemütlich eingerichtetes, auch von Lesern mehrfach gelobtes Lokal mit Terrasse, viel Atmosphäre und einfallsreicher Küche; es gibt Tagesgerichte und prima Tapas. Für Deià liegt das Preisniveau recht günstig. Mo Ruhetag, etwa von Nov. bis Feb. geschlossen. C. Arxiduc Lluis Salvator 19, ✆ 971 639139. **《《**

Sa Fonda, eine weitere Kneipe an der Durchgangsstraße; ein beliebter Treffpunkt mit kleiner Terrasse, bunt-hippieskem Publikum und gelegentlicher Livemusik.

Feste und Veranstaltungen Sant Joan, das Fest des Dorfheiligen, etwa zwei bis drei Tage um den 24. Juni.

Festival Internacional de Deià, zwischen April/Mai und September. 1978 gegründetes Musikfestival, vorwiegend klassische Konzerte, v.a. in Son Marroig. www.dimf.com.

Ca n'Alluny: Etwa 500 Meter hinter dem Ortsrand liegt rechter Hand der Straße nach Sóller das Haus, in dem Robert Ranke Graves mehr als ein halbes Jahrhundert lang lebte. Das Interieur ist bis hin zum Arbeitszimmer des Schriftstellers weitgehend unverändert geblieben, selbst das Fahrrad, mit dem Graves einen Unfall hatte, steht noch leicht verbogen da. Ergänzt wird die Besichtigung des Anwesens durch einen (auch deutschsprachigen) Dokufilm über den Literaten.
Di–Fr 10–16.20 Uhr (Winter nur bis 14.20 Uhr), Sa 10–14.20 Uhr (Winter 13.20 Uhr); Eintrittsgebühr 7 €. Ein Parkplatz findet sich 200 Meter weiter Ri. Sóller rechts oberhalb der Straße. www.lacasaderobertgraves.org.

Umgebung von Deià

Cala de Deià: Wohl die schönste kleine Bucht der Tramuntana-Küste. An ihrem Rand mündet ein kleiner Bachlauf, einige Bootshütten klammern sich an die steilen Hänge, weiter draußen ankert oft eine Reihe von Yachten. In den beiden Bar-Restaurants sitzt es sich wunderbar. Der Strand selbst ist nur knapp über hundert Meter lang und steinig, das Wasser an ruhigen Tagen dafür einfach herrlich. Doch so reizvoll die Bucht von Deià ist, so voll wird sie auch im Sommer, vor allem an den Wochenenden.

Zu Fuß ist die Cala de Deià auf zwei hübschen Fußwegen zu erreichen, die beide an der Hauptstraße beginnen: dem „Camí d'es Ribassos" etwa gegenüber dem Lokal Barrigón Xelini und dem „Camí de Sa Vinyeta" vor dem Ortsausgang Richtung Sóller; der Abstieg dauert ca. 45 Min. Autozufahrt über eine schmale Straße, die ein paar hundert Meter hinter Deià von der Hauptstraße Richtung Sóller abzweigt. Hinweisschilder fehlen manchmal, da sie gelegentlich demontiert werden. Parkplätze sind im Sommer rar und gebührenpflichtig.

Der Nordwesten: Serra de Tramuntana

Lluc Alcari: Der kleine Weiler liegt knapp drei Kilometer von Deià entfernt unterhalb der Straße nach Sóller. Einst ein maurischer Gutshof, bietet das Ensemble von Palmen, Zypressen und ineinander verschachtelten Bauten ein wunderschönes, viel fotografiertes Bild. Der Abstecher hinab lohnt mangels Zugängen ins Innere des Komplexes jedoch kaum. Umso reizvoller ist die Weiterfahrt auf der landschaftlich wunderschönen Straße nach Sóller.

Übernachten/Essen

**** **Hotel Costa d'Or**, ein freundliches Haus in wunderbarer Lage hoch über dem Meer. Fast alle Zimmer mit herrlicher Aussicht, die auch das Restaurant und der Pool bieten. Bushaltestelle oben an der Straße, Mietwagen dennoch ratsam. Geöffnet etwa Ostern bis Okt. Kinder erst ab 14 J. DZ nach Lage und Saison etwa 170–300 €; auch Superiorzimmer und Suiten. Lluc Alcari s/n, ✆ 971 6390 25, www.hoposa.es.

Agroturisme Son Bleda, linker Hand direkt an der Straße Richtung Sóller, kurz hinter der üppig beschilderten Abzweigung zum Rest. Bens d´Avall. Aufwendig restauriertes mittelalterliches Gebäude, einst ein Kloster. 60.000 qm Grund, Schafzucht und Anbau von Zitrusfrüchten, Verkauf inseltypischer Produkte. Deutsche Leitung, legere Atmosphäre, schön zum Meer gelegener Pool, Garten mit herrlichem Bergblick. Stilvolle Zimmer, DZ bzw. Junior-Suite etwa 150–280 €, Suiten bis 400 €. Lärmempfindliche sollten, vor allem zur HS, nicht unbedingt einen der Räume zur Straße wählen. Das Gartenrestaurant öffnet etwa April bis Oktober, mittags mit preiswerter Bistroküche auch für Wanderer (der GR 221 führt direkt durch das Grundstück), abends mit Menüs zum Festpreis. Keine Kreditkarten. Ctra. de Deià, km 56,7; ✆ 971 633468, www.sonbleda.com.

Restaurant Bens d'Avall, in der Urbanisation „Costa de Deià", Zufahrt etwa sechs Kilometer hinter Deià links, hinab zum Restaurant dann noch eine ziemliche Kurverei, beschildert. Terrasse mit Super-Aussicht; ambitionierte und kreative Mittelmeerküche zu gehobenen Preisen: Degustationsmenüs etwa 75–85 €, à la carte geht´s auch etwas günstiger. Häufig wechselnde Öffnungszeiten, besser vorher anrufen; Mo sowie im Dez./Jan. geschlossen. ✆ 971 632381.

Informationen zu Sóller und seiner vielfältigen Umgebung finden Sie ab S. 157

Winziger Weiler: Lluc Alcari

Elegante Architektur: Landgut Raixa

Von Palma nach Sóller

Die direkte Straßenverbindung zwischen Palma und Sóller ist nicht ganz so reizvoll wie die Route entlang der Tramuntanaküste, doch bietet auch sie Gelegenheit zu interessanten Stopps und Abstechern.

Der mautpflichtige, drei Kilometer lange *Tunnel von Sóller* (gut 5 €) macht die Reise in den Norden erheblich schneller. Erst 1997 eröffnet, fiel der einröhrige Bau bei einem ADAC-Sicherheitstest allerdings komplett durch, Prädikat: „mangelhaft". Die Kurbelei über die zahlreichen Serpentinen des 496 Meter hohen Aussichtspasses Coll de Sóller ist durch den Tunnel nicht mehr nötig, bringt passionierten Fahrern aber sicher umso mehr Spaß, da die langsam bergan schnaufenden Lkw-Kolonnen wegfallen. Umweltfreundlicher unterwegs ist man mit dem „Roten Blitz", der Schmalspurbahn zwischen Palma und Sóller.

Raixa (Raxa)

Lange Zeit war das Landgut nahe der Straße Palma–Sóller geschlossen und wurde renoviert; erst seit 2014 ist Raixa wieder voll zugänglich. Bereits zu maurischer Zeit gab es hier einen Gutshof, von dem noch der Name stammt. Nach der Rückeroberung Mallorcas 1229 entstand unter verschiedenen Besitzern allmählich ein herrschaftlicher Palast. In seiner heutigen Erscheinung geht das Ensemble vor allem auf den kunstsinnigen und von den Mallorquinern hoch verehrten Kardinal Despuig (1745–1813) zurück, der in Raixa zunächst ein Skulpturenmuseum gegründet hatte und 1802 den Auftrag zum Umbau des Anwesens erteilte. Seit seiner Restaurierung dient Raixa (1982 übrigens einer der Drehorte von Agatha Christies „Das Böse unter der Sonne") auch als Interpretationszentrum des Tramuntana-Gebirges.

Für ein mallorquinisches Landgut (Possessió) ist Raixa mit etwa 56 Hektar relativ klein, dank zweier Quellen jedoch reich an Wasser. Vor allem Olivenbäume wurden hier kultiviert (auf dem Rundgang sieht man die Ölmühle), daneben auch Zitrusfrüchte, Getreide und Wein. Der Palast mit seinen prachtvollen Räumen, dem mutmaßlichen Schlafzimmer des Kardinals, der Küche und dem Esszimmer ist geradezu ein Museum der Lebensverhältnisse wohlhabender Persönlichkeiten des frühen 19. Jh. Beeindruckender noch sind die Gärten, die der Kardinal anlegen ließ und deren Stil italienische Einflüsse nicht verleugnen kann. Sehr fotogen ist die große, mit Statuen geschmückte neoklassische Apollon-Treppe im Gebiet nördlich des Gebäudes. Weiter hügelwärts führt ein Weg zu einem Aussichtspunkt am Gipfel des Hausbergs Es Puiget, vorbei an kleinen Kapellen und Pavillons. Hält man sich stattdessen nach links, gelangt man zu einem Wasserbecken von beachtlichen Dimensionen, das zu den größten Reservoirs der Insel gehören soll. Der kleinere südliche Garten wirkt strenger, aber auch einheitlicher im Aufbau.

Abzweigung bei km 12,2 der Straße Carretera Palma–Sóller, kurz hinter dem Siedlungsgebiet von Palmanyola. Geöffnet ist Di–Sa 10–17 Uhr, von Juli bis Mitte September nur 10–14 Uhr. Eintritt zuletzt noch frei; ob das so bleibt, ist nicht sicher.

Die berühmte Apollon-Treppe

Bunyola

Das sympathische Städtchen am Fuß der Serra de Alfàbia liegt rund 18 Kilometer nördlich von Palma, etwas abseits der Hauptstraße und an der Bahnlinie nach Sóller, ist also auch mit dem „Roten Blitz" zu erreichen. Besuchenswert ist das nördlich von Bunyola gelegene Landgut *Jardíns d'Alfàbia*; für motorisierte Reisende bietet sich auch ein Ausflug nach *Orient* an, ein hübsches Dörfchen, das aber nur auf einer sehr schmalen Straße zu erreichen ist.

Jardíns d'Alfàbia: Knapp zwei Kilometer hinter der Abzweigung nach Bunyola warten, rechter Hand der Hauptstraße nach Sóller und kurz vor der Einfahrt in den Tunnel, weitere Gärten auf einen Besuch. Sie gehören zum ehemaligen Landgut des offensichtlich instinktsicheren Mauren Ben-Abet. Der vorausschauende Wesir hatte den christlichen König Jaume I. bei der Rückeroberung Mallorcas unterstützt und war dafür mit dem großzügigen Besitz belohnt worden. Maurische Gartenbaukunst verwandelte mit klug angelegten Kanälen das wasserreiche Gebiet in einen Dschungel aus vielerlei Bäumen, exotischen Gewächsen und blühenden Sträuchern. Im zugehörigen Herrenhaus, das überwiegend aus dem 14./15. Jh. stammt, sind Antiquitäten zu sehen, darunter ein berühmter gotischer

„Königsstuhl". Die Decke im Torbau, gefertigt im maurisch-christlichen Mudéjar-Stil, birgt eine Inschrift, die Allah preist.

April bis Oktober Mo–Sa 9.30–18.30 Uhr; Okt./März Mo–Fr 9.30–17.30 Uhr, Sa bis 13 Uhr. So sowie von Dez. bis Feb. ist geschlossen. Eintrittsgebühr 6,50 €. Wegen vieler kleiner Treppen und Stufen ist der Zugang für Behinderte oder mit Kinderwagen problematisch.

Abstecher nach Orient

Gut zehn Kilometer sind von Bunyola auf einer schmalen, sehr serpentinenreichen Straße durch wunderschöne Waldlandschaft zurückzulegen, bis man das winzige Dorf auf 460 Meter Seehöhe erreicht hat. Orient besteht nur aus einer Handvoll Natursteinhäusern, einer Kirche ohne Turm und einigen wenigen Restaurants. Rund um den hübschen Ort erstrecken sich im weiten Hochtal Vall d'Orient ausgedehnte Apfelplantagen. In den 60er-Jahren von vielen Bewohnern verlassen, zählt das Dörfchen heute kaum ein Dutzend offizielle Einwohner. Orient wird aber auch als Zweitwohnsitz genutzt und an Wochenenden gern als Ausflugsziel besucht.

Übernachten/Essen ****** Hotel L'Hermitage**, an der Straße nach Alaró, gut einen Kilometer östlich des Dorfes. Das romantische Herrenhaus, einst ein Kloster, und der moderne Anbau beherbergen ein luxuriöses Hotel mit 24 Zimmern, Tennisplätzen und Pool. Etwa von Nov. bis Feb. geschlossen. DZ nach Saison und Ausstattung etwa 170–210 €. Carretera de Alaró a Bunyola s/n, ℅ 971 180303, www.hermitage-hotel.com.

**** **Hotel Dalt Muntanya**, direkt in Orient, beliebtes und recht ordentliches Restaurant angeschlossen. Pool. 18 schlicht-hübsche, komfortabel ausgestattete Zimmer, freundlicher Service. DZ etwa 90–120 €. Ctra. Bunyola-Orient, ℅ 971 615373, www.daltmuntanya.net.

Finca Son Palou, im Ort, Autozufahrt jedoch aus Richtung Bunyola etwa einen Kilometer vor dem Dorfrand rechter Hand. Hotelfinca auf riesigem Grundstück mit Pool und weiter Sicht. Zwölf Doppelzimmer bzw. Suiten à etwa 130–250 €. Plaça de l'Església s/n, ℅ 971 148282, www.sonpalou.com.

Rest. Mandala, Nähe Kirchplatz. Internationale Top-Küche mit vielen exotischen Anleihen, Hauptgerichte etwa 18–25 €. Sehr variable Öffnungszeiten, Mo und von Dez. bis Feb. ist normalerweise geschlossen, im Winter außer am Wochenende meist nur mittags, im Hochsommer dagegen nur abends geöffnet – also besser vorher anrufen… Carrer Nueva 1, ℅ 971 615285.

Café-Rest. Orient, an der Hauptstraße. Kleine Terrasse, innen einfach und gemütlich. Spezialität sind Fleischgerichte, Portion etwa 16–22 €, z.T. auch darunter. Di sowie im Juli geschlossen, ℅ 971 615153.

> 🚶 **Tour 4 – Von Orient zum Castell d'Alaró** → S. 283
> Schöner Aufstieg zur Festungsruine mit Traum-Panorama

Sóller

Die Hauptstadt der Tramuntana: Die Gemeinde Sóller zählt immerhin rund 14.000 Einwohner. Das ausgesprochen sympathische Städtchen bildet zusammen mit seiner Hafensiedlung Port de Sóller ein hervorragendes Standquartier für Ausflüge in die Tramuntana.

Sóller liegt auf nur 40 Metern Seehöhe in einem weiten, sehr sonnigen und durch die umliegenden Berge geschützten Tal, der *Horta de Sóller*. Dieser üppige, wasserreiche „Garten von Sóller" liefert eine Fülle an Feigen, Mandeln, Zitronen, das beste Olivenöl Mallorcas, vor allem aber Orangen (kat.: „Tarongers"), deren Export der kleinen Stadt bis ins 19. Jh. einen soliden Wohlstand brachte. Aus jenen Zeiten stammt der nostalgische Anflug, den Sóller sich bis heute bewahrt hat. Den gemütlichen Hauptplatz *Plaça de Sa Constitució* umrahmen die Fassaden nobler Bürgerhäuser und interessanter Modernisme-Bauten. Dann und wann rattert die originelle Straßenbahn zum zwei Kilometer entfernten Hafen vorbei. Sóller macht – im Gegensatz zu manch anderer, verschlossen wirkender mallorquinischen Stadt – einen offenen, gastfreundlichen Eindruck. Mit recht guten Einkaufsmöglichkeiten und öffentlichen Verkehrsverbindungen, einem ausreichenden Angebot an Hotelbetten besonders am Hafen sowie der vielfältigen Umgebung drängt sich das Städtchen als Ausgangspunkt für Exkursionen in die Tramuntana geradezu auf. Abends zeigt sich Sóller allerdings von der ruhigen Seite.

Geschichte: Das fruchtbare Tal von Sóller, das auch im Winter mit mildem Klima (17 Grad jährliche Durchschnittstemperatur) glänzt, war schon in der Vorgeschichte und später von Phöniziern und Griechen besiedelt. Unter den Römern nahm Sóller einen ersten Aufschwung als Handelshafen. Die Mauren verwandelten das Gebiet mit ihren raffinierten Bewässerungssystemen in einen paradiesischen Obstgarten. Sie waren es auch, die der Siedlung ihren Namen gaben: *Suliar*, „Tal des Goldes". Nach der christlichen Rückeroberung gedieh Sóller weiterhin. Der Reichtum zog natürlich auch immer wieder Piraten an. Hochgehalten wird die Erinnerung an den 11. Mai 1561, als der türkische Freibeuter Alí Ochiali mit 23 Schiffen die Hafenbucht angriff, von den Bewohnern aber in die Flucht geschlagen wurde.

Verspielt:
Modernisme-Kirche in Sóller

Die heldenhafte Verteidigung, bei der einige Frauen, die „Valentes Dones", durch ihren besonderen Mut auffielen, wird alljährlich beim Fest *Es Firó* farbenprächtig nachgespielt. Als die Zeiten ruhiger wurden, konzentrierte man sich in Sóller auf den Orangenexport zum spanischen Festland und bis in die Mittelmeerhäfen von Frankreich. Da Mitte des 19. Jh. eine Krankheit die Orangenplantagen heimsuchte, mussten viele Bewohner („Sollerics") emigrieren. Manche kehrten Jahrzehnte später, in der Ferne wohlhabend geworden, in ihre Heimat zurück; vielleicht eine Erklärung für das weltoffene Wesen, das den Einwohnern nachgesagt wird, sicher aber für die extravaganten Bauten der Stadt. Vom Rest der Insel war das von Bergen umschlossene Tal hingegen weitgehend isoliert, Änderung brachte erst der Bau der Bahnlinie nach Palma 1912. Die Straße über den Pass von Sóller wurde gar erst in den 60er-Jahren fertiggestellt.

Noch längst nicht museumsreif: der „Rote Blitz"

Bahn-Nostalgie: Unterwegs im „Roten Blitz"

So lässt es sich reisen – in bequeme Ledersitze geschmiegt, umgeben von Mahagoni und Messing, während draußen in gemütlichem Tempo die schöne Berglandschaft der Tramuntana vorbeizieht. Schade deshalb, dass das Vergnügen so kurz ist: In kaum einer Stunde legt der „Rote Blitz", der eigentlich eher von brauner Farbe ist, die 28 Kilometer lange Strecke von Palma nach Sóller zurück. Dabei durchquert das romantische Bähnchen insgesamt 13 Tunnels, deren längster knapp drei Kilometer misst. Bereits seit 1912 ist die Schmalspurbahn in Betrieb, die ersten Jahre noch unter Dampf. 1929 wurde die Strecke durch Siemens-Schuckert elektrifiziert. Von Siemens stammen auch die Loks, das Wagenmaterial hingegen aus England. Ursprünglich war die Linie zum Orangentransport aus dem fruchtbaren Tal von Sóller angelegt worden, mittlerweile nutzen jedoch überwiegend Touristen den schmucken Zug. Pro Jahr werden etwa eine Million Passagiere gezählt, dies durchaus zur Freude vieler Einwohner Sóllers, die Anteilseigner der Bahn sind: Die Linie wurde einst als Aktiengesellschaft gegründet, ist dies bis heute geblieben und arbeitet dabei meist mit Gewinn.

Abfahrten ab Palma 7-mal, ab Sóller 5-mal täglich, Details im Kapitel zu Palma.

Basis-Infos

Information O.I.T. Municipal de Sóller, Pl. Espanya s/n, in einem ausrangierten Waggon direkt auf dem Platz; ✆ 971 638008. Geöffnet Mo–Fr 10–17 Uhr, Sa 9.15–13 Uhr. www.sollernet.com.

Verbindungen Zug: Der schöne Bahnhof des „Roten Blitz" liegt nur knapp 200 m südlich der Hauptplaça. Im Gebäude eine Gratis-Kunstausstellung der Stiftung Tren de l'Art („Zug der Kunst"), u.a. mit Keramiken von Picasso sowie Arbeiten von Miró, die die Familie des Künstlers zur Verfügung stellte. Züge nach Palma (siehe auch dort) 4- bis 5-mal täglich; im Winter wegen Wartungsarbeiten zwei Monate Betriebspause. Fahrpreis 15 €, hin und zurück 21 €, Erhöhungen praktisch jährlich.

Straßenbahn: Die nostalgische Straßenbahn „Tranvía" (Baujahr 1912) pendelt tagsüber je nach Jahres- und Tageszeit halbstündlich bis stündlich zwischen dem Bahnhof und dem Hafen; Zusteigemöglichkeit auch an der Plaça Constitució. Fahrpreis einfach 5,50 €, häufige Erhöhungen.

Nostalgisch: Straßenbahn zum Hafen Port de Sóller

Bus: Haltestelle beim Carrer Cetre, nordwestlich der Hauptplaça. Nach Biniaraix und Fornalutx 4-mal täglich; Direktbusse nach Palma via Sóller-Tunnel etwa alle ein bis zwei Stunden, auf der Linie Deià–Valldemossa–Palma 7-mal täglich; Port de Sóller mindestens stündlich. Busse zum Mirador Ses Barques sowie auf der Linie via Lluc, Port de Pollença und Port d'Alcúdia bis Ca'n Picafort 2-mal täglich.

Taxis bei der Infostelle, zum Hafen 8 €.

Auto: Parkplätze sind nicht leicht zu finden (ORA-Zone), die Gassen extrem eng, das Einbahnstraßensystem unübersichtlich. Am besten parkt man bereits in den Randbezirken, z.B. an der Hauptstraße auf Höhe des Museo Balear de Ciències Naturales.

Fahrradverleih: Vivas, Carrer Santa Teresa 20, östlich vom Hauptplatz, ℅ 971 630234. Fahrräder verleiht auch Tramuntana Tours, siehe unten im Abschnitt „Wander- und Radtouren".

Internet-Zugang Cyber Phone, Carrer Metge Maiol 2, nicht weit vom Hauptplatz.

Übernachten

***** **Gran Hotel Sóller** 7, gleich beim Marktgebäude. Ein imposanter Bau, 2004 nach dreißigjährigem Dornröschenschlaf wieder erweckt. Sehr gutes Restaurant, kleiner Spa-Bereich, Clou ist jedoch die Dachterrasse mit Gegenstrom-Pool. „Executive"- und „Superior"-DZ nach Saison etwa 240–380 €; man kann (z.B. für die Suiten) aber auch noch mehr anlegen. Carrer Romaguera 18, ℅ 971 638686, www.granhotelsoller.com.

**** **Hotel Ca'l Bisbe** 16, ebenfalls in zentraler Lage, ein ehemaliger Bischofspalast, der zum modern-schlicht dekorierten Hotel umgebaut wurde; Pool. Eigene Parkmöglichkeit, die jedoch ein ganzes Stück entfernt liegt. Sehr gutes Restaurant. Komfortable Zimmer. DZ bzw. Suiten nach Saison und Ausstattung 140–200 €. Carrer Bisbe Nadal 10, ℅ 971 631228, www.hotelcalbisbe.com.

Agroturismo Ca's Sant 2, in Fußentfernung vom Ort. Stilvolles, mit Antiquitäten dekoriertes Landhaus, reizvoller Garten, schöner Pool. Die hier hergestellte Orangenmarmelade wird bis zu „Dallmayr" in München verkauft. Anfahrt am besten aus Ri. Port de Sóller, den Schildern „Fornalutx" folgen. Nur sechs Zimmer bzw. Suiten, DZ etwa 170–210 €, es gibt auch Superior-Zimmer. Camí Fontanelles 34, ℅ 971 630298, www.cassant.com.

Hotel Ca'n Abril 15, in zentraler Lage östlich vom Bahnhof. 2010 eröffnetes, von Lesern gelobtes Quartier; zehn individuell eingerichtete Zimmer, netter Innenhof. Freundliche Führung. Parkmöglichkeit (Gebühr). DZ bzw. Suite etwa 140–225 €. C. Pastor 26, ℅ 971 633579, www.hotel-can-abril-soller.com.

»» Mein Tipp: Hotel **S'Ardeviu** 9, nur wenige Schritte vom Hauptplatz. Hübsches kleines „Hotel d'Interior" mit sieben gemütlichen, gut ausgestatteten Zimmern und einem netten Gärtchen hinter dem Haus. Freundliche Führung, sehr gutes Preis-Leistungs-Verhältnis: DZ nach Größe 100–120 €. C. Vives 14, ℅ 971 638326, www.sollernet.com/sardeviu. **«««**

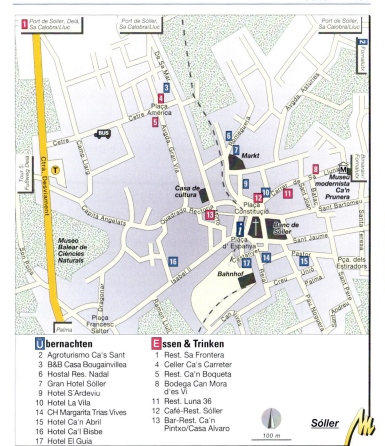

Ü bernachten
2 Agroturismo Ca's Sant
3 B&B Casa Bougainvillea
6 Hostal Res. Nadal
7 Gran Hotel Sóller
9 Hotel S'Ardeviu
10 Hotel La Vila
14 CH Margarita Trías Vives
15 Hotel Ca'n Abril
16 Hotel Ca'l Bisbe
17 Hotel El Guía

E ssen & Trinken
1 Rest. Sa Frontera
4 Celler Ca's Carreter
5 Rest. Ca'n Boqueta
8 Bodega Can Mora d'es Vi
11 Rest. Luna 36
12 Café-Rest. Sóller
13 Bar-Rest. Ca'n Pintxo/Casa Alvaro

Hotel La Vila 10, in einem wunderschönen Jugendstilhaus direkt am Hauptplatz, auf den auch die Hälfte der acht solide eingerichteten Zimmer ausgerichtet ist; die anderen gehen auf den Garten hinter dem Haus. Café-Rest. angeschlossen. DZ etwa 100–150 €. Plaça Constitució 14, ✆ 971 634641, www.lavilahotel.com.

* **Hotel El Guía** 17, in einer engen Gasse gleich beim Bahnhof, vom Ausgang rechts halten. Reizvoll nostalgisches und freundlich geführtes Haus, die Zimmer sind zwar relativ einfach ausgestattet, aber gepflegt. Geöffnet etwa März bis Nov., insgesamt 17 Zimmer. DZ/Bad etwa 95 €. Carrer Castanyer 2, ✆ 971 630227, www.sollernet.com/elguia.

》》**Mein Tipp:** B&B Casa Bougainvillea 3, am nördlichen Rand des Zentrums. 2010 renoviertes, von netten Engländern geführtes Bed & Breakfast mit acht freundlich dekorierten Zimmern (Leserempfehlung: Zimmer Nummer 5) und hübschem kleinem Garten nach hinten. Gute Restaurant-Tipps; Wanderer und Radfahrer sind gern gesehen. Von mehreren Lesern gelobt. Im Dez./Jan. geschlossen. DZ/Bad etwa 100–125 €. Carrer del Mar 81, ✆ 971 633104, www.casabougainvillea.com. 《《

** **Hostal Res. Nadal** 6, nördlich der Plaça Constitució, in der Straße, die hinter dem Markt abzweigt. Älteres Haus, Zimmer teilweise renoviert und insgesamt für die Klasse durchaus ordentlich; nette Cafeteria im Hof. Ganzjährig; 27 Zimmer. DZ/Bad ca. 50 €, ohne Bad knapp 40 €. C. Romaguera 29, ℅ 971 631180, hostalresidencianadal@gmail.com.

CH (Casa Huespedes) Margarita Trías Vives 14, freundlich geführt, einfache, aber saubere Zimmer; ein Leser monierte Mopedlärm in der Gasse. Die Señora spricht etwas Deutsch. Ganzjährig geöffnet. Auch Drei- und Vierbettzimmer. DZ/Bad 60–65 €, ohne Bad knapp 40 €. Carrer Reial 3, ℅ 971 634214, casa.margarita@hotmail.es.

Essen & Trinken → Karte S. 161

»> Mein Tipp: Rest. Ca'n Boqueta 5, unweit der Plaça América. 2011 eröffnetes, modern eingerichtetes Lokal mit frischer, marktabhängiger Küche, geführt vom jungen Chef Kiko Martorell. Feste, wöchentlich wechselnde Abendmenüs (und nur die gibt's) für knapp 30 €, fast schon sensationell. Günstiges Mittagsmenü à 15 €. Gran Via 43, ℅ 971 638398. Im Sommer So, im Winter Mo Ruhetag. **«<**

Celler Ca's Carreter 4, ganz in der Nähe. Gemütliches Gasthaus mit freundlichem Chef, untergebracht in einer ehemaligen Kutschen-Werkstatt und seit 1962 Restaurant. Gute, überwiegend lokal geprägte Küche, Hauptgerichte im Schnitt 15–20 €, Mittagsmenü 12 €. C. Cetre 4, ℅ 971 635133; So-Abend und Mo geschlossen.

Rest. Luna 36 11, in einer ehemaligen Schokoladenfabrik an der Einkaufsstraße im Zentrum, mit hübschem kleinen Patio. Längere Zeit geschlossen, seit 2015 unter derselben dänischen Besitzerin wie früher wieder geöffnet. Nicht direkt billig, die mediterran geprägte Küche ist jedoch fein, das Ambiente stimmig, der Service sehr freundlich. Carrer Luna 36, So Ruhetag. Mobil. ℅ 628 670002.

Bar-Rest. Sa Frontera 1, an der Zufahrt von Deià, jedoch ganz nahe der Hauptstraße zum Hafen, nur ein paar Schritte von einem Kreisverkehr. Das hübsch gestaltete Restaurant mit Gärtchen ist ein Ableger des bewährten Abacanto aus Port de Sóller, die Karte jedoch bewusst etwas schlichter und preisgünstiger gehalten. Mittagsmenü 12 €, auch Tapas, Pa amb oli etc. Nur mittags, So geschlossen. Carretera de Deià, ℅ 971 633308.

Bar-Rest. Ca'n Pintxo 13, modernes Lokal gleich westlich vom Hauptplatz. Im Angebot u.a. Pintxos bzw. Pinchos nach baskischer Art als Häppchen auf Weißbrot, bezahlt wird nach Form und Farbmarkierung der Stäbchen (je 1–3 €), die quasi auch als Rechnung fungieren; daneben auch teurere Tapas à la carte und Festmenüs. C. Rectoría 1.

»> Lesertipp: Casa Alvaro 13, ganz in der Nähe. „Sehr gute und ausgefallene Tapas zu vernünftigen Preisen, nette Bedienung und sehr gemütlich. Öffnungszeiten allerdings offenbar etwas unregelmäßig" (Alex andra Schubert). Auch von anderen Lesern sehr gelobt. Calle Vicario Pastor 17. **«<**

Bodega Can Mora d'es Vi 8, in der Einkaufsstraße. Hübscher Garten, zu essen gibt es Tagesgerichte, Tapas, Pa amb oli etc. Angeschlossen eine alte Bodega mit Degustation und Verkauf eigener Weine (produziert in der Kellerei Macià Batle) und Liköre nach Familienrezept. C. Sa Luna 51.

Café-Rest. Sóller 12, beliebtes und oft voll besetztes Café am Hauptplatz, auch am Abend gefragt. Neben dem üblichen Café-Angebot gibt es hier auch solides Essen, z. B. diverse Nudelgerichte in wandererfreundlichen Portionen um die 10 €; auch Salate, Tapas in breiter Auswahl etc. Guter Kuchen. Plaça de Sa Constitució 13.

Einkaufen/Feste/Wander- & Radtouren

Einkaufen Haupteinkaufsstraße ist der Carrer de Sa Lluna. Die „Straße des Mondes" zweigt vom Hauptplatz östlich ab und führt nach Fornalutx und Biniaraix.

Markttag ist Samstag, viel Betrieb an der Plaça und am Carrer de Sa Lluna.

Markthalle an der Plaça Mercat, vom Hauptplatz den Schienen nach Norden folgen. Gutes Angebot an Lebensmitteln (von Lesern gelobt: „Comestibles Ca'n Mas").

🌿 **Fet a Sóller** („In Sóller gemacht"), Olivenöl, Marmeladen, Bio-Orangen etc. aus der Region. Plaça Mercat, beim Markt. www.fetasoller.com. ■

"Die Straße des Mondes": Carrer de Sa Lluna

Cooperativa Agrícola Sant Bartomeu, bereits 1899 gegründete Landwirtschaftskooperative an der Straße nach Fornalutx (Carretera de Fornalutx 8), zu erreichen über die Verlängerung des Carrer de Sa Lluna Richtung Biniaraix, dann links. Viele Olivenbauern der Umgebung lassen hier Öl pressen. Im Laden (Mo–Fr 8–20 Uhr bzw. im Winter bis 19 Uhr, Sa 9–13 Uhr) gibt es neben Öl auch Wein, Gemüse, Obst etc. www.cooperativasoller.com. ■

Can Det, in der Nähe am Carrer d'Ozones 8, direkt an der Verlängerung des Carrer de Sa Lluna. Eine weitere, diesmal private Ölmühle. Keine festen Öffnungszeiten, zur Siesta ist natürlich geschlossen. ■

Schuhe: Ben Calçat, Carrer de Sa Lluna 74. Originelle Eigenkreationen aus Leinen-Leder-Mix mit Sohlen aus alten Autoreifen; auch Wanderschuhe und -socken.

Feste Sa Fira i Es Firó, in der Woche bis zum zweiten So und dem folgenden Mo im Mai, Näheres siehe Port de Sóller.

San Bartomeu, 24. August, großes Fest des Stadtpatrons, das bis auf das Jahr 1248 zurückgeht. Zentrum des Geschehens ist die Plaça Constitució.

Wander- und Radtouren Tramuntana Tours offeriert geführte Wanderungen und Radtouren in kleinen Gruppen; teuerste Tour ist der Torrent de Pareis, p.P. 50 €. Nette, vielsprachige Besitzer. Auch Fahrradverleih (MTB 16–30 €/Tag), Canyoning, Boots- und Angeltouren sowie Verkauf von Wanderkarten und Ausrüstung. Carrer de Sa Lluna 72 (Filiale in Port de Sóller, s.d.), ✆ 971 632423, www.tramuntanatours.com.

Sehenswertes

Placa Constitució: An der platanenbestandenen Hauptplaça erheben sich zwei interessante Modernisme-Bauten. Die an der Stelle einer früheren Moschee errichtete Pfarrkirche *St. Bartomeu* geht in ihren Grundzügen auf das 13. Jh. zurück. In fünf verschiedenen Phasen erbaut, sind an ihrer Rückfront noch Reste der romanischen Fenster und Portale zu erkennen. Die auffällige Fassade entstand erst 1904 als Werk des von Gaudí beeinflussten Architekten Joan Rubió i Bellver. 1912 schuf er das benachbarte Bankgebäude *Banc de Sóller*, das ebenfalls im Modernisme-Stil gehalten ist.

Museu Modernista Ca'n Prunera: Mit der 1909–1911 errichteten Villa Ca'n Prunera findet sich im Carrer de Sa Lluna 90 ein weiterer reizvoller Bau des katalanischen Jugendstils, ebenfalls gestaltet von Josep Rubió i Bellver. Unter Beteiligung der Stiftung „Tren de l'Art" wurde das Gebäude, das noch bis 2006 als Wohnhaus diente, aufwändig restauriert und im August 2009 als Modernismemuseum eröffnet. Sogar der spanische König war hier bereits zu Gast. Neben der Architektur

Wunderbare Architektur: Ca'n Prunera

beeindruckt auch das bestens erhaltene Jugendstilmobiliar der Villa, ebenso die Kunstsammlung. Der zweite Stock beherbergt rotierende Arbeiten der Col.lecció Pere Serra, darunter zahlreiche große Meister wie Picasso, Miró, Kokoschka, Magritte, Matisse und Rusiñol – unbedingt sehenswert!
Täglich 10.30–18.30 Uhr, im Winter Mo geschlossen; Eintrittsgebühr 5 €.

Casal de Cultura/Museu de Sóller: Nur ein paar Schritte vom Hauptplatz entfernt, wurde im Carrer del Mar 11 das ehemalige Haus eines reichen Händlers zu einer Art Heimatmuseum umgebaut. Neben alten Einrichtungsgegenständen und einer ländlichen Küche sind hier auch wechselnde Ausstellungen zu sehen.
Mo–Fr 10–14, Sa 11–13 Uhr; soweit die offiziellen Zeiten, auf die man sich leider nicht verlassen kann – oft ist dennoch geschlossen. Eintrittsgebühr 3 €.

Museu Balear de Ciències Naturals: Das in seiner Thematik auf Mallorca einzigartige und äußerst informative „Balearenmuseum der Naturwissenschaften" liegt am westlichen Ortsrand neben der Umgehungsstraße. Das Palais beherbergt verschiedene Ausstellungen zur Flora, Fauna und Geologie der Insel, darunter eine Fossiliensammlung, sowie einen botanischen Garten mit zahlreichen Arten Mallorcas, anderer Mittelmeerinseln und der Kanaren.
Mo–Sa 10–18 Uhr, Nov.–Feb. nur bis 14 Uhr, Dez. geschlossen; Eintrittsgebühr 5 €.

Bio-Finca Eco Vinyassa: Etwas außerhalb in Richtung Fornalutx (100 m hinter der Cooperativa Agrícola Sant Bartomeu rechts in den Feldweg, dann links) haben die

Lehrpfad durch die Bio-Finca: Eco Vinyassa

freundlichen Besitzer einer Plantage von Zitrusfrüchten einen „Orangen-Lehrpfad" durch ihre Öko-Finca angelegt. Rund 50 mehrsprachige Tafeln erklären die verschiedenen, teilweise uralten Sorten von Orangen, Zitronen, Mandarinen, Clementinen & Co. Etwa ein bis zwei Stunden Zeit sollte man sich für die Besichtigung nehmen; abgeschlossen wird sie durch einen kleinen Imbiss.

Besichtigung Mo/Mi/Fr 10–14 Uhr; Eintrittsgebühr 10 €, Snack, Orangensaft und ein Beutel Orangen inklusive. Anmeldung (z.B. über die Website) ist erwünscht, zur Not geht es meist aber auch ohne. Camí de Sa Vinyassa 3, Mobil-℡ 615 172750, www.ecovinyassa.com.

> 🚶 **Tour 5 – Der alte Fußweg von Sóller nach Deià** → S. 285
> Relativ leichte Tour, zurück geht es bequem mit dem Bus

Biniaraix

Das Dörfchen mit dem arabisch klingenden Namen („Biniarasch" gesprochen) liegt nur etwa 20 Minuten Fußweg von Sóller entfernt, umgeben von ausgedehnten Zitronen- und Orangenhainen. Das beschilderte Sträßchen beginnt an der Hauptplaça von Sóller und führt durch die Einkaufsstraße Carrer de Sa Lluna und weiter geradeaus über die Abzweigung nach Fornalutx hinweg. Biniaraix ist kleiner als das nahe Fornalutx, dabei durchaus reizvoll. Der Weg, der sich beim Waschhaus nach rechts wendet, ist der alte Pilgerpfad zum Kloster Lluc durch die reizvolle Schlucht *Barranc de Biniaraix*. Der Aufstieg bis zu den Toren der Finca de L'Ofre nimmt etwa zwei Stunden in Anspruch.

Fornalutx

Schon zweimal wurde das kleine Dorf, etwa 2,5 Kilometer nordöstlich von Sóller an einem Ausläufer des Puig Major gelegen, für seine Schönheit ausgezeichnet. Das verpflichtet. Die gepflasterten Treppengassen, der winzige Kirchplatz und die honiggelben Natursteinhäuser von Fornalutx („Fornaluhsch" gesprochen), sind denn auch aufs Feinste gepflegt und prangen stets in üppigem Blumenschmuck. Es macht Spaß, durch die engen Gassen zu streifen, hier einen überwucherten Durchgang und dort einen befestigten Wohnturm zu entdecken. Ein solcher Ort ist natürlich als Ausflugsziel beliebt, der Verkehr dementsprechend rege. Aber auch als Zweitwohnsitz zählt Fornalutx zu den gefragten Adressen: Fast jeder dritte Einwohner ist ausländischer Resident.

Verbindungen Wer mit dem Fahrzeug unterwegs ist, kann von Fornalutx aus direkt zur Hauptstraße von Sóller zum Kloster Lluc hinauffahren, auf die man knapp drei Kilometer unterhalb des Aussichtspunktes „Mirador de Ses Barques" stößt. In dieser Richtung findet sich am Ortsausgang von Fornalutx auch noch am ehesten ein (gebührenpflichtiger) Parkplatz.

Übernachten Hotel Ca'n Verdera, schickes Landhotel mit nur vier Zimmern und zwei Suiten. Modernes Ambiente, das zahlreiche Kunstwerke integriert, luxuriöse Ausstattung inkl. klimatisiertem Pool. DZ etwa 160–230 €, auch Suiten. Carrer d'es Toros 1, eine Seitenstraße des C. Nou, ℡ 971 638203, www.canverdera.com.

Hotel Can Reus, im unteren Ortsbereich. Das ehemalige Wohnhaus eines Orangenexporteurs des 19. Jh. besitzt zahlreiche reizvolle Details, im Garten liegt ein kleiner Pool. Britische Führung, gemütliche Zimmer, gute Wandertipps, üppiges Frühstück. DZ nach Größe 130–160 €, Suite 170 €, Nov.–Jan. 10% Rabatt. Carrer de l'Auba 26, ℡ 971 631174, www.canreushotel.com.

Hotel Apts. Sa Tanqueta, im westlichen Ortsbereich nahe Sportplatz „Polideportivo".

Der Nordwesten: Serra de Tramuntana

Übernachten

Im Ort ***** Hotel Jumeirah **3**, die ehemalige Bauruine Sa Talaia hoch über dem Meer, von arabischen Investoren zu einem Luxushotel umgebaut und 2012 eröffnet. Traumhafte Aussichtslage, Top-Service, sehr komfortable Ausstattung, zwei Restaurants, zwei Pools und ein Spa. 120 Zimmer und Suiten, DZ-Preise bereits zur tiefsten NS ab etwa 400 € weit aufwärts, mit Pauschalangeboten fährt man deutlich günstiger. Calle Belgica s/n, ℅ 971 637888, www.jumeirah.com.

**** **Hotel Aimia** **5**, ein avantgardistisch gestyltes Hotel in ruhiger, dabei doch zentraler Lage. Freundliche Leitung durch die alteingesessene Hoteliersfamilie, guter Service, hübsch gestaltete und komfortable Zimmer. Spa-Bereich mit Indoorpool, Sauna, Gym etc. Großer Pool im Freien; Parkplatz. Gutes Restaurant. Geöffnet etwa Feb. bis in den Nov. DZ nach Saison und Ausstattung rund 140–220 €, auch eine Suite mit herrlicher Aussicht. Carrer Santa María del Camí 1, ℅ 971 631200, www.aimiahotel.com.

**** **Hotel Los Geranios** **16**, solide Adresse im Strandviertel. Geräumige und gut ausgestattete Zimmer, Bäder mit Hydromassage, kleiner Wellnessbereich mit Sauna. DZ um die 120–170 €; auch Suiten. Pg. de Sa Platja 15, ℅ 971 631440, www.hotel-losgeranios.com.

*** **Hotel Espléndido** **10**, das Schwesterhotel des „Portixol" von Palma entstand aus einem 1954 erbauten Quartier und wurde 2006 unter Beibehaltung reizvoller Details neu erweckt. Internationales Publikum. 84 schön gestaltete Zimmer, Spa mit Sauna, Fitnessraum etc. Bistro und Restaurant; mehrere Pools (innen/außen). Die Meerblick-Zimmer sind vorzuziehen. Geöffnet etwa März bis November. Standard–DZ nach Saison, Ausstattung und Lage 150–350 €, es gibt auch höhere Zimmerkategorien und Suiten. Pg. Es Través 5, ℅ 971 631850, www.esplendidohotel.com.

*** **Hotel Es Port** **4**, ein ehemaliger Gutshof, hafennah im Grünen gelegen, mit großem Garten, schönem Rezeptions- und Barbereich, alter Hauskapelle, Spa, Pool und Tennisplätzen. Die unterschiedlich ausfallenden Zimmer verteilen sich auf zwei Anbauten. Angesichts des Ambientes sind die zur Meerseite gelegenen Räume ihr Geld sicher wert. Geöffnet etwa März bis Anfang Nov. Standard-DZ nach Saison und Ausstattung etwa 140–170 €, es gibt auch Superior-Zimmer und Suiten. C. Antonio Motis s/n, ℅ 971 631650, www.hotelesport.com.

»> Mein Tipp: *** Hotel Marina **13**, an der Promenade im Ortsteil En Repic, ein solides, gut geführtes Haus mit Pool, kleinem Spa-Bereich und einem kostenlosen Parkplatz an der Rückseite. Im Dezember geschlossen. Das zugehörige Restaurant ist sonntagmittags oft von Einheimischen belagert, die vor allem wegen der Hausspezialität Paella kommen. Preis-Leistungs-Tipp: DZ nach Saison und Lage etwa 80–150 €. Der Aufschlag für die Meerseite lohnt sich. Es gibt auch Studios und Apartments. Passeig de la Platja s/n, ℅ 971 631461, www.hotelmarinasoller.com. **«**

*** Hotel Eden Nord **2**, im Hinterland des Hafens, nicht zu verwechseln mit dem teureren Schwesterhotel Eden an der Promenade. Überwiegend pauschal gebucht, aber auch auf Wanderer und Radfahrer eingestellt. Etwas hellhörig, sonst solider Mittelklassestandard; Pool. 109 Zimmer, DZ nach Saison und Ausstattung etwa 55–135 €, Halbpension ist kaum teurer. C. Mestral 5, ℅ 971 631600. www.hoteleden.com.

Außerhalb Agroturismo Finca Muleta de Ca S'Hereu **18**, in aussichtsreicher Hügellage hoch über Port de Sóller. Ein echter alter Gutshof (die Ölmühle „Tafona" ist ein wahres Museumsstück), umgebaut zum komfortablen und dabei familiären Quartier. 400.000 Quadratmeter Grund (der GR 221 führt direkt vorbei), Pool, Restaurant. Die sehr herzliche Besitzerin Francisca spricht Deutsch. Viele Stammgäste. Geöffnet Februar bis Mitte November. DZ 160 €, es gibt auch Suiten und Apartments. Anfahrt von Sóller kommend Ri. Platja d'en Repic, vor dem Restaurant Campo Sol links hoch. Es folgt ein 1,7 km langer, schmaler und nicht asphaltierter Fahrweg mit zahlreichen sehr engen Haarnadelkurven, die nur wirklich versierte Fahrer mit kleinen Autos (wie es ehrlicherweise auch die Besitzer raten) unter die Räder nehmen sollten. Camp de sa Mar s/n, ℅ 971 186018, www.muletadecashereu.es.

Port de Sóller (Puerto de Sóller)

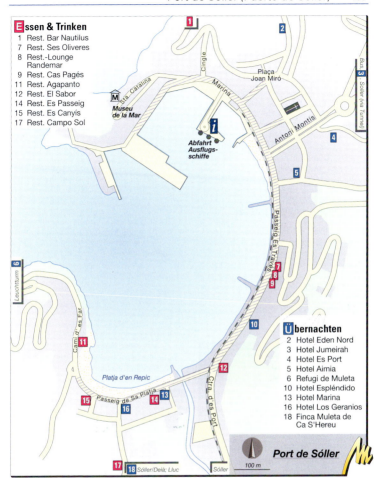

Essen & Trinken
1 Rest. Bar Nautilus
7 Rest. Ses Oliveres
8 Rest.-Lounge Randemar
9 Rest. Cas Pagés
11 Rest. Agapanto
12 Rest. El Sabor
14 Rest. Es Passeig
15 Rest. Es Canyís
17 Rest. Campo Sol

Übernachten
2 Hotel Eden Nord
3 Hotel Jumeirah
4 Hotel Es Port
5 Hotel Aimia
6 Refugi de Muleta
10 Hotel Espléndido
13 Hotel Marina
16 Hotel Los Geranios
18 Finca Muleta de Ca S'Hereu

Refugi Estació Telegràfica de Muleta 6, bereits 2001 eröffnete Herberge am Fernwanderweg „Ruta de Pedra en Sec", die neben 30 Schlafsaalplätzen auf Vorbestellung auch Essen bietet. Übernachtung im eigenen Schlafsack p. P. 11 €. Unbedingt reservieren. Beim Leuchtturm, nach Port de Sóller etwa 45 Fußminuten über die Asphaltstraße, ☎ 971 634271, Reservierung in Palma unter 971 173700.

Essen & Trinken/Feste/Wandertouren/Tauchen

Essen Rest. Es Passeig 14, im Strandviertel. Vielseitige Küche sehr gehobener Klasse, prima Service und exzellente Weinauswahl – da ist es zu verschmerzen, dass die Hauptgerichte auf etwa 20–25 € kommen. Mo, Di-Mittag sowie von Nov. bis Feb. geschlossen. Passeig de la Platja 8, Reservierung sehr ratsam: ☎ 971 630217. Ein Stück weiter am Passeig de Sa Platja 32 und insbesondere für Fischliebhaber zu empfehlen: **Rest. Es Canyís** 15.

Rest. Agapanto **11**, praktisch direkt an der Platja d'en Repic, Terrasse in sehr schöner Lage über dem Meer. Stilvolles Ambiente, deutsche Leitung, immer wieder von Lesern gelobt. Vielfältige internationale Küche, auch einige vegetarische Optionen; Menü ab etwa 35–40 €. Mitte Nov. bis Feb. geschlossen. Camí d'es Far 2, ✆ 971 633860.

》》》 Mein Tipp: Rest. Bar Nautilus **1**, in traumhafter Aussichtslage hoch über dem Ort, gleich unterhalb des Hotels Jumeirah. Romantische Terrasse mit weitem Meerblick; feine internationale Küche, mittleres bis leicht gehobenes Preisniveau. Gute Auswahl auch an Cocktails und Spirituosen. C. Llebeig 1, Aufstieg zu Fuß vom Hafen über den Camí de Cingle, dann links; unbedingt reservieren: ✆ 971 638186. 《《

》》》 Lesertipp: Rest. El Sabor **12**, „direkt an der Straßenbahn-Haltestelle zum Passeig de Sa Platja. Serviert wird recht feine Küche (Küchenchef Stefan Weingart) mit mallorquinischem Einschlag, tolle Salate, sehr gute Fischplatte, alles fantastisch dekoriert. Ein Höhepunkt sind die Desserts. Carretera del Port 72" (Gert & Monika Brummundt). 《《

》》》 Lesertipp: Rest. Cas Pagés **9**, „liegt im ersten Stock und bietet einen Superblick auf die Bucht und den Sonnenuntergang – hoher Romantikfaktor. Gepflegte mallorquinische Küche im mittleren Preissegment. Passeig Es Través 14" (Gabriele Storg). 《《

Rest.-Lounge Randemar **8**, gleich nebenan auf Hausnummer 16, ebenfalls sehr beliebt, mit guter Küche und ausgesprochen reizvollem Ambiente. Trotz der relativ hohen Preise von Lesern gelobt. Ebenfalls von Lesern empfohlen wurde das benachbarte Rest. Ses Oliveres **7**.

Rest. Campo Sol **17**, eine Speisestätte vom alten Schlag. Familienbetrieb mit großem Garten und geräumigem Saal, spanischmallorquinische Hausmannskost zu teilweise recht günstigen Preisen: Hauptgerichte 12–15 €, festes Menü (auch abends) 14 €. Der Service ist leider chronisch schleppend. Camí Camp de Sa Mar, im Hinterland der Platja d'en Repic an der Verbindungsstraße Richtung Sóller.

Feste Sa Fira i Es Firó, am zweiten Sonntag im Mai, dem folgenden Montag (der den Höhepunkt des Festes bildet) und in abgeschwächter Form in der gesamten Woche davor. Das Fest verteilt sich auf Sóller und Port de Sóller. Am Sonntag findet „Sa Fira" statt, u. a. mit einer Art Jahrmarkt, am Montagnachmittag dann der berühmte „Firó", die nachgespielte Landung der Piraten im Hafen. Ausführliches Beiprogramm mit Tänzen etc., Details im O.I.T.-Büro.

Mare de Déu del Carme, 16. Juli, mit Meeresprozession, Fest der Schutzheiligen der Fischer.

Geführte Wanderungen Tramuntana Tours hat eine Filiale des Hauptgeschäfts in Sóller (siehe dort) am Passeig Es Traves 12, ✆ 971 632423.

Tauchen Octopus, C. Canonge Oliver 13 (nahe Kirche), ✆ 971 633133, www.octopus-mallorca.com.

Sa Fira i Es Firó: Fahnen der Christen und der Mauren

Museu de la Mar: In schöner Aussichtslage hoch über dem Hafenviertel und nur zu Fuß zu erreichen, beherbergt die Kapelle Santa Catalina ein hübsches Museum, das sich der Geschichte von Sóller und seiner Beziehung zum Meer widmet. Es umfasst einen Raum mit Exponaten zum Schiffsbau etc. sowie eine informative Videovorführung im Untergeschoss, letztere auch auf Deutsch. Die Kapelle selbst wurde erstmals um 1280 errichtet und im 16. Jh. nach einem Überfall algerischer Piraten neu aufgebaut; später diente sie u.a. als Pesthospital.
 Leider seit geraumer Zeit geschlossen, könnte aber eines Tages wieder öffnen.

Torre Picada: Etwa eine Stunde dauert der Weg zu diesem alten Wachtturm nördlich der Siedlung. Er war Teil eines ganzen Systems, das die mallorquinischen Küsten gegen überraschende Piratenüberfälle sichern sollte. Untereinander standen diese Türme in Sichtverbindung, konnten tagsüber durch Rauchzeichen und nachts durch Feuersignale kommunizieren. Hier oben bietet sich ein weiter Blick nicht nur auf die Küste, sondern auch auf die Tramuntana bis hin zum Puig Major.

Von der Uferpromenade landeinwärts in die Promenade Antoni Montis, beim Kreisel am Ende rechts in die Av. 11 de Maig, dann deren Verlängerung Av. Bélgica aufwärts folgen; nicht die Treppen nehmen. In einer Linksserpentine (Abzweig Hotel Jumeirah) geht man auf dem Asphaltsträßchen geradeaus und nimmt weiter oben in einer Rechtskurve den Durchstieg neben dem Tor; dahinter entweder schräg links auf dem Fahrweg (einfacher) oder hart links auf den ausgetretenen Fußpfaden aufwärts.

Zum Leuchtturm am Cap Gros: Etwa eine Dreiviertelstunde läuft man, vorbei am Ortsteil En Repic, zum Leuchtturm an der westlichen Hafeneinfahrt. Der Weg entlang der komplett asphaltierten Straße „Camí d'es Far" ist nicht zu verfehlen. Vom Turm und auch vom nahen Restaurant „El Faro" bzw. „Es Far" (Mitte Jan. bis Mitte Feb. geschlossen; ✆ 971 633752) reicht die fantastische Aussicht weit über die zerklüftete Küstenlinie.

Von Sóller zum Kloster Lluc

Eine der schönsten Straßen der Insel: Jenseits von Sóller klettert die gut ausgebaute Ma-10 (Ex-C 710) in vielen Serpentinen hinauf in die kargen Bergregionen der Tramuntana, die hier ihre höchsten Höhen erreicht.

Dies ist ein anderes Mallorca als das der küstennahen Zonen. Je höher man kommt, desto sparsamer wird die Vegetation, desto kahler die Hänge. Die Gipfel bestehen fast nur noch aus blankem Fels und Stein – eine wilde, bizarre Landschaft. Leider ist es für Autofahrer manchmal schwierig, die Reize der Bergwelt zu würdigen, denn dieser Bereich der Ma-10 wird von Bussen besonders stark frequentiert, weshalb es sich empfiehlt, Touren nach Möglichkeit in den frühen Morgen oder in die späten Nachmittagsstunden zu legen. Hauptziele sind das Kloster *Santuari de Lluc* und vor allem die Bucht *Sa Calobra*, zu erreichen über eine der spektakulärsten Straßen ganz Europas.

Mirador de Ses Barques: Ein Aussichtspunkt mit begeisterndem Blick, etwa sieben Kilometer hinter dem großen Kreisverkehr zwischen Sóller und Port de Sóller gelegen. Bei gutem Wetter liegt der Hafen von Sóller wie auf einer Landkarte ausgebreitet. Ähnlich reizvoll ist der Ausblick von der Terrasse des erstaunlich guten Restaurants (Mo und im Nov. geschlossen), das auch frischen Orangensaft serviert.

Weiter Richtung Sa Calobra und Lluc: Einige Kilometer hinter dem Mirador de Ses Barques geht die Fahrt durch einen Tunnel, der die *Serra de Torrellas* unterquert, und vorbei an der Abzweigung zum *Puig Major* (1443 Meter). Dieser höchste Berg der Insel ist militärisches Sperrgebiet und kann nur mit zwei verschiedenen Vorab-Genehmigungen besucht werden. Dann erreicht die Straße den Stausee *Embalse de Cúber*, der zusammen mit dem einige Kilometer entfernten *Embalse de Gorg Blau* die Wasserversorgung Palmas sichert. Hinter dem zweiten Stausee und einem weiteren Tunnel zweigt bald die Straße zur Bucht Sa Calobra links ab.

Refugi Tossals Verds, Wanderherberge für den Fernwanderweg „Ruta de Pedra en Sec", Reservierung sehr ratsam. Nicht direkt mit dem Auto zu erreichen, zu Fuß etwa zwei Wegstunden südöstlich des Cúber-Stausees, von Lluc etwa 5,5 Stunden entfernt. Auf Vorbestellung auch Essensmöglichkeit. Übernachtung p. Pers. im Schlafsaal mit eigenem Schlafsack 11 €, Bettzeug extra. ✆ 971 182027, Buchungen unter 971 173700.

Sa Calobra

Schon die Fahrt hinab zu der kleinen Bucht Cala de Sa Calobra ist ein wichtiger Bestandteil des Vergnügens, neben dem Abstecher in die Schlucht Torrent de Pareis sogar die Hauptattraktion.

Die wahnwitzige Trasse durchquert eine faszinierende Felslandschaft, begeistert aber noch mehr durch ihre kühne Anlage: Auf einer Strecke von kaum mehr als zwölf Kilometern Länge stürzt sie sich in unzähligen Serpentinen und Kehren weit über 800 Meter tief zum Meer hinab – wer sich nicht als sicherer Fahrer fühlt, sollte diese Bergstraße vielleicht besser meiden. Ein besonderes Meisterstück bildet der „Krawattenknoten" *Nus de Sa Corbata* zwischen Kilometer 3 und 4, bei dem die Straße in einer Kehre von rund 300 Grad unter sich selbst hindurchführt. Warum die Straße hinab zu dem einst winzigen Weiler so aufwändig aus dem Fels gesprengt wurde, weiß heute niemand mehr zu sagen. Ganz offensichtlich jedoch, dass die schöne Bucht Sa Calobra durch sie zu einem der meistbesuchten Ausflugsziele der Insel wurde. In den Sommermonaten zwängt sich Bus um Bus die steile Zufahrt hinab und wieder hinauf. Obwohl gut ausgebaut, ist die Straße dann häufig überlastet. Das gilt erst recht für Sa Calobra

Spektakuläre Straßenführung: Nus de Sa Corbata, der „Krawattenknoten"

Landschaftlich ein Traum:
Cala de Sa Calobra

selbst, das fast ausschließlich aus einer Ansammlung von gebührenpflichtigen Parkplätzen, von Souvenirständen und Restaurants besteht. Ab zehn, elf Uhr wird es voll. Vor den Toiletten bilden sich dann ebenso lange Schlangen wie in den beiden feuchten Felstunnels, die nach rechts zum Ende der Schlucht Torrent de Pareis führen.

Abstecher in den Torrent de Pareis: Nach der Durchquerung der beiden tropfenden Tunnels öffnet sich ein gewaltiger, von verwitterten Felswänden umgebener Talkessel, der nur durch eine enge Öffnung mit dem offenen Meer verbunden ist. Ist man vor oder nach den mittäglichen Besuchermassen vor Ort, steht einer Badepause zwischen den beiden markanten Felsformationen nichts im Wege. Reizvoll ist es auch, den unteren Bereich des Wildwassercanyons zu erkunden. Der Torrent führt nur im Winter und nach Regenfällen viel Wasser, weshalb die ersten paar hundert Meter meist problemlos zurückzulegen sind. Dann ist zunächst noch ein Teich zu umklettern, bis es bald heißt: „Nichts geht mehr". Eine Durchquerung des Torrent nach oben ist nur für erfahrene Bergsteiger realisierbar, der Weg in der Gegenrichtung (siehe Tour 6) schon schwierig genug.

Busse bedienen 1-mal täglich die Linie von Ca'n Picafort via Alcúdia, Pollença und Kloster Lluc (auf der Hinfahrt einstündiger Stopp) nach Sa Calobra und zurück.

Ausflugsschiffe verkehren bei gutem Wetter ganzjährig ab Port de Sóller, je nach Jahreszeit mindestens 1- bis 3-mal täglich. Bei hoher See können die Touren ausfallen.

Cala Tuent: Etwa zwei Kilometer vor Sa Calobra zweigt von der Bergstraße linker Hand ein Seitensträßchen ab, das über einen Pass mit der alten Kirche Ermita de Sant Llorenc in die noch etwa drei Kilometer entfernte, weniger besuchte Bucht führt. Hier gibt es einen Kieselstrand sowie in sehr schöner Aussichtslage das gute Restaurant „Es Vergeret" (nur mittags, Nov.–Feb. geschlossen, ✆ 971 517105), das allein schon den Abstecher wert ist.

Escorca und der Torrent de Pareis

Wieder oben an der Hauptstraße angelangt, führt die Ma-10 links durch ein Aquädukt aus dem 19. Jh. und erreicht knapp vier Kilometer weiter Escorca. Die kleine Siedlung besteht praktisch nur aus einigen versteckten Häusern, dem 1247 errichteten, aber nicht immer zugänglichen Kirchlein *Sant Pere*, einem der ältesten der Insel, und dem Restaurant „Escorca", zu dessen Spezialitäten Ziegenbraten zählt. Auf der gegenüberliegenden Straßenseite beginnt die wohl abenteuerlichste Tour der Insel durch den Torrent de Pareis.

> Tour 6 – Durchquerung des Torrent de Pareis → S. 287
> Eines der faszinierenden Erlebnisse, die die Insel zu bieten hat

Weiter auf der Hauptstraße Richtung Kloster Lluc: Etwa fünf Kilometer hinter Escorca trifft die Ma-10 auf die von Inca kommende, landschaftlich sehr reizvolle Ma-2130. Links geht es weiter nach Pollença und über eine bald links abzweigende Nebenstraße zum Kloster Lluc.

Monestir de Lluc: Dank der „Hostatgeria" ein prima Standort für Wanderungen

Monestir de Lluc

Das Kloster Lluc (span.: Lluch), inmitten wilder Berglandschaft in einem Talkessel auf 525 Meter Höhe gelegen, bildet schon seit dem Mittelalter Mallorcas Zentrum der Marienverehrung. Als wichtigster Wallfahrtsort der Insel offeriert Lluc auch gute Übernachtungsmöglichkeiten.

Schon in vorgeschichtlichen Zeiten scheint hier ein Heiligtum bestanden zu haben, und mancher Historiker leitet den Namen Lluc vom lateinischen „lucus" (heiliger Hain) ab. Die Gründungslegende des Klosters sieht das freilich anders: Kurz nach der christlichen Rückeroberung, so berichtet sie, fand ein maurischer Hirtenjunge, der zum Christentum konvertiert war und Lukas (mallorquinisch: Lluc) genannt wurde, an der Stelle des heutigen Klosters eine dunkle Madonnenstatue. Man brachte die Figur zum Priester der Kirche von Escorca, doch am nächsten Tag war die Statue verschwunden und wurde erst am ursprünglichen Fundort wiederentdeckt. Abermals nach Escorca gebracht, war sie am nächsten Morgen erneut verschwunden. Diesmal wusste man schon, wo man die Statue zu suchen hatte. Und noch etwas war dem Gottesmann jetzt klar: Hier, genau hier, wollte die *Moreneta*, die „kleine Braune", bleiben. Und so geschah es. Die kleine Kapelle, die schon 1230 errichtet worden war, ließ König Jaume I. 1260 zur Augustiner-Einsiedelei *Mare de Déu de Lluc* erweitern, aus der später das Kloster wurde. Nach mehrfachen Zerstörungen stammen die heutigen Gebäude allerdings überwiegend aus dem 17. und 18. Jh., z. T. auch erst aus den letzten Jahrzehnten. Unter dem Franco-Regime wurde Lluc zu einem Symbol mallorquinischen Widerstands, erinnerte man sich doch der langen Tradition als Klosterschule, die viele Gelehrte der katalanischen Sprache hervorgebracht hatte.

Der Nordwesten: Serra de Tramuntana

Wer ein einsames Gotteshaus in den Bergen erwartet, dürfte beim Anblick der zahlreichen Busse und des gebührenpflichtigen Großparkplatzes einen gelinden Schock davontragen – das Kloster zählt jährlich über eine halbe Million Besucher. Lluc ist ein beliebtes Ausflugsziel nicht nur für Touristen, sondern auch für Mallorquiner, die besonders an Sommerwochenenden gern zum Zelten oder zumindest zum Picknick anreisen. Über den großen Vorhof gelangt man zum Hauptportal; in einem Raum rechter Hand dahinter ist im *Espai Cor de Mallorca* eine Videoshow über das Kloster zu sehen. Weiter geht es in den Innenhof, an dem rechts das Kloster und rechts die *Klosterkirche* steht. Das sparsam beleuchtete Gotteshaus besitzt eine besondere, fast mystische Atmosphäre. Eine Kapelle hinter dem Hauptaltar birgt die hochverehrte Statue der „Moreneta", Ziel aller echten Pilger. Ganz besonders lohnt sich ein Besuch um 13.15 (Mo–Fr) bzw. 11 Uhr (So), wenn außer zur Ferienzeit der berühmte, seit dem 16. Jh. bestehende Knabenchor der nach ihrer blauen Kleidung so benannten *Blavets* zu hören ist; zur Weihnachtsmesse singt ein Vertreter der Blavets den Choral „Canto de la Sibil.la", ein mittelalterliches liturgisches Drama, das als immaterielles Welterbe ausgezeichnet ist und (außer im sardischen Alghero) nur noch auf Mallorca erhalten blieb. Das *Museu de Lluc* (je nach Saison tgl. 10–17/18 Uhr) zeigt ein kunterbuntes Mischmasch teils durchaus hochklassiger Exponate zu Archäologie, Ethnologie, Keramik und Malerei. Als reizvoll erweisen sich auch Besuche im Botanischen Garten rechts vom Hauptbau sowie Spaziergänge auf dem *Camí dels Misteris* („Weg der Geheimnisse") hinauf zum Kreuz, von dem sich eine weite Aussicht bietet, am schönsten kurz vor Sonnenuntergang.

Information Centre d'Informació Serra de Tramuntana (Ca's Amitger), beim Parkplatz und zuständig für die umliegende Bergregion; ✆ 971 517070, geöffnet täglich 9–16.30 Uhr. Eine Ausstellung ist angeschlossen. Eine Infostelle des Klosters liegt rechter Hand vor dem Eingang zum Klosterkomplex.

Verbindungen Busse auf der Strecke von Ca'n Picafort via Alcúdia und Pollença nach Port de Sóller und umgekehrt 2-mal täglich; von Ca'n Picafort via Alcúdia, Pollença und Lluc (1 Std. Aufenthalt) zur Bucht Sa Calobra und zurück 1-mal täglich; von/nach Palma 2-mal, Inca-Bhf. 3-mal täglich.

Auto: Der Parkplatz kostet 6 € Parkgebühr. Geht man jedoch mit dem (unbezahlten) Parkticket zur Infostelle vor dem Klosterkomplex und erwirbt dort für 4,50 € die Eintrittskarte für den „Espai Cor de Mallorca" und das Museum, erhält man im Gegenzug ein Ausfahrtsticket für den Parkplatz – 1,50 € gespart.

Übernachten Hostatgeria, die Quartiervergabestelle im Eingang zum Hauptbau, ist täglich 8–22 Uhr geöffnet. Man spricht Deutsch und Englisch. Die rund 110 Räume sind im Sommer und an Wochenenden häufig ausgebucht (viele Wanderer nutzen Lluc als Standquartier), Reservierung deshalb nötig. Ab 23 Uhr gilt: „Ruhe auf den Gängen". Solide und recht geräumige, beheizbare Zweierzimmer mit Bad etwa 40–65 € (F geht extra); auch Einzel- und Mehrbettzimmer sowie Suiten, Studios und Apartments. Gäste parken sehr günstig (ca. 4 € pro Gesamtaufenthalt) auf dem Großparkplatz. Monestir de Lluc, ✆ 971 871525, www.lluc.net.

Refugi Son Amer, einige Kilometer von Lluc neben der Straße nach Sóller und Inca; zu Fuß ist es deutlich kürzer zum Heiligtum. Wanderherberge für den Fernwanderweg „Ruta de Pedra en Sec" nebst Dokuzentrum über die Route. 54 Schlafplätze. Übernachtung p. Pers. im Schlafsaal mit eigenem Schlafsack 11 €. ✆ 971 517109, Buchungen unter 971 173700.

Camping Área de Acampada, rechter Hand der Zufahrtsstraße ein paar hundert Meter vor dem Kloster, mit dem Fahrzeug nicht zugänglich, Parkplatz gegenüber. Wasseranschluss vorhanden. Eine weitere Zone liegt hinter dem Besucherparkplatz des Klosters. Vor dem Zelten, möglichst nach vorherigem Anruf, beim Infozentrum Centre d'Informació Serra de Tramuntana die Erlaubnis („permís", 5 € p.P./Tag) abholen.

Essen Im Umfeld des Klosters gleich mehrere Restaurants.

Rest. Sa Fonda, direkt im Kloster. Schöne Atmosphäre, architektonisch sehr reizvoll, preiswert und auch kulinarisch in der Regel ansprechend. Gut sind besonders die traditionellen Fleischgerichte (Zicklein!). Dienstags Ruhetag.

Einkaufen Wanderhandbücher, auch deutschsprachig, in recht guter Auswahl im Souvenirgeschäft rechts des Hauptbaus.

Feste D'es Güell a Lluc a peu, meist am ersten Samstag im August. Nächtliche Wallfahrt zu Fuß von Palma ins fast 50 km entfernte Lluc, an der Zehntausende von Menschen teilnehmen. Nur ein Bruchteil erreicht das Ziel.

Sant Llorenç, 10. August. Feierliche Messe zur Erinnerung an den Tag, an dem die Moreneta 1884 durch Papst Leo XIII. zur „Königin und Schutzherrin" Mallorcas gekrönt wurde.

La Subida de la Part Forana, vom zweiten Samstag auf den zweiten Sonntag im September. Die Wallfahrt des ländlichen Mallorca (im Gegensatz zu Palma), also der Dörfer; viele Teilnehmer kommen zu Fuß ab Inca. Am Sonntag die „Festa litúrgica de la Mare de Déu de Lluc" mit religiösen und weltlichen Akzenten.

Von Lluc nach Pollença: Bis Pollença sind auf der Ma-10 noch knapp 20 Kilometer zurückzulegen, zunächst auf einer landschaftlich sehr ansprechenden Strecke durch felsige, von Erosion geprägte Berglandschaft, auf dem letzten Teilstück dann nahezu eben durch das Tal von Son Marc.

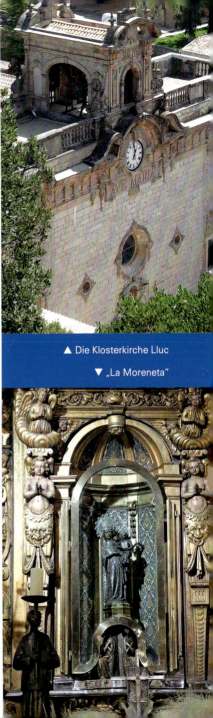

▲ Die Klosterkirche Lluc

▼ „La Moreneta"

Prachtvolles Panorama: Mirador de Mal Pas

Der Norden um Pollença und Alcúdia

Schon bei kurzer Bekanntschaft erweist sich Mallorcas Norden als erstaunlich vielfältig. Um die beiden großen Buchten von Pollença und Alcúdia erstrecken sich kahle Felsberge im Wechsel mit fruchtbaren Feldern. Dazu gibt es kilometerlange Sandstrände, kleine Buchten und wildromantische Steilküste, alte Landstädtchen und lebhafte Ferienorte.

Und alles liegt in fast unmittelbarer Nachbarschaft, von jedem Ort des Nordens aus leicht zu erreichen. Zum Rest der Insel sind die Verkehrsverbindungen ebenfalls gut, ein Vorzug, der dieses Gebiet als Standort prädestiniert. Aber natürlich ist auch der Norden nicht das reine Paradies. Besonders in der *Bucht von Alcúdia* stehen zwischen dem Ferienzentrum Port d'Alcúdia und der deutschen Hochburg Ca'n Picafort erschreckend hässliche Hotel- und Apartmentkolonien, die sich über Kilometer hinziehen. Etwas abseits des Trubels finden sich jedoch auch angenehme Fleckchen wie das unter Naturschutz gestellte Sumpfgebiet S'Albufera oder die bergige Halbinsel Victòria hinter dem alten Städtchen Alcúdia. Ruhiger zeigt sich die kleinere *Bucht von Pollença* mit der reizvollen Stadt Pollença und dem teilweise noch angenehm altmodisch anmutenden Küstenstädtchen Port de Pollença.

Der Norden um Pollença und Alcúdia

Die Bucht von Pollença

An beiden Seiten von weit vorspringenden Kaps geschützt, liegt die Bucht von Pollença oft so still da wie ein Binnensee. Friedvoll wirken auch weite Teile des Hinterlands.

Die *Badía de Pollença* zählt zu den ruhigen Schönheiten Mallorcas. Sie erfreut nicht nur mit schöner Landschaft und der entspannten Atmosphäre der hiesigen Siedlungen, sondern ebenso mit guten Wandermöglichkeiten und einem vergleichsweise geringen Grad an Urbanisierung. Hier beginnt auch die spektakuläre Straße zum Felskap Cap de Formentor.

Pollença (Pollensa)

Eine schöne alte Stadt von rund 9.000 Einwohnern, die als „Kulturhauptstadt des Nordens" gilt. Mit zahlreichen Kunstgalerien und einem traditionsreichen Musikfestival macht Pollença diesem Ruf auch alle Ehre.

Das kleine Städtchen liegt einige Kilometer abseits der Küste, umgeben vom fruchtbaren Tal der *Huerta de Pollença* und geschützt von den nahen, überwiegend kahlen Bergen. Auf den ersten Blick machen die engen Gassen und die ockerfarbenen Hausfassaden aus Bruchstein einen ernsten Eindruck, der auch durch die

Der Norden um Pollença und Alcúdia

hübsch verzierten Balkongitter kaum gemildert wird. Spätestens auf dem anmutigen Hauptplatz Plaça Major ändert sich jedoch das Bild. Platanen beschatten die Stühle der Straßencafés, auf denen sich ein oft recht buntes Publikum niedergelassen hat: Das Image als Künstlertreffpunkt pflegt Pollença offensichtlich erfolgreich. Es gibt erstaunlich viele Restaurants und Cafés, florierende Handwerksbetriebe und Läden, die teure Designerware feilbieten. Lang ist die Geschichte der Stadt. Frühe Siedlungsspuren an der Küste weisen weit in die Vorgeschichte. Wann Pollença selbst gegründet wurde, ist strittig. Die gängigste Hypothese geht davon aus, die Einwohner der nahen, beim heutigen Alcúdia gelegenen Römersiedlung *Pollentia* hätten sich nach deren Zerstörung durch die Vandalen hier niedergelassen und auch den Namen mitgebracht. Alt ist Pollença auf alle Fälle. Die Anlage des Stadtkerns zeigt maurischen Einfluss, auch wenn die Gebäude selbst großteils erst aus dem 17. und 18. Jh. datieren.

Basis-Infos

Information O.I.T., C. Guillem Cifre s/n, im Kloster Santo Domingo; ℡ 971 535077. Geöffnet Mai–Okt. Mo–Fr 8.30–13.30, 14–16 Uhr, So 10–13 Uhr, sonst Mo–Fr 8.30–10.30, 11–15 Uhr. Sa ist generell geschlossen.

Verbindungen Busse der meisten Linien halten am Carrer Cecilio Metelo südlich des Klosters; Verbindungen nach Port de Pollença etwa stündlich, Palma alle ein bis zwei Stunden, Inca 7-mal, Cala Sant Vicenç 6-mal täglich. Die Busse Richtung Lluc (2-mal täglich via Lluc nach Sóller/Port de Sóller, 1-mal tägl. via Lluc nach Sa Calobra) stoppen hingegen an der von Port de Pollença kommenden Durchgangsstraße.

Auto: Pollenças enge Altstadtgassen bieten kaum Parkplätze, weshalb es sich dringend empfiehlt, bereits in den Außenbezirken zu parken.

Übernachten

*** Hotel Juma 9, direkt am Hauptplatz. Ein traditionsreiches Haus, seit 1907 Hostal; 90 Jahre später restauriert und z. T. mit antikem Originalmobiliar eingerichtet. Sieben Zimmer mit Bad, Heizung und Klimaanlage. DZ nach Lage und Saison 90–135 €. Plaça Major 9, ℡ 971 535002, www.pollensahotels.com.

L'Hostal 10, ein nahegelegener Ableger des Juma (Anfragen ebenda) und ein Hotel des „Turisme d'interior". Moderner und komfortabler Stil. Nur sechs Zimmer, alle unterschiedlich; die schönsten unter dem Dach. DZ nach Saison 90–125 €. C. Mercat 18, ℡ 971 535282, www.pollensahotels.com.

Hotel Ca'l Lloro 13, 2007 eröffnetes Hotel des „Turisme d'interior", untergebracht in einem historischen Haus am Hauptplatz, das bereits am dem späten 19. Jh. als Herberge diente und Berühmtheiten wie Miguel de Unamuno oder Antoni Gaudí beherbergte. Acht geräumige Zimmer, DZ etwa 80–120 €. C. Antoni Maura 38, ℡ 971 535493, www.cal-lloro.com.

Hotel Posada de Lluc 16, nahe dem Kloster Santo Domingo. Stilvoll dekoriertes Stadthaus des 15. Jh., im Hof ein hübscher Pool. Die Zimmer fallen alle etwas unterschiedlich aus. DZ kosten je nach Saison, Lage und Ausstattung rund 110–210 €. Carrer Roser Vell, ℡ 971 535220, www.posadallucpollenca.de.

Hotel Desbrull 14, zentral gelegenes und sehr freundlich geführtes Quartier, dessen insgesamt sechs schlicht-hübsche Zimmer (alle mit Klimaanlage) ein gutes Preis-Leistungs-Verhältnis bieten. DZ etwa 80–100 €. Carrer Marqués Desbrull 7, ℡ 971 535055, www.desbrull.com.

Refugi Pont Romà 1, im Norden der Stadt. Reizvolle, 2013 unter privater Leitung wiedereröffnete Herberge am Fernwanderweg „Ruta de Pedra en Sec". Übernachtung im Schlafsack p. P. 11 €. Reservieren ratsam. Auf Voranmeldung können hier auch Nicht-Gäste für relativ wenig Geld essen, Leser waren durchaus angetan. Camí Vell de Lluc, ℡ 971 533649, www.refugipontroma.com.

Pollença (Pollensa) 181

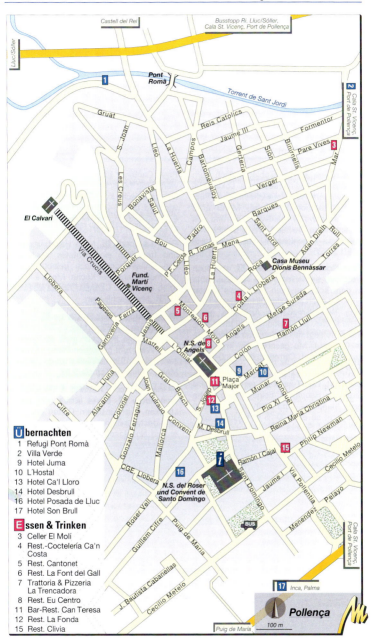

Übernachten
1. Refugi Pont Romà
2. Villa Verde
9. Hotel Juma
10. L'Hostal
13. Hotel Ca'l Lloro
14. Hotel Desbrull
16. Hotel Posada de Lluc
17. Hotel Son Brull

Essen & Trinken
3. Celler El Molí
4. Rest.-Coctelería Ca'n Costa
5. Rest. Cantonet
6. Rest. La Font del Gall
7. Trattoria & Pizzeria La Trencadora
8. Rest. Eu Centro
11. Bar-Rest. Can Teresa
12. Rest. La Fonda
15. Rest. Clivia

Kreuzgang des benachbarten Klosters Santo Domingo (16./17. Jh.) eine Einheit bildet. Im Inneren des für Kunstausstellungen genutzten Gotteshauses verblieb noch der barocke Hauptaltar, eine schöne Orgel sowie das Grab des hiesigen Helden Joan Mas, der bei der Verteidigung gegen den Piraten Dragut eine bedeutende Rolle spielte. Der nahe Kreuzgang bildet die Kulisse des sommerlichen Musikfestivals. Die umliegenden Räume beherbergen das Stadtmuseum *Museu de Pollença* (zuletzt wegen Renovierung geschlossen, sollte aber mit Erscheinen dieser Auflage wieder geöffnet haben; Eintrittsgebühr bis dato 1,50 €), das neben Werken des jährlichen Malwettbewerbs auch Töpferarbeiten des 15. Jh. und einige vorgeschichtliche Funde präsentiert.

Plazuela de L'Almoina: Von der Plaça Major sind es nur ein paar Schritte über den Carrer del Temple, benannt nach den Tempelrittern, deren Wappen an einer der Fassaden zu sehen ist, zum winzigen „Almosenplatz" an der Kreuzung des Carrer Montesión mit dem Carrer Costa i Llobera. Hier soll der später heiliggesprochene Vicenç Ferrer gepredigt haben, und hier steht auch der hübsche, 1827 errichtete Hahnenbrunnen, das Wahrzeichen Pollenças.

Casa Museu Dionís Bennàssar: Am Carrer de la Roca 14 beherbergt ein schön hergerichtetes und mit Originalmobiliar ausgestattetes Gebäude das „Wohnhaus-Museum" des örtlichen Malers Dionís Bennàssar (1904–1967). Bennàssar zählte zu jener Künstlergeneration, die zwischen der zweiten Hälfte des 19. Jh. und der ersten Hälfte des 20. Jh. Pollença den Ruf als „Kulturhauptstadt des Nordens" verschaffte. Kern der Ausstellung sind, neben Zeichnungen, Aquarellen und Skulpturen, die Ölgemälde Bennàssars.
Di–So 10–14 Uhr; Eintrittsgebühr 2 €.

El Calvari: Genau 365 von Zypressen gesäumte Stufen führen die *Via Crucis* hinauf zum Kalvarienberg, dem Stolz der Stadt. Der Aufstieg beginnt nördlich der Plaça Major neben dem Rathaus Ajuntament. Ganz oben auf dem 113 Meter hohen Hügel steht eine einfache kleine Kapelle aus dem 19. Jh., die eine wesentlich ältere Marienstatue birgt. Beeindruckend ist aber besonders der Blick über die Stadt, der sich von den verschiedenen Aussichtspunkten bietet.

Fundació Martí Vicenç: Ein rund 300 Jahre altes Haus am Kalvarienberg beherbergt das Museum des politisch engagierten Künstlers und Handwerkers Martí Vicenç (1926–1995). Neben eigenen Arbeiten, die vorwiegend aus dem Bereich des Textildesigns stammen, enthält die Kollektion auch eine Sammlung alter Keramik sowie volkskundliche Gegenstände.
Zuletzt mit unklarer Zukunft geschlossen.

Pont Romà: Am Nordrand der Stadt spannt sich die sogenannte „Römerbrücke" über das Bett des Torrent de Sant Jordi. Ob die zweibogige Steinbrücke nun wirklich aus den ersten Jahrhunderten unserer Zeitrechnung stammt, gilt zwar nicht als gesichert – altehrwürdig genug sieht sie allemal aus.

Puig de María: 330 Meter hoch erhebt sich Pollenças Hausberg südlich der Stadt. Im Jahre 1348 soll nach einer Lichterscheinung hier oben eine Marienstatue gefunden worden sein. Als man sie ins Tal bringen wollte, wurde sie so schwer, dass acht starke Männer sie nicht vom Fleck bewegen konnten: Anlass genug für den Bau

Sicherlich uralt, aber wirklich römisch? Pont Romà

eines Frauenklosters, der *Ermita de Nostra Senyora del Puig*. Im 16./17. Jh. wegen der Piratengefahr zeitweise verlassen, wurde sie 1917 von Mönchen wieder aufgebaut. Die wehrhafte Kirche, der Turm und auch der Speisesaal zeigen noch die klaren Züge der Gotik. Beeindruckender noch ist die fantastische Aussicht vom Kloster und seiner Umgebung auf die umliegenden Bergzüge, hinab auf Pollença und zu den Buchten der Küste.

Aufstieg Etwa eine Dreiviertelstunde dauert der anstrengende Fußweg hinauf zum Kloster. Er beginnt südlich von Pollença an der Umgehungsstraße Ri. Palma, die Abzweigung ist beschildert. Vom Zentrum kommend, biegt man bei einem Autohändler am Carrer Cecilio Metelo (siehe Stadtplan) auf einen Kiesweg und überquert dann vorsichtig die Hauptstraße. Die letzten Minuten wandert man auf einem schönen Pflasterweg, der noch aus dem 14./15. Jh. stammt. Von der Auffahrt mit dem Auto ist abzuraten: Der sehr schmale Weg wäre für versierte Chauffeure bis zum Beginn des Pflasterwegs zwar noch befahrbar, doch ist die Auffahrt sehr kurvig und steil, Parkplätze gibt es zudem kaum.

Übernachten Die Ermita bietet für wenig Geld auch bescheidenes Quartier, im Sommer reservieren. ✆ 971 184132.

Castell del Rei: Das „Kastell des Königs", die Ruinen einer ursprünglich maurischen Burg, liegt in Küstennähe etwa sieben Kilometer nördlich von Pollença. Der Weg dorthin durch das Tal von Vernelles war lange von der Besitzerfamilie March gesperrt, ist aber nach vielen Querelen unter Auflagen wieder freigegeben worden – freilich nur nach vorheriger Anmeldung, z.B. mit Hilfe der O.I.T.-Büros, für Sprachkundige auch auf der Website der Gemeinde (www.ajpollenca.net, Stichwort Autorització Ternelles); mit einer Wartezeit von mehreren Tagen ist zu rechnen.

Cala Sant Vicenç (Cala San Vicente)

Trotz teilweise instinktloser Bebauung besitzt die abgeschiedene kleine Küstensiedlung etwa fünf Kilometer nordöstlich von Pollença immer noch einen gewissen Reiz. Großartig ist besonders die Landschaft um Cala Sant Vicenç. Gleich mehrere enge Buchten reihen sich hier am Ausgang eines Torrents, umgeben von den pittoresken Felsbergen der Serra de Sant Vicenç im Westen und der Serra de Cavall Bernat im Osten. Besiedelt war dieser begünstigte Fleck bereits in der Bronzezeit, wie die rund 3500 Jahre alten Grabhöhlen im öffentlichen Park am Ortseingang beweisen. Heute hat sich Cala Sant Vicenç als Ferienörtchen etabliert, das trotz seiner recht geringen Größe eine komplette Infrastruktur besitzt. Wassersportler finden im glasklaren Meer beste Möglichkeiten, für Schnorchler sind die felsigen, stark gegliederten Ufer ein perfektes Revier. Im Hochsommer jedoch kann es in den kleinen Badebuchten, der *Cala Barques*, der winzigen *Cala Clara* und der *Cala Molins*, schon arg eng werden.

Information O.I.T., Pl. de Cala Sant Vicenç s/n, ℡ 971 533264. Nur Mai–Oktober geöffnet, dann Mo–Fr 8.30–14, 14.30–16 Uhr, Sa 10–13 Uhr.

Verbindungen Busse u. a. nach Pollença 6-mal, Port de Pollença 7-mal täglich; im Winterhalbjahr deutlich eingeschränkt.

Übernachten Im Sommer sind freie Zimmer sehr rar, Reservierungen ratsam.

Sturmtag an der Cala Sant Vicenç

**** Hotel Cala Sant Vicenç, stilvolles kleines Hotel. Sehr hübsche Zimmer und Bäder, Pool. Das zugehörige Restaurant Cavall Bernat genießt besten Ruf. „Adults only" – keine Kinder. Geöffnet war zuletzt von etwa Mai bis Okt. DZ nach Saison und Ausstattung etwa 160–240 €. C. Maressers 2, ℡ 971 530250, www.hotelcala.com.

* Hotel Niu, direkt an der Cala Barques. Familiäres, bereits 1928 gegründetes Haus. Hübsch gelegene Restaurantterrasse, ein Teil der 24 Zimmer besitzt Balkon und Meerblick. Geöffnet Mai bis Mitte/Ende Oktober. DZ nach Saison, Lage und Ausstattung etwa 80–190 €. ℡ 971 530100, www.hoposa.es.

** Hostal Los Pinos, in reizvoller und ruhiger Hanglage oberhalb der östlichen Bucht Cala Molins. Angenehme Architektur, persönliche Atmosphäre und Pool sorgen in der Kombination mit günstigen Preisen für viele Stammgäste. Reservierung ratsam. Geöffnet Mai bis Mitte Okt. DZ/Bad etwa 70–90 €. ℡ 971 531210, www.hostal-lospinos.com.

** Hostal Oriola, ein Stück landeinwärts des Hostals Los Pinos. Ein angenehmes, gut geführtes Haus, dessen kenntnisreicher Besitzer für Wanderer und Hobby-Ornithologen zahlreiche Tipps bereithält. Geöffnet ist von Mitte März bis Oktober. DZ/Bad etwa 60–80 €. ℡ 971 531998.

Sport Atemrausch, deutsch geleitetes Büro, das geführte Kajaktouren, Schnorchelausflüge, Wanderungen, Radtouren etc. anbietet und auch Fahrräder verleiht. Nur zur Saison. C. Temporal 9, Mobil-℡ 622 122145, www.atemrausch.com.

Port de Pollença (Puerto de Pollensa)

Der wohl stilvollste Ferienort im Norden der Insel besitzt eine lange und immer noch spürbare Tradition im Tourismus. Port de Pollença hat sich ein fast nostalgisches Flair bewahrt.

Das Städtchen vor der imposanten Kulisse der Serra de Cavall Bernat sah schon in den Dreißigern die ersten Urlauber, die seinerzeit vor allem aus den wohlhabenden Kreisen Großbritanniens kamen. Auch heute noch bilden englische Feriengäste die Majorität der Besucher. Anziehend an Port de Pollença, dessen Zentrum durch eine zum Cap Formentor führende Umgehungsstraße vom Durchgangsverkehr befreit wurde, ist nicht nur seine hübsche Lage an der weit geschwungenen Bucht. Die Siedlung besitzt einen sehr eigenen Charakter, der sie z. B. vom nahen Port d'Alcúdia deutlich unterscheidet. Man merkt es dem Ort an, dass er nicht binnen weniger Jahre aus dem Boden gestampft wurde.

Die Bucht von Pollença, oft still wie ein See

In den Bars am schön begrünten Hauptplatz, der etwas landeinwärts gelegenen *Plaça Miguel Capllonch*, sitzen nicht nur Urlauber, sondern auch viele Einheimische. Attraktiver noch zeigt sich die Uferfront nordöstlich des großen Yachthafens, der den langen Sandstrand von Port de Pollença in zwei Hälften teilt. Hier beginnt die wunderbare Promenade *Passeig Vora Mar*, die sich über mehr als einen Kilometer entlang der Küste erstreckt, vorbei an noblen Villen, schattigen Kiefern und knorrigen Tamarisken. Im Sommer kann es hier tagsüber recht lebhaft zugehen, da Port de Pollença dann von zahlreichen Ausflugsschiffen angelaufen wird. An lauen Abenden ist ein Bummel auf dem Passeig jedoch ein wahrer Hochgenuss. Viel mehr an abendlicher Unterhaltung gibt das Städtchen allerdings nicht her; Wandermöglichkeiten und reizvolle Ziele für Exkursionen finden sich in der Umgebung dafür mehr als reichlich.

Basis-Infos

Information O.I.T., Passeig Saralegui 1, am Hafen, ℅ 971 865467. Geöffnet von Mai bis Okt. Mo–Fr 8.30–20 Uhr, Sa 9–16 Uhr; im restlichen Jahr Mo–Fr 8–15 Uhr. Hier auch Infos zu Wanderungen.

Verbindungen Bus: Haltestelle zentral am Hafen; Verbindungen u. a. nach Alcúdia und Ca'n Picafort zur Saison mehrmals stdl., Pollença etwa stdl., nach Palma alle ein bis zwei Stunden, Cala Sant Vicenç 7-mal, Platja de Formentor 4-mal, Inca 7-mal täglich; via Lluc nach Sóller und Port de Sóller 2-mal, via Lluc (1 Std. Aufenthalt) nach Sa Calobra 1-mal täglich.

Auto: Das Zentrum ist O.R.A.-Parkzone, während der Geschäftszeiten für maximal zwei Stunden und gegen Gebühr.

Der Norden um Pollença und Alcúdia

Zweiradverleih: Fahrräder, Scooter und Motorräder unter anderem bei Rent March, Carrer Joan XXIII. 89, ✆ 971 864784.

》》》 Lesertipp: Bike & Kite, „perfektes Material und die Möglichkeit, Touren zu buchen" (Stéphanie Fussen & Claudius Behr). Carrer Temple Fielding 3, Mobil- ✆ 616 858 107. 《《《

Schiffsausflüge: Hauptziel ist die Halbinsel Formentor; Fahrten zum Strand Platja de Formentor zur Saison 5-mal täglich, hin und zurück etwa 14 €; Rundfahrt zum Kap 3-mal wöchentlich. Bis Sept. auch gelegentliche Rundfahrten durch die Bucht und Touren zur Cala Sant Vicenç.

Übernachten

In den schönen Quartieren direkt an der Küstenpromenade sollte man natürlich nach Möglichkeit auf einem Zimmer zur Meerseite bestehen.

**** Hotel Illa d'Or 1, bereits Ende der 20er-Jahre errichteter und kürzlich renovierter Klassiker in toller Lage etwas außerhalb an der Uferpromenade. Viel Stil und Komfort, Fitnessraum, Sauna und (eher kleine) Pools innen und außen. Bar und Restaurant am Meeresufer. Vorwiegend britisches Publikum. DZ nach Saison und Ausstattung etwa 140–300 €, auch Suiten und Apartments. Passeig Colón 265, ✆ 971 865100, www.hotelillador.com.

**** Hotel Daina 7, zentral am Beginn der Fußgängerpromenade gelegen. Keine architektonische Meisterleistung, aber mit herrlicher Aussicht von den Zimmern zur Meerseite, insbesondere von den oberen Etagen. Reizvoll ist auch der ins Meer gebaute Pool. Geöffnet etwa März bis November. DZ nach Lage und Saison ca. 90–240 €. C. Atilio Boveri 2, ✆ 971 866250, www.hoposa.es.

*** Hotel Miramar 6, ebenfalls an der Uferpromenade im Ort, bereits 1912 gegründet. Sehr guter Standard, die Zimmer zum Meer sind natürlich vorzuziehen. Geöffnet etwa April bis Okt. DZ nach Saison und Lage etwa 110–160 €, zur Meerseite bis 190 €. Passeig Anglada Camarsa 39, ✆ 971 866400, www.hotel-miramar.net.

*** Hotel Uyal 15, ein ganzes Stück außerhalb des Zentrums Richtung Alcúdia, zum hier relativ breiten Strand jedoch nur über die Straße. 1954 gegründet, das Flair ist noch spürbar. Ordentlich ausgestattete Zimmer, Pool, Tennis. Geöffnet etwa April–Okt. DZ nach Lage, Ausstattung und Saison etwa 90–200 €, auch Junior-Suiten. Gelegentlich Internet-Angebote. Passeig Londres s/n, ✆ 971 865500, www.hoposa.es.

*** Hotel Bahia 4, stilvolles Quartier an einer der schönsten Stellen der Uferpromenade, 2013 renoviert, sehr lauschige Restaurantterrasse. Die Zimmer, viele mit Balkon zum Meer, fallen unterschiedlich aus. Geöffnet April bis Okt. DZ/Bad nach Saison und Lage etwa 80–200 €, es gibt auch Superior-Zimmer. Passeig Voramar s/n, ✆ 971 866562, www.hoposa.es.

》》》 Mein Tipp: * Hostal Pension Bellavista 9, in seiner Preisklasse eine Empfehlung. Alteingesessenes Quartier, das 2006 von der weitgereisten Enkelin der ursprünglichen Besitzerin übernommen und renoviert wurde. Schlichte, aber hübsche Zimmer, Dachterrasse, vegetarisches Restaurant, vielleicht alternativer Einschlag. Zentrale Lage, ganzjährig. DZ/Bad etwa 55–65 €, Frühstück geht extra. C. Monges 14, ✆ 971 864600, www.pensionbellavista.com. 《《《

* **Hostal Paris 11**, in einer nicht immer ruhigen Seitenstraße. Zimmer hellhörig, Bäder sehr eng, ansonsten für den Preis durchaus ordentlich. 2012 nach Besitzerwechsel renoviert. Viele britische Gäste. DZ/Bad etwa 50–70 €. Carrer Magallanes 18, ✆ 971 867527, www.hostal-paris.es.

Essen & Trinken

Rest. Stay 12, luftiger Glasbau auf einem der Hafenkais. Ein Klassiker, gegründet 1972 und 2006 neu aufgebaut. Bekannt für Fischgerichte, Portion etwa 20–30 €, Festmenü (auch abends) knapp 40 €. Die „Snack"-Karte für die große Hafenterrasse weist tagsüber aber auch wesentlich günstigere kleine Speisen aus. Moll Nou, ✆ 971 864013.

Rest. Los Zarzales 13, mit hübschem Ambiente und guter, auch von Lesern gelobter Küche; Spezialitäten sind u.a. Lamm und

Port de Pollença (Puerto de Pollensa) 189

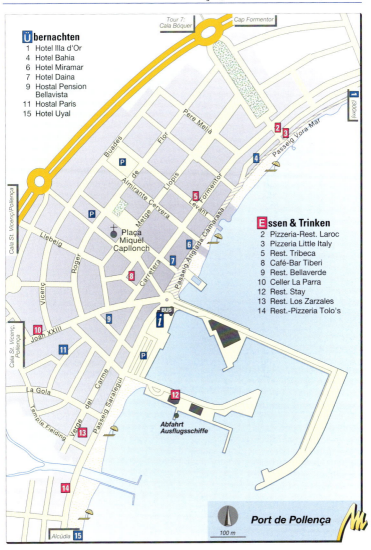

Zicklein. Menü à la carte ab etwa 25–30 €, oft auch recht günstige Mittagsmenüs. Im Winter ist Mo bis Mi tagsüber geschlossen. C. Jafuda Cresques 11 (Zugang C. Verge del Carme), ℡ 971 865137.

Rest. Pizzeria Tolo's 14, noch etwas ortsauswärts, bei der Brücke an der Promenade. Spezialisiert auf Fleisch vom Grill (Portion im Schnitt etwa 15–20 €), es gibt aber auch Pizza & Pasta. Zur Saison sehr viele Radfahrer. Passeig Londres 6.

>>> **Mein Tipp:** Rest. Tribeca **5**, im Ortszentrum, seit vielen Jahren von einer britischen Familie geführt. Günstiges Preisniveau: Vorspeisen kosten im Schnitt 5–7 €, Hauptgerichte 11–15 €. Die Qualität kann

Der Norden um Pollença und Alcúdia

Café-Terrasse an der Promenade

sich dabei durchaus schmecken lassen, das Preis-Leistungs-Verhältnis ist top. Nur abends, Sa geschlossen, Reservierung ratsam: ✆ 676 763994. Carretera de Formentor 43. «

🌿 **Rest. Bellaverde 9**, das Restaurant der Pension Bellavista. Hübsches Gärtchen unter Feigenbäumen, feine vegetarische und vegane Küche vorwiegend aus regionalen Bio-Produkten, gute und üppige Desserts. Auch Frühstück. Mittlere Preise. Carrer Monges 14. ■

» **Lesertipp:** **Celler La Parra 10**, an der Hauptstraße, bereits 1962 gegründet. „Dort verkehren auch Einheimische. Schönes Ambiente, guter Service und vor allem sehr gutes Essen. Carrer Joan XXIII. 84 (Birgit Naumburg). «

Pizzeria Little Italy 3, in sehr schöner Lage an einer ruhigen Stelle der Promenade. Große, gute Pizzas aus frischen Zutaten etwa 10–12 €, auch feine Salate etc. Passeig Voramar 57. Ebenfalls sehr gut ist das um die Ecke an der Av. de Bocchoris 4 gelegene **Pizzeria-Restaurant Laroc 2**.

Rest. Tiberi 8, jugendlich-buntes Lokal mit interessanter, variantenreicher Küche; Hauptgerichte kosten etwa 12–16 €. Carrer Mitjorn 6, nahe der Hauptplaça. Demselben Besitzer gehört das benachbarte, auf Tapas spezialisierte **Neptuno**.

Nachtleben/Einkaufen/Sport

Nachtleben Disco Chivas, Carrer Metge Llopis, nur ein paar Schritte nordöstlich der Hauptplaça. Die einzige im Ort, überwiegend sehr junges Publikum.

Einkaufen Markttag ist Mittwoch, Verkaufsstände für Obst, Gemüse und Kleidung rund um die Hauptplaça.

Sport Segeln, Windsurf: Sail & Surf, Paseo Saralegui 134, die Hauptstraße Richtung Alcúdia, ✆ 971 865346. Deutsche Leitung, Schulungen, Charter. www.sailsurfpollenca.de.

Tauchschule: Scuba Mallorca, C. Elcano 23, ✆ 971 868087, www.scubamallorca.com.

Baden: Der lange, jedoch teilweise recht schmale Strand wird vom Yachthafen in zwei Abschnitte geteilt; romantischer, aber auch enger ist der nördliche Bereich. Außerhalb des Ortes lässt die Straße nach Alcúdia nur mehr schmale Strandstreifen frei. Das meist stille Wasser der Bucht ist ideal für Kinder. Wegen der vielen Yachten und Ausflugsschiffe steht es im Sommer um die Wasserqualität allerdings nicht immer zum besten.

🚶 **Tour 7 – Von Port de Pollença ins Tal von Bóquer** → S. 289
Leichte Wanderung durch karge, aber dennoch reizvolle Landschaft

Zum Cap de Formentor

Die knapp 20 Kilometer weite Fahrt von Port de Pollença über die lange und schmale Felshalbinsel Formentor zum gleichnamigen Kap zählt wegen ihrer landschaftlichen Schönheit zu den Standardrouten auf Mallorca. Dementsprechend stark wird die enge, kurvenreiche Straße allerdings auch von Ausflugsbussen und Mietwagen frequentiert. Am reizvollsten ist die Fahrt deshalb am frühen Morgen oder späten Nachmittag. Von Port de Pollença aus führt die Straße zunächst vorbei an der Zufahrt zum Militärgelände *Sa Fortaleza* am kleinen Kap Punta de l'Avançada. Dann windet sie sich in Serpentinen hinauf zu einem der großartigsten Aussichtspunkte der Insel.

Mirador de Mal Pas (auch: Mirador d'es Colomer): Eigentlich handelt es sich nicht um nur einen, sondern um gleich mehrere Aussichtspunkte, die durch Wege verbunden sind. Am Parkplatz erinnert ein Denkmal an Antonio Parietti, den Bauingenieur der Straße. Wenige Schritte weiter steht man mehr als 200 Meter hoch über dem Meer und genießt ein unvergleichliches Panorama der Felsküste mit dem vorgelagerten Inselchen Illot d'es Colomer. Auf der anderen Straßenseite führt ein etwa zwei Kilometer langes, schmales und nur für nervenstarke Autofahrer geeignetes Sträßchen hinauf zum restaurierten Wachtturm *Talaia d'Albercuix* aus dem 16. Jh., der von seinen 380 Höhenmetern eine fantastische Aussicht bietet.

Platja de Formentor: Etwa drei Kilometer hinter dem Mirador zweigt rechts eine Zufahrt zu einem zur Saison kräftig gebührenpflichtigen Parkplatz (nach Lage 8–10 €) ab. Von hier gelangt man zu Fuß in wenigen Minuten zum piniengesäumten Sandstrand Platja de Formentor, der sich fast kilometerlang, aber sehr schmal in der Bucht Cala Pi de la Posada erstreckt. Als Ziel zahlreicher Ausflügler und Bootsfahrten ist er nicht eben einsam, das Wasser jedoch herrlich kristallklar, die Landschaft bildschön – kein Wunder, dass hier eines der bekanntesten Hotels Mallorcas zu finden ist.

Verbindungen Busse fahren zur Saison 3- bis 4-mal täglich von/nach Port de Pollença und Alcúdia. Außerdem gibt es zahlreiche **Ausflugsschiffe**, siehe dazu unter den jeweiligen Küstenorten.

Übernachten ***** **Hotel Barceló-Formentor**, altehrwürdiges Luxushotel, 1929 errichtet von einem millionenschweren Argentinier, der seinerzeit gleich die ganze Halbinsel gekauft hatte, jedoch pleite ging. Zu seinen Gästen zählte das Hotel Formentor unter anderen Winston Churchill, Charlie Chaplin sowie diverse Könige und Bundeskanzler; 2006 wurde das Haus von der Barceló-Kette übernommen, die (seitdem...) eine Komplettrenovierung plant; eine Erweiterung wurde von der Gemeinde gestoppt. Wunderbare Außenanlagen. Geöffnet Mitte April bis Mitte/Ende Oktober. Standard-DZ („Classic") nach Saison und Lage zuletzt etwa 240–460 €, man kann freilich noch erheblich mehr anlegen. Platja de Formentor s/n, ✆ 971 899100, www.barceloformentor.com.

Weiter zum Kap: Von der Platja de Formentor sind es noch etwa zehn Kilometer Fahrt auf einer allmählich enger werdenden Straße, die zunächst durch Waldgebiete führt. Bei der Häusergruppe „Ses Cases Noves" in der Nähe des Kilometersteins 13 kann man linker Hand zur ruhigen, hübschen Kieselbucht *Cala Figuera* hinabsteigen (festes Schuhwerk!). Bei der Weiterfahrt sieht man ihr türkisfarbenes Wasser kurz aufleuchten, bevor die Straße in einem Tunnel verschwindet. Dann sind es noch etwa fünf kurvige Kilometer zum Leuchtturm mit Bar am Kap, dem nördlichsten Punkt der Insel. Der Blick reicht bei guten Bedingungen bis Menorca.

Die Bucht von Alcúdia

Rund zehn Kilometer Länge misst der geschwungene, feinsandige Strand zwischen Port d'Alcúdia und Ca'n Picafort, auf weiten Teilen gesäumt von einem der ausgedehntesten Ferienzentren der Insel.

Die *Badía d'Alcúdia* ist zum Meer weiter geöffnet als die benachbarte Bucht von Pollença, der Seegang hier deshalb oft deutlich höher – beachten Sie bitte unbedingt die Warnflaggen! Die größte Bucht Mallorcas verläuft in einem weiten Bogen zwischen dem Cap d'es Pinar auf der Halbinsel La Victòria im Nordwesten und dem Cap de Farrutx im Südosten, beide bergig und landschaftlich sehr reizvoll. Das weitgehend flache Hinterland dazwischen wirkt auf den ersten Blick wenig aufregend, besitzt jedoch mit dem Sumpfgebiet S'Albufera auch einen Naturpark von internationaler Bedeutung. Er liegt nur einen Katzensprung entfernt von den raumgreifenden Hotel- und Apartmentkomplexen des Urlaubszentrums Port d'Alcúdia, dessen Ausläufer zusammen mit der angrenzenden, gesichtslosen Feriensiedlung Platja de Muro weite Teile der ursprünglichen Dünenlandschaft dieses Küstenbereichs unter sich begraben haben. Jenseits der deutschen Touristenhochburg Ca'n Picafort finden sich dagegen noch ausgedehnte Küstenabschnitte ohne jede Bebauung, unterbrochen nur von den Siedlungen Son Serra de Marina und Colònia de Sant Pere.

Alcúdia

Ganz in der Nähe der touristischen Monokultur der Küste bewahrt die wohl älteste Siedlung Mallorcas Erinnerungen an die Zeit vor dem Fremdenverkehr – Alcúdia war schon in der Vorgeschichte besiedelt.

Die Römer, die 123 v. Chr. in der Bucht landeten und von hier aus Mallorca eroberten, fanden wahrscheinlich bereits ein blühendes Gemeinwesen phönizisch-griechischen Ursprungs vor, das sie Pollentia („die Mächtige") nannten und zu ihrer Inselhauptstadt machten. Im 5. Jh. von den Vandalen zerstört, wurde Alcúdia von den Mauren neu erbaut. Sie waren es auch, die dem Ort seinen heutigen Namen gaben, abgeleitet aus *Al-Kudia*, „der Hügel". Nach der christlichen Rückeroberung erforderten immer neue Piratenüberfälle den Bau mächtiger Mauern. Aufwändig restauriert, umschließen sie Alcúdia noch heute. Wuchtige Tore öffnen den Durchgang in ein bildhübsches, komplett unter Denkmalschutz gestelltes kleines Städtchen. Trotz ihrer geringen Größe bildet die Siedlung den Gemeindesitz und das Verwaltungszentrum des viel ausgedehnteren Küstenablegers Port d'Alcúdia. Tagsüber sind in den engen Pflastergassen und auf dem gemütlichen kleinen Hauptplatz *Plaça Constitució* zahlreiche Urlauber unterwegs, abends zeigt sich Alcúdia von einer weit ruhigeren Seite.

Information O.I.T., Passeig de Pere Ventanyol s/n, am südlichen Altstadtrand bei der Busstation, untergebracht in einem auffälligen Glas-Holz-Bau; ✆ 971 549022. Geöffnet täglich 9.30–15 Uhr, zur Saison erweitert. Hier auch Infos über die Gratis-Führungen, die jeden Mi/Fr um 10 Uhr stattfinden. www.alcudiamallorca.com.

Verbindungen Busse halten an der großen Av. Príncep d'Espanya, südlich der Stadtmauern. Verbindungen u. a. von und nach Port d'Alcúdia, Ca'n Picafort und Port de Pollença zur Saison mehrmals stündlich, Palma via Inca etwa stündlich.

Auto: Die engen Gassen des Stadtkerns besser meiden, Parkplätze finden sich entlang der südlichen Stadtmauer.

Übernachten Nou Hotelet IX, eines von mehreren Quartieren des „Turisme d'Interior" im Zentrum von Alcúdia. Nur sechs

Alcúdia

Wuchtige Tore bewachen die Altstadt von Alcúdia

Zimmer, die in avantgardistischem Design der Kultur rund ums Mittelmeer (von „Istambul" bis „Botticelli") gewidmet sind. Von Mitte Dez. bis Ende Jan. geschlossen. DZ etwa 140–180 €. Carrer Pou Nou 1, ✆ 971 897542, www.nouhotelet.com.

>>> Mein Tipp: Hotel Sant Jaume, in einem weiteren Herrenhaus der Altstadt, dessen Substanz beim Ausbau weitgehend erhalten wurde. Sechs hübsch und individuell eingerichtete Zimmer; die nette deutsch-spanische Leitung hält viele Tipps bereit (beispielsweise für Wanderer) und bemüht sich auch sonst perfekt um ihre Gäste. Geöffnet etwa Mitte/Ende Feb. bis Mitte Nov. DZ nach Ausstattung und Saison etwa 95–120 €. Carrer Sant Jaume 6, ✆ 971 549419, www.hotelsantjaume.com. <<<

Hotel Can Tem, in einer Fußgängerzone nahe Kirchplatz. Das schön renovierte Haus stammt aus dem 17. Jh; nette Leitung, angenehme Atmosphäre, hübsche Zimmer. DZ nach Ausstattung und Saison etwa 95–130 €. Carrer Església 14, ✆ 971 548273, www.hotelcantem.com.

Fonda Ca'n Llabrés, direkt am Hauptplatz. Relativ schlichte, aber gepflegte Herberge in einem schönen Stadthaus, sehr beliebt und im Sommer oft belegt, Reservierung ratsam. Ganzjährig geöffnet, 15 Zimmer. Im zugehörigen Bar-Restaurant gute, preisgünstige Menüs. DZ/Bad etwa 40–55 €, es gibt auch Zimmer ohne Bad. Pl. Constitució 6, ✆ 971 545000, www.fondallabres.com.

Jugendherberge Alberg de Joventut, etwa vier Kilometer außerhalb auf der Halbinsel La Victoria, in der Nähe von S'Illot. Geöffnet Mai–Sept./Okt.; häufig von spanischen Gruppen belegt. Reservierung dringend geboten. ✆ 902 111188 und 971 545395.

Essen & Trinken Rest. Ca'n Costa, in einer Seitenstraße südlich der Fonda Ca'n Llabrés. Sehr beliebt, gepflegte Atmosphäre in einem alten Stadthaus, sehr gute mallorquinische Küche, Hauptgerichte überwiegend im Bereich 15–20 €. Carrer Sant Vicenç 14. Genau gegenüber und zugehörig, prima für Tapas, Pa amb Oli und Grillgerichte, mit exzellentem Preis-Leistungs-Verhältnis und auch von Lesern gelobt: Rest. Sa Portassa.

Rest. Ronda 63, unweit der Infostelle. Internationale Küche mit asiatischem Einschlag; Fleischgerichte (im Schnitt 15–20 €), aber auch Salate, Tapas, Sushi & Co. Freundlicher Service. Mittwoch Ruhetag (fast alle anderen Restaurants im Ort schließen montags). Camí de Ronda 63.

Rest. Pizzeria Sa Caseta, italienische Küche an einem hübschen kleinen Altstadtplatz nahe Rathaus. Hausgemachte Pasta und Pizza jeweils etwa 10–15 €. Placeta de les Verdures 8.

Bar Es Racó de Ronda, an der nordöstlichen Stadtmauer. Uriges kleines Lokal, das auch einige Tische im Freien hat. Zu essen nur Kleinigkeiten wie Pa amb oli und Tablas (Schinken-, Aufschnitt- oder Käseteller), die jedoch von hoher Qualität, außerdem eine exzellente Auswahl an Weinen und Bieren, auch das lokale Bier der „Beer Lovers". Camí de Ronda 15.

Einkaufen Markt jeden Di und So.

🌿 **Sa Cisterna**, in der Altstadt, nur einen Schritt abseits des Carrer Major; Degustation und Verkauf mallorquinischer Weine und Liköre, aber auch Wurstwaren, Käse, Öl, Mandeln, Salz etc. C. Cisterna 1. ■

Beer Lovers Mallorca, ganz in der Nähe. Kein Geschäft im eigentlichen Sinn, sondern eine besucherfreundliche Mikro-Brauerei mit Direktverkauf, die man auch besichtigen kann. Fr-Abend oft Degustation im Hof. Voranmeldung ratsam: Mobil-✆ 678 399058 (man spricht Englisch). C. Cisterna 7, www.beerloversmallorca.com.

🌿 **Verde Teja**, Bio-Laden mit angeschlossenem Imbiss. Ökologischer Wein, Öl, lokales Obst und Gemüse etc. Frisch gemachte Säfte, Kuchen (prima Apfelkuchen „Torta de manzanas"), Mandelmilch etc. Carrer Lledoner 13, nördlich des Carrer Major. ■

Feste und Veranstaltungen Festes de Sant Jaume, 25. Juli. Das Hauptfest, das schon etwa zehn Tage vorher beginnt, feiert den Schutzpatron Alcúdias mit Stierkämpfen, Sport- und Musikprogramm, Feuerwerk, etc. Am 26. Juli Prozession mit dem Kruzifix aus der Pfarrkirche, die aber nur alle drei Jahre (2016) stattfindet.

Sa Fira, großer Jahrmarkt am ersten Wochenende im Oktober.

Sehenswertes

Stadtmauern: Die trutzigen Befestigungen stammen teilweise noch aus der Zeit Jaumes II., der gegen Ende des 13. Jh. mit ihrem Bau beginnen ließ. Besonders gut erhalten sind das Richtung Palma gelegene Stadttor *Porta de Sant Sebastià* (auch: Porta de Mallorca; ganz in der Nähe kann man die Mauern besteigen und einige hundert Meter weit begehen) im Westen und die *Porta del Moll* im Osten. Letztere, auch Porta de Xara genannt, gehört zu den ältesten Abschnitten der Stadtmauern.

Església Parroquial Sant Jaume: Die wehrhaft wirkende Kirche im Südwesten des Mauerrings war einst auch wirklich Teil der Stadtbefestigung. Bereits im 13. Jh. er-

Teilweise begehbar: Alcúdias Stadtmauern

Mittelalterlich: Fenstersturz im Ortskern

wähnt, datiert das heutige Gotteshaus mit seiner schönen Rosette überwiegend aus dem 16. Jh., wurde aber auch später mehrfach umgebaut. Innen bewahrt eine Barockkapelle hinter dem gotischen Hauptaltar das hochverehrte Kruzifix „Sant Crist" aus dem 16. Jh. Ein Museum (nur im Sommer geöffnet, dann Mo–Sa 10–13 Uhr, 1 €) zeigt kirchliche Kunst.

Ciutat Romana de Pollentia: Meerwärts der Pfarrkirche liegt in unmittelbarer Nachbarschaft der Ringstraße ein Ausgrabungsgelände, das einst zur Römerstadt Pollentia gehörte. Die überwiegend hüfthohen Mauern und z. T. wieder aufgestellten Säulen geben nur einen schwachen Eindruck vom einstigen Aussehen der „Mächtigen", die offenbar bei schweren Feuersbrünsten im 3. Jh. schon teilweise zerstört worden war und schließlich beim Überfall der Vandalen fast dem Erdboden gleichgemacht wurde. Viele Schätze ruhen wohl noch unentdeckt im Boden.
Mitte Mai bis Sept. Di–Sa 9.30–20.30 Uhr, So 10–14 Uhr, sonst Di–Fr 10–15 Uhr, Sa/So 10–14 Uhr; Kombiticket mit dem Museu Monogràfic de Pollentia 3 €.

Teatre Romà: Die Reste eines römischen Amphitheaters mit noch klar erkennbaren, aus dem Fels gehauenen Sitzreihen sind nur auf einem Fußmarsch über das Gelände der Ruinas de Pollentia zu erreichen. Im Sommer finden hier gelegentlich Aufführungen statt.

Museu Monogràfic de Pollentia: Besser als die unscheinbaren Ausgrabungsstätten dokumentiert das Museum von Alcúdia die lange Vergangenheit der Stadt, insbesondere die der römischen Periode. Zu sehen sind Statuen und Schmuck, aber auch Haushaltsgegenstände, Keramik etc. Untergebracht ist es in einem früheren Kirchlein am Carrer de Sant Jaume, nur ein paar Schritte nördlich der Pfarrkirche Sant Jaume.
Öffnungszeiten und Eintrittspreise wie die Ciutat Romana, wo es auch das Ticket gibt.

Albufereta: Seit 1999 ist die „Kleine Albufera", ein Feuchtgebiet landeinwärts der Straße Richtung Port de Pollença, als Naturpark ausgewiesen. Das 500 Hektar große Areal, Heimat zahlreicher Vogelarten, wird von vielen Bächen durchzogen, in denen sich Salz- und Süßwasser mischen.

La Victòria

Die bergige Halbinsel, die nordöstlich von Alcúdia bis auf immerhin 444 Meter Höhe aufragt, ist ein beliebtes Ausflugs- und Wandergebiet. Wegen seiner ökologischen Bedeutung steht das Gebiet mit seinen steilen, zerrissenen Felsküsten und karg bewachsenen Gipfeln, geologisch gesehen ein Ausläufer der Serra de Tramuntana, in weiten Teilen unter Naturschutz. Der Norden um das Cap d'es Pinar ist als ehemalige Militärzone für Besucher gesperrt, könnte aber irgendwann freigegeben werden. Wichtigstes Ziel auf der Halbinsel, gleichzeitig auch ein guter Ausgangspunkt für Wanderungen, ist die Kirche *Ermita de la Victòria*. Von Alcúdia ist die Nebenstraße zur Ermita beschildert; sie zweigt noch im Zentrumsbereich an der Straße zum Hafen von Port d'Alcúdia ab. Eine öffentliche Verkehrsverbindung besteht nicht.

Mal Pas: Etwa zwei Kilometer hinter Alcúdia erreicht die Straße den Ortsteil Mal Pas, zusammen mit der erhöht liegenden Villensiedlung Bon Aire eine recht noble Adresse mit exklusivem Yachthafen und den hübschen kleinen Badebuchten Platja Sant Joan und Platja Sant Pere. Am Ortseingang liegt bei einer Kreuzung rechter Hand die Bar „Bodega del Sol". Biegt man hier hart rechts ab und folgt der Beschilderung zunächst zwei Kilometer auf einer sehr engen Asphaltstraße und dann weitere zwei Kilometer auf einer Piste, erreicht man das *Museu Sa Bassa Blanca* (auch: Fundació Yannik and Ben Jakober). Schwerpunkt dieser Kulturstiftung ist eine Sammlung von Kinderportraits alter Meister des 16.–19. Jh.; es gibt auch einen Skulpturenpark sowie einen Rosengarten mit mehr als hundert Arten, der jedoch nur im Mai/Anfang Juni zugänglich ist.

Di von 9.30–12.30, 14.30–17.30 Uhr; gratis. Nach Voranmeldung unter ✆ 971 549880 finden Mi–Sa um jeweils 11 und 15 Uhr Führungen (9–15 €, je nach Zahl der Ausstellungen) statt, auf denen auch eine Sammlung moderner Kunst (u.a. Rebecca Horn) gezeigt wird. www.fundacionjakober.org.

S'Illot: Etwa zwei Kilometer hinter der Bar „Bodega del Sol" lockt der hübsche kleine Strand von S'Illot zu einem Badeabstecher. Benannt ist das Gebiet nach dem vorgelagerten Inselchen. Es gibt ein reizvoll über dem Meer gelegenes Bar-Restaurant und ebenso schöne Picknickplätze.

Ermita de la Victòria: Etwa einen Kilometer hinter S'Illot zweigt die beschilderte Auffahrt zur Ermita bergwärts ab und erreicht in mehreren Serpentinen den Parkplatz bei der etwa 140 Meter hoch über dem Meer gelegenen Kirche. Die Geschichte der Ermita reicht weit zurück. Bereits kurz nach der Rückeroberung soll hier Mitte des 13. Jh. ein Hirtenjunge eine Madonnenstatue gefunden haben, für die eine erste kleine Kapelle errichtet wurde. Im 16. Jh. wurde die Figur der Legende zufolge gleich mehrfach von Piraten geraubt, kehrte jedoch immer wieder an ihren Platz auf dem Altar zurück: Grund genug, ihr den Namen Mare de Déu de la Victòria zu verleihen, „Muttergottes des Sieges". Die wehrhafte, Anfang des 18. Jh. restaurierte Kirche lässt mit ihren dicken Mauern, den winzigen Fenstern und dem wuchtigen Portal die Gefahren jener Zeiten noch ahnen.

Übernachten/Essen Hostatgeria Ermita de la Victòria, in zwei Geschossen eines alten Gebäudes direkt über der eigentlichen Kirche. Zwölf schlichte, nicht gerade große Zimmer, auf Schränke muss man verzichten; empfehlenswert die Zimmer im Obergeschoss, da diese die größeren Fenster besitzen. Küchenbenutzung. Personal ist nur von 8–18 Uhr (So zur NS nur bis 12 Uhr) anwesend, ab Mittag im angeschlossenen Café; Ausnahme: Mittwoch, da Ruhetag des Cafés. Geöffnet Feb. bis Okt./Nov. Oft

Port d'Alcúdia 197

Der „Strand des Inselchens": Platja S'Illot

belegt, Reservierung sehr ratsam. DZ etwa 70 €, Frühstück geht extra. La Victòria, ℅ 971 515260 (Rufumleitung in ein anderes Hotel desselben Eigentümers), www.lavictoriahotel.com.

Rest. Mirador de la Victòria, in toller Lage ein Stück oberhalb der Kirche. Zweigeteilt in Bar und Restaurant, herrliche Aussichtsterrasse auf die Bucht von Pollença, auch innen recht hübsch und gemütlich. Mallorquinische Küche, mittleres Preisniveau. Mo Ruhetag, im Winter nur tagsüber geöffnet.

Feste Mare de Déu de la Victòria, 2. Juli, große Wallfahrt von Alcúdia zur Kirche, dort tagsüber ausgelassene Feier mit Musik und Tanz, die bis etwa gegen 18 Uhr dauert.

> Tour 8: Aufstieg zur Talaia d'Alcúdia → S. 291
> Aussichtsreiche Wanderung zum höchsten Gipfel der Halbinsel La Victòria

Port d'Alcúdia

Ein ausgedehntes Ferienzentrum am langen Sandstrand der Bucht von Alcúdia. Die Infrastruktur ist besonders auf Familien ausgerichtet, das Angebot an Sportmöglichkeiten und Unterhaltung höchst vielfältig.

Eine Schönheit ist Port d'Alcúdia, zwei Kilometer südlich des alten Hauptorts Alcúdia gelegen, allerdings nun wirklich nicht. Einzig dem ältesten Ortsbereich um den wirtschaftlich recht bedeutenden Hafen am Ende der Sandbucht lässt sich noch ein gewisser Charme attestieren. Zwar wirkt das heute nicht mehr genutzte Kraftwerk optisch ein wenig störend, doch bieten die belebte Promenade und das bunte Bild des großen, als Flanierzone beliebten Yachthafens einen Ausgleich. Die neueren Siedlungsbereiche dagegen, die sich über mehrere Kilometer beiderseits der nach Ca'n Picafort führenden Hauptstraße *Carretera d'Artà* hinziehen und um einige Salzwasserseen angelegt sind, erschrecken mit wuchtigen

Der Norden um Pollença und Alcúdia

Großhotels, Apartmentklötzen und einem Sammelsurium von Schnellimbissketten und Spielsalons. Gleiches gilt für die Küstensiedlung *Platja de Muro*, die sich südlich direkt an die Ausläufer von Port d'Alcúdia anschließt, aber bereits zum Gemeindegebiet von Muro gehört. Wirklich Klasse hat dagegen der Strand, der sich vom Hafengebiet in einem weiten, ununterbrochenen Bogen bis Ca'n Picafort erstreckt und zahlreiche Wassersportmöglichkeiten bietet. Gut geeignet ist Port d'Alcúdia auch als Ausgangspunkt für Ausflüge, das weitgehend flache Gebiet für Radfahrer fast ideal.

Basis-Infos

Information O.I.T. Municipal Port d'Alcúdia, in einem Holzhäuschen an der Hafenpromenade; ✆ 971 547257. Geöffnet April bis Oktober, Mo–Sa 9.30–20.30 Uhr, zur HS auch am Sonntag.

Zweigstelle an der Carretera d'Artà 68, weit außerhalb des Hafengebiets rechts der Hauptstraße nach Ca'n Picafort, ✆ 971 892615. Geöffnet Mai bis Oktober, Mo–Sa 10–13.30 Uhr.

Verbindungen Busse stoppen an einer Reihe von Haltestellen entlang der Carretera d'Artà und vor dem Hafen. Zur Sommersaison sehr gute Verbindungen, u. a. nach Palma via Inca etwa stündlich, nach Alcúdia, Ca'n Picafort und Port de Pollença mehrmals stündlich, via Lluc nach Sóller und Port de Sóller 2-mal täglich, via Lluc nach Sa Calobra 1-mal täglich. In Richtung Ostküste nach Cala Ratjada via Artà 5-mal, Cala Millor und Porto Cristo 4-mal täglich.

Mietfahrzeuge: Dank der starken Konkurrenz zählt Port d'Alcúdia zu den preiswertesten Orten auf Mallorca. Schwerpunkt ist die Avda. Pere Mas i Reus bei der zweiten Infostelle. Komplette Liste aller Vermieter bei den Infobüros.

Schiffsausflüge: Breites Angebot, z. B. zur Saison täglich zum Strand Formentor (24 €).

Fähren und **Schnellfähren** der Baleària (www.balearia.com, ✆ 902 160180) und bis zuletzt auch noch der Iscomar (www.iscomar.com, ✆ 902 119128) fahren täglich nach Ciutadella auf Menorca, die Baleària bedient auch Barcelona.

Übernachten

Die hiesige Hotellerie ist in den Katalogen deutscher Veranstalter breit vertreten.

**** Botel Alcudiamar Club 9, direkt im Yachthafen, deshalb wohl „Botel" – ein Hausboot ist es freilich nicht. Komfortable, recht ausgedehnte Anlage mit 78 Zimmern und 28 Suiten, schöner Aussicht, großem Pool und Gartenlandschaft. Geöffnet etwa März–Okt., Mindestaufenthalt zur HS meist 5–7 Tage. DZ etwa 130–290 €; auch Suiten. Passeig Marítim 1, ✆ 971 897215, www.botelalcudiamar.es.

** Hostal Brisa Marina 5, direkt an der Hafenpromenade, also im Zentrum des Geschehens. Die Zimmer dorthin (etwa die Hälfte) sind naturgemäß nicht ganz ruhig, bieten jedoch schönen Blick. Modern und komfortabel ausgestattet. Im Dez. geschlossen. DZ/Bad nach Lage und Saison etwa 50–75 €, auch Superiorzimmer. Passeig Marítim 8, ✆ 971 549450, www.hbrisamarina.com.

* Hostal Calma 3, an der Straße nach Alcúdia, großer Parkplatz gegenüber. Mit 30 Zimmern recht groß. Deutsch-amerikanische Leitung, freundlich-schlichte Zimmer mit Klima, Bäder nicht topmodern, aber okay. Küchenbenutzung, Abstellmöglichkeit für Fahrräder. Geöffnet Feb. bis Mitte Dez. Für den Preis ein Tipp. DZ/Bad etwa 40–60 €. Carrer Teodor Canet 25, ✆ 971 548485, www.hostalcalma.com.

* Hostal Res. Vista Alegre 5, schlichtes Quartier direkt an der Hafenpromenade, mit allen Vor- und Nachteilen dieser Lage. Ganzjährig geöffnet. Einfache DZ nach Saison und Ausstattung etwa 30–55 €. Passeig Marítim 10, ✆ 971 547347, www.hvista-alegre.com.

Port d'Alcúdia 199

Essen & Trinken
1 Bar Casa Gallega
2 Bar Ramón's
4 Rest. Ca'n Punyetes
6 Rest. Miramar
7 Rest. Bodega d'es Port
8 Rest. La Terraza
10 Rest. Jardín
11 Rest. Fusion 19

Übernachten
3 Hostal Calma
5 Hostal Res. Vista Alegre und Hostal Brisa Marina
9 Botel Alcudiamar Club

Essen & Trinken

Rest. Jardín 10, das michelinbesternte Restaurant der mallorquinischen Star-Köchin Macarena de Castro. Innovative Variationen mallorquinischer Küche auf höchstem Niveau, Degustationsmenüs mit zahlreichen Gängen vergleichsweise bescheidene 80–115 €. Angeschlossen das schöne Gartenrestaurant „Bistró del Jardín" (Festmenü 25 €) und vorne an der Hauptstraße „Danny's Gastrobar" (Hamburger, Tapas & Co., preisgünstig, nur im Sommer). Geöffnet April Do–So, Mai–Okt. Mi–So, im Juli/Aug. täglich außer Mo. Carrer Tritons s/n, ☎ 971 892391.

Rest. Fusion 19 11, noch ein ganzes Stück weiter, bereits im Gebiet von Platja de Muro und kurz vor dem Naturpark Albufera. Das neue Restaurant des manchem vielleicht noch von Alcúdias renommiertem Restaurant „Genestar" bekannten Chefs Joan Josep Genestar. Experimentierfreudige Küche mit Klasse, daneben auch Sushi und andere asiatische Kost. Festmenü etwa 30 €, à la carte nicht unbedingt viel mehr. Leider keine schöne Lage, immerhin im Freien (mobile Glaswände), deshalb auch nur von März/April bis Oktober geöffnet. Boulevard Building Center, Av. de S'Albufera 23, ☎ 971 893195.

Rest. La Terraza 8, im schicken Vorort Alcanada. Absolute Traumlage direkt am Wasser, feine Küche zu allerdings durchaus gehobenen Preisen; für ein Menü à la carte legt man ganz leicht 40 € aufwärts an. Aber vielleicht tut's ja auch ein Drink auf der ebenfalls superb gelegenen Cafeteria-Terrasse? Im Winter geschlossen. Plaza de Pompeu Fabra 7, ☎ 971 545611.

Der Norden um Pollença und Alcúdia

Rest. Bodega d'es Port 7 im hinteren Hafenbereich. Für Fischgerichte wohl mit die beste Adresse im Hafen, das Ambiente rustikal, Publikum eher edel. Mittagsmenü etwa 12 €, à la carte mit Fisch ab etwa 35 € aufwärts, auch Tapas und mallorquinische Spezialitäten. Carrer Teodor Canet 8, ✆ 971 549633.

Rest. Miramar 6, die lokale Konkurrenz, nur ein paar Meter entfernt. Tische im Freien zur Uferpromenade, Spezialität Fisch- und Reisgerichte, Preise eher noch etwas höher als oben. Passeig Marítim 2.

Rest. Ca'n Punyetes 4, in einer Fußgängerzone zwischen den Straßen Pins und Mariners. Ordentliche Küche, gute Tapas. Viele Gerichte im Bereich um 10–14 €, auch halbe Portionen. Sehr beliebt, oft lange Warteschlangen. Di Ruhetag. C. dels Barques s/n.

》》 **Mein Tipp:** Bar Casa Gallega 1, eine moderne Bar, die nicht nur gute Tapas nach galicischer Art serviert, sondern auch ein herausragendes werktägliches Mittagsmenü, das sein relativ bescheidenes Geld (ca. 12 €) mehr als wert ist. Terrasse. Carrer Hostaleria 11. 《《

Bar Ramon's 2, in der Haupt-Restaurantzone, bereits 1984 gegründet. Weithin bekannt (nicht nur) für Tapas, aber nur unregelmäßig geöffnet – der Besitzer kann es sich leisten, denn das Lokal ist gefragt. C. Mariners 16.

Sport/Nachtleben/Feste

Unterhaltung und Sport Hidropark, Wasserpark mit diversen Pools und Rutschen ähnlich den größeren Anlagen in der Bucht von Palma. Geöffnet Mai–Okt., Eintritt Erw. rund 23 €, Kinder und über 60-Jährige 17 €; Liegestühle etc. gehen extra. Avinguda Tucá, unweit der großen Kreuzung mit der Hauptstraße nach Ca'n Picafort.
Reiten: Rancho Ses Roques, Cami del Puig, ✆ 971 892809.

Nachtleben Disco Menta, größte und schrillste der Discos, die sich im Bereich der großen Kreuzung unweit des Hidroparks konzentrieren. Av. Tucá s/n.

Magic Center, ebenfalls in diesem Gebiet, ein ganzer Komplex mit Bars und Discos wie dem „Banana Club". Avinguda Tucá, Ecke Carretera d'Artà.

Feste Sant Pere, 29. Juni, Höhepunkt des mehrtägigen Festes zu Ehren des Hl. Petrus und damit auch der örtlichen Fischer.

Umgebung von Port d'Alcúdia

Alcanada: Der noble Vorort, etwa 1,5 Kilometer südöstlich des Yachthafens gelegen, bietet sich für kurze Spaziergänge in ruhiger Umgebung an. Am Ende der Straße findet sich ein Kiesstrand mit Inselchen und schönem Blick auf die Bucht.

Parc Natural S'Albufera: Der Naturpark S'Albufera, im Gebiet zwischen Port d'Alcúdia und Ca'n Picafort gelegen, ist der Rest eines einst weit ausgedehnteren Süßwassersumpfs. Schon die Römer nutzten S'Albufera als Jagdgebiet, seinen Namen verdankt das Areal jedoch dem maurischen Ausdruck „Albuhayra" (Lagune, See). Ab dem 17. Jh. begann die Bevölkerung der umliegenden Dörfer mit der Aufhäufung sogenannter „Marjals", von Kanälen umgebener Parzellen, die dem Ackerbau dienten. Im 19. Jh. erkannte man die Malariagefahr, die von dem Feuchtgebiet ausging, und versuchte sich an der Trockenlegung; eine britische Firma baute ab 1863 hunderte von Kilometern an Kanälen, scheiterte jedoch letztlich an dem immer wieder eindringenden Meerwasser und ging bankrott. Mit dem Beginn des 20. Jh. wurde in S'Albufera der Reisanbau eingeführt, später auch aus Schilf Papier hergestellt. Beide Wirtschaftszweige verschwanden mit der Urbanisierung in den 60er-Jahren, als der gesamte nördliche Bereich unter den Hotelsiedlungen von Port d'Alcúdia begraben wurde. 1985 erwarb die Regionalregierung 800 Hektar, um sie unter Naturschutz zu stellen. Selbst dieser kleine Rest von S'Albufera bildet noch das größte Feuchtgebiet der gesamten Balearen, durchzogen von Kanälen, Teichen und großen Schilfbeständen. Für den Besucher ist der Naturpark bestens durch ein Netz von Wegen erschlossen, die zu Fuß oder auch mit dem Fahrrad erkundet werden dürfen und ihren Ausgangspunkt am Empfangszentrum *Centro de Recepción Sa Roca* haben. Dort ist problemlos die offiziell erforderliche Anmeldung (Permís) erhältlich, gegen geringe Gebühr auch ein informatives Faltblatt und Leih-Ferngläser. Von den Beobachtungstürmen im Park kann man mit etwas Glück eine ganze Reihe von Vogelarten entdecken: Über 200 Spezies wurden hier schon gezählt, darunter Fischadler und verschiedene Regenpfeifer-, Reiher- und Falkenarten, mittlerweile auch die bedrohte Weißkopfente, die vor Jahren zur Rettung der Art eingesetzt wurde.

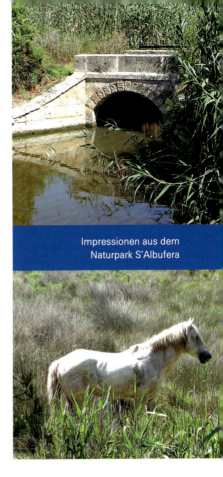

Impressionen aus dem Naturpark S'Albufera

Der Park ist im Sommer täglich 9–18 Uhr geöffnet, im Winter 9–17 Uhr. Das Besucherzentrum Sa Roca (9–16 Uhr) ist nur zu Fuß oder mit dem Fahrrad zu erreichen. Die schmale, etwa zwei Kilometer lange Straße dorthin zweigt etwa sechs Kilometer hinter dem Zentrum von Port d'Alcúdia von der Hauptstraße Richtung Ca'n Picafort gleich hinter einer kleinen Brücke landeinwärts ab; dort gibt es auch einen (eher kleinen) Parkplatz. Verboten ist die Mitnahme von Hunden, das Picknicken außerhalb des vorgesehenen Geländes bei Sa Roca, das Verlassen der Wege etc.

Ca'n Picafort

Ein reiner Urlaubsort, der überwiegend von Deutschen besucht wird und seine Existenz einzig dem langen Sandstrand verdankt. Ca'n Picafort bildet das nördliche Pendant zur Platja de Palma und zu Peguera: Man spricht Deutsch, und zwar fast durchgängig. „Wo die mallorquinische Tradition nur wenige Kilometer entfernt ist", heißt es im Ortsprospekt in erfrischender Ehrlichkeit. An der langgestreckten, von Restaurants und Bars gesäumten Strandpromenade werben Reklameschilder für deutsche Kaffeemarken und Wiener Schnitzel zum Sonderpreis. In der parallel verlaufenden Hauptstraße *Passeig Colón* bietet sich ein ganz ähnliches Bild. Südöstlich schließt sich im Gebiet hinter dem kleinen Sporthafen *Port Esportiu* ein kleiner einheimischer Siedlungskern an, der nur aus ein paar Straßenzügen besteht. Dahinter liegt am gleichnamigen Strand der Ortsteil *Son Bauló*, eine weitere Ansammlung von Hotels und Restaurants. Doch so wenig das von modernen Zweckbauten geprägte Ortsbild von Ca'n Picafort zu begeistern vermag, so reizvoll präsentiert sich die waldreiche, weitgehend flache Umgebung. Entlang der Küste erstrecken sich nach Nordwesten die kiefernbewachsenen Dünen der Ausläufer des Albufera-Naturparks, nach Südosten die weiten, ebenfalls unter Naturschutz gestellten Waldgebiete von Son Serra. Radtouren und Strandwanderungen zählen deshalb zu den beliebtesten Aktivitäten. Auch im Ort selbst unübersehbar ist eine besondere Kuriosität des Gebiets um Ca'n Picafort: Die „Obelisken", nadelspitze Türme, die in regelmäßigen Abständen von 1240 Metern entlang der Küste aufragen, sind mittlerweile fast schon ein Symbol des Ortes. Mit einem jeweils 200 Meter landeinwärts stehenden Zwillingsturm dienten sie im spanischen Bürgerkrieg als Orientierungspunkte („Puntos de Referencia") für U-Boot-Kapitäne.

Information O.I.T. Municipal Ca'n Picafort, Plaça Jaume Mandilego Buchens s/n, an der Uferpromenade nahe Sporthafen, ℡ 971 850758. Sehr gut geführtes Büro, geöffnet Mo–Fr 8.30–13.30, 17–19.30 Uhr, manchmal auch Sa-Vormittag; im Winter eingeschränkt. Hier auch Infos zu geführten Wanderungen. Der Platz ist übrigens benannt nach der ersten in Ca'n Picafort geborenen Person, dem Fischer Jaume Mandilego Buchens (1915–2014).

Verbindungen Busse stoppen an mehreren Haltestellen entlang des Passeig Colón und an der Plaça Gabriel Roca. Verbindungen u. a. nach Port d'Alcúdia, Alcúdia und Port de Pollença zur Saison mehrmals stündlich, Palma via Inca alle ein bis zwei Stunden. Nach Son Serra de Marina 4-mal, Artà und Cala Ratjada 5-mal, Cala Millor und Porto Cristo 4-mal täglich, via Lluc nach Sóller und Port de Sóller 2-mal, via Lluc (1 Std. Aufenthalt) nach Sa Calobra 1-mal täglich.

Mietfahrzeuge: An Auto- und Fahrradvermietern besteht kein Mangel, eine komplette Liste ist bei der Infostelle erhältlich.

Schiffsausflüge: Diverse Angebote, z.B. dreimal wöchentlich zum Strand Formentor, p.P. ca. 25–30 €.

Übernachten Ca'n Picafort ist in den Katalogen bestens vertreten.

Hotel Rural Casal Santa Eulalia, etwa zwei Kilometer landeinwärts in Richtung Santa Margalida. Restaurierte, herrschaftliche Finca des 13. Jh. mit schönem Ambiente und viel Komfort (Sauna, Jacuzzi, Fitnessraum, schöner Swimmingpool); gegenüber die neuere Dependance „Petit Santa Eulalia". Gutes Restaurant, auch für Nichtgäste zugänglich. DZ etwa 240–320 €; auch Suiten. Ctra. Santa Margalida 24, ℡ 971 852732, www.casal-santaeulalia.com.

Essen Reichlich Restaurants mit deutscher und internationaler Küche.

Wahrzeichen von Ca'n Picafort und Umgebung: die „Obelisken"

Ca'n Picafort

Rest. Mandilego, traditionell eine der ersten Adressen vor Ort, im Siedlungskern Nähe Sporthafen und Infostelle. Kleine Terrasse, gepflegtes Ambiente, spanisch-mallorquinische Küche mit Schwerpunkt auf Fisch. Menü à la carte ab etwa 35 €. C. Isabel Garau 49, ℡ 971 850089.

Rest. Marisco, ganz in der Nähe. Unter neuen Besitzern komplett renoviert und pfiffig eingerichtet; feine Küche, freundlicher Service. Spezialität sind auch hier Fischgerichte, Fleisch gibt es aber ebenso. Hauptgerichte kosten etwa 15–20 €. C. Isabel Garau 55, ℡ 971 850044.

Bar-Rest. Es Mollet, am Sporthafen, mit Terrasse. Hier gibt es Pizza sowie mallorquinische Küche und ein preiswertes Mittagsmenü. Bei den Einheimischen beliebt.

》》》 Lesertipp: **Rest. Sa Cova**, in Son Bauló. „Mit Blick auf Strand und Meer. Mallorquinische Spezialitäten, das Preis-Leistungs-Verhältnis ist super. Carrer Marina 23" (Richard Schumacher). 《《《

Rest.–Pizzeria Olimpia, genau in der Gegenrichtung, nämlich am Ortsrand in Richtung Port d'Alcúdia und ebenfalls mit hervorragendem Preis-Leistungs-Verhältnis. Auch als „Oma-Opa" bekannt; direkt am Strand, betrieben von einer andalusischen Familie. Prima für Fisch, Paella (auch vegetarisch) und hausgemachten Kuchen. Ses Casetes dels Capellans, ab dem Kreisel beschildert.

Finca Pública Son Real: Die alte mallorquinische Finca Son Real (Mo–Fr 10–16 Uhr) liegt, umgeben von fast 400 Hektar Grund, einige Kilometer außerhalb in Richtung Artà, siehe auch die Wanderkarte zu Tour 9 hinten im Buch. Sie wurde von der Regierung erworben und beherbergt ein „Centre d'Interpretació" (4 €), mit einer ethnologisch-archäologischen Ausstellung, die hübsch gestaltet über die Geschichte des Anwesens wie auch der Nekropolis Son Real (siehe Tour 9) informiert. Über mehrere beschilderte Wege kann man z.B. in etwa einer halben Stunde durch schönen Wald zur Nekropolis spazieren oder radeln. Die Zäune des Waldgebiets dürfen an den Leitern übrigens überklettert werden; die hier aufgestellten Schilder verweisen nur darauf, dass das Jagdrecht privat ist.

Sport Reiten: Rancho Sebastian, an der Landstraße Richtung Artà, ℡ 971 85854. Leihpferde und -ponys, Ausritte etc.

Baden An dem kilometerlangen Strand lässt es sich schon wohlfühlen. Im Zentrumsbereich fällt er vielleicht etwas schmal aus, ist dafür aber mit einer fast kompletten Infrastruktur versehen. Mehr Platz und schöne Fleckchen in den Dünen bietet das Gebiet der **Platja de Muro** gleich nordwestlich des Ortes Richtung Port d'Alcúdia. An der **Platja Son Bauló** im gleichnamigen Ortsteil geht es zur Saison dagegen recht beengt zu. Beachten Sie zu Ihrer eigenen Sicherheit bitte überall die Warnflaggen, es gibt immer wieder tödliche Badeunfälle!

Uraltes Gräberfeld:
Necròpolis Son Real (Tour 9)

🚶 Tour 9 – Entlang der Küste von Ca'n Picafort nach Son Serra d. M. → S. 293
An einer der besterhaltenen Dünenlandschaften Mallorcas entlang

Son Serra de Marina

Die schachbrettartig aufgebaute Küstensiedlung, etwa sechs Kilometer südöstlich von Ca'n Picafort, reicht von ihrem Sporthafen kilometerweit nach Südosten. Sie besteht fast ausschließlich aus Ferienhäusern und einigen wenigen Lokalen; ganz am südöstlichen Ortsrand in Küstennähe gelegen und recht beliebt sind „Lago" und vor allem das hippieske „El Sol" (℡ 971 854029, www.elsolmallorca.de), das sogar Zimmer anbietet. Zur spanischen Urlaubszeit im Hochsommer herrscht einiger Betrieb, sonst wirkt der Ort oft wie ausgestorben. Südöstlich der bebauten Zone erstreckt sich der ausgedehnte Naturstrand *Platja Sa Canova*, der praktisch bis zu den Villenausläufern von Colònia de Sant Pere reicht.

Colònia de Sant Pere

Ein kleines Fischerdorf, erst in der zweiten Hälfte des 19. Jh. gegründet und von den Segnungen des Fremdenverkehrs bislang weitgehend verschont geblieben. Außer der friedvollen Isolation weitab der Hauptstraßen und der bestechenden Lage zu Füßen der fantastischen Felslandschaft des Massivs von Artà hat der auf spanisch *Colonia de San Pedro* genannte Ort allerdings auch nichts Spektakuläres zu bieten. Vielleicht macht gerade dies den gelassenen Charme des Dörfchens aus. Es gibt einen kleinen Fischerhafen, der auch Yachten beherbergen kann, einige Bars und durchaus ordentliche Restaurants an der gepflegten Promenade sowie einen bescheidenen Strand; der Rest der Küste besteht aus Fels. Trotz dieses Mankos haben sich im Umfeld einige Villensiedlungen etabliert, darunter die weit in Richtung des Cap de Farrutx vorgeschobene Urbanisation Betlem, möglicher Ausgangspunkt reizvoller Spaziergänge.

Hotel Solimar, etwas oberhalb des Dorfkerns. Ein schon lange bestehendes Quartier, seit einigen Jahren unter neuer deutscher Leitung. Ruhige Lage, Garten mit schönem Pool, angeschlossen ein Restaurant mit günstigem Mittagsmenü. Ganzjährig. DZ/Bad etwa 95 €, Junior-Suiten (Wohnzimmer/Schlafzimmer) für zwei Personen 130 €, zur NS jeweils evtl. auch mal günstiger. C. Las Margaritas 14, ℡ 971 589347, www.hotelsolimar.eu.

》》 Lesertipp: Rest. **Sa Xarxa** („Das Fischernetz"). „Das am Ende der Uferpromenade sehr schön gelegene Restaurant bietet einen tollen Blick. Die moderne Küche der Deutschen Sabine Hagström überzeugt ebenso wie der sehr nette Service. Paseo del Mar s/n" (Thomas Wülfing und Janina Nentwig). Nebenan, italienisch und mit niedrigeren Preisen: **Es Vivers**. **《《**

Das Hinterland der Bucht von Alcúdia

Nur wenige Kilometer von der Küste trifft man hier auf interessante Ausflugsziele und auf selbstbewusste kleine Landstädtchen, in denen vom Ferientrubel der Urlaubsorte nicht viel zu spüren ist.

Campanet und seine Höhlen: Campanet liegt auf einem Hügel nördlich der Straße Inca – Alcúdia, etwa 18 Kilometer von Alcúdia entfernt. Das langgestreckte Dorf, hervorgegangen aus einem maurischen Landgut, besitzt eine recht lebendige Plaça Major. Die Höhlen **Coves de Campanet** sind über eine eigene Zufahrt von der Autobahn zu erreichen, vorbei an dem schlichten Kirchlein Sant Miquel, bereits 1229 errichtet und damit eines der ältesten der Insel. Die etwa 600 Meter langen Tropfsteinhöhlen selbst sind zwar weniger bekannt als die Höhlen der

Ostküste, dabei aber mindestens ebenso reizvoll, zudem weit weniger besucht. Da sie erst 1945 entdeckt wurden, beeinträchtigt keinerlei Fackelruß die zarten Tönungen der filigranen Tropfsteine. Zwei davon sind durch ihre ungewöhnlichen Dimensionen wohl einzigartig: Bei vier Meter Höhe haben sie gerade mal vier Millimeter Durchmesser.

Täglich 10–19 Uhr (Nov.–März bis 18 Uhr), Mindestteilnehmerzahl der Führung zwei Personen, Eintritt ca. 14 €, Dauer rund 40 Minuten. Angeschlossen ein hübsches Café.

Sa Pobla (span.: La Puebla), knapp drei Kilometer südlich der Hauptstraße Inca – Alcúdia gelegen und Endpunkt der etwa stündlich bedienten Bahnlinie von Palma, ist umgeben von einem ausgesprochen fruchtbaren Landstrich, der *Horta de Sa Pobla*, in der die große Zahl der früher zur Bewässerung genutzten Windräder auffällt. Angebaut werden hier vor allem Kartoffeln, die bis nach Deutschland exportiert werden. Ein Besuch des Zentrums um die schattige Plaça Major lohnt sich besonders zum ländlichen Wochenmarkt am Sonntagvormittag. Unweit des Zentrums liegt am Carrer Antoni Maura 6 das Museum *Can Planes* (Di–Fr 10–14 Uhr, Mitte Sept. bis Mitte Juni auch 16–20 Uhr, Sa/So 10–14 Uhr, im August geschlossen; 3 €), das u.a. moderne Kunst und antikes Spielzeug ausstellt.

>>> **Lesertipp:** Rest. Xic, „Opas Autowerkstatt wurde von den deutsch-mallorquinischen Besitzern mit selbst entworfenen Möbeln zur Pamboleria umgebaut; ein wirklich schöner Raum mit stylisher Einrichtung. Typisch mallorquinisches pa amb oli ist der Renner auf der Speisekarte. C. Mayor 123" (Mario Böttcher). <<<

Muro, fünf Kilometer südöstlich von Sa Pobla, bildet heute das Verwaltungszentrum des mittleren Abschnitts der Bucht von Alcúdia. Früher lebte das Städtchen ausschließlich von der Landwirtschaft, und das nicht schlecht, wie die prächtigen Fassaden mancher Häuser ebenso beweisen wie die mächtige, im 16. Jh. errichtete Kirche Sant Joan mit ihrem eigenwilligen Glockenturm. Besuchenswert ist Muro vor allem wegen des Volkskundemuseums *Museu Etnològic* (Di–Sa 10–15 Uhr, Do auch 17–20 Uhr, August geschlossen; gratis). Untergebracht in einem ehemaligen Herrenhaus im Carrer Major 15, zeigt die Ausstellung viele Aspekte des ländlichen Lebens vergangener Zeiten, von der alten Küche über Trachten, Gerätschaften und Keramik (darunter die berühmten Tonpfeifen „Siurells") bis hin zum Wasserrad „Noria", das schon von den Mauren eingeführt wurde. Sonntagmorgen findet in Muro ein Wochenmarkt statt.

Sant Joan, in der Nacht vom 23. auf den 24. Juni. Ein Fest, das bis auf das 18. Jh. zurückgeht, mit Freudenfeuern, Theater, Feuerwerk etc.

Santa Margalida: Der Gemeindesitz, von dem aus auch Ca'n Picafort verwaltet wird, liegt auf einem Hügelrücken fünf Kilometer südöstlich von Muro und etwa zehn Kilometer landeinwärts der Küste. Das alte Landstädtchen besitzt eine lange Tradition in der Landwirtschaft und im Kunsthandwerk. Zeugnis des Wohlstands ist die große Pfarrkirche Santa Margalida, bereits 1232 errichtet und im 17./18. Jh. umgebaut. Von ihrer Terrasse bietet sich ein weiter Blick, innen prunkt das Gotteshaus mit reicher Ausstattung der Seitenkapellen.

Festes de Santa Margalida, mehrere Tage um den 20. Juli, mit Prozession, Sportveranstaltungen, Weinumtrunk etc.

Festes de la Beata, am ersten Sonntag im September. Santa Catalina Tomàs, geboren in Valldemossa, wird in Santa Margalida schon seit dem 18. Jh. hoch verehrt. Trotz der Nähe zu den Touristenzentren sieht man bei dem Fest nur wenige Urlauber, umso mehr Einheimische in Trachten, die aus allen Teilen der Insel kommen. Höhepunkt ist eine Karrenprozession am Sonntagabend, bei der Kinder verschiedene Episoden aus dem Leben der Heiligen darstellen.

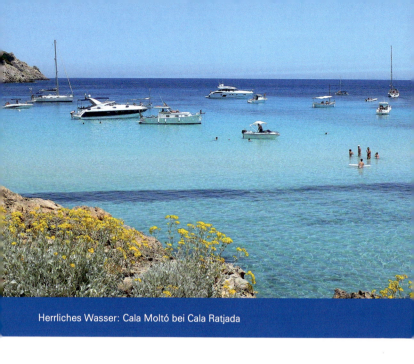

Herrliches Wasser: Cala Moltó bei Cala Ratjada

Die Ostküste

Sanft und heiter zeigt sich die östliche Küste Mallorcas. Landschaftlich weniger spektakulär als der Nordwesten oder Norden, besitzt sie ihren ganz eigenen Reiz, der sich besonders auf die abwechslungsreiche Uferlinie und das bäuerlich geprägte Hinterland gründet.

Lange Strände sind selten und auf den nördlichen Bereich beschränkt. Das Bild bestimmen die vielen schmalen, vor allem im südlichen Abschnitt oft fjordartig tief eingeschnittenen Buchten („Calas"), Reste ertrunkener Flusstäler, an deren Ende häufig ein kleiner Sandstrand liegt. Entlang der Küste reihen sich alte Fischerhäfen wie *Cala Figuera* im Wechsel mit lebhaften Ferienorten wie *Cala Ratjada*. Die meisten Urlaubsorte sind von vergleichsweise bescheidenen Dimensionen; Ausnahmen bilden höchstens das ansonsten geschmackvoll konzipierte *Cala d'Or*, das Touristenzentrum *Cala Millor* und die ausgedehnten Siedlungen der *Cales de Mallorca*. Aufgrund der regen Bautätigkeit in den Außenbezirken stehen allerdings in einigen Küstenzonen besonders des nördlichen Bereichs raumgreifende Villen- und Apartmentkomplexe.

Der Gebirgszug der *Serra de Llevant* („Ostgebirge"), der im Hinterland parallel zur Küstenlinie verläuft und in seinem nördlichen Bereich zum „Parc Natural de la Península de Llevant" deklariert wurde, ist mit Durchschnittshöhen von 300 bis 400 Metern weit niedriger als die wilde Tramuntana. Nur im Aussichtsberg *Puig de Sant Salvator* bei Felanitx sowie in einigen Gipfeln im äußersten Norden steigt die

Die Ostküste

Serra bis auf über 500 Höhenmeter an. Zu ihren Füßen erstreckt sich eine landwirtschaftlich geprägte Region der Felder, Obstgärten, Mandel- und Olivenhaine, die durch kunstvoll zusammengefügte Trockenmauern begrenzt werden. Die lichte, friedvolle Landschaft eignet sich gut für Radtouren auf verkehrsarmen Nebenstrecken. Zu erwähnen bleibt schließlich eine besondere Attraktion, mit der die Ostküste Ausflügler von der ganzen Insel anlockt: Die Tropfsteinhöhlen *Coves del Drac* bei Portocristo und die *Coves d'Artà* im Norden sind sehenswert, im Sommer aber auch stark besucht.

Artà

Ein reizvolles altes Städtchen, dessen einstige Bedeutung noch an zahlreichen Baudenkmälern abzulesen ist. Wahrhaft herausragend sind die Gemeindekirche und das Kastell mit der Wallfahrtskirche auf dem Stadtberg: Sie prägen die Silhouette von Artà.

Wie die Reste einer Talayot-Siedlung beweisen, war das Gebiet unterhalb des Hügels bereits in der Vorgeschichte besiedelt. Die Mauren gaben dem Ort seinen Namen, abgeleitet von *Jertan* (Garten). Artàs Blütezeit begann jedoch erst nach der christlichen Rückeroberung. Der damalige Reichtum lockte natürlich Piraten an, und so zeigen nicht nur die Reste des Kastells, sondern auch viele der noblen

Bürgerpaläste, die die winkligen Gassen des Stadtkerns säumen, einen wehrhaften Anstrich. Das stimmige Ambiente von Artà schätzen auch viele Ausländer, die sich in dem 7000-Einwohner-Städtchen niedergelassen haben und hier Restaurants und Hotels betreiben.

Information O.I.T., im alten Bahnhof Estación Antigua an der Durchgangsstraße, ✆ 971 836981. Ein Kunsthandwerkszentrum (Centre Artesanal) mit Verkauf lokaler Produkte ist angeschlossen, im 1. Stock finden Ausstellungen statt. Fragen Sie, ob es die „Artà-Card" noch gibt (Rabatte bzw. Gratiseintritt bei Besichtigungen). Geöffnet im Sommer tägl. 10.30–20 Uhr, im Winter Mo–Fr 10.30–13.30, 17–20 Uhr, Sa 10.30–13.30 Uhr. Auch Fahrradverleih (div. Modelle ab 12 €/Tag); praktisch, beginnt hier doch die Via Verde, siehe dazu unten.

O.I.T. im Museo Regional an der Pl. Espanya, ✆ 971 829778, geöffnet Di–Fr 10–17 Uhr, Sa/So 10–14 Uhr. Hier auch gute Infos zum Llevant-Naturpark. Leider, ebenso wie das Museum, mit unsicherer Zukunft; könnte geschlossen werden oder ins Rathaus umziehen.

Verbindungen Busse halten an der Durchgangsstraße Av. Costa i Llobera, Verbindungen u. a. von/nach Cala Ratjada alle ein bis zwei Stunden, Palma 4-mal (alternativ in Manacor auf den Zug wechseln), Ca'n Picafort und Port d'Alcúdia 6-mal, weiter bis Port de Pollença 3-mal täglich.

Via Verde: Die „grüne Route" beginnt beim alten Bahnhof. Eigentlich sollte die rund 29 km lange ehemalige Bahnstrecke von Artà nach Manacor, seit 1977 stillgelegt, ja wiederhergestellt werden. Nach dem Regierungswechsel 2011 kippte die PP jedoch das Projekt, in das damals bereits erhebliche finanzielle Mittel geflossen waren. Stattdessen verläuft auf der Strecke nun ein meist ebener, geschotterter Weg für Wanderer und vor allem Radfahrer (für Rennräder eignet er sich nicht), entlang dem u.a. Bäume gepflanzt und eine Reihe von Picknickplätzen angelegt wurden. An der Strecke liegen mehrere Bahnhofsgebäude (die eines Tages vielleicht zu Bars etc. werden könnten), die Ortszentren von Son Servera, Son Carrió und Sant Llorenç sind jeweils nur ein paar hundert Meter von der Route entfernt.

Fahrradverleih: Rent A Bike S'Abeurador, Carrer Josep Melià i Pericàs 2, knapp oberhalb der Durchgangsstraße Ri. Capdepera und nicht weit vom alten Bahnhof. MTBs und Tourenräder 16 €/Tag. Geöffnet Mo–Fr 9–13, 16–19.30 Uhr, Sa 9–13 Uhr. Mobil-✆ 644 362664, www.artabikes.com. Auch die Infostelle im alten Bahnhof verleiht Räder.

Übernachten/Essen **** Hotel Can Moragues, edles kleines Hotel in einem Altstadtpalais des 19. Jh. Innenhof mit kleinem Pool, nur acht gut ausgestattete Zimmer, auch Suiten. DZ etwa 120–140 €. Carrer Pou Nou 12, Nähe Rathaus, ✆ 971 829509, www.canmoragues.com.

Hotel Sant Salvador, ein Hotel des „Turisme d'interior", untergebracht in einem ehemaligen Stadtpalast am Ortsausgang Richtung Betlém. Geräumige, hübsch dekorierte und in warmen Farben gehaltene Zimmer. Sehr gute Restaurants („ZeZo El Gourmet" und „Gaudí"); Pool. Junior Suiten/Suite etwa 100–230 €. C. Castellet 7, ✆ 971 829555, www.santsalvador.com.

Hotel Jardí d'Artà, das ehemalige „S'Abeurador", sehr aufwändig umgebaut. Mehrere hundert Jahre altes Haus, lauschiger Hinterhof mit hübschem kleinem Pool und herrlichem Garten. Top-Ausstattung mit Fitnessraum und Hammam; zwölf geschmackvoll gestaltete, ganz unterschiedlich ausfallende Zimmer, von de-

nen eines in einer ehemaligen Kapelle liegt. Deutsche Leitung, ambitioniertes Restaurant (nur abends). DZ im Schnitt etwa 140–200 €, es gibt auch Suiten. C. Abeurador 21, im nordöstlichen Zentrumsbereich unterhalb des Stadtbergs, ℘ 971 835230, www.hotel-arta.com.

Hotel Forn Nou, auf dem Weg zum Hotel Jardí d´Artà. Ein weiteres neues Stadthotel, gestaltet in einem interessanten Mix aus alt und modern. DZ nach Saison und Standard etwa 95–140 €. Das Restaurant – je nach Wetter im Inneren oder auch auf der schönen Aussichtsterrasse auf dem Dach – offeriert ein gutes Mittagsmenü sowie Abendmenüs für etwa 25 €; Mi Ruhetag. C. Centre 7, ℘ 971 829 246, www.fornnou-arta.com.

Hotel Casal d'Artà, ebenfalls in einem alten Stadthaus untergebracht. Reizvolle Zimmer mit teilweise antikem Mobiliar, TV und Klimaanlage, sehr originell und komfortabel eingerichtete Bäder, Dachterrasse mit Fernsicht. Deutsche Leitung. DZ etwa 90–100 €. Carrer Rafael Blanes 19, beim Rathausplatz, ℘ 971 829163, www.casaldarta.de.

Essen & Trinken   Finca Es Serral, bekanntes Finca-Restaurant etwas außerhalb des Ortes, auch von Lesern gelobt. Ländlich-rustikale Atmosphäre, passend die deftige mallorquinische Küche; auch vegetarische Optionen. Mittlere Preise. Anfahrt auf der Straße Richtung Capdepera, bei der Tankstelle links, den Schildern zur Kläranlage (Depuradora) folgen, dann beschildert. Mo Ruhetag, So nur abends, von Nov. bis etwa Mitte März. geschlossen; ℘ 971 835336.

Rest. El Dorado, eines der recht zahlreichen Lokale der Fußgängerzone. Geführt von einer bekannten Gastronomenfamilie, beliebt insbesondere zur Mittagszeit, wenn hier für wenig Geld ein durchaus ordentliches Menü angeboten wird. Carrer Ciutat 17, Sa geschlossen.

Rest. Ca'n Sion, ebenfalls in der Fußgängerzone. Auch von Lesern sehr gelobtes, deutsch geführtes Lokal, insbesondere auf Tapas spezialisiert; kleine Karte, alles frisch gemacht, teilweise werden Bioprodukte (Rindfleisch z.B.) verwendet. Gute Weine auch glasweise. Nicht ganz billig, aber das Preis-Leistungs-Verhältnis stimmt. Mo Ruhetag. Carrer Ciutat 22. Ein Stück weiter in der Fußgängerzone auf Nr. 3 (bei der Plaça Conqueridor) und ebenfalls ein prima Tipp für leckere Tapas: **Tres Mes Tapas Bar**.

Bar-Rest. La Mar de Vins, noch weiter oben in der Fußgängerzone. Tapas, spanische und vegetarische Küche nach Marktlage aus frischen, überwiegend lokalen Produkten; gute Weinauswahl. Hübscher Garten nach hinten, entspannte Atmosphäre. Relativ günstige Preise. So geschlossen. C. Antoni Blanes 34. ■

Kirchen und Kastell: Artà

Rest. Ca Nostra, beim Kreisel nahe Fußgängerzone und Bahnhof, gleich am Taxistand. Solide mallorquinische Küche, Grillgerichte und Tapas, sehr gutes Mittagsmenü für etwa 10 €. C. d'es Tren 1.

Bar-Rest. Ca'n Jaume, schlichtes, familiäres Lokal mit kleinem Innenhof und mallorquinischer Küche. Mittagsmenü 8 €, auch preisgünstige Hauptgerichte und gutes Pa amb Oli; Fr-Abend Tapas und Getränke zum Sparpreis. So geschlossen. C. Cristófol Ferrer Pons 13 (auf dem Straßenschild steht noch der alte Name C. Oasis), eine Seitenstraße des Carrer de ses Parres (Abzweig bei der Cooperativa Sant Salvador), der westlich parallel zur Fußgängerzone verläuft.

Einkaufen Markttag ist Dienstag, viel Betrieb und zahlreiche Stände rund um die Plaça del Conqueridor; dann findet auch ein Kunsthandwerksmarkt mit internationalen Ausstellern statt.

Cooperativa Sant Salvador, Trockenfrüchte, Käse, Wurstwaren, Konfitüren etc., teils aus eigener Herstellung, ganz überwiegend jedoch auf jeden Fall aus Mallorca. Was Bio-Artikel (erhältlich z. B. Mandeln) angeht, ist das Angebot noch eher schmal. C. Parres 82, eine westliche Parallelstraße zur Fußgängerzone; ℡ 971 836175. ■

Feste Beneides de Sant Antoni, am 16. und 17. Januar, traditionsreiche Segnung der Haustiere und des Viehs.

Sant Salvador, Patronatsfest am 6. August, das meist schon am vorherigen Wochenende oder noch früher beginnt.

Feria, Jahrmarkt am 2. So im September.

Sehenswertes

Museum ArtArtà: Seit 2012 beherbergt ein altes Haus in der Fußgängerzone dieses originelle Privatmuseum, in dem sich alles um mallorquinische Märchen (Rondalles) und ihre skurrilen Helden dreht. Geschaffen wurden die plastischen, (über-)lebensgroßen Figuren von dem aus Artà stammenden Bildhauer Pere Pujol (1934–2001), und damit der Besucher z.B. versteht, warum der doofe Köhler versucht, zwei Kürbisse auszubrüten, erhält er ein deutschsprachiges E-Book für den Rundgang. Mit ihrem Museum will die Gründerin Maria Isabel Sancho die lokalen Traditionen bewahren, weshalb im angeschlossenen Laden auch nur Kunsthandwerk aus Artà zum Verkauf steht; der Hinterhof beherbergt ein Café.
C. Antoni Blanes 19, im hinteren Bereich der Fußgängerzone; geöffnet Mai–Sept. Mo–Sa 10–22 Uhr, sonst 10–14 Uhr; im Februar geschlossen. Eintrittsgebühr 4 €, Kinder 2 €.

Museum ArtArtà: der Maurenkönig, der doofe Köhler und...

Casa Museu Can Cardaix: In eine noble Vergangenheit entführt der Besuch dieses Stadtpalasts nahe der Plaça Espanya, der als Geburtshaus der Künstlerin Aina Maria Lliteras und als Sitz der gleichnamigen Stiftung der Öffentlichkeit zugänglich gemacht wurde. Rund 900 Quadratmeter herrschaftliche Pracht sowie zahlreiche Kunstwerke sind zu bewundern, in den ehemaligen Stallungen ist ein Café untergebracht.
  C. Rafel Blanes 19, geöffnet Di–Sa 10–14 Uhr, Eintrittsgebühr 7 €, nur Erdgeschoss 3 €.

Museu Regional: Das Regionalmuseum an der Plaça Espanya gliedert sich in eine naturkundliche (u.a. präparierte, teilweise bereits ausgestorbene Vögel) und eine archäologische Abteilung, die vor allem Funde aus Ses Païsses und der mallorquinischen Talayotkultur generell ausstellt.
  Di–Fr 10–15 Uhr, Sa 10–14 Uhr; 2 €. Leider soll das Museum eventuell geschlossen werden.

Transfiguració del Senyor: Ein Stück bergwärts des Museums erhebt sich die wehrhafte Gemeindekirche, 1248 am Platz einer früheren Moschee geweiht und 1563 in gotischem Stil umgebaut. Imposant zeigt sich besonders die Talseite mit ihren großen, von Pfeilern gestützten Rundbögen.
  Di–Sa 10–14, 15–17 Uhr, Eintrittsgebühr 2 €.

Calvario und **Sant Salvator**: Hinter der Kirche führt ein von Zypressen beschatteter Kreuzweg in 180 Stufen hinauf zum Kalvarienberg mit der Wallfahrtskirche Sant Salvator. Vom Kastell ist außer den Mauern und Türmen, von denen sich ein weiter Blick zur Küste bietet, nicht viel erhalten geblieben. An der Stelle der Burg selbst steht heute die barocke, im 19. Jh. umgebaute Kirche. Ein Blick hinein lohnt sich vor allem wegen der beiden Seitengemälde „Die Übergabe Mallorcas durch den maurischen Heerführer an König Jaume I." und „Die Steinigung des Ramón Llull".

Umgebung

Ses Païsses: Die Ruinen der Talayot-Siedlung liegen in einem Wäldchen etwa einen Kilometer südlich von Artà; die Abzweigung von der Hauptstraße Richtung Cala Ratjada ist im Ort beschildert. Man betritt Ses Païsses, eine der besterhaltenen prähistorischen Stätten Mallorcas, durch ein zyklopenhaftes Tor in dem mächtigen Mauerring, der teilweise noch seine Originalhöhe von über drei Metern besitzt und aus der Zeit um 1000 bis 800 v. Chr. stammt. Älter noch ist der große Talayot innerhalb der Mauern, der auf etwa 1300 bis 1000 v. Chr. datiert wird. Seine Funktion ist nicht genau geklärt, man nimmt aber an, dass der hufeisenförmige Raum für Feuerbestattungen verwendet wurde, während die umgebenden rechteckigen Räume Wohnzwecken dienten.
  April–Okt. Mo–Fr 10–17 Uhr, Sa 10–14 Uhr, sonst Mo–Sq 10–14 Uhr; Eintrittsgebühr 2 €.

andere schräge Gestalten

Ermita de Betlem: Das Massiv von Artà nördlich der Stadt ist eine der abgeschiedensten Regionen der Insel. Hier steht hoch über dem Meer, etwa zehn kurvige Kilometer auf einer sehr engen

Straße (Leserbrief: „nur für geübte und angstfreie Autolenker") von Artàs Stadthügel entfernt, die kleine Einsiedelei von Betlem. Erst Anfang des 19. Jh. zunächst in einem Stall (daher der Name Bethlehem) gegründet, beeindruckt sie kaum durch kunsthistorische Besonderheiten, sieht man einmal von den Fresken in der Kapelle ab. Umso schöner sind die Anfahrt und die umgebende Landschaft. Kurz vor der Ermita zweigt ein beschilderter Weg nach rechts ab, auf dem man in wenigen Minuten die lauschige Quelle Font de sa Ermita erreicht.

Cala Mitjana/Cala Torta: Von der Straße in Richtung Capdepera und Cala Ratjada führt ein zehn Kilometer langes Sträßchen nach Nordosten. Es verzweigt sich zu unbefestigten Wegen, die zu den jeweils etwa hundert Meter langen, schönen und selten überfüllten Sandbuchten führen; da es sich um Naturstrände handelt, ist mit Anschwemmungen zu rechnen. Aufgrund des extrem schlechten Zustands der Zufahrt ist die Cala Mitjana praktisch nur zu Fuß zu erreichen (auch ab der Cala Torta), zur Cala Torta muss man ab dem Ende der Asphaltstraße noch etwa 1,5 km ausgewaschene, nur schwer befahrbare Schlaglochpiste hinter sich bringen. Beim Parken Vorsicht vor Autoknackern! Oberhalb der Cala Torta (Zufahrt noch von der Asphaltstraße rechter Hand) liegt in einer alten Finca der von Lesern für sein Restaurant gelobte Agroturismo „Sa Duaia" (www.saduaia.com).

Capdepera

Der Gemeindesitz der gut besuchten Küstenorte Cala Ratjada, Cala Mesquida, Font de Sa Cala und Canyamel, zusammengefasst unter dem Begriff *Cales de Capdepera*, duckt sich am Südhang eines Hügels unter das mächtige Kastell, die am besten erhaltene Festung Mallorcas. Pflastergassen und die mit Blumenschmuck herausgeputzten Natursteinhäuser verlocken zum Bummel durch das Städtchen. Letztlich landet aber doch jeder Besucher oben am Burghügel, der wahrscheinlich schon in der Vorgeschichte, sicher aber bereits von Römern und Arabern besiedelt worden war.

Information O.I.T., C. des Centre 9, im Ortskern nahe der Plaça L'Orient, ☎ 971 556479, geöffnet Mo–Fr 8–15 Uhr. Hier (oder in der Infostelle in Cala Ratjada) auch Anmeldung zum Besuch des im selben Gebäude befindlichen **Centre Melis Cursach**, einer „Casa Museo", die u.a. eine alte Apotheke enthält; Führungen Mi/Fr jeweils 11 Uhr, 2,50 €.

Verbindungen Busse fahren wie nach Artà, siehe dort.

Übernachten/Essen Hotel Rural Predí Son Jaumell, rund einen Kilometer nördlich des Ortes, Anfahrt zunächst über die Straße Ri. Cala Mesquida, dann rechter Hand. 2012 eröffnetes, luxuriöses Landhotel in einem alten Gutshof des 17. Jh.; eigenes Weingut und eigene Landwirtschaft; exquisites Restaurant (s.u.) angeschlossen. Kompetenter deutschsprachiger Direktor. Reizvolle Poolanlage. 24 schön eingerichtete Suiten, zwei Personen zahlen etwa 200–450 €. Geöffnet etwa März bis Mitte Nov. Carretera Cala Mesquida, km 1, Desvío Camí Cala Moltó, ☎ 971 818796, www.hotelsonjaumell.com.

Agroturisme Cases de Son Barbassa, noch etwas weiter nördlich, etwa 3 km von Capdepera entfernt, Zufahrt (zuletzt Schotter) linker Hand der Straße zur Cala Mesquida. Umgebauter Bauernhof mit hohem Komfort, umgeben von 100.000 qm Grund, Pool mit Fernblick und einem Touch Ibiza-Feeling. Sehr gutes Restaurant mit ebenfalls schöner Aussicht. DZ nach Saison und Ausstattung 170–280 €. Ctra. Cala Mesquida, Camí de Son Barbassa, ☎ 971 565776, www.sonbarbassa.com.

Rest. Andreu Genestra, im Hotel Rural Predí Son Jaumell. Geleitet von Andreu Genestra, der, obwohl noch relativ jung 1983 in Inca), zu den ganz großen Köchen der Insel zählt, geschult bei Legenden wie Ferran Adrià und Juan Mari Arzak. Kreativ-mediterrane Küche aus vorwiegend lokalen Produkten (teilweise Eigenanbau), prima Weinauswahl. Ein Michelinstern; dafür gar nicht einmal so teuer, die Degustationsmenüs kommen für etwa 45–70 € auf den Tisch. Täglich geöffnet, Nov.–März geschlossen. ✆ 971 565910, www.andreugenestra.com.

Café-Bar Orient, weithin bekanntes und viel gelobtes Lokal im Zentrum an der hübschen kleinen Plaça L'Orient. Tische im Freien, gut für Tapas und Pa amb Oli. Genau gegenüber, mit raffinierter Küche fürs komplette Mahl: **Pizzeria-Rest. Kikinda**.

Einkaufen Markttag ist Mittwoch.

Feste Mercat Medieval, um das dritte Wochenende im Mai, ein „Mittelalter-Markt" rund um das Kastell.

Mare de Déu del Carme, 16. Juli, Fest der Schutzheiligen der Fischer.

Festes de Sant Roc i Sant Bartomeu, mit Veranstaltungen praktisch im ganzen August. Höhepunkt ist Sant Bartomeu am 24.

Nuestra Senyora de Esperança, Fest der Schutzpatronin, am 18. Dezember.

Castell de Capdepera: Bei der christlichen Rückeroberung gelang es den Mauren lange Zeit, die wuchtige Burganlage zu verteidigen, Capdepera fiel als eine der letzten maurischen Festungen. Um 1300 ließ Jaume II. die Burg weiter ausbauen und verstärken. Ganz oben auf dem Hügel steht eine frühgotische Kapelle. Sie beherbergt eine Marienstatue, um die sich eine alte Legende rankt: Als Ende des 14. Jh. wieder einmal Piraten Capdepera angriffen, holte die Bevölkerung in ihrer Verzweiflung die Madonna aus dem Kirchlein und stellte sie auf die Mauern. Das erhoffte Wunder geschah, dichter Nebel zog auf und vertrieb die Angreifer. Die Madonna und die Kapelle hießen fortan Nostra Senyora de la Esperança („Muttergottes der guten Hoffnung"). Über Stufen kann man dem kleinen Kirchlein aufs Dach steigen, von dem sich ein besonders weiter Blick bietet.

Mitte März bis Mitte Oktober 9–20 Uhr, restliche Monate 9–17 Uhr; Eintritt 3 €, falls eine Falkenshow (zuletzt Mo/Di/Mi/Sa; Details in der Infostelle) stattfindet 4 €.

Cala Mesquida

Eine etwa sechs Kilometer nördlich von Capdepera gelegene, gut 500 Meter lange Sandbucht, an die sich eins der größten und besterhaltenen Dünensysteme der Insel anschließt. An ihrem westlichen Ende wurden leider große Aparthotel- und

Nur an der Westseite bebaut: Cala Mesquida

Club-Anlagen errichtet, die mit 800 Betten etwas überdimensioniert erscheinen. Der Rest der Bucht ist jedoch als Naturschutzgebiet völlig unverbaut und wird es auch bleiben. Die Dünen, Felsküsten, ufernahen Garigue-Zonen und die ausgedehnten Wälder aus Aleppokiefern sind Heimat einer vielfältigen Flora und Fauna und ein wichtiges Rückzugsgebiet seltener Vogelarten. Das Schutzgebiet reicht bis zur Cala Agulla bei Cala Ratjada, mit der die Cala Mesquida durch einen etwa drei Kilometer langen Fußweg (vgl. Tour 10) verbunden ist.

Verbindungen Busse von/nach Cala Ratjada verkehren im Sommer alle ein bis zwei Stunden.

Baden Im Hochsommer herrscht, auch wegen der Hotelanlage, relativ starker Andrang; in der Nebensaison jedoch findet sich viel Platz. Im hinteren, östlichen Bereich der Cala wird auch nackt gebadet. Bei starkem Nordwind ist wegen der dann sehr hohen Brandung (Unterströmungen!) äußerste Vorsicht geboten.

Fußweg zur Cala Torta Rund 40 Min. dauert der Weg zur Nachbarbucht, für den man etwas Orientierungsfähigkeit mitbringen sollte. Er beginnt am Ortsrand Ri. Capdepera beim Kreisel. Gegenüber vom Laden „Lucia" führt hier ein rot markierter Weg in den Wald; nach zwei bis drei Minuten geht es an einer Gabelung rechts, fünf Minuten weiter an der nächsten Gabelung links. Wenig später hält man sich nochmal links und folgt nun einfach im großen Bogen dem Feldweg bis zum Abstieg zur Bucht.

Ein Wanderweg verbindet Cala Ratjada mit der Cala Mesquida (Tour 10)

Cala Ratjada

Ein gewachsener Urlaubsort mit Tradition, hervorgegangen aus einem Fischerhafen, der immer noch eine gewisse Bedeutung besitzt. Neben einigen Großhotels finden sich viele kleinere Pensionen und Mittelklassehotels. In der Umgebung warten gleich mehrere Strände.

Cala Ratjada, auf der Südseite einer Halbinsel gelegen, die im Kap von Capdepera ausläuft, fungiert schon seit den 50er-Jahren als Ferienziel. Besonders beliebt ist die Siedlung, man merkt es schnell, bei deutschen Urlaubern, darunter im Sommer besonders viel sehr junges Publikum. Zum Leidwesen der Einheimischen wie auch der meisten anderen Gäste verirren sich allerdings auch oft lautstarke, durch preisgünstige Pauschalangebote angelockte „Ballermänner" nach Cala Ratjada.

Dank der niedrigen Häuser zeigt sich der Ortskern entlang der Hauptstraße Carrer Elíonor Servera und rund um den Hauptplatz Plaça dels Pins recht ansehnlich. Größere Hotels und Apartmentkomplexe stehen nur an den Rändern der Siedlung, insbesondere am kleinen Strand Son Moll, um die nördliche Bucht Cala Lliteres und vor allem in der optisch weniger erfreulichen neueren Hotelsiedlung in Richtung der schönen Sandbucht Cala Agulla. Der Verkehr hält sich in Grenzen. Ein weiterer Vorzug von Cala Ratjada ist die Fußgängerpromenade vom Strand Son Moll zum Hafen, die in bestechender Lage über der Felsküste angelegt ist und von Bars und Restaurants gesäumt wird. Der Hafen selbst bietet zwar auch Yachten Schutz, ist vor allem aber Heimat einer bedeutenden Fischereiflotte. Als reizvoll er-

Cala Ratjada 215

Über dem Hafen thront die Casa March: Cala Ratjada

weist sich auch die nähere Umgebung. Gute Wassersportmöglichkeiten und ein recht umfangreiches Nachtleben runden das touristische Angebot ab. Bleibt noch, auf die Schreibweise der „Rochenbucht" Cala Ratjada einzugehen: Cala Rajada ist die kastilische Version, laut mallorquinischen Linguisten aber auch die einzig wahre katalanische Schreibweise, wiewohl der Ortsname in allen offiziellen Publikationen Mallorcas mit „t" geschrieben wird.

Basis-Infos

Information O.I.T. Municipal Cala Ratjada, im Centre Cap Vermell, einem großen Multifunktionsbau am Carrer L'Agulla 50; ✆ 971 819467. Wander- und Radinfos etc. Öffnungszeiten Mo–Fr 8.30–14 Uhr, im Sommer mit wechselnden Zeiten auch am Nachmittag und Sa am Vormittag; dann öffnet auch ein Info-Kiosk am Hauptplatz.

Verbindungen Busse halten weit oben am Carrer Castellet. Verbindungen u. a. nach Artà etwa alle ein bis zwei Stunden, Palma 6-mal (häufiger mit Umsteigen in Manacor), Ca'n Picafort und Port d'Alcúdia 6-mal, weiter bis Port de Pollença 3-mal täglich, Cala Millor und Porto Cristo 13-mal täglich. **City-Busse** starten zu den Coves d'Artà 3-mal täglich, nach Canyamel, Font de Sa Cala und Cala Mesquida etwa alle ein bis zwei Stunden.

Mietfahrzeuge: Breite Auswahl besonders im Carrer Elíonor Servera und im Carrer L'Agulla. „Rent Auto", L'Agulla s/n, ✆ 971 563601, hat ganzjährig geöffnet. Fahrräder bei „M-Bike" (hochwertige MTBs, auch Touren), L'Agulla 95, Mobil-✆ 639 417796, und bei „Ronny's Zweiradvermietung", C. Méndez Núñez 51 (unweit Hostal Villa Massanet), Mobil-✆ 676 366784.

Schiffsausflüge führen zur Sommersaison nach Porto Cristo mit möglichem Besuch der Coves Drac (25 €), außerdem gibt es auch Fahrten in die Umgebung und nach Cala Millor. Die **Menorca-Fahrten** nach Ciutadella sind seit einigen Jahren eingestellt.

Übernachten → Karte S. 217

Cala Ratjada ist in den Katalogen fast aller Reiseveranstalter gut vertreten.

**** Hotel Cala Gat , solides Quartier in ruhiger Alleinlage im Wald unweit der Bucht Cala Gat, dabei nur etwa 500 Meter vom Hafen entfernt. Große Zimmer, Garten mit Pool. Geöffnet April–Oktober. DZ etwa 90–140 €, HP ist nicht viel teurer. Ctra. del Faro s/n, ✆ 971 563166, www.hotelcalagat.com.

Die Ostküste

Die Ostküste

*** **Hotel Ses Rotges** 11, ein hübsches kleines Quartier mit Sonnenterrasse und geschmackvoll eingerichteten Zimmern. Geöffnet etwa Mitte März bis Anfang Nov., nur 24 Zimmer, Reservierung ratsam. DZ nach Saison und Ausstattung/Lage etwa 120–160 €. Sehr hochklassiges (und teures) Restaurant. Carrer Rafael Blanes 21, ℡ 971 563108, www.sesrotges.com.

»› **Lesertipp:***** **Hotel Amoros** 8, „sehr zentral gelegen, auch zur Nebensaison geöffnet, und man wird sehr freundlich bedient" (Martin Ritter). Pool. Am Wochenende gelegentlich Lärm von den Besuchern der nahen Discos. Im Dez. geschlossen. DZ 50–100 €, HP ist nicht viel teurer. C. Ses Llegetimes 37, ℡ 971 563550, www.hotel amoros.com. ‹‹

** **Hotel Bellavista Spa** 3, wenige Minuten vom Hafen. Vorwiegend jüngeres Publikum. Überwiegend pauschal gebucht, aber auch mit Platz für Individualgäste. Etwas hellhörig; die Bäder sind klein. Pool, Klimaanlage, TV und (kleines) Spa. DZ etwa 50–95 €. C. Miguel Garau 30, ℡ 971 563194, www.bellavistamallorca.com.

** **Hostal Villa Massanet** 4, zentrumsnah, aber ruhig gelegen; geführt vom deutsch-indonesischen Ehepaar Hans und Netty Duhse, auf Vorbestellung indonesische Küche. 20 Zimmer; bodenständige Atmosphäre, Bar mit Terrasse, Pool, für Gäste Internet-Zugang. Geöffnet etwa Mai bis Okt. DZ/Bad etwa 45–55 €. C. Joan Moll 12. Im Gebiet nördlich des Hafens, ℡ 971 563196, www.villa-massanet.de.

** **Hostal Ca's Bombu** 5, großes Hostal, das mit 50 Zimmern einen ganzen Block einnimmt; kleiner Pool. Die Zimmer sind schlicht, aber in Ordnung und sehr sauber. Geöffnet Mitte April bis Oktober. DZ/Bad etwa 45–55 €. C. Elíonor Servera 86, ℡ 971 563203, www.casbombu.com.

Essen & Trinken/Kneipen/Nachtleben

Besonders schön sitzt man natürlich in den Restaurants an der Hafenpromenade.

Essen Rest.-Café del Mar 13, in einem ruhigen Abschnitt der Strandpromenade. Schöne alte Villa mit Terrasse zum Meer, Schweizer Leitung, kreative Küche auf hohem Niveau, Schwerpunkt Fischgerichte. Menü à la carte ab ca. 40 €, Fischplatte für zwei Personen 45 €, oft auch ein erstaunlich günstiges Mittagsmenü. Mo (außer zur HS) sowie von Nov.–März geschlossen. Avenida América 31, ℡ 971 565836.

»› **Mein Tipp:** Rest. Es Coll d'Os 1, etwas abseits gelegenes Natursteinhaus in einer alten Finca. Eines der wenigen Restaurants im Ort, das auch mallorquinische Spezialitäten serviert. Produkte aus der eigenen Landwirtschaft, wechselnde Karte, familienfreundlich und auch von Lesern sehr gelobt. Festes Menü (Getränke extra) etwa 32 €. Geöffnet Mo–Sa abends. C. Hernán Cortés, Ecke C. Verge de l'Esperança, ℡ 971 564 855. ‹‹

Bodega Es Recó des Moll 7, etwas versteckt gelegen, nämlich an der Straße hinter den Hafenrestaurants. Eine echte Empfehlung für leckere Tapas und gute Weine, leider keine Terrasse. Carrer Ca's Bombu 2.

Mama Pizza 12, in bevorzugter Lage direkt an der Küstenpromenade. Kleine Terrasse, schick-kühle Designereinrichtung und beachtlich dimensionierte Pizzas und Nudelgerichte. Die Preise liegen für die Lage und für das Gebotene relativ günstig (12–15 €), Warteschlangen sind zur Saison deshalb an der Tagesordnung. Reservieren: 971 563740.

Bar-Rest. Nou Dos 9, an der Hauptstraße, ein schickes Lokal mit großer Terrasse. Bis 21 Uhr gibt´s gute und recht günstige Tapas; dann wird auf Restaurantbetrieb umgeschaltet, Hauptgerichte im Dreh 15–18 €. C. Elíonor Servera 15.

Rest. Ca'n Tomeu 10, 30 Meter weiter stadtauswärts. Wohl das beste China-Restaurant des Städtchens, bei den Einheimischen sehr beliebt. Die Besitzerfamilie ist schon seit den 70-ern in Cala Ratjada. Hauptgerichte um 8–9 €, Fisch deutlich mehr. Di geschlossen. Elíonor Servera, Ecke Carrer Magallanes.

Rest. Pizzeria Ca'n Tomas 6, ebenfalls ein langjährig eingeführtes Lokal. Optisch eindeutig Richtung Touristenfalle, dabei sind die Tapas wirklich nicht übel, die Pizzas sind üppig und das Mittagsmenü ist sein Geld wert. Plaça Mariners 7.

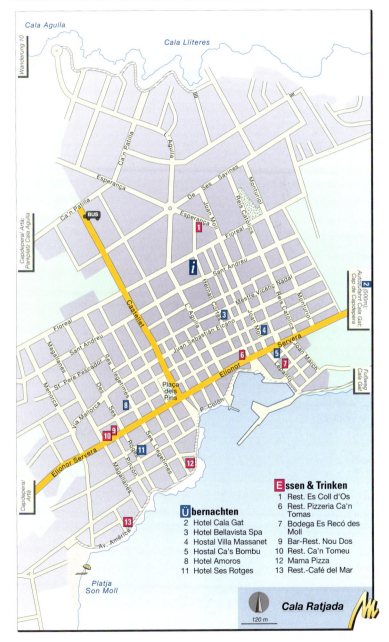

Kneipen, Nachtleben Im Hochsommer herrscht einiger Betrieb, in der Nebensaison geht es eher ruhig zu. Hauptflanierzone ist die Promenade im Hafenbereich.

Café 3, ebenda und eine der lebendigsten Kneipen im Ort. Mehrere Terrassen, auf denen abends viel Rummel herrscht, manchmal Live-Musik. Im Umfeld weitere beliebte Lokale wie das **Café Noah's** oder, ein Stück weiter, **Casa Nova**.

Chocolate, an der Hauptstraße Nähe Plaça dels Pins. Beliebter, biergartenähnlicher Freilufttreff, fast ausschließlich deutsches Publikum, geöffnet bis in den Morgen.

Physical, im Carrer Coconar, ist eher der Treffpunkt der Jugend, das gegenüber liegende **Bolero** auch etwas für ältere Semester.

Einkaufen/Sport/Feste

Einkaufen Markttag ist Samstag.

Sport Vielfältige Möglichkeiten, komplette Liste im O.I.T.-Büro.

Tauchen: Tauchbasis Mero, Cala Lliteres, im nördlichen Ortsbereich. Renommiertes Tauchzentrum, gegründet 1970. Die kleine Bucht ist ideal für Schulungen. ☏ 971 565467, www.mero-diving.com.

Reiten: Eddi's Reitstall, etwas außerhalb an der Nebenstraße Ca'n Pastilla, Richtung Capdepera; Ausritte und Schulungen, Mobil-☏ 630 150551. Rancho Bonanza, in der Nähe, Mobil-☏ 619 680688, ähnliches Angebot.

Feste und Veranstaltungen Reiches Kulturprogramm, Hinweise im O.I.T.-Büro.

Sant Antoni, 17. Januar, Fest des Schutzpatrons der Haus- und Hoftiere.

Mare de Déu del Carme, 16. Juli, Fest der Schutzpatronin der Fischer, das auch das nächstgelegene Wochenende mit einschließt. Mit Meeresprozession, Schwimmwettbewerben und Halbmarathon.

Serenades d'Estiu, im Juli im Park der Casa March.

Festes de Sant Roc i Sant Bartomeu, das Hauptfest des Gemeindesitzes Capdepera wird auch in Cala Ratjada gefeiert. Höhepunkt ist Sant Roc am 16. August.

Día del Turista, der „Tag des Touristen", an wechselnden Terminen im September.

Mostra de la Llampuga, etwa zwischen Ende Sept. und Mitte Oktober, das gastronomische Fest der Goldmakrele. Das genaue Datum ändert sich jährlich.

Baden: Cala Ratjada verfügt über gleich mehrere Strände. Die *Platja Son Moll* ist der nur etwa 150 Meter lange, von Hotels flankierte Hausstrand, an dem es im Sommer meist äußerst voll wird. Auf der entgegengesetzten Seite des Ortes liegt die noch kleinere, aber lauschige und von Felsen flankierte *Cala Gat*, in etwa zehn Minuten vom Hafen über einen Fußweg zu erreichen, der an der Meerseite der Casa March entlang-

Frühsommer an der Cala Gat

führt. Cala Ratjadas größte und wohl auch schönste Badebucht ist die knapp 600 Meter lange *Cala Agulla* (span.: Cala Guya) im Nordwesten des Ortes. Etwa 1,5 Kilometer vom Zentrum entfernt finden sich hier ein herrlicher Dünenstrand, Picknickplätze in den Kiefernwäldern und mehrere Strandbars; der Parkplatz im Hinterland ist gebührenpflichtig. Fußwege führen zur benachbarten kleinen Felsbucht *Cala Moltó*, in der gut geschnorchelt und auch nackt gebadet werden kann, und weiter bis zur Cala Mesquida (siehe Tour 10). Trotz ihrer Ausdehnung wird allerdings auch die Cala Agulla im Hoch-

Bildschöne Badebucht: Cala Agulla

sommer recht voll; in der Nebensaison dagegen gehört sie fast schon zur Rubrik „Traumstrand". Bei hohem Wellengang ist hier allerdings Vorsicht geboten – beachten Sie bitte unbedingt die Warnflaggen.

> **Tour 10: Von Cala Ratjada zur Cala Mesquida** → S. 294
> Durch Naturschutzgebiet zur Badebucht

Umgebung von Cala Ratjada

Casa March: Der 1911 erbaute Palast „Sa Torre Cega", weithin sichtbar auf einem Hügel in Richtung Cap de Capdepera gelegen, ist seit Jahrzehnten im Besitz der schwerreichen Familie March (→ nächste Seite). In der Parkanlage hatte die Dynastie Dutzende von Skulpturen bekannter Künstler wie Henry Moore, Auguste Rodin und Eduardo Chillida aufstellen lassen. Durch einen starken Sturm erlitt der Park 2001 schwere Zerstörungen, war dann lange Jahre geschlossen, ist aber jetzt wieder zu besuchen: Architektur, Kunst und Landschaft im Einklang.
Führungen Mai–Nov. Mi–So 2-mal täglich, sonst eingeschränkt, im Dez./Jan. nur für Gruppen geöffnet. Voranmeldung und Ticketkauf (ca. 4,50 €) in der Touristinfo obligatorisch.

Cap de Capdepera: Das Kap von Capdepera liegt nur etwa zwei Kilometer vom Zentrum Cala Ratjadas entfernt. Ein schmales Sträßchen und mehrere Fußwege führen durch schattige Waldstücke hinauf zum Leuchtturm, der den östlichsten Punkt Mallorcas markiert. Hier bietet sich ein weiter Blick über die zerrissene Felsküste, besonders schön am frühen Morgen.

Sa Font de Sa Cala: Eine Süßwasserquelle am Meer gab der etwa vier Kilometer südlich von Cala Ratjada gelegenen Bucht ihren Namen. Heute ist Sa Font de Sa Cala eine Art Hotelvorort von Cala Ratjada. Der rund hundert Meter lange Strand glänzt mit breitem Sportangebot, wird zur Saison allerdings sehr voll. In der Nebensaison zeigt sich die Siedlung verschlafen.

Juan March – eine mallorquinische Karriere

Allerorten trifft man auf Mallorca auf den Namen March. Eine in fast jedem Dorf der Insel vertretene Großbank, die umfangreiche Kunstsammlung in Palma, ausgedehnte Ländereien, die man nicht oder nur mit gnädiger Erlaubnis betreten darf – alles gehört der Dynastie March. Zusammengerafft hat diesen riesigen Besitz, der die Familie zu einer der zehn reichsten der Welt hat werden lassen, ein einziger Mann. Juan March (1880–1962), in einfachsten Verhältnissen in Santa Margalida geboren, soll schon als Junge beachtliche Raffinesse bei der Geldvermehrung entwickelt haben. Wie eine der zahlreichen Anekdoten über ihn berichtet, habe er seinen Mitschülern gezielt Zigaretten schmackhaft gemacht, nur um ihnen dann einzelne Züge zu verkaufen. Wenige Jahre später leitet er schon den väterlichen Schweinehandel. Dann, kaum volljährig, wirft er sich auf die Immobilienspekulation. Der Großgrundbesitz der verarmten Adligen ist billig zu haben. Juan March unterteilt ihn in kleine Parzellen, die er an die ehemaligen Pächter verkauft, gegen Ratenzahlung und natürlich zuzüglich Zinsen – die Anfänge der Banca March. Doch interessiert sich der junge Mann auch für den Schmuggel, seinerzeit eine traditionelle Erwerbsquelle der Mallorquiner. Es dauert nicht lange, und fast ganz Spanien raucht illegal eingeführte Zigaretten, produziert in einer algerischen Fabrik, die – natürlich – Juan March gehört. Das spanische Staatsmonopol für Tabak wird praktisch wertlos. Mehr Geld ist nur noch im Krieg zu machen. Da trifft es sich gut, dass im marokkanischen Rifgebirge Berberstämme gegen die spanische Kolonialarmee kämpfen. March verkauft den Aufständischen Gewehre und der spanischen Armee Kleidung, Schuhe und Zigaretten. Im Ersten Weltkrieg, als Schiffe zum knappen Gut werden, erwirbt March alle Reedereien des spanischen Mittelmeers. Die Engländer zahlen gut für die Charter der Schiffe, und damit die Nachfrage nicht abreißt, legt March in den versteckten Buchten der Insel Cabrera Treibstoffdepots für deutsche U-Boote an. Zudem bringt ihm jedes seiner Schiffe, das von den Deutschen versenkt wird, satte Versicherungsprämien ein. Nach dem Krieg widmet sich March wieder dem Tabakschmuggel, den er nun recht erfolgreicher betreibt als zuvor. Ein einziges Mal kassiert er eine Niederlage: Der Versuch, als Politiker auch quasi offiziell an die Macht zu gelangen, scheitert. Die Spanier wählen wider Erwarten links. March, der bisher immer genau gewusst hatte, welches Gelenk im Staatsapparat geschmiert werden muss, sieht sich plötzlich einer unbestechlichen Regierung gegenüber. Und es sind noch einige Rechnungen offen, zu denen auch der gewaltsame Tod eines Konkurrenten zählt. March muss ins Gefängnis. Doch March wäre nicht March, wüsste er sich nicht zu helfen. Im November 1933 entkommt er nach Gibraltar – und mit ihm alle Aufseher. Im Spanischen Bürgerkrieg setzt March dann wieder auf die richtige Seite. Seine gigantischen finanziellen Mittel, eingesetzt zum Kauf von Waffen, tragen letztlich einen guten Teil zum Sieg der Faschisten bei. Im Gegenzug toleriert das Regime die Geldvermehrung der Methode March. Nur eines kann sich der Magnat nicht kaufen: die Anerkennung der reichen Familien Mallorcas. In Palmas Club der Vornehmen wird er trotz mehrerer Versuche nicht aufgenommen. March rächt sich auf seine Weise, erwirbt alle Nachbargrundstücke und baut direkt neben dem Clubhaus einen weitaus größeren Palast. In seinen späten Jahren gibt sich der Milliardär dann edelmütig, gründet die noble Kunststiftung „Fundació Juan March". So spektakulär wie sein Leben verlief, so endet es auch: 82-jährig stirbt Juan March bei einem Autounfall am Steuer seines Rolls Royce.

Gotischer Turm mit Restaurant: Torre de Canyamel

Canyamel und die Coves d'Artà

Der ruhige Urlaubsort Canyamel und die östlich oberhalb von ihm gelegenen Höhlen Coves d'Artà sind zwar fast unmittelbare Nachbarn, doch ist die Brücke über das trennende Bachbett nur für Fußgänger zu passieren. Autofahrer müssen sich deshalb schon im Hinterland entscheiden, welches Ziel sie anfahren wollen.

Canyamel, eine reine Feriensiedlung, erstreckt sich im sanften Hügelland des südlichen Gemeindebereichs von Capdepera entlang eines etwa 260 Meter langen Strands. Die Zufahrt zu der kleinen Ortschaft führt vorbei am Turm „Torre de Canyamel" (April bis Okt. Di–Sa 10–14, 16–19 Uhr, So 10–14 Uhr, 3 €) aus dem 13. Jh.; dank des hiesigen Restaurants ist er auch ein Mekka für Freunde knusprig gebratener Spanferkel. Der Ort selbst ist wenig spektakulär, besitzt aber einen hübschen Strand. Bleibt abzuwarten, wie sich die Atmosphäre nach Inbetriebnahme des großen und nicht unumstrittenen Fünfsternehotels Park Hyatt entwickelt, das demnächst „im Stil eines mallorquinischen Bergdorfs" (so die PR-Abteilung) im Hinterland der Siedlung eröffnen wird; eine Villensiedlung und ein „Country-Club" gehören ebenfalls zu dem Investitionsprojekt.

**** Hotel Ca'n Simoneta, 2005 eröffnetes Landhotel, Zufahrt beim Kreisel kurz vor Canyamel. Tolle Lage über der Küste. Die nur 17 Zimmer bzw. Suiten verteilen sich auf zwei Gebäude; aller Komfort inklusive schönem Pool etc. „Adults only", keine Kinder. Von Dez. bis etwa Feb. geschlossen. DZ etwa 200–500 €, auch Suiten. Ctra. de Artà a Canyamel km 8, ✆ 971 816110, www.cansimoneta.com.

Beach-Hotel Cap Vermell, nur ein paar Schritte vom Strand von Canyamel entfernt, jedoch über die Straße zu den Coves d'Artà zu erreichen. Das ehemalige Hostal Cuevas, unter Beachtung des Denkmalschutzes rundum renoviert und innen sehr reizvoll gestaltet. Angeschlossen das sehr gute, wenn auch nicht eben billige Restaurant „Vintage 1934" sowie ein Beachclub. Nur elf Zimmer, am schönsten natürlich die zum Meer. Oft belegt, Reservierung ratsam. DZ nach Lage, Saison und Ausstattung etwa 130–300 €. Platja Canyamel, ✆ 971 841157, www.grupocapvermell.com.

Rest. Porxada de Sa Torre, gleich neben dem Turm Torre de Canyamel, etwa 3,5 km vor Canyamel. Rustikales Ambiente, im Angebot verschiedene Menüs sowie Fleisch- und Fischgerichte, Spezialität ist aber Spanferkel vom Spieß (Lechona a l'Ast, Portion etwa 15 €). Von Juni bis Okt. Mo-Mittag geschlossen, sonst Mo und So-Abend; ab Mitte Dez. bis Anfang Feb. geschlossen. Zur HS reservieren: ✆ 971 841310.

Rest. Isabel, direkt in Canyamel, mit Terrasse zur Hauptzufahrtsstraße. Solide Küche, nicht überteuert, Hauptgerichte (Fleisch und Fisch) liegen etwa im Bereich 12–16 €. Via de las Cuevas 39.

Coves d'Artà: Die etwa 40 Meter hoch über der Küste gelegenen Höhlen von Artà zählen zu den großen Sehenswürdigkeiten der Insel, werden jedoch nicht ganz so stark besucht wie die Höhlen bei Portocristo. Schon in grauer Vorzeit bekannt und im Mittelalter auch von Piraten als Versteck genutzt, sind ihre Tropfsteine durch den Ruß tausender von Fackeln geschwärzt. Eindrucksvoll ist bereits der riesige Schlund des Eingangs, hinter dem sich ein ausgedehntes System von teilweise hallenartig großen, bis zu 45 Meter hohen Sälen erstreckt. In einem von ihnen ist die „Reina de las Columnas" zu sehen, mit einer Höhe von über 20 Metern wahrlich eine „Königin der Säulen". An Licht- und Toneffekten hat man bei der Erschließung der Höhlen leider nicht gespart.

März–Nov. 10–19 Uhr, restl. Monate 10–17 Uhr, Eintritt rund 14 €. Führungen etwa alle 30 Min., Dauer ebenfalls etwa 30 Min. Vorsicht beim Parken, nichts im Auto lassen!

Son Servera

Das Inlandsstädtchen ist der Gemeindesitz der kleinen, am Nordrand der Bucht von Son Servera gelegenen Villenurbanisation Costa d'es Pins, aber auch der größeren, mittlerweile zusammengewachsenen Küstenorte Cala Millor und Cala Bona. Recht hübsch zeigt sich der Ortskern mit der im 18. Jh. errichteten Pfarrkirche San Joan Bautista. Die zweite Kirche des Ortes, nicht weit von San Joan gelegen und *L'Església Nova* („Neue Kirche") genannt, wurde erst ab 1905 von Gaudí-Schüler Joan Rubio erbaut. Sie konnte aus Geldmangel nie fertiggestellt werden und blieb bis heute ohne Dach, dient deshalb nicht als Gotteshaus, sondern als Freiluftbühne für Folkloreaufführungen.

Essen Rest. Es Pati, im nahen Nachbarort Sant Llorenç des Cardassar. Unauffälliger Eingang, hübscher Patio, sehr feine und variantenreiche Küche; Felix Eschrich leitete früher das Restaurant im renommierten Hotel Read´s. Fünf-Gang-Menü reelle 40 €. Nur abends, So Ruhetag, im Winter nur Do–Sa geöffnet. C. Soler 22, im nördlichen Ortsbereich, nahe der Straße Richtung Artà. ✆ 971 838014.

Einkaufen Markttag ist Freitag, das Angebot jedoch sehr an den Besuchern aus Cala Millor orientiert.

Feste und Veranstaltungen Sa Revetla, mallorquinische Tänze und Aufführungen, von Juli bis Mitte September jeden Freitag Abend in der Església Nova (Zeiten beim O.I.T.-Büro Cala Millor); Eintritt frei.

Sant Joan, um den 23./24. Juni, Mittsommernachtsfest mit Feuerwerk.

Cala Millor und Cala Bona

Die beiden Urlaubsorte gehen praktisch ineinander über und sind durch eine rund drei Kilometer lange Strandpromenade verbunden. Gemeinsam bilden sie eines der größten Touristenzentren des Ostens.

Cala Millor und Cala Bona

Cala Millor ist die weitaus größere der beiden Siedlungen und mit einer kompletten touristischen Infrastruktur ausgestattet. Der Ort wirkt sehr gepflegt, leidet allerdings an einem gewissen Mangel an Atmosphäre. Abgesehen von einem älteren Siedlungskern im Bereich nördlich der *Avinguda Joan Servera Camps*, der mit schattigen Kiefern und niedrigen Häusern ein durchaus angenehmes Bild bietet, ist Cala Millor nämlich ein Produkt des Fremdenverkehrs und sieht auch so aus. Südlich der Hauptstraße erstreckt sich entlang des als Fußgängerzone ausgewiesenen *Carrer Cristòfol Colom* eine ausgedehnte, schachbrettartige Siedlung aus Hotels größeren Kalibers, die eine regelrechte Skyline bildet und zu zwei verschiedenen Gemeinden (Son Servera und Sant Llorenç) gehört. Das touristische Ballungsgebiet flankiert einen kilometerlangen und wirklich schönen Sandstrand. Begleitet wird er von einer gepflegten, verkehrsfreien Promenade, die einen etwas sterilen Eindruck macht. Die Bebauung reicht bis zum Fuß der Halbinsel von *Punta de N'Amer*, die sich zwischen Cala Millor und Sa Coma schiebt und als Naturschutzgebiet von der Erschließung bewahrt wurde.

Cala Bona, nördlich von Cala Millor gelegen, bestand bereits vor dem Einsetzen des Fremdenverkehrs und weist im Gebiet des kleinen Hafens noch einen Rest von mediterranem Charme auf. Der hiesige Strand, auf mehrere Abschnitte verteilt, kann mit dem von Cala Millor zwar nicht mithalten, liegt aber geschützter.

Basis-Infos

Information O.I.T. Municipal Cala Millor, Av. Joan Servera Camps s/n, Infostelle der Gemeinde Son Servera, an der Uferpromenade, ✆ 971 585864. Ganzjährig geöffnet, Mo–Fr 9–17 Uhr, Sa 9–13 Uhr (Sommer) bzw. Mo–Fr 9–15 Uhr, Sa 10–13 Uhr (Winter). Eine **Filiale** (nur Mai–Okt., Mo–Fr 9–15 Uhr, Sa 10–13 Uhr) liegt am Hafen von Cala Bona.

O.I.T. Municipal Cala Millor, Infostelle der Gemeinde Sant Llorenc, am Rand des Parc de la Mar, ✆ 971 585409. Geöffnet zur Saison Mo–Fr 9–16 Uhr, Sa 9–14 Uhr, So 9–13 Uhr, im Winter eingeschränkt.

Verbindungen Busse stoppen an einer ganzen Reihe von Haltestellen, die vor allem entlang des Carrer de Sa Llambies und seiner Verlängerung liegen. Busse u. a. nach Palma 12-mal, Cala Ratjada 14-mal, Porto Cristo etwa halbstündlich, Sa Coma und S'Illot etwa stündlich.

Schiffsausflüge in Glasbodenbooten werden zur Saison ab Cala Millor und Cala Bona angeboten. Sie führen u. a. nach Cala Ratjada (Samstagsmarkt, 22 €) und nach Porto Cristo mit möglichem Besuch der Coves del Drac (22 €).

Übernachten → Karte S. 224/225

Die großen Hotels von Cala Millor und Cala Bona können über fast jeden deutschen Reiseveranstalter gebucht werden, meist preiswerter als vor Ort.

*** Hotel Catalonia del Mar 4, direkt an der Hafenpromenade von Cala Bona. Großes Hotel der bekannten Kette; gute Lage. 2015 komplett renoviert, Innen- und Außenpool. „Adults only" – keine Kinder. Die Meerblick-Zimmer sind natürlich vorzuziehen. DZ nach Saison, Ausstattung und Lage etwa 85–180 €; es gibt auch Suiten. Passeig del Moll 15, ✆ 971 813700, www.hoteles-catalonia.com.

*** Hotel Biniamar 3, in Cala Millor, praktisch direkt an der Fußgängerzone. Keine architektonische Schönheit, aber ein freundliches und familiäres, auch für Privatbucher aufgeschlossenes Quartier mit ordentlichen Zimmern. Geöffnet April bis Oktober. DZ kosten etwa 75–120 €, Halbpension ist kaum teurer. Carrer Alosa 11, ✆ 971 585513, www.hotelbiniamar.com.

** **Hostal Seven** 6, unweit der Haupt-Infostelle, knapp abseits der Promenade. 2011 von Schweizern übernommenes und pfiffig renoviertes Quartier mit hübschen Zimmern; die Bäder sind nicht topmodern, aber okay. Sehr schöne Dachterrasse mit Meerblick, kleines Spa. Geöffnet Mai–Okt., Standard-DZ etwa 90 €, es gibt auch höhere Kategorien. C. Son Comparet 1, ℡ 631 010111 (mobil), www.seven-hostal.com.

Essen & Trinken/Nachtleben/Veranstaltungen

Essen & Trinken Internationales und deutsches Durchschnittsangebot ist vorherrschend. Die vom Ambiente her attraktivste Restaurantzone liegt um den Hafen von Cala Bona.

Rest. Port Verd del Mar 2, ganz im Norden des Siedlungsgebiets von Cala Bona, vom Hafen gut einen Kilometer entfernt. Schicke Mischung aus Bar, Restaurant und Lounge mit Terrasse direkt am Meer. Italienisch-mediterrane Küche, Menü ab etwa 40 €. Ronda de Sol/Ixent 23, ℡ 871 949 193.

Rest. Son Floriana 1, in einer Villensiedlung ein paar hundert Meter vom Meer gelegen, ein kleines Hotel ist angeschlossen. Reizvolles Landhaus mit lauschigem Garten, kreative mallorquinische Küche, gehobenes Preisniveau. C. Magnolia 16, zur Saison Reservierung empfohlen: ℡ 971 586075. Di Ruhetag.

Rest. Fonoll Marí 5, gleich hinter dem Hafen von Cala Bona. Bewährtes Restaurant mit Schwerpunkt auf Fischgerichten; gute Salatauswahl, auch diverse Paellas. Mittlere Preise. Passeig Moll 24.

Nachtleben Karussel, die einzige zuverlässig alljährlich wieder öffnende Disco im Ort: Cala Millor wendet sich ja in erster Linie an Familien als Urlaubsgäste. Am Ende des Carrer Alosa unweit Hotel Biniamar.

Feste Nostra Senyora del Carme, am 16. Juli in Cala Bona, mit Meeresprozession. **Nostra Senyora dels Àngels**, am 2. August, das Hauptfest von Calla Millor.

Übernachten
3 Hotel Biniamar
4 Hotel Catalonia del Mar
6 Hostal Seven

Essen & Trinken
1 Rest. Son Floriana
2 Rest. Port Verd del Mar
5 Rest. Fonoll Marí

Baden: Der rund zwei Kilometer lange, hellsandige und besonders im mittleren Abschnitt recht breite Strand von Cala Millor gilt als ideal für Familien mit Kindern. Eine Rotkreuzstation ist ebenso vorhanden wie diverse Wassersportmöglichkeiten, Sonnenschirm- und Liegenverleih. Aber Achtung: Auch in Cala Millor ist das Meer bei hohem Wellengang gefährlich.

Punta de N'Amer: Im Süden läuft der Strand in die Halbinsel von Punta de N'Amer aus, die Cala Millor von Sa Coma trennt. In dem Naturschutzgebiet sind noch Reste der ursprünglichen Dünenlandschaft zu sehen, die einst einen Großteil der Bucht bedeckte. Eine kurze Wanderung könnte zum Castell de N'Amer führen, einem wuchtigen Turm des 17. Jh., der in der Bauweise an eine Burg erinnert. Von dort bis nach Sa Coma sind es noch etwa 3,5 Kilometer.

Sa Coma und S'Illot

Ein weiterer Doppelort, zusammengewachsen aus zwei Siedlungen, wie sie unterschiedlicher kaum sein könnten.

Sa Coma ist ein moderner Badeort, bestehend aus schnell hochgezogenen Hotel- und Apartmentkomplexen von teilweise wirklich erschreckender Hässlichkeit. Im wild verbauten Hinterland dehnen sich weite Villensiedlungen aus. Reizvoll an Sa Coma ist einzig der weit geschwungene, bei gewissen Strömungsverhältnissen aber nicht ungefährliche Sandstrand; in den Neunzigern ertranken hier an einem einzigen Sonntag fünf Menschen. Die am Strand entlangführende Promenade reicht bis S'Illot.

Cala Millor und Cala Bona

S'Illot, die sich südlich anschließende Siedlung, wirkt gegen den Nachbarn fast schon nostalgisch. Die Bebauung ist hier nicht ganz so hoch und im Stil gemischter, deshalb letztlich angenehmer anzusehen als die Betonriesen von Sa Coma. Dennoch scheint S'Illot in einem langsamen Niedergang begriffen – der Ort besitzt nämlich einen nur kleinen, nicht übermäßig attraktiven Strand. Sehenswert immerhin ist die Talayot-Siedlung *Poblat Talaiòtic de S´Illot*, deren Ruinen mitten im Ort liegen. Sie stammt aus der Zeit um etwa 850–120 v. Chr.; ein Besucherzentrum (C. Llebeig 3, Tel. 971 811475; häufig wechselnde Öffnungszeiten, zur NS nur selten; Eintritt frei) ist angeschlossen.

Porto Cristo

Die meisten Besucher sehen Porto Cristo nur vom Busfenster aus, bei der Durchfahrt zu den Höhlen Coves del Drac und Coves dels Hams. Schade eigentlich ... Porto Cristo liegt an einer tief ins Land reichenden, schön geschwungenen Hafenbucht, in die das Flüsschen Es Riuet mündet, das ebenfalls als Hafen dient. Viele kleine Boote und verhältnismäßig wenige Yachten schaukeln hier im ruhigen Meer. Das Städtchen selbst ist mit seinen alten Häusern, den engen Gassen und der hübschen Flanierzone über dem Meer eine echte Erholung fürs Auge. Ein schöner Blick über den Ort bietet sich von der südlich des Hafens gelegenen Villensiedlung mit dem Club Nàutic. Als Ferienort wird Porto Cristo nur selten besucht, obwohl es sogar über einen kleinen Strand verfügt. Tagsüber geht es wegen der vielen Tagesausflügler recht lebhaft zu, abends zeigt sich das Städtchen eher ruhig.

Information O.I.T. Municipal Porto Cristo, ein Kiosk am großen Hafenplatz, an dem auch die Busse halten. Geöffnet Mo–Fr 9–15 Uhr. Plaça de s´Aljub s/n, Mobil- ✆ 662 350882.

Verbindungen Busse verkehren u. a. nach Cala Millor etwa halbstündlich, Palma (z.T. via Manacor) 9-mal, Cala Ratjada 13-mal, Port d'Alcúdia und Port de Pollença 3-mal, Porto Colom 4-mal, Cala d'Or 6-mal täglich.

Kontrastprogramm zu den Hotelsiedlungen: Hafenstädtchen Porto Cristo

Porto Cristo 227

Schiffsausflüge u. a. nach Cala Millor (22 €) und Cala Ratjada (Samstagsmarkt 25 €).

Übernachten *** **Hotel Felip**, in zentraler Lage direkt über der Hafenpromenade. Das solide, reizvoll altmodisch wirkende Hotel wurde vor einigen Jahren komplett renoviert. Kleiner Pool. Ganzjährig geöffnet. DZ nach Lage und Saison etwa 70–190 €; auf Wunsch auch all inclusive. C. Burdils 41, ✆ 971 820750, www.thbhotels.com.

Essen Einheimische raten, die Restaurants an der Hafenpromenade zu meiden, da sie wegen des starken Ausflugsbetriebs sehr auf Laufkundschaft eingestellt sind.

Rest. Roland, etwa 30 Meter vom großen Hafenplatz Plaça de s´Aljub. Kleine, aber feine Karte, Küche auf hohem Niveau. Menü à la carte ab etwa 35–40 €. So Ruhetag, Juni–Sept. nur abends geöffnet. Carrer Sant Jordi 5, ✆ 971 820129.

»› Lesertipp: Rest. Sa Sal, ein ganzes Stück landeindwärts vom Hafen. „Sehr schick und gemütlich eingerichtet, exzellenter Service, zwar recht teuer, aber es ist jeden Euro wert" (A. Renziehausen und C. Stückle). Nur abends, Mo Ruhetag. Carrer Tramuntana 11. Reservieren sehr ratsam: ✆ 971 822049. **‹‹‹**

Rest. Cantina Quince, ein noch junger Ableger des Sa Sal; mit schöner Terrasse, die eine reizvolle Aussicht auf den Flusshafen bietet; innen hübsch mit einem Touch Lateinamerika (der sich auch auf der Karte wiederfindet) dekoriert. Frische Küche nach Marktlage, Hauptgerichte etwa 15–20 €. Carrer Veri 1, Mi geschlossen. In der Nähe noch weitere Lokale. ✆ 971 821830.

Rest. Cap d'es Toi, um die Ecke, ebenfalls an der Flussuferstraße. Das Lokal wirkt etwas touristisch, bietet aber ein gutes Preis-Leistungsverhältnis und ist bei Einheimischen beliebt. Viele Hauptgerichte um/unter 12–15 €. Pg. d'es Riuet.

Bar-Rest. Ca'n Bernat de Sa Parra, knapp ein Kilometer vom Zentrum Richtung Manacor. Typische Kneipe, die sich besonders zum Mittagsmenü füllt. Carrer Puerto 91. Das benachbarte Bar-Rest. „Sa Parra" ist ganz ähnlich und noch günstiger.

Feste Festes d'Estiu, einwöchiges Sommerfest um den 16. Juli (Mare de Déu del Carme), den Tag der Schutzpatronin der Fischer, mit Meeresprozession, Feuerwerk etc. Am folgenden Freitag findet an der Promenade ein nächtlicher Markt statt, die **Feria artesana nocturna**, am folgenden Mo die **Mostra gastronómica** maritimer Küche.

Sehenswertes

Coves del Drac (span.: Cuevas del Drach): Nicht mit den Coves dels Hams an der Ortszufahrt zu verwechseln! Die großen Tropfsteinhöhlen, jenseits des Flusshafens etwa eine Viertelstunde Fußweg vom Zentrum entfernt gelegen, waren schon im Mittelalter bekannt, wurden aber erst 1896 durch eine von Erzherzog Ludwig Salvator in Auftrag gegebene Expedition unter Leitung des Franzosen Martel erforscht. Sie entdeckte eines der ausgedehntesten Höhlensysteme Europas, im Lauf von Jahrmillionen rund zwei Kilometer tief in den Kalkstein gewaschen; der unterirdische See, nach seinem Entdecker *Lago Martel* genannt, besitzt eine Länge von knapp 180 Metern und eine Breite von 40 Metern. Heute bieten die Höhlen ein Touristenspektakel sondergleichen – die Ausmaße des Parkplatzes vor dem Ticketverkauf sprechen Bände. Einmal glücklich in die Höhlen gelangt, was im Sommer schon eine Weile dauern kann, geht es dann vorbei an schaurig-schön beleuchteten Tropfsteinen mit Namen wie „Buddha" oder „Mönch und Kaktus" zum ebenfalls reich illuminierten Martel-See. Nach dem Höhepunkt, einem im Stundentakt von Musikanten in beleuchteten Booten gespielten Klassikkonzert, drängt sich alles dann wieder nach draußen. Ob sich die Wartezeit für die Alternative, eine kurze Bootsfahrt über den See, lohnt, mag jeder für sich selbst entscheiden.

Im Sommer von 10–17 Uhr, Einlass zur vollen Stunde außer um 13 Uhr (zur HS auch dann); Nov. bis März Einlass 10.45, 12, 14 und 15.30 Uhr sowie nochmals um 16.30 (dann ohne Konzert); Eintritt etwa 15 €, Kinder v. 3–12 J. 7,50 €. Ratsam, bereits vor der morgendlichen Öffnung zu kommen, denn Andrang und Wartezeiten sind besonders im Sommer und an Wochenenden immens.

Coves dels Hams: Das zweite Höhlensystem von Porto Cristo liegt etwa zwei Kilometer außerhalb des Ortes an der Straße nach Manacor und versucht, mit zahlreichen Hinweistafeln und teilweise neutraler Beschriftung („Höhlen von Porto Cristo") die aus Richtung Palma eigentlich zu den Coves del Drac anreisenden Besucher abzufangen. Vom gigantischen Eingangsbereich, den ebenso gigantischen Eintrittspreisen und der farbigen Beleuchtung abgesehen, ist hier allerdings alles eine Nummer kleiner: Die Gänge sind wesentlich enger, und auch der See kann mit dem der Coves del Drac nicht mithalten. Ihren Namen tragen die Höhlen nach der ungewöhnlichen, Harpunen („Hams") ähnelnden Form der Tropfsteine.
10–17.30 Uhr, Nov–April nur 11–16.30 Uhr, Eintritt 21 € (Kinder 4–12 J. 10,50 €) inkl. einer „Jules-Verne-Multimedia-Show".

Südlich von Porto Cristo

Bis Porto Colom ist die Küste auf weiten Strecken felsig oder verbaut. Nur wenige Kilometer südlich des Städtchens liegt die Urbanisation *Portocristo Novo* mit den Buchten Cala Mandia und Cala Anguila, gefolgt von der Bucht *Cala Estany*. Zumindest im Sommer können die kurzen Strände die Besucherscharen kaum fassen. Etwas besser sieht es in den entlegeneren, ebenfalls kleinen Buchten weiter südlich aus, die wie die *Cala Varques* oder die *Cala Magraner* allerdings nicht ganz leicht zu erreichen sind.

Cales de Mallorca: Regelmäßig überfüllt sind die eigentlich schönen, aber engen Buchten der flächenmäßig äußerst ausgedehnten Siedlungszone Cales de Mallorca. Die Bebauung aus Hotels, Apartments und Villen reicht hier bis weit ins öde Hinterland. Weil ein Objekt dem nächsten oft zum Verwechseln gleicht, werden sie gerne mit Buchstaben-Zahlenkombinationen gekennzeichnet. Gäste in diesem Abschnitt der Küste haben bis zur knackvollen Strandbucht teilweise erhebliche Distanzen zurückzulegen.

Manacor

Besucht wird Manacor, bekannt durch seine Kunstperlenfabriken, vor allem zum Einkaufen. Wirtschaftlich steht die Stadt auch wirklich auf gesunden Füßen. Die „zweitgrößte Stadt Mallorcas", wie fast überall zu lesen ist, ist Manacor freilich nach jüngeren Statistiken strenggenommen nicht mehr, zählt die Siedlung selbst doch nur etwa 28.000 Einwohner und steht damit knapp hinter Inca; das gesamte Gemeindegebiet (zu dem beispielsweise auch das Küstenstädtchen Porto Cristo gehört) besitzt jedoch immer noch eine deutlich größere Bevölkerung als das der Inlandsstadt Inca.

Manacors Stadtbild vermag trotz der langen, mindestens bis zur Römerzeit zurückreichenden Geschichte kaum zu begeistern. Einzig der Ortskern um die neogotische Pfarrkirche *Dolors de Nostra Senyora* und das Kloster *Sant Vicenç Ferrer* mit seinem schönen Kreuzgang (Mo–Fr 8–16, 17–20 Uhr; gratis) hat sich eine gewisse Attraktivität bewahrt. Im Stadtbereich stehen noch die Türme Palau und Ses Puntes, Reste der einstigen Befestigungen Manacors, etwas außerhalb an der Straße nach Cales de Mallorca der als „Museo de Manacor" ausgeschilderte Turm *Torre dels Enagistes* mit einem Archäologischen Museum (15.6.–15.9. Mo–Sa 9.30–14.30, 18–20.30 Uhr, Di/So geschlossen; sonst Mo–Sa 10–14, 17–19.30 Uhr, So 10.30–

Manacor

13 Uhr, Di geschlossen; gratis). Sofern man nicht das Hippodrom dazurechnen möchte, gibt es sonst kaum Sehenswürdigkeiten. Was bleibt, sind die interessanten Einkaufsmöglichkeiten der Stadt, deren Name vielleicht eine gewisse Ehrlichkeit andeutet, auch wenn dessen Herkunft bis heute rätselhaft bleibt: Man a cor, „Hand aufs Herz".

Eine runde Sache: Kunstperlen aus Manacor

Aus Richtung Palma kommend, machen schon weit vor der Stadt überdimensionale Plakatwände auf die Kunstperlenfabrik von Manacor aufmerksam. Das Verfahren, mit dem die künstlichen, vom Original aber selbst für Fachleute nur schwer zu unterscheidenden Perlen gefertigt werden, stammt vom deutschen Ingenieur Heusch. Basis des rund 30 Schritte umfassenden Ablaufs ist das wiederholte kurze Eintauchen eines Kunststoffkerns in eine Essenz aus Fischschuppen und anderen, geheim gehaltenen Materialien; allmählich überzieht sich der Kern dabei mit feinsten Schichten. Am Ende wird das Ergebnis von Hand poliert und durchläuft mehrere Kontrollgänge. Die so entstandenen Perlen sind wesentlich haltbarer als echte, zudem resistent gegen Schweiß, Feuchtigkeit und andere Umwelteinflüsse. Kunstperlen erster Qualität haben allerdings ihren Preis. Zu besichtigen und natürlich auch erstehen sind sie bei „Perlas Majórica" (täglich geöffnet, zur NS am Wochenende nur vormittags, im Dez./Jan. So geschlossen) am Ortseingang aus Richtung Palma.

Information O.I.T., im Rathaus, C. Convent s/n, nahe Kloster; Mobil-℡ 662 350891, geöffnet Mo–Fr 8–15 Uhr.

Verbindungen Zug: Manacor ist Endpunkt der häufig bedienten Bahnlinie ab Palma via Inca, Sineu und Petra. Der Bahnhof liegt nordwestlich des Zentrums, jenseits der großen Avingudas.

Busse fahren ab der Pl. Sa Mora gegenüber dem Bahnhof und der Rambla del Rei en Jaume südlich der Altstadt; Verbindungen u. a. nach Porto Cristo alle ein bis zwei Stunden, Artà und Cala Ratjada 7-mal täglich.

Via Verde: Der Rad- und Wanderweg der „grünen Route" nach Artà (Näheres siehe dort) beginnt im Nordosten der Stadt, am Knick des Passeig de Ferrocarril und nördlich nahe der Plaça de Madrid.

Hospital Hospital Manacor, Carretera Manacor-Alcúdia, ℡ 971 847000.

Essen Hübsche Cafés liegen an den kleinen Plätzen bei der Pfarrkirche, einige einfache Restaurants um die Pl. Ramón Llull.

Rest. Ca'n March, knapp westlich der Innenstadt, jenseits der Avinguda d'en Salvador Juan. Bereits 1925 gegründetes Lokal mit prima Küche und Schwerpunkt auf Reisgerichten. Degustationsmenü etwa 30 €, in der Regel ist werktags auch ein preiswertes Mittagsmenü im Angebot. C. Valencia 7, nur mittags geöffnet, Fr/Sa auch abends; Mo Ruhetag, in den letzten drei Augustwochen geschlossen. ℡ 971 550002.

»» Lesertipp: Rest. Es Cruce, „an der Straße von Manacor nach Vilafranca, wenige Kilometer hinter dem Ortsausgang an einer größeren Kreuzung auf der linken Seite. Eine mallorquinische Gaststätte, in der vor allem Einheimische speisen; wir haben dort sehr gut und günstig gegessen" (Thomas Klass). **«**

Einkaufen Wochenmarkt jeden Montag Vormittag an der Pl. Ramón Llull.

Möbel/Keramik: Manacor gilt als die Möbelstadt schlechthin auf Mallorca, „Muebles de Manacor" ist sogar als Bezeichnung geschützt. Entsprechende Märkte sowie Keramikläden finden sich an der Umgehungsstraße Richtung Artà.

Opulente Fassade: Pfarrkirche Sant Miquel

Felanitx

Ein gemütliches altes Landstädtchen bäuerlicher Prägung, das neben dem Weinbau auch von der Herstellung von Glas und Keramik lebt. Felanitx, inmitten von Feldern, Weingärten und teilweise verfallenen Windmühlen gelegen, wirkt wesentlich freundlicher und ländlicher als Manacor, obwohl das Städtchen auch immerhin fast 10.000 Einwohner zählt. Um den Hauptplatz *Plaça Espanya* liegen einige Bars und Cafés, östlich oberhalb erhebt sich die große Pfarrkirche *Sant Miquel*. Im 18. Jh. an Stelle einer weit älteren Kirche erbaut, zeigt sie sich mit ihrem warmen, goldfarbenen Santanyí-Stein, der weiten Freitreppe und der opulenten Fassade höchst elegant. Unterhalb der Treppe tröpfelt die Quelle *Font de Santa Margalida* in ihrem 1830 erbauten Quellhaus. Lässt man die Kirche links liegen und folgt dem Carrer Major, biegt dann rechts in den Carrer d'es Call ein, gelangt man über einen in Stufen angelegten Kreuzweg zum Kalvarienberg *Calvari* mit einem schlichten Kirchlein des 19. Jh., von dessen Vorplatz sich eine reizvolle Aussicht bietet. Bleibt noch die Kuriosität zu erwähnen, dass viele Einwohner des Städtchens der festen Ansicht sind, Felanitx sei der Geburtsort von Christoph Columbus – möglicherweise liegt das schlicht daran, dass die nahe Küstensiedlung den Namen „Kolumbushafen" (Porto Colom) trägt.

Verbindungen Busse halten nahe Hauptplatz; Anschlüsse u. a. von/nach Palma 7-mal, Porto Colom 8-mal täglich.

Essen Cafè d'es Mercat (Bar Mercado), in der Hauptstraße unweit der Kirche. Uriges Lokal, Küche nur mittags, preiswerte Menüs mit Auswahl aus mehreren Vorspeisen und Hauptgerichten. Am meisten Betrieb ist sonntags zum Markt. Sa Ruhetag. Carrer Major 26.

》》 Lesertipp: Rest. Estragon, „betrieben von einer Residentin, Essen im Wesentlichen spanisch-mallorquin. Gute Weinkarte" (Torsten Fink). Günstiges Mittagsmenü à 12 €. Plaça Peralada, ein Kreisverkehr auf dem Weg vom Zentrum zur Ermita de Sant Salvator, Mo/Di Ruhetage. 《《

Einkaufen Markttag ist Sonntag, dann herrscht reichlich Betrieb. Die Markthalle gleich neben der Kirche öffnet Di–So.

Fruteria Felanitx, Öko-Obst und -Gemüse, Honig, lokale Würste etc. Plaça Pax 25, etwas oberhalb der Fußgängerzone. www.fruteriesdesport.com ■

Feste Festa de Santa Margalida, zwei Tage um den 20. Juli, mit Prozession, Gesängen an der gleichnamigen Quelle etc.

Festes de Sant Agusti, mehrere Tage um den 28. August. Großes Fest, zu dem Besucher aus allen Ecken der Insel kommen, Stierkämpfe, Feuerwerk.

Fira d'es Pebre Bord, „Jahrmarkt der getrockneten Pfefferschoten", am dritten Sonntag im Oktober.

Ermita de Sant Salvador: Das wehrhaft wirkende Kloster liegt auf dem gleichnamigen, 509 Meter hohen Berg, von Felanitx etwa sechs Kilometer entfernt. Die herrliche Aussicht reicht bei entsprechenden Wetterverhältnissen über fast ganz Mallorca. Eine kurvenreiche Fahrt auf der schmalen Serpentinenstraße (Achtung, Busse!) führt vorbei an einer kleinen Kapelle und dem riesigen Steinkreuz Creu d'es Picot aus dem Jahr 1957. Das große, sieben Meter hohe Christusmonument stammt ebenfalls erst aus dem 20. Jahrhundert. Sant Salvador selbst, bereits 1348 vom Verwalter des Kastells von Santueri gegründet, zählt zu den bedeutendsten Wallfahrtsorten Mallorcas und wird deshalb auch recht häufig besucht. Das Prunkstück der eher schlicht wirkenden Anlage bildet die *Klosterkirche* von 1716 mit ihrer reichen Innenausstattung; herausragend ist der steinerne Altaraufsatz in einer Seitenkapelle, der das Abendmahl und Szenen der Passion zeigt und wohl Mitte des 16. Jh. entstand.

Übernachten/Essen Hostatgeria Sant Salvador, in schöner Aussichtslage direkt vor dem Kloster, „Rezeption" (tgl. 8–20 Uhr) in der Cafeteria. Vom selben Besitzer betrieben wie die Hostatgeria Ermita de la Victòria bei Alcúdia. 18 hübsche Zimmer, zwei Apartments für bis zu sieben Personen. Reservierung sehr geraten. Zum Kloster selbst gehört auch ein Restaurant. DZ/Bad etwa 70 €, Frühstück geht extra. ℡ 971 515260, www.santsalvadorhotel.com.

Castell de Santueri: Südlich des Klosterbergs erhebt sich ein weiterer Höhenzug, auf dessen 423 Meter hoher Kuppe bereits zu Römerzeiten ein Wachtturm stand. Die Mauren schufen hier eine riesige Festungsanlage, in der sie sich bei der christlichen Rückeroberung über ein Jahr lang verschanzen konnten. Im Lauf der Zeit verfiel das gewaltige Kastell zur Ruine und wurde 1811 an die Familie Vidal verkauft, die es heute noch besitzt. Lange Zeit geschlossen, ist das Kastell nach einer Renovierung seit 2014 wieder zu besichtigen. Erhalten

Kloster mit Aussicht und Quartier: Sant Salvador

Wehrhafte Mauern, weiter Blick: Castell de Santueri

blieben Teile der Außenmauern, Türme und ein raffiniertes System zur Wasserspeicherung. Vor allem aber beeindrucken die eigenartige Stimmung und die wunderbare Fernsicht auf die Küste und bis zur Insel Cabrera.

Beschilderte Abzweigung nach links etwa 1,5 km südlich des Ortsrands von Felanitx in Ri. Santanyí/Cala d´Or, dann noch knapp 5 km schmale Asphaltstraße. Geöffnet ist Di–So 10.30–17.30 Uhr, Dez.–Feb. nur So 10–17 Uhr. Eintritt 4 €, gute Infobroschüre inklusive.

Ca's Concos: Nur ein kleines Straßendorf südlich von Felanitx, und doch das soziale Zentrum des „Hamburger Hügels", wie dieses vor allem von hanseatischen Residenten bevorzugte Gebiet mit leichtem Spott genannt wird. Beliebtester Treffpunkt ist das Restaurant „Viena" an der Hauptstraße, viel gerühmt insbesondere ob der hiesigen Schnitzel; von Lesern gelobt wurde das (nicht ganz billige) Restaurant des Hotels „Son Terrassa" an der Landstraße bei km 10.

Übernachten Hotel Rural Sa Galera, einige Kilometer südlich in Richtung Santanyí, dann links (beschildert). Stilvolles Herrenhaus des 13. Jh; Pool, Sauna etc. 16 Zimmer. DZ etwa 145–180 €, auch Superior- sowie Deluxezimmer und Suiten. ℡ 971 842079, www.hotelsagalera.com.

Porto Colom

Der ruhige Hafen von Felanitx, an einer weiten Bucht mit meist sehr stillem Wasser gelegen, bildet eine sympathische Mischung aus Fischer- und Ferienort. Nur an Stränden mangelt es etwas. Einst wurden von Porto Colom, immerhin bereits im 13. Jh. erwähnt, die in Felanitx gekelterten Weine verschifft. Heute lebt die rund um die Bucht verteilte Siedlung vom Fischfang und auch vom bescheidenen Fremdenverkehr. Der „Kolumbushafen" Porto Colom gliedert sich in mehrere Ortsbereiche, was auf den ersten Blick etwas verwirrend wirken kann. Die Zufahrt von Felanitx und der Hauptstraße trifft direkt auf den Sporthafen. Links geht es zum stillen alten *Fischerviertel* um die Kirche im Norden der Bucht und weiter zu einer knapp zwei Kilometer entfernten Villensiedlung am Leuchtturm Far, vor der auch ein kleiner Strand liegt. Hält man sich dagegen am Sporthafen geradeaus, gelangt man nach mehr als einem Kilometer zu einer Abzweigung, die rechts über einen Hügel zur *Cala Marçal* führt, einer nicht sehr breiten, aber tief ins Land reichenden Sandbucht zwischen Felsen. Die abseits der Hauptverbindung gut eingegrünten

Straßenzüge im Bereich zwischen der Hauptbucht und der Cala Marçal bilden mit einer Reihe von Restaurants und Hotels meist geringer Kapazitäten das kleine touristische Zentrum von Porto Colom. Ruhesuchende Individualreisende dürften sich hier für den einen oder anderen Urlaubstag recht wohl fühlen, Liebhaber eines umfangreichen Vergnügungsangebots dagegen weniger.

Information O.I.T. Municipal Porto Colom, Av. Cala Marçal 15, an der Straße zur gleichnamigen Bucht; ☎ 971 826084. Öffnungszeiten April–Okt. Mo–Fr 8.30–15 Uhr, Di/Do auch 17–19 Uhr, Sa 9.30–12.30 Uhr; im Winter geschlossen.

Verbindungen Busse halten unweit der Abzweigung zur Cala Marçal und an der Bucht selbst. Verbindungen u.a. nach Felanitx 8-mal, Palma 7-mal, Porto Cristo 4-mal und Cala d'Or 9-mal täglich.

Übernachten ** Hostal Bahía Azul, freundlich von einer deutsch-mallorquinischen Familie geführtes Quartier, eher Hotel als Hostal. 15 hübsche und gut ausgestattete Zimmer, kl. Pool, Terrasse mit Meerblick. Tauchschule angeschlossen. Geöffnet Mitte Februar bis Anfang Dezember. DZ/Bad 70 €. Ronda Creuer Baleares 78, weit hinten an der Uferstraße, ☎ 971 825280, www.bahia-azul.de.

* Hostal Res. San Francisco, nahe der Hauptstraße zur Cala Marçal, etwas versteckt in einer Seitengasse. Gemütliches Haus, seit vielen Jahrzehnten Hostal, mit Garten und kleinem Pool. Im Jan./Feb. Betriebsferien. DZ/Bad etwa 45–60 €, Frühstück geht extra. Av. Cala Marçal s/n, ☎ 971 825614, www.hostalsanfran.com.

Essen Rest. Sa Llotja, oberhalb der Hafenstraße, mit sehr schöner Aussichtsterrasse auf die Bucht. Hervorragende Küche, gute Weinauswahl. Feste Menüs etwa 40–50 €, à la carte auch mehr. Carrrer Pescadors 1, Mobil-☎ 690 762930. Mo Ruhetag.

Rest. Colón, ein ehemaliger Bootsschuppen, der sorgfältig restauriert wurde. Chef ist Schuhbeck-Schüler Dieter Sögner. Das reizvolle Ambiente und die feine, mallorquinisch-mediterrane Küche haben ihren (deftigen) Preis. Carrer Cristobal Colón 7, an der Hafenstraße, ☎ 971 824783; Mi Ruhetag.

Bar-Rest. Florian, gleich nebenan und (nicht nur) bei Residenten ebenfalls sehr beliebt. Prima Tapas und Tagesgerichte, Hauptspeisen kosten um die 15–20 €, oft gibt es auch ein günstiges Mittagsmenü. Carrer Cristobál Colón 11; nur ein paar Schritte weiter liegt auf der anderen Seite des Colón das schicke **HPC**.

Celler Sa Sinia, weiter vorne am Sporthafen. Das Traditionslokal ist bekannt für fangfrische Fischgerichte. Reste des einstigen „Kellers" sind noch zu erkennen; zur Straße nur ein paar Tische. Menü à la carte ab etwa 35 €. Mo Ruhetag, im Winter geschlossen. C. Pescadors 25, ☎ 971 824323. 50 Meter weiter, von Lesern u.a. wegen der leckeren Tapas gelobt, liegt das Steakhaus **Porque No?**

Rest. Pizzeria Alegría, im alten Fischerviertel auf der anderen Seite der Bucht. Gemütliches Lokal mit Innenhof, im Angebot u.a. Pizza aus dem Steinofen. C. S'Algar 11.

Feste Mare de Déu del Carme, 16. Juli. Das Fest der Schutzheiligen der Fischer wird wie in vielen anderen Hafenorten aufwändig begangen. An der Meeresprozession nehmen über 300 Boote teil.

Sant Jaume, Patronatsfest an mehreren Tagen um den 25. Juli.

Südlich von Porto Colom

Cala Sa Nau: Die in vielen Karten als „Cala Arsenau" eingezeichnete Bucht bildet an der ansonsten schwer zugänglichen Küste fast schon einen Vorposten des Touristenzentrums Cala d'Or, ist aber bis auf eine Strandbar völlig unverbaut geblieben. Zu erreichen ist sie auf schmalen Sträßchen entweder von S'Horta (4 km) an der Hauptstraße oder von den Hotelsiedlungen Cala Serena und Cala Ferrera (2 km). Die sehr tief eingeschnittene Bucht wird von Kalkfelsen flankiert, der Strand ist nicht breit, aber tief.

Cala d'Or

Eines der größten Ferienzentren der Ostküste, dabei durchaus geschmackvoll angelegt – bei der Anlage zumindest des Ortskerns wurde auf den Bau von Bettenburgen verzichtet. Weiße, meist ein- bis zweistöckige Häuser umrahmen die zahlreichen, langen und schmalen Buchten.

„Ibiza-Stil" wird diese in ihren Grundzügen dörflich orientierte Bauweise gern genannt. Tatsächlich war es auch der Ibizenko Josep Costa Ferrer, der in den Dreißigern Cala d'Or begründete. Die Fußgängerzonen, das viele Grün und die Türmchen, Erker, weiß gekalkten Balkone und ziegelgedeckten Dächer können allerdings nicht darüber hinwegtäuschen, dass der Ort planmäßig entstand. Dennoch bleibt Cala d'Or ein Beispiel einer architektonisch gelungenen und ästhetisch verträglichen Feriensiedlung. Auch die Küstenlandschaft trägt zum optischen Reiz des Ortes bei. Gut ein halbes Dutzend fjordartig eingeschnittener, türkisgrün leuchtender Buchten reicht tief ins Land, begrenzt von kiefernbestandenen Kalkfelsen, für Schwimmer und Schnorchler ein Paradies. Leider glänzt aber auch rund um die „Goldbucht" nicht alles gülden. Entlang der Küste und auch im Hinterland erstreckt sich ausgedehnte Bebauung, die nicht überall so dezent ausfällt wie im Ortskern. Wer um eine der entfernteren Buchten wie der Cala Serena, Cala Ferrera oder der Cala Egos Quartier nimmt, hat zum Zentrum teilweise beachtliche Distanzen zurückzulegen. Zumindest im Hochsommer können die kurzen Strände die Besuchermassen (darunter viele britische Pauschalreisende) zudem kaum unterbringen. Alternativen bilden die etwas weniger stark frequentierten Strände im Umfeld, wie die Cala Mondragó im Süden. Die Buchten von Nord nach Süd:

Cala Serena: Der Strand am Ende der nördlichsten Bucht ist gerade mal 15 Meter kurz, aber immerhin etwa 30 Meter tief. Die meisten der hiesigen Gäste kommen von der pauschal buchbaren Clubanlage des deutschen „Club Robinson".

Cala Ferrera: Mit einem etwa 70 Meter langen Strand bietet sie die breiteste Strandzone der Siedlung, wird aber nicht unbedingt von deren geschmackvollsten Bauten begrenzt.

Paradies für Schwimmer und Schnorchler: die Buchten von Cala d'Or

Cala d'Or

Cala Esmeralda: Vielleicht leuchtet das Wasser der „Smaragdbucht" wirklich noch etwas grüner als das der anderen Buchten ... Der Strand ist mit etwa 20 mal 20 Metern aber recht klein und von Hotelanlagen bedrängt.

Cala Gran: Die zentrale „Große Bucht" macht ihrem Namen mit einem etwa 40 Meter breiten und 100 Meter tief ins Land reichenden Strand alle Ehre und ist mit der „Blauen Flagge" ausgezeichnet. An der Felsküste gibt es weitere Einstiegsmöglichkeiten.

Cala d'Or: Ebenfalls unweit des Siedlungskerns liegt die „Goldbucht" unterhalb des gleichnamigen Traditionshotels. Ihr Strand misst aber nur etwa 20 Meter Länge und 30 Meter Tiefe.

Cala Llonga: Die „Lange Bucht" beherbergt den noblen Yachthafen von Cala d'Or, taugt also nicht zum Baden. Umso lieber wird sie abends zum Flanieren genutzt.

Cala Egos: Etwa in den Ausmaßen der Cala d'Or, erreicht diese weit vom Zentrum entfernte Bucht nicht die Attraktivität der zentralen Schwester, bietet aber ganz passable Bademöglichkeiten.

Basis-Infos

Information O.I.T., an der Straße zum Yachthafen, C. Perico Pomar 10, ✆ 971 657463. Geöffnet Mo–Fr 9–14 Uhr. Eine zentralere Filiale liegt im Ortskern an der Plaça de Ibiza 17–18 (✆ 971 657032), öffnet aber nur zur Saison.

Verbindungen Busse halten an der Av. de Calonge. Verbindungen u. a. nach Santanyí und Palma 8-mal, nach Porto Cristo 6-mal und Porto Colom 7-mal täglich. Zur Cala Mondragó verkehrt 8-mal täglich ein offener Bus, Abfahrt nahe Bushaltestelle.

Auto: Das Zentrum ist O.R.A.-Parkkontrollbereich und von Fußgängerzonen durchschnitten – besser, gleich am Rand des Ortskerns zu parken.

Mietfahrzeuge sind in breitem Angebot vorhanden. Autos z. B. bei „Autos Roig", an der Zufahrtsstraße Av. Benvinguts 64, ✆ 971 648118; von Lesern empfohlen wurde „Rent Auto Moto", C. S'Espalmador 28, 971 643253. Gute Motorräder, Roller und Fahrräder bei „Moto Sprint", C. Perico Pomar 5; ✆ 971 659007, www.moto-sprint.com.

Schiffsausflüge führen von Mai bis Oktober z.B. täglich nach Porto Colom (20 €) und Cala Figuera (20 €).

Übernachten → Karte S. 236/237

Individualreisende haben es zur hier recht langen Hochsaison schwer – fast alle Quartiere sind von Reiseveranstaltern geblockt. Pauschalbucher finden dagegen in praktisch jedem Mallorca-Katalog eine breite Palette an Hotels.

**** Hotel Cala d'Or 8, luxuriöser Klassiker des Ortes, 1932 gegründet. Direkt an der gleichnamigen Bucht, geschmackvoll eingerichtete Zimmer und Aufenthaltsräume, Pool und anderer Komfort. Sehr beliebt, oft belegt, Reservierung ratsam. Geöffnet etwa April–Oktober. DZ nach Saison und Lage 100–200 €. Av. Bélgica 33, ✆ 971 657249, www.hotelcalador.es.

**** Inturotel Sa Marina & Es Sivinar 2, modernes Aparthotel der lokalen Inturotel-Kette, die rund um die Cala Esmeralda noch eine Reihe weiterer, überwiegend auf Familien ausgerichteter Hotels und Apartmentanlagen betreibt. Sa Marina & Es Sivinar hingegen liegt zentral im Ort, eine ausgedehnte, komfortabel ausgestattete und gepflegte Anlage mit geräumigen Zimmern, Hallenbad, mehreren Pools, Fitnessstudio etc. Zweier-Apartment rund 65–230 €, Poolblick gegen Aufpreis. Av. de Calonge s/n, ✆ 971 648191, www.inturotel.com.

236 Die Ostküste

>>> **Lesertipp:** Aparthotel Parque Mar **12**, ein Stück abseits des Ortskerns, zwischen Es Fortí und der Cala Egos. „Wunderschöne Ferienanlage, nur zu empfehlen. Unter Schweizer Leitung, Direktbuchung über das Internet oder telefonisch" (Jürgen Altenfeld). Studio für zwei Personen 65–130 €, im Winter deutlich günstiger; auch größere Apartments für bis zu sechs Personen. Carrer Parc de la Mar s/n, ✆ 971 657136, www.parquemar.com. «

>>> **Mein Tipp:** ** Hostal Casa Ceiba Maria **10**, deutsch geführtes Hostal in perfekter Lage: kurze Fußwege zur Restaurantzone, zur Bucht Cala d´Or und zum Sporthafen, Parkplätze sind normalerweise trotzdem kein Problem. Ältere Anlage, gut renoviert, prima Betten, sogar ein Pool. Sehr gutes Frühstück auf der Terrasse. Sindy und André sind ausgesprochen freundliche Gastgeber, die Atmosphäre ist nett und ungezwungen. Nur Individual-Gäste. DZ etwa 60–90 €. Avenida de Calonge 4, Mobil-✆ 693724009, www.ceibamaria.com. «

* **Hostal de la Caravella II** **4**, trotz der niedrigeren Einstufung recht komfortabel. Freie Betten sind zur Saison Glückssache. Moderne und gut möblierte Zimmer. Geöffnet Mai bis Okt. DZ/Bad nach Saison und Ausstattung etwa 45–80 €. Av. Boulevard d'Or 31, ✆ 971 657366.

Essen/Sport/Veranstaltungen

Die **Restaurantzone** liegt beiderseits des oberen Bereichs der Av. Bélgica, in der Fußgängerzone zwischen dem Carrer Santanyí und der Plaça Ses Puntetes: Restaurant an Restaurant, italienische, deutsche, spanische, mexikanische oder gar mallorquinische Küche. Weitere Restaurants und Cocktailbars finden sich beiderseits der Hafenbucht Cala Llonga, stimmungsvoll besonders am Abend.

Essen & Trinken Rest. Port Petit **9**, eins der Nobellokale des Ortes, in bestechender Lage über dem Hafen. Gehobene Küche zu entsprechenden Preisen: Diverse Festmenüs à etwa 40–70 €, das Mittagsmenü „Bistro" 20 €. Geöffnet von Ostern bis Okt., zur NS Di geschlossen. Av. Cala Llonga, ✆ 971 643039.

Rest. La Vida **7**, ebenfalls mit Terrasse zum Sporthafen. Deutsch geführtes Restaurant mit feiner Küche und einem breiten Angebot sowohl an frischem Fisch als auch an Tapas (auch vegetarisch). Mittagsmenü etwa 25 €, feste Abendmenüs rund 40–50 €. Di Ruhetag, zur NS auch Mo, im Winter für einige Monate geschlossen. Cala Llonga 313, Mobil-✆ 638 071997.

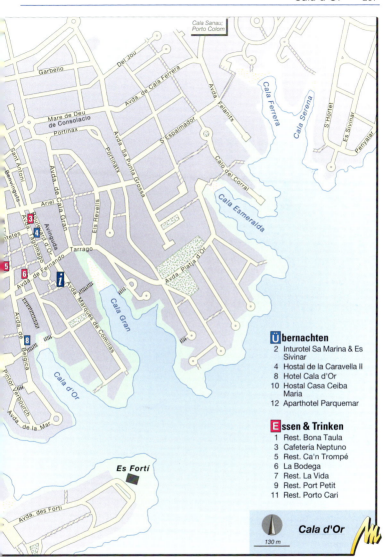

Übernachten
2 Inturotel Sa Marina & Es Sivinar
4 Hostal de la Caravella II
8 Hotel Cala d'Or
10 Hostal Casa Ceiba Maria
12 Aparthotel Parquemar

Essen & Trinken
1 Rest. Bona Taula
3 Cafetería Neptuno
5 Rest. Ca'n Trompé
6 La Bodega
7 Rest. La Vida
9 Rest. Port Petit
11 Rest. Porto Cari

Cala d'Or

>>> Lesertipp: Rest. Porto Cari 11, auf der gegenüberliegenden Seite des Sporthafens. „Stilvolles Ambiente, sehr guter Service, die Preise wirklich moderat. Wegen der Lage und der Qualität der Speisen sehr zu empfehlen" (Max Dissen). Av. Cala Llonga 16, ✆ 971 657947. «««

Rest. Ca'n Trompé 5, eine der beliebtesten unter den zahllosen Speisestätten der Restaurantzone. Mallorquinisch-internationale Küche, Menü ab etwa 30 €, Mittagsmenü 12 €, auch Paellas. Außerhalb der Saison Di Ruhetag, von etwa Ende Nov. bis Mitte Feb. geschlossen. Av. de Bélgica 12.

La Bodega ⑥, ebenfalls in der Restaurantzone. „Tapas y Vinos" werden versprochen, und beides gibt es in guter Auswahl und ausgezeichneter Qualität. Gutes Preis-Leistungs-Verhältnis, auch wenn (wie in so manch anderem Lokal in Cala d´Or) die Mehrwertsteuer IVA erst hinterher aufgeschlagen wird. Carrer d´en Andrea Roig 5.

Cafeteria Neptuno ③, schmucklos-nüchternes Lokal, das ganzjährig geöffnet ist und zu günstigen Preisen Nudelgerichte etc. in soliden Portionen serviert; gutes Mittagsmenü, viele Einheimische. Av. Boulevard d'Or 20.

Rest. Bona Taula ①, einige Kilometer außerhalb im Inlandsdörfchen Calonge. Beliebter Treffpunkt, Grillspezialitäten, gehobene Preisgestaltung. Nur abends, Di Ruhetag, Dez. bis Feb. geschlossen. Carrer Adrover 3, bei der Kirche, ☎ 971 167147.

Einkaufen 🍃 Ca'n Puig, Delikatessengeschäft in der Restaurantzone, das u.a. Bio-Wein und Bio-Cava (aus Katalonien), Bio-Schokolade in ungewöhnlichen Variationen, Würste aus Porreres, Olivenöl, Flor de Sal, Honig etc. anbietet. Netter deutschsprachiger Eigentümer Toni, der gerne berät. C. Santanyí 12, ganzjährig. ∎

Sport Windsurfen, Segeln: „Fabian Sport", Schulung und Materialmiete, in der Urb. Cala Esmeralda im Inturotel Esmerala Park, Mobil- ☎ 616 893001. www.fabian-sport.com.

Veranstaltungen Int. Jazz-Festival, an wechselnden Terminen im Mai/Juni, auf mehreren Bühnen. 2016 wird das 20-jährige Jubiläum gefeiert.

Toni im Ca'n Puig: Bio-Wein und mehr

Es Fortí: Die restaurierte Festung steht im südlichen Ortsbereich oberhalb der Küste und ist frei zugänglich.

Porto Petro

Mit Cala d'Or schon fast zusammengewachsen ist dieser Hafenort, der mangels brauchbarer Strände weit weniger besucht wird als der größere Nachbar. Die Siedlung an ihrer weiten Bucht bildet ein Kontrastprogramm zur glatten Perfektion von Cala d'Or: Die Atmosphäre ist entspannter, das touristische Angebot weitaus bescheidener, im Hafen schaukeln neben Yachten auch Fischerboote. Nicht so recht in diesen Rahmen passen will das für 36 Millionen Euro an die Küste gebaute Fünfsternhotel „Blau Porto Petro" (heute: „Puravida"), das mit mehr als zweihundert Zimmern und an die hundert Suiten für den Ort ein wenig groß dimensioniert erscheint.

Verbindungen Busse nach Cala d'Or und zur Cala Mondragó zur Saison 8-mal täglich.

Übernachten *** Hotel Varadero Porto Petro, nur ein paar Schritte von der Uferfront. Vor einigen Jahren vom nahen Lokal Varadero übernommen, dessen Eigentümer das traditionsreiche Hostal komplett, aber maßvoll renovieren ließ. Großer externer Pool, Dachterrasse. „Adults only", keine Kinder. Geöffnet Mai bis Okt., DZ/Bad nach Saison und Ausstattung etwa 60–120 €, auf Sonderangebote im Internet achten. C. Patrons Martina, ☎ 971 657223, www.hoteldeluxevaradero.com.

Essen Rest. Marítimo, im hinteren Ortsbereich Richtung Cala Mondragó. Umfangreiche Speisenauswahl, freundlicher Service, solide Küche. Menü à la carte ab etwa 30 €. Plaça des Calo d´en Moix s/n.

Sa Plaça, am Hauptplatz im sechs Kilometer entfernten Inlandsort S'Alqueria Blanca. Fast schon ein Klassiker des Gebiets, auch von Lesern immer wieder wegen der sehr guten Tapas gelobt. Di Ruhetag.

Cala Sa Barca Trencada: Die kleine Bucht liegt etwa drei Kilometer südlich von Porto Petro, zu erreichen über die Straße Richtung Cala Mondragó. Leider ist sie ringsum von einer Ferienanlage eingeschlossen, die den an sich hübschen, wenn auch kurzen Strand völlig vereinnahmt.

Parc Natural Mondragó

Gerade noch rechtzeitig wurde 1992 das Gebiet von Mondragó unter Naturschutz gestellt. Die schönen, nahezu unbebauten Sandbuchten wären sonst unter einer riesigen Ferienanlage begraben worden. Schutzwürdig ist die weitgehend flache Landschaft mit ihren Lagunen, Dünensystemen, Kiefernwäldern, der vielfältig gegliederten Küste und dem reichen Bestand an Flora und Fauna allemal. Die meisten Besucher kommen allerdings schlicht zum Baden. Dafür bieten die Buchten auch beste Möglichkeiten. Zu erreichen ist das 785 Hektar große Gebiet auf zwei schmalen Hauptzufahrten. Die Straßen, die aus Richtung Porto Petro und von der Hauptstraße von S'Alquería Blanca nach Santanyí kommen, führen zu einem großen Parkplatz (5 € Gebühr) oberhalb der *Cala Mondragó*. Die andere Hauptzufahrt zweigt zwischen Santanyí und Cala Figuera ostwärts ab und endet an einem Parkplatz (ebenfalls in gleicher Höhe gebührenpflichtig) hinter der *Cala S'Amarador*, die sich südwestlich der Cala Mondragó erstreckt. Beide Buchten sind durch einen Uferweg entlang der Felsküste miteinander verbunden. Wohl auch aufgrund der guten Verbindungen nach Cala d'Or wird die Cala Mondragó oft deutlich voller, dabei nimmt der Spaziergang hinüber zur reizvolleren Cala S'Amarador kaum zehn Minuten in Anspruch. Östlich der Cala Mondragó versteckt sich im Kiefernwald eine sehr kleine, wenig besuchte Bucht namens *Caló d'es Burgit*, zu erreichen über Fußpfade, die auf Höhe des ufernahen Hostals von der Straße zum Strand nach links abzweigen.

Information Centre de Informació, am Parkplatz oberhalb der Cala Mondragó, ℘ 971 181022. Informationen und Faltblätter zum Naturpark, geöffnet 9–16 Uhr.

Verbindungen Busse ab Cala d'Or via Porto Petro zur Saison 8-mal täglich.

Übernachten Die beiden Herbergen sind für ruhige Strandtage bestens geeignet.

** **Hotel Playa Mondragó**, direkt hinter dem Strand, mit Pool. 41 Zimmer, geöffnet Mitte April bis Okt. Auch Studios und Apartments. DZ/Bad nach Saison und Lage etwa 70–120 €. Cala Mondragó, ℘ 971 657752, www.playamondrago.com.

* **Hostal Condemar**, etwa 300 Meter oberhalb der Cala Mondragó, neben der Zufahrt. Recht hübscher Pool, ansonsten eher schlicht, aber für den Preis in Ordnung. 45 Zimmer, geöffnet Mai bis Oktober. DZ/Bad nach Saison etwa 65–80 €, HP ist kaum teurer. Cala Mondragó s/n, ℘ 971 657756, www.hostalcondemar.com.

Santanyí

Von hier stammt der auf Mallorca so häufig verwendete, direkt nach dem Bruch weiße und sich im Lauf der Jahre in einen warmen Goldton verfärbende Stein. Das alte, im Mittelalter immer wieder von blutigen Piratenüberfällen getroffene Städtchen bildet den Gemeindesitz der Küstenorte zwischen Cala d'Or und der Südspitze Mallorcas. Am kleinen Hauptplatz *Plaça Major* steht die Kirche Sant Andreu aus dem 18. Jh., deren ehrwürdige Orgel wohl die schönste der Insel ist. Daneben erhebt sich die *Capilla de Roser*, die noch aus dem 13. Jh. stammt; etwas nördlich bildet das Tor *Porta Murada* den letzten Rest der einstigen Stadtbefestigung. In den letzten Jahren hat sich Santanyí erheblich rausgemacht, ist zum beliebten Treffpunkt von Urlaubern und Residenten der Küstenorte geworden. Immer mehr Restaurants eröffnen hier, viele davon deutsch geführt. Viel Betrieb herrscht im Städtchen zu den Markttagen am Mittwoch und vor allem am Samstag, wenn sich auch die Bars bei der Kirche bis zum letzten Platz füllen.

Verbindungen Busse nach Palma 9-mal, Cala d'Or 8-mal, Colónia de Sant Jordí 5-mal und Cala Figuera 3-mal täglich.

Übernachten Hotel Santanyí, unweit der Kirche. Hübsches kleines Boutiquehotel mit nur sieben schön dekorierten und gut ausgestatteten Zimmern in einem alten Stadthaus. Netter Patio, gutes Restaurant („No.7") und Frühstückscafé, deutsche Leitung. DZ nach Größe und Saison etwa 135–190 €. Plaza Constitució 7, ℡ 971 642214, www.hotel-santanyi.com.

Essen & Trinken/Kneipen Rest. Es Cantonet, an der großen Kreuzung vor dem Ortsausgang Richtung Ses Salines. Schöner Patio, kleine Karte, sehr feine Küche, Menü à la carte ab etwa 30–35 €. Pl. Pintor Francisco Bernareggi 2, Reservierung ratsam: ℡ 971 163407. So Ruhetag.

》》 Lesertipp: Rest. Anoa, fast direkt gegenüber. „Von einem internationalen Team geführt. Wir haben sehr gut gegessen, Ambiente und Personal sind ausgesprochen nett und man fühlt sich mit oder ohne Kinder bestens aufgehoben" (Barbara Keßler-Gaedtke). Nur abends. Carrer de s'Aljub 32, ℡ 971 653315. 《《

Rest. Es Coc, nicht weit entfernt. „Cuina Típica Mallorquina" und „Nova Cuina Mallorquina" verspricht man: modern interpretierte mallorquinische Küche. Menü à la carte ab ca. 35 €, recht günstiges Mittagsmenü. Carrer S'Aljub 37, ℡ 971 641631. So Ruhetag.

An Santanyís Hauptplatz finden sich zahlreiche Bars

Rest. Es Molí, nahe Ortseingang aus Richtung S´Alquería Blanca. Eine umgewidmete alte Mühle mit hübschem Patio, von den Eigentümern des renommierten Sa Plaça im Nachbarort betrieben – weshalb es auch hier eine breite Auswahl feiner Tapas gibt. Sehr beliebt, besser reservieren. C. Consolació 19, ✆ 971 653629.

Café-Rest. Goli, südlich nahe der Pl. Major. Altes Stadthaus, aufwendig dekoriert. Kulinarische Rundum-Versorgung vom Morgen bis zum Abend; hausgemachter Kuchen. Auch vegetarische Optionen. Mittleres Preisniveau. Mi-Abend geschlossen. C. Portell 14, ✆ 971 642248.

Café-Rest. Sa Botiga, ebenfalls sehr schön gestaltet; im ersten Stock liegt eine antiquarische Bibliothek, in der man sich für wenig Geld mit neuer Urlaubslektüre versorgen kann. Umfangreiche Speisenauswahl, auch Tapas und vegetarische Gerichte, mittlere Preise. Carrer del Roser 2, fast direkt bei der Kirche und gleich um die Ecke von der Plaça Major; ✆ 971 163015.

Forn i Pastissería Ca´n Gelat, renovierte alte Bäckerei, die weiterhin Brot (auch Vollkorn etc.) verkauft; ein netter Platz fürs Frühstück. C. dels Centre 24, beim Stadttor.

Pizza & Pasta by Pomodoro, Nachbarschaftslokal an der nördlichen Ringstraße nahe der Abzweigung nach Ca's Concos.

Nett dekoriert: Sa Botiga

Die freundlichen, deutschsprachigen Besitzer stammen tatsächlich aus Italien. Preisgünstig. Carrer Na Ravandella 21.

Einkaufen Vinos Artesanos Binissalem, ein Weinladen nahe dem Ortsausgang in Richtung Cala Figuera, gleich bei der alten Waschstelle des Ortes. Guter Wein auch vom Fass. C. Bernat Vidal i Tomas 2 a.

Oratori de la Consolació: Die Zufahrt zu der kleinen Kirche (16. Jh.) auf dem Puig de Consolació zweigt kurz vor dem Örtchen S'Alquería Blanca linker Hand von der nach Nordosten führenden Hauptstraße ab. Obwohl der Kirchberg, ein Ausläufer der Serra de Llevant, kaum über 200 Meter Höhe aufragt, bietet sich doch ein weiter Blick über die flache Landschaft bis zur Ostküste und im Süden über das Cap Salines hinaus.

Cala Figuera

Wunderschön an einer tief eingeschnittenen, an ihrem Ende zweigeteilten Bucht gelegen, ist der kleine Ort sowohl Fischer- als auch Feriensiedlung. Die nächsten Strände liegen etwas entfernt. Vielleicht deshalb haben sich die großen Reisekonzerne schon vor langer Zeit völlig aus Cala Figuera zurückgezogen. Geblieben sind dem Ort vor allem seine Stammgäste, die jedoch auch immer weniger werden. Kein Wunder, dass im letzten Jahrzehnt so einige Restaurants und Quartiere geschlossen wurden und jetzt leerstehen. Als Urlaubsziel für Familien ist Cala Figuera auch wirklich wenig geeignet. Diejenigen, die sich vom Hotelbett direkt an den Strand schleppen wollen, sind hier ebenfalls falsch. Dabei gibt es in der Umgebung wirklich ausgezeichnete Strände. Doch kostet es eben etwas Mühe, sie mit dem Fahrrad, dem Mietwagen oder zu Fuß anzusteuern. So sitzen denn abends vor allem Individualreisende insbesondere deutscher Herkunft auf den Aussichtsterrassen der Hafentavernen, tafeln frischen Fisch und freuen sich an dem unverbauten Blick auf die steilen, kieferngekrönten Küstenfelsen, das tiefe Wasser und die weiß leuchtenden

Boote. Tagsüber ist Cala Figuera das Ziel von Ausflüglern, die nach kurzer Zeit das Dorf wieder verlassen und zwischendurch ihre Fotoapparate strapazieren. Ein schmaler Fußweg zieht sich rund um die Gabelung der Bucht, vorbei an der Fischermole, herrlich gelegenen Häuschen und engen Bootsgaragen: einfach traumhaft, dieser Hafen, sicherlich der schönste der Insel.

Verbindungen Busse nach Palma und Colónia de Sant Jordi nur mit Umsteigen in Santanyí, dorthin 3-mal täglich.

Fahrradverleih: Bike total, C. Pintor Bernareggi 26, Nähe Ortsanfang, ℡ 971 645271, mobil 650 422233. Freundliche deutsche Leitung durch Willi, gute Trekkingräder (ca. 10 €/Tag, bei Mehrtagesmiete Rabatt), viele Tourentipps und Kartenkopien.

Übernachten ** Hotel Villa Sirena **3**, in unübertrefflicher Spitzenlage hoch über dem Meer, ein großer Teil der gut eingerichteten Zimmer besitzt Balkone mit herrlicher Aussicht, für gute Schwimmer eine eigene Badeplattform am tiefen Fjord. Geöffnet April bis Okt., auch in der NS oft belegt. Angeschlossen ein ganzjährig betriebenes Gebäude mit Apartments und Pool. Keine Kreditkarten. DZ kosten nach Saison etwa 80–90 €; Apts. für zwei Personen 65–90 €, vier Personen 105–140 €. Carrer Virgen del Carmen 37, ℡ 971 645303, www.hotelvillasirena.com.

Hotel Villa Lorenzo **2**, familiärer Betrieb mit nur 14 Zimmern, viele Stammgäste, deutschsprachig; ein reizvolles Haus mit kleinem Pool. Besten Ruf genießt das angeschlossene Restaurant, in dem auch mallorquinisch gekocht wird. Nur privat zu buchen, geöffnet Feb. bis Okt. DZ etwa 75 €. C. Magallanes 20, ℡ 971 645029, www.villalorenzo.com.

Fonda Mar Blau **7**, preisgünstiges, familiäres Quartier mit durchaus ordentlichen Zimmern. Deutschsprachig. Auch Apartments und Studios. Infos im „Spar"-Markt. DZ nach Saison, Aufenthaltsdauer und Ausstattung etwa 60–120 €, gelegentlich Spezialangebote im Netz. Carrer Iglesia 24, ℡ 971 645227, www.marblau.eu.

》》》 **Lesertipp:** ** Hotel Rocamar **8**, „ruhige, erholsame Atmosphäre, sehr nettes Personal, gutes Frühstück" (Wolfgang Koß). Deutschsprachig; Zimmer schlicht, aber mit Aussicht. Geöffnet ist etwa von Mai bis Oktober. DZ etwa 75–100 €. Carrer Juan Sebastiano Elcano, ℡ 971 645125, www.rocamarplayamar.com. 《《《

Apartamentos Villa Salvador **9**, einer der recht zahlreichen Apartment-Vermieter, um die Ecke vom Hotel Rocamar und von den Lesern Petra Kaczmarek und Aldor Wiebel

Bildschöner Hafen: Cala Figuera

Cala Figuera 243

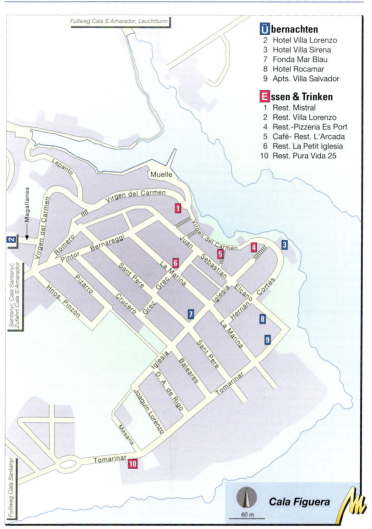

Übernachten
2 Hotel Villa Lorenzo
3 Hotel Villa Sirena
7 Fonda Mar Blau
8 Hotel Rocamar
9 Apts. Villa Salvador

Essen & Trinken
1 Rest. Mistral
2 Rest. Villa Lorenzo
4 Rest.-Pizzeria Es Port
5 Café- Rest. L'Arcada
6 Rest. La Petit Iglesia
10 Rest. Pura Vida 25

Die Ostküste

empfohlen. Man spricht Deutsch. DZ 45 €, Zweier-Apartment 55 €. Carrer Tomarinar 4, ✆ 971 645110, www.villasalvador.com.

Essen & Trinken Rest. Pura Vida 25 **10**, ein runder, teilweise verglaster Bau in prima Lage hoch über dem Meer, mit Terrasse und Pool, besonders schön am Abend. Internationale Küche, Menü ab etwa 35–40 €. Carrer Tomarinar s/n, ✆ 971 165571.

Rest. La Petit Iglesia **6**, tatsächlich in einer ehemaligen kleinen Kapelle untergebracht. Sehr nettes Ambiente, freundliche Führung, feine französische Küche. Menü ab etwa 30 €, Festmenü 20 €. Carrer Marina 11, ✆ 971 645009.

⟫⟫ Lesertipp: Rest. Mistral **1**, um die Ecke von der Hafenzeile. „Mallorquinische und mediterrane Küche frisch vom Markt,

244 Die Ostküste

geschmackvoll und lecker angerichtet. Tolle Aussicht über die Bucht, die Preise sind durchschnittlich" (Stephan Braun). C. Virgen del Carmen 42, ✆ 971 645118. **«**

Rest.-Pizzeria Es Port 4, unweit des Hotels Villa Sirena. Tische im Freien in schöner Aussichtslage, ordentliches Essen. Menü ab etwa 25 €, mit Pizza natürlich günstiger. Carrer Virgen del Carmen 88, oft voll besetzt; ✆ 971 165140. In der Nähe auf Hausnummer 80, vielleicht etwas gehobener (auch im Preis), aber prima und von der Lage ganz ähnlich: **Café-Rest. L'Arcada** 5.

Rest. Villa Lorenzo 2, im gleichnamigen Hotel. Mallorquinische Küche, freundlicher Service, man spricht Deutsch. Menü à la carte ab etwa 30 €. Am besten, man meldet sich vorab an. Carrer Magallanes 20.

Kneipen Viel ist nicht los. **Bar Bahia**, am Ende des Carrer Marina; bekannt für gute Cocktails. **Bon Bar**, in toller Lage über dem Hafen, ein beliebter Treffpunkt. Gutes Eis.

Feste Mare de Déu del Carme, 16. Juli. Fest der Schutzheiligen der Fischer, Meeresprozession mit Prämierung der am schönsten geschmückten Boote.

Baden Ein Abstieg zum Meer für den schnellen Sprung ins tiefe Wasser findet sich an der Felsküste hinter dem Hotel Villa Sirena. Die Strandbuchten liegen jedoch alle etwas außerhalb, am ortsnächsten die Cala Santanyí.

Fußweg zur Cala Santanyí: Auch landschaftlich reizvoll ist dieser Weg, der in etwa 45 min. (festes Schuhwerk; ein klein wenig Klettern ist nötig) zur Nachbarbucht führt; in den Ausläufern der dortigen Urbanisationen ist dann etwas Orientierungsfähigkeit gefragt. Der Weg beginnt am Ende des C. Tomarinar (vorbei am Rest. Pura Vida) und führt hoch über der Küste entlang.

Fußweg zur Cala S'Amarador: Zur schönen und unverbauten Cala S'Amarador im Naturpark Mondragó sind es mit dem Fahrzeug gut fünf Kilometer. Zu erreichen ist sie über ein schmales Sträßchen, das etwa 500 Meter hinter dem Ortsrand von der Hauptstraße Richtung Santanyí rechter Hand abzweigt. Zu Fuß ist der Weg etwas kürzer: um den Hafen herum, vom hinteren Ende der Bucht Caló d'en Boire über die Treppen hoch, die Straße bis ans Ende, links (rechts geht es zum Leuchtturm) und beim Stoppschild rechts, dann immer der Straße folgen. Insgesamt dauert der Weg, im Sommer durch Hitze und Verkehr etwas ermüdend, knapp eine Stunde.

Die Buchten südwestlich von Cala Figuera

Cala Santanyí: Etwa drei Kilometer von Cala Figuera entfernt, Zufahrten von der Hauptstraße nach Santanyí. Beliebt ist die Bucht besonders bei Familien, zunehmend auch bei Freikletterern. Obwohl ringsum eine Siedlung aus Hotel- und Apartmentgebäuden entstanden ist, kann sich die Cala Santanyí sehen lassen, da die meisten Gebäude von dichtem Kiefernbewuchs abgeschirmt werden. Der schöne, knapp hundert Meter breite und tief ins Land reichende Strand ist allerdings meist dicht belegt. Am westlichen Rand der Bucht, auf der Straße vorbei am Restaurant „Pinos Playa" und dann meerwärts in eine Anliegerstraße einbiegend, gelangt man zu einem Aussichtspunkt vor dem viel fotografierten Felsen *Es Pontas*, der von der Gewalt des Meeres zu einer natürlichen Brücke ausgehöhlt wurde.

Für ausgesprochene Strandfans eine Alternative zu Cala Figuera. Restaurants, Bars und Sportmöglichkeiten sind vorhanden.

**** Hotel Apts. Cala Santanyí, ausgedehnte Anlage mit vielen Extras: Pool, Spa, Beauty-Center, Sportmöglichkeiten, Fahrradverleih (Bike total, siehe Cala Figuera, selbe Tel.-Nr.), Kinderclub etc. Geöffnet etwa Ostern–Oktober. Angeboten werden Suiten (zwei Personen rund 180–230 €), DZ sowie Studios und Apartments (zwei Personen ab 70–95 €). ✆ 971 165505, www.hotelcalasantanyi.com.

* Hostal Palmaria, als Gebäude ebenfalls nicht architekturpreisverdächtig, jedoch in reizvoller Aussichtslage in einem Wäldchen über der Bucht. Geführt von wohl einzigen Hotelier Mallorcas, der Linguistik studiert hat; deutschsprachig und ein Aktivist der korrekten Schreibweise mallorquinischer Flurnamen. Jedes der 21 einfachen, aber gepflegten Zimmer mit Balkon und Meerblick. Geöffnet Mai bis Okt., DZ/Bad ca. 60 €. ✆ 971 645410, www.hostalpalmaria.com.

Cafetería Drac, an der östlichen Seite der Bucht, nahe Hostal Palmaria. Sympathisches Lokal, geführt von dem jungen spanisch-deutschen Paar Patricia und Niklas; viele Stammgäste. Spanische Küche, alles frisch und hausgemacht (weshalb es manchmal auch etwas dauert); Gemüse von örtlichen Bauern, Fleisch vom Metzger aus Felanitx, Fisch vom Fischer in Cala Figuera. Keine Kreditkarten. Geöffnet etwa April bis Oktober. C. Cova des Drac 15. ✆ 971 645415.

Cala Llombards: Obwohl fast „um die Ecke" von der Cala Santanyí gelegen, ist die Nachbarbucht mit dem Auto nur auf einem weiten Umweg via Santanyí zu erreichen und deshalb etwas weniger besucht. Das Hinterland zeigt sich zwar von der zersiedelten Seite, die etwa 60 Meter breite Strandbucht jedoch ist schön und erfreut mit herrlichem Blick auf die umgebende Klippenküste. Bar sowie Sonnenschirm- und Strandliegenverleih sind vorhanden.

* **Hostal Casa de la Vida**, ein paar hundert Meter oberhalb der Bucht. Nach Besitzerwechsel weiterhin deutsch geführt und auch als Seminarhotel (Yoga etc.) betrieben, schlicht-hübsche und nett gestaltete Zimmer; Dachterrasse mit Aussicht. Geöffnet etwa März bis Oktober, DZ 50–80 €, auch Apartments. Avda. Cala Llombards s/n, Cala Llombards, ✆ 871 575675, www.casadelavida-mallorca.com.

Caló d'es Moro/Cala S'Amonia: Ein zur Nebensaison fast menschenleeres Villengebiet mit bizarr zerklüfteter Küste, nicht ganz leicht zu finden. Aus Richtung Santanyí kommend, biegt man noch vor der Cala Llombards direkt hinter einem flachen, weißen Bungalow mit Palme rechts ab (das früher an der Mauer gegenüber angebrachte Steinschild „Carrer de S'Amonia" wurde herausgeschlagen) und folgt der kleinen Straße; dann die zweite links (direkt vor einer Steinmauer), rechts, links und immer dem Sträßchen nach. Bevor sich die Straße wieder landeinwärts wendet, führt eine Treppe hinab zur überwiegend felsigen *Cala S'Amonia*, an der sich außer einem winzigen Strand nur eine Handvoll Fischerhütten befindet. Wendet man sich nach dem Abstieg dagegen gleich links, erreicht man in wenigen Minuten eine wildromantische Felsküste, in der sich der winzige, bildhübsche Sandstrand der Bucht *Caló d'es Moro* versteckt. Der Abstieg ist steil; trotz der abgeschiedenen Lage herrscht hier an Sommerwochenenden einiger Betrieb und der Platz wird knapp. Touristische Einrichtungen gibt es weder hier noch dort.

Reizvoller Badeplatz: Cala Llombards

Strand satt: Platja Es Trenc

Die Südküste

Der Küstenabschnitt zwischen dem Cap Salines im Osten und dem Cap Blanc im Westen ist recht kurz und weist nur wenige Siedlungen auf. In weiten Teilen besteht er aus unzugänglicher Steilküste, doch liegen hier auch einige der schönsten Strände Mallorcas.

Wichtigster Küstenort im Süden ist *Colònia de Sant Jordi*, eine Mischung aus Ferien- und Fischerdorf, optisch weniger attraktiv, aber mit angenehm ruhiger Atmosphäre. Im Umfeld erstrecken sich weite Strände, darunter der kilometerlange *Es Trenc*, viel besuchtes Ziel nicht nur der FKK-Anhänger. Die anderen Ortschaften hier sind eher Ansammlungen von Ferienhäusern, meist nur im Sommer bewohnt.

Das flache, dünn besiedelte Hinterland der Südküste ist bei jährlichen Niederschlägen unter 400 Millimetern im Sommer regelrecht ausgedörrt. Blendend weiße Salinen, in denen noch immer Salz gewonnen wird, von Palmen beschattete Gehöfte und ausgedehnte Felder ergeben ein stimmiges Bild, das mit den gängigen Mallorca-Klischees wenig gemein hat. Dass dieses Gebiet schon vor Urzeiten bewohnt war, zeigen die Ruinen von *Capocorb Vell*, einer der bedeutendsten Ausgrabungsstätten der Balearen.

Cap Salines: Die Zufahrt zum Kap ist zwischen Santanyí und Ses Salines bestens ausgeschildert. Nach einer fast zehn Kilometer weiten Fahrt endlich angekommen, fragt man sich allerdings, warum: Das waldreiche Hinterland beiderseits der Straße ist als Besitz der Familie March komplett abgesperrt. Am Kap selbst gibt es außer dem Leuchtturm nicht viel zu entdecken. Folgt man der zerrissenen Felsküste zu

Die Südküste

Fuß in etwa nordwestlicher Richtung, gelangt man in knapp drei Stunden nach Colònia de Sant Jordi und passiert dabei schöne Strände (als erstes die Platja d'es Caracol), die man freilich auch von Colònia aus ansteuern könnte.

Ses Salines

Das alte Inlandsdorf, lokales Zentrum und Gemeindesitz von Colònia de Sant Jordi, leistet sich eine erstaunlich große Kirche. Beachtenswert sind auch die vielen wehrhaften Häuser, Relikte aus der Zeit der Piratengefahr. Die ländlich-abgeschiedene Atmosphäre hier besitzt einen gewissen Reiz, der besonders beim Donnerstagsmarkt spürbar wird. Allmählich finden auch mehr und mehr Reisende in den Ort, sind doch in den letzten Jahren einige neue Lokale und Geschäfte entstanden.

Übernachten Hotel Rural Es Turó, luxuriöses Landhotel in einer renovierten Finca etwas außerhalb, im Besitz des lokalen „Cassai"-Imperiums, zu dem noch ein Restaurant (siehe unten), Einrichtungsläden und bald auch ein Restaurant in Colònia zählen. Großzügige Anlage mit Pool, geöffnet Feb. bis Okt. DZ 75–180 €, Junior-Suiten etwa 80–190 €. Camí de Cas Perets s/n, nordöstlich von Ses Salines, ✆ 971 649531, www.esturo.com.

»» **Mein Tipp:** **** Hotel Ca'n Bonico, etwas zurückversetzt an der Hauptstraße, an der Beflaggung zu erkennen. Zentrum der reizvollen, 2009 eröffneten Anlage ist ein Herrenhaus, dessen älteste Bereiche (insbes. der Wehrturm) bis ins 13. Jh. zurückgehen; der Großteil der insgesamt 28 komfortablen Zimmer ist jedoch in modernen Anbauten untergebracht. Prima Service. Großer Garten mit Pool; Fahrradverleih, sehr gutes Restaurant. DZ nach Saison und Ausstattung etwa 190–250 €. Pl. San Bartolomé, ☎ 971 64 9022, www.hotelcanbonico.com. ⋘

⋙ **Lesertipp: Hotel S´Hort de Can Carrio**, in der Nähe des Hotel Rural Es Turó. „Wunderbares Finca-Hotel, die beiden deutschen Gastgeber Arne und Michael pflegen einen außergewöhnlich individuellen Service. Das ganze Areal ist mit Liebe gestaltet, alle sechs DZ sind stilvoll und charmant eingerichtet. Besonders hervorzuheben ist die sehr gute Bewirtung" (Monja Buche). Geöffnet Feb. bis Mitte Nov., DZ überwiegend etwa 125–145 €. Camí de Cas Perets 2, ☎ 971 642953, www.hotel-can-carrio.com. ⋘

Essen & Trinken **Bodega Barahona**, durch den omnipräsenten Besitzer besser bekannt als „Casa Manolo". Inselweit berühmt und bei prominenten Mallorca-Besuchern beliebt. Breite Tapaauswahl in der Bar, im Restaurant Fisch zu (sehr) gehobenen Preisen; Küchen- und Servicequalität laut Leserbriefen schon mal schwankend. Mo sowie je nach Jahreszeit auch So-Abend oder Di-Mittag geschlossen, von Nov. bis Jan. Betriebsferien. Plaça Sant Bartomeu 2, nahe der Kirche, Reservierung ratsam: ☎ 971 649130. Nebenan betreibt Manolo ein argentinisches Grillrestaurant: **Asador Es Teatre**.

Rest. Gran Café Cassai, gleich neben dem Hotel Ca'n Bonico. Schöner Patio und reizvoll dekoriertes Interieur, sehr ordentliche internationale Küche, mittlere Preise (Hauptgerichte im Schnitt 20 €; auch Tapas, Nudeln etc). Zur NS Mo Ruhetag, im Dez./Jan. geschlossen. Carrer Sitjar 5, Reservierung ratsam: ☎ 971 649721.

⋙ **Lesertipp: Rest. Es Pinaret**, etwas außerhalb. „Deutsche Leitung, sehr feines Essen, alles hausgemacht; der Preis okay, wenn auch nicht ganz niedrig. Das Innere ist sehr schön dekoriert, fast märchenhaft" (Brigitte Schindler). Anfahrt von Ses Salines Ri. Colonia, etwa 1,8 km hinter dem Kreisel bei km 10 rechts, etwa 300 m weiter wieder rechts. Nur abends, Di Ruhetag; Nov.–März nur Fr/Sa abends sowie So ganztags. ☎ 971 649230. ⋘

Bistro Ein-Stein, an der Hauptstraße im Ort. Kleines Lokal mit Patio in einem weitgehend ursprünglich belassenen Dorfhaus, wie so viele Gastrobetriebe der Gegend deutsch geführt. Kurze Karte mit Hamburgern, Nudelgerichten und Tapas; nicht teuer. Nur abends, Di Ruhetag. C. Burgura Mut 19, Reservierung ratsam: Mobil-☎ 648 559596.

🌿 **Einkaufen** **Flor de Sal**, nicht weit entfernt vom Restaurant Cassai, ein Delikatessengeschäft, in dem vor allem das feine Salz aus den nahen Salinen verkauft wird, außerdem mallorquinischer Wein, Öl, Konfitüren etc. Plaça Sant Bartomeu 5. ∎

Von beachtlicher Größe: die Kirche von Ses Salines

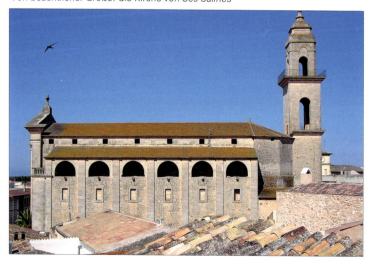

Bodega Llum de Sal, sozusagen die lokale Konkurrenz, ein paar Schritte weiter, sehr schön dekoriert und mit einer Bar. C. Burgura Mut 14. ■

Feste Sant Antoni, 17. Januar, mit Segnung der Haus- und Hoftiere.

Sa Fira, am 1. Mai. Ländlicher Jahrmarkt mit Tierausstellung, Wettbewerben etc.

Sant Bartomeu, mehrtägiges Patronatsfest um den 24. August.

Unterhaltung Botanicactus, von Santanyí kommend kurz vor Ses Salines, 50.000 wüstenhafte Quadratmeter mit künstlichem See und zahlreichen Kakteen, Sukkulenten und uralten Olivenbäumen. Geöffnet 9–19 Uhr (Nov.–Feb. nur bis 16.30 Uhr); Eintrittsgebühr zuletzt 10,50 €.

Colònia de Sant Jordi

Die größte Siedlung der Südküste ist zwar keine Schönheit, besitzt aber einen gewissen rauen Charme Marke „Ende der Welt" und eine nette Hafenpromenade. Geradezu gesegnet ist Colònia de Sant Jordi mit schönen Stränden. Als Ausflugsziel bietet sich die Inselgruppe von Cabrera an.

Obwohl das Ortsgebiet bereits in der Vorgeschichte besiedelt war, ist Colònia de Sant Jordi selbst noch relativ jung. Moderne Bauten begrenzen die rechtwinklig angelegten Straßen, und auch der Hafen wirkt vergleichsweise nüchtern. Dafür zählt Colònia de Sant Jordi zu den wenigen Küstenorten, die im Sommer nicht fest in ausländischer Hand sind. Die Einwohnerzahl liegt mit knapp 3000 Personen relativ hoch, zudem besitzen viele Palmeros hier ein Wochenendhäuschen. Sie wissen warum, erstrecken sich beiderseits des Ortes doch ausgezeichnete, unverbaute Strände. Zu schätzen wissen dies auch die vielen Stammgäste aus dem Ausland, unter denen die deutschsprachigen Besucher, darunter zahlreiche Schweizer, die deutliche Mehrheit bilden.

Der Ortsaufbau wirkt zunächst etwas verwirrend. Aus Richtung Inland kommend trifft man automatisch auf die Hauptstraße *Av. Marqués del Palmer*. Links geht es zum Hafen, geradeaus zum etwas langweiligen Hauptplatz *Plaça Constitución*. Weiter nördlich liegt zwischen den Salinen *Salines de s'Avall* (Führungen p.P. 11 €, wechselnde Termine, Mückenschutz ratsam, ✆ 661 486698, deutschsprachig; www.lasal.cat) und dem Meer die Hotelzone, mit dem Zentrum verbunden durch die lange *Av. Primavera*. Zwischen diesen beiden Polen des Ortes pendelt zur Saison ein Touristenzug auf Rädern, der „Mini-Tren". Erwägenswert scheint die Miete eines Fahrrads, denn die fast ebene Landschaft eignet sich gut für kurze Touren.

(Basis Infos

Information O.I.T. Colònia de Sant Jordi, in einem Kiosk am Carrer Gabriel Roca s/n, hafennah unweit des Hotels Lemar, ✆ 971 656073. Geöffnet Juni bis Sept. Mi–Mo 10–14, 17–21 Uhr, sonst 10–13, 16.30–18.30 Uhr. Di sowie Nov.–Jan. geschlossen. www.mallorcainfo.com.

Verbindungen Busse halten an mehreren Stellen im Ort, auch an der Av. Primavera und der Av. Marqués de Palmer. Verbindungen u.a. nach Ses Salines und Santanyí 5-mal, Palma 9-mal täglich.

Mietfahrzeuge: Auto- und Fahrradvermieter entlang der Av. Primavera. „Mallorca Motorbike" offeriert gepflegte Chopper aus Japan und Amerika. Avinguda Primavera 7b, ✆ 971 655395, www.mallorca-motorrad.de.

Schiffsausflüge führen vor allem zur Insel Cabrera, Näheres siehe dort.

Übernachten

Die häufig von Schweizern geleiteten Großhotels in der Hotelzone lassen sich über viele Veranstalter buchen. Individualreisende müssen dort zur Saison mit oft ausgebuchten Häusern und recht hohem Preisniveau rechnen.

** Hotel Lemar 5, direkt am Hafen, komfortable und ansprechende Zimmer, teilweise mit Balkon und schöner Aussicht aufs Meer. Geöffnet etwa Mitte Mai bis Okt. DZ nach Saison und Lage etwa 85–150 €, mit HP geringer Aufpreis. Auch Apartments. C. Enginyer Gabriel Roca s/n, ✆ 971 655178, www.hotellemar.com.

** Hostal Playa 9, das älteste Quartier von Colònia. Schönes altes Haus, nur acht Zimmer, alle sehr gepflegt und mit Klimaanlage. Besonders begehrt sind die vier Räume zur Meerseite. Fischrestaurant angeschlossen. DZ 80–90 €. Carrer Mayor 25, ✆ 971 655256, www.restauranteplaya.com.

* Hostal Colonial 7, im Zentrum. Freundliches Haus mit angeschlossenem Eiscafé und Taxiservice; der deutschsprachige Chef bemüht sich sehr um seine Gäste. Schlicht-hübsche Zimmer mit Klima, Kühlschrank und guten Betten. Geöffnet etwa März bis Okt. DZ etwa 80–105 €. C. Enginyer Gabriel Roca 9, ✆ 971 655278, www.hostal-colonial.com.

»> Mein Tipp:* Hostal Doris 4, ein Stück weiter Richtung Hotelsiedlung. Innen erstaunlich groß. Die freundlichen Brüder Joan und Tomeu renovieren das Quartier Zug um Zug, der Großteil (u. a. die Bäder) ist schon neu und für die Kategorie wirklich top. Café-Bar angeschlossen. Nur Privatgäste. Geöffnet März–Okt. DZ/Bad etwa 50–85 €, auch Apartments. C. Estanys 56, ✆ 971 655147, www.hostaldoris.com. «

Essen & Trinken

Leider wechselt die Qualität in vielen Lokalen des Ortes so häufig wie der Koch.

Unweit des Hostals Playa soll bald das „Cassai Beach House" eröffnen, ein Ableger des Hotel Rural Es Turó und des Gran Café Cassai aus Ses Salines.

Rest. Sal de Cocó 8, geführt von der jungen, aber bereits preisgekrönten Köchin Marta Rosselló. Kürzlich ins Hafengebiet umgezogen; modernes Ambiente, variantenreiche Küche. Festmenüs zwischen etwa 30 und 40 €, auch Tapas etc. Moll de Pescadors s/n, ✆ 971 655225. Di sowie im Dez./Jan. geschlossen.

Rest. Antonio 1, unweit der Hotelzone. Seit 1970 inselweit bekannt für seine hervorragende Paella, die in vielen Variationen zwischen 15 und 32 € (mit Hummer …) serviert wird. Auch Fischgerichte. Außer von Juni bis August nur mittags geöffnet, Mo und im Winter geschlossen. Carrer Alexandro Farnesio, Ecke Sta. Teresa de Jesús. ✆ 971 655405.

Rest. Sa Barrala 3, zwei Blocks entfernt. Solides Lokal mit mallorquinischer Küche, das Festmenü mit recht breiter Auswahl kommt (auch abends) für etwa 18 € auf den Tisch, à la carte legt man ab etwa 30 € an. Pl. Pou d'en Verdera s/n. Do Ruhetag. ✆ 971 656485.

»> Lesertipp: Café-Rest. Strandkorb 2, nahe dem Cabrera-Dokuzentrum. „Heimelige Atmosphäre unter deutscher Leitung, tolle Tapas, ansprechende Hauptgerichte, leckerer Kuchen. Preise okay" (Laura Beckerfeld). In der Tat eine gute Adresse. C. Enginyer Gabriel Roca 95. «

Cafetería El Paso 6, nahe Hostal Colonial und ein guter Platz für ein werktägliches Mittagsmenü, das hier etwa 9 € kostet. Carrer Estanys 7. Fünfzig Meter weiter und ganz ähnlich: **Can Gori**.

Nachtleben/Sport/Einkaufen/Feste/Baden

Kneipen, Nachtleben Als Nightlife-Zentrum ist Colònia de Sant Jordi nicht gerade bekannt. Einige Music-Bars wie „Es Punt" (Fr oft Konzerte) finden sich an der Av. Primavera. Dort liegt auf Nr. 26 in einer Art Glaskubus auch das schicke „Laos", eine mehrstöckige Mischung aus Restaurant, Pub und Chillout-Zone.

Colònia de Sant Jordi 251

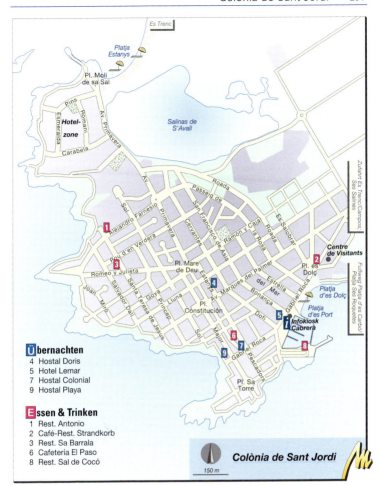

Übernachten
4 Hostal Doris
5 Hotel Lemar
7 Hostal Colonial
9 Hostal Playa

Essen & Trinken
1 Rest. Antonio
2 Café-Rest. Strandkorb
3 Rest. Sa Barrala
6 Cafetería El Paso
8 Rest. Sal de Cocó

Colònia de Sant Jordi

Sport, Unterhaltung Windsurf- und Segelschule Katama-Center am Estanys-Strand, ✆ 696 529788. www.katama.eu.

Reitschule El Rancho an der Av. Primavera, linker Hand vor der Hotelzone etwa auf Höhe der Salinen, ✆ 971 655055.

Einkaufen Markt jeden Mi-Nachmittag an der Avinguda Primavera.

Feste La Fira de la Sal i les Espècies, kulinarisches Fest des Salzes und der Gewürze, am Osterwochenende.

Sant Jordi, 23. April, das Fest des örtlichen Schutzheiligen, u. a. mit großem Fideuà-Essen, Verzehrbons bei der O.I.T.

Sommerfest, Beginn in der Regel drei oder vier Tage vor dem ersten Sonntag im August, der den Höhepunkt bildet.

Baden Direkt im Ort liegt in Hafennähe die **Platja d'es Port**, sicher nicht der attraktivste Strand von Colònia de Sant Jordi, dennoch im Sommer gut besucht. Im Südosten schließt sich noch am Ortsrand die **Platja d'es Dolç** an, auch über eine Autozufahrt zu erreichen. Die Naturstrände weiter südöstlich können nur zu Fuß angesteuert werden, sind deshalb meist relativ leer und besitzen keinerlei Einrichtungen; da sich hier kein Liegestuhlverleiher um die Reinigung kümmert, ist mit Anschwemmungen zu rechnen. Etwa eine halbe Stunde braucht man vom Zentrum bis zur **Platja d'es Carbó**, die direkt in die **Platja Ses Roquetes** übergeht, den wohl wildesten Strand um Colònia de Sant Jordi. Noch ein Stück weiter in Richtung Cap Salines liegen die winzige Bucht **Cala Entugores** und die **Platja d'es Caragol**. – Im Nordwesten beginnt gleich hinter der Hotelzone die **Platja Estanys**. Sie ist mit diversen Wassersporteinrichtungen versehen, aber nicht so reizvoll wie der benachbarte **Es Trenc**, siehe im Extrakapitel weiter unten.

Centre de Visitants de Cabrera: Unweit der Platja d'es Dolç eröffnete im Sommer 2008 dieses hochinteressante und dabei sehr unterhaltsam konzipierte Dokuzentrum über den Nationalpark Cabrera. Der schneckenförmige, fast 20 Millionen Euro teure Bau beherbergt 18 Aquarien und diverse Schaukästen, ganz oben liegt ein Aussichtspunkt. Eines Tages soll es vielleicht auch wieder eine 3D-Einführung in die Unterwasserwelt zu sehen geben.

Tägl. 10–14, 15–18 Uhr, letzter Einlass jeweils eine Stunde vorher; im Winter eingeschränkte Zeiten. Eintrittsgebühr 8 €. Häufige Änderungen, Info-℡ 971 656282. Hier auch die Verwaltung des Nationalparks.

Umgebung von Colònia de Sant Jordi

Salines de Llevant: Neben der Zufahrt zum Parkplatz von Es Trenc, die von der Straße nach Campos abzweigt. Bereits im 13. Jh. wurde hier Salz gewonnen, und auch heute noch sind die Salinen in Betrieb, wie die schneeweißen Salzhügel zeigen. Die artenreichen Salzgärten stehen unter Naturschutz. Vögel lassen sich am besten im Frühjahr und Herbst beobachten; häufig sind dann auch Flamingoschwärme zu sehen.

Führungen Mai bis Oktober Mo–Sa um 10.30, 12, 13, 16.30, 17.30 und 18.30 Uhr, im April nur vormittags; p.P. 10 €. Die erste und die letzte Führung sind am ausführlichsten, zu den Nachmittagsführungen kann Mückenschutz sinnvoll sein. Salzernte ca. 2–3 Wochen ab Ende August, Ernte von Flor de Sal (letzte Tagesführung nehmen) etwa Juni–September. Es gibt auch ein nettes Geschäft mit Café. ℡ 971 655306, www.salinasdelevante.com.

Schneeweiß: Salzhügel in den Salinen

Banys de Sant Joan: Ein kurzes Stück hinter der Abzweigung zu Es Trenc liegt linker Hand der Hauptstraße nach Campos die einzige Thermalquelle der Insel. Die 38 Grad warmen Quellen halfen schon den alten Römern, Arthritis, Ischias und Hautleiden zu kurieren. Das 1845 errichtete ehemalige Kurhotel San Juan de la Font Santa wurde 2012 zu einem Fünfsternehotel (www.fontsantahotel.com, Tel. 971 655016) umgebaut; der Zugang zu dessen Thermal-Spa ist auch für Nichtgäste möglich, die Preise sind jedoch sehr hoch.

Parc Nacional Cabrera: Die felsige Inselgruppe von Cabrera, mit ihrem nördlichsten Inselchen kaum zehn Kilometer von der Südspitze Mallorcas entfernt, bildet den einzigen Nationalpark der Balearen. Dennoch darf der Archipel auf organisierten Schiffsausflügen besucht werden. Zu den „Ziegeninseln" zählen insgesamt 19 kleine und kleinste Eilande, die wegen der geringen Niederschläge allesamt nur karg bewachsen sind. Groß ist dagegen die Zahl an Vogelarten, darunter auch der Fischadler und die bedrohte Korallenmöwe, größer noch die der Meerestiere. Es gibt viele Delphine, ab und an sieht man sogar Wale oder Meeresschildkröten. Einst dienten die zahlreichen Felsbuchten der Inseln Piraten als sichere Schlupfwinkel. Dann besetzte das Militär jahrhundertelang die Hauptinsel. Die Festung auf Cabrera, der größten Insel, stammt vom Ende des 14. Jh. An ihren Wänden erinnern in den Stein gekratzte Inschriften französischer Soldaten an eine Tragödie: 1808, nach der verlorenen Schlacht von Bailén im Spanischen Unabhängigkeitskrieg, wurden 9000 Franzosen nach Cabrera verbannt und praktisch sich selbst überlassen. Als man sie sechs Jahre später freiließ, hatten Hunger und Krankheiten fast zwei Drittel das Leben gekostet. Manche der Ausflugsfahrten schließen eine Besichtigung der Festung und des „Es Celler" genannten ethnografischen Museums ein, ebenso einen Aufenthalt an einem der Strände. Höhepunkt ist ein Besuch der „Blauen Grotte" *Cova Blava* mit ihren faszinierenden Lichtspielen, in der man auch schwimmen kann.

Schiffsverbindungen Reguläre Abfahrten ab Colònia nur zur Sommersaison von ca. April bis Okt., Preis je nach Tour (Fahrtroute/Aufenthaltsdauer) und Saison etwa 30–55 €. Zur HS oft starke Nachfrage, Reservierung am Kiosk der beiden Schiffsagenturen nahe der Infostelle bzw. unter ℡ 971 649034 („Excursions a Cabrera") und ℡ 971 656403 („Marcabrera"). Verpflegung und Getränke muss man selbst mitnehmen oder sich für ca. 8 € ein Essen kaufen. Bei hohem Seegang kann die Fahrt ungemütlich, insbesondere mit dem Schnellboot auch nass werden. Mit dem eigenen Schiff darf Cabrera nur mit Genehmigung (Infos bei der O.I.T. oder im Centre de Visitants) besucht werden.

Übernachten Albergue de Cabrera, erst 2014 eröffnete Herberge, deren zwölf schlichte Doppelzimmer in einem ehemaligen Militärgebäude untergebracht sind. Rudimentäre Ausstattung – Seife, Handtücher und Bettwäsche/Schlafsack sind mitzubringen; Bettlaken können notfalls geliehen werden, jedoch keine Decken. Trinkwasser- und Lebensmittelvorrat (Aufenthaltsraum mit Mikrowelle; kein Herd) ist nützlich, es gibt aber auch eine „Cantina" auf der Insel. Geöffnet April bis Saison, DZ nach Saison 50–60 €, die Überfahrt geht extra und kostet mit etwa 60 € mehr als die normalen Exkursionen. Infos im Besucherzentrum Centre de Visitants in Colònia de Sant Jordi, Buchung nur über die Website http://cvcabrera.es/albergue-de-cabrera.

Platja Es Trenc

Einer der längsten Strände der Insel, nahezu unverbaut – ein Geheimtipp ist Es Trenc allerdings nicht mehr. Eigentlich besteht die Strandzone ja aus zwei Abschnitten, die beiderseits der Küstensiedlung *Ses Covetes* liegen: Es Trenc im Osten und Arenal de Sa Ràpita im Westen. Im Sprachgebrauch werden jedoch beide Bereiche als Es Trenc bezeichnet. Zusammen messen sie rund fünf Kilometer Länge. An Sommerwochenenden steuern allerdings oft Tausende von Besuchern den Strand und die umgebende, kiefernbewachsene Dünenlandschaft an. Die wenigen Strandbars und die Handvoll Restaurants in Ses Covetes sind dann am Rande ihrer Kapazität. Außerhalb der Hochsaison lässt es sich hier dagegen bestens aushalten. Nacktbaden ist offiziell gestattet, Schwerpunkt das Gebiet östlich von Ses Covetes. Die kleine Ortschaft selbst besteht nur aus einigen Ferienhäusern und Lokalen; die Bauruinen einer illegalen Wohnanlage wurden nach langem Rechtsstreit endlich entfernt.

Von Colònia de Sant Jordi ist Es Trenc über den Strand Platja Estanys auch zu Fuß zu erreichen. Ein kräftig gebührenpflichtiger Parkplatz (zuletzt 6 €) liegt am Ende der sehr schmalen Zufahrt, die von der Hauptstraße Richtung Campos vorbei an den Salinen führt, weitere in Ses Covetes und Sa Ràpita. Alle diese Parkplätze sind juristisch umstritten und könnten geschlossen oder verkleinert werden. Im Hochsommer herrscht ohnehin Parkchaos; zumindest dann ist der Fußweg ab Colònia de Sant Jordi die beste Option.

Westlich von Es Trenc

Die überwiegend felsige Küste ist hier auf weiten Strecken „urbanisiert", also mit ausgedehnten Villen- und Apartmentanlagen bebaut. Interessanter sind sicherlich die Ruinen der prähistorischen Siedlung Capocorb Vell.

Sa Ràpita/S'Estanyol: Zwei ausgedehnte, fast zusammengewachsene Siedlungen mit großen Yachthäfen. Beide bestehen vorwiegend aus Ferienhäusern und sind außerhalb der Hochsaison fast menschenleer. An der Uferstraße von Sa Ràpita liegt eine ganze Reihe von Restaurants, darunter mit günstigem Mittagsmenü das solide „Voramar", das sonst aber nicht ganz billig ist.

Capocorb Vell: An der hier etwa fünf Kilometer parallel zur Küste verlaufenden Landstraße zum Cap Blanc liegen kurz vor der Abzweigung zur Cala Pi die Reste der am besten erhaltenen Talayot-Siedlung Mallorcas. Ihre ältesten Bauten, drei runde Türme, datieren vermutlich aus den Anfängen der Siedlung in der Zeit zwischen 1400 und 1000 v. Chr., die beiden viereckigen Talayots dagegen wohl erst aus dem 6. Jh. v. Chr. Die zwei- bis dreistöckigen, aus groben Steinen aufgeschichteten Türme erreichten Höhen von bis zu acht, teilweise sogar zwölf Metern und dienten wahrscheinlich einerseits als Wohnräume, andererseits auch der Verteidigung und sogar der Feuerbestattung. Gut zu erkennen ist die Konstruktion der von einem steinernen Pfeiler getragenen Zwischendecke. Der Abschluss der Gebäude nach oben ist dagegen mangels komplett erhaltener Türme ungeklärt. Umgeben sind die fünf Talayots von einem System weiterer Räume und Gänge. Von der ehemaligen Ringmauer ist kaum noch etwas zu sehen, da ihre Steine als Baumaterial abtransportiert wurden, auch zur Errichtung der Kathedrale von Palma.
Tägl. außer Do 10–17 Uhr, Eintritt 2 €.

Cala Pi: Ein sehr schöner Blick auf die tief eingeschnittene Bucht bietet sich von dem kleinen Felskap meerwärts der Ferienanlage des Cala Pi Club, auf dem auch noch ein alter Wachtturm steht. Der schmale Strand der Bucht hat im Hochsommer noch die Bewohner der Feriensiedlungen Cala Pi und Vallgornera zu verkraften, die sich gen Osten über mehr als vier Kilometer hinziehen. In der Nebensaison ist die Cala Pi dagegen ein reizvolles Fleckchen.

Campos

Das freundliche Städtchen im Hinterland der Südküste macht seinem Namen Ehre, liegt es doch wirklich umgeben von weiten Feldern und lebt auch überwiegend von der Landwirtschaft, der Viehzucht und der Käserei. Ländlich gestaltet sich auch der Markt, der jeweils am Donnerstag- und Samstagmorgen stattfindet. In der fast brettebenen, von vielen Windmühlen geprägten Landschaft um den Ort ist der Turm der Pfarrkirche *Sant Julián* (13./19. Jh.) weithin zu sehen. In einer Seitenkapelle beherbergt sie das Bild „El Santo Cristo de la Paciencia" des berühmten Sevillaner Malers Murillo. Auffällig im Stadtbild sind die ehemaligen Verteidigungstürme, die oft bei der Errichtung späterer Gebäude einbezogen wurden, so auch im Fall des an der Plaça Major gelegenen Rathauses *Casa Consistorial* von 1580.

Übernachten Hotel Segles, 2008 eröffnetes, freundlich geführtes Hotel des „Turisme d'Interior", untergebracht in einem zentral gelegenen Stadthaus von 1551, das vor Antiquitäten fast überquillt. Die acht gut ausgestatteten Zimmer sind in unterschiedlichen Stilen wie Art Déco und Modernisme eingerichtet, im hübschen Patio gibt es eine Cafeteria. Kleiner Indoor-Pool. DZ nach Ausstattung und Saison etwa 90–150 €. C. Santanyí 4, ✆ 971 650097, www.hotelsegles.com.

Essen & Trinken Rest. Molí de Vent, nördlich des Zentrums jenseits der Straße nach Palma. Eine ehemalige Mühle mit reizvollem Ambiente; deutsche Leitung, feine Küche. Auch von Lesern gelobt. Festmenüs etwa 55–65 €, à la carte geht es auch etwas günstiger. Calle Nord 34. ✆ 971 160441, nur abends, Mi Ruhetag.

Llucmajor

Die Gemeinde Llucmajor ist mit rund 325 Quadratkilometern die flächenmäßig größte der Balearen. Der Einzugsbereich des Städtchens reicht bis S'Arenal und umfasst auch die ausgedehnten Urbanisationen der Südküste. Bekannt ist Llucmajor vor allem durch die entscheidende Schlacht, die am 25. Oktober 1349 vor dem Ort ausgetragen wurde.

Windmühlen sind charakteristisch für das Gebiet um Campos

Damals trafen hier die Truppen des mallorquinischen Königs *Jaume III.* auf das an Zahl weit überlegene Heer des Usurpators *Pedro von Aragón*. Neben dem Großteil seiner Mannen starb auch der König selbst und mit ihm die Unabhängigkeit Mallorcas. Ein Monument am Passeig Jaume III. erinnert an den Tod des Herrschers. Ein weiteres Denkmal an einem kleinen Platz in der Nähe rühmt die Schuhmacher von Llucmajor, denen der Ort an der Schwelle des 20. Jh. einen beträchtlichen Wirtschaftsaufschwung verdankte. Aus jener Zeit stammen auch die hübschen Häuser am fast dreieckigen, verkehrsberuhigten und renovierten Hauptplatz *Plaça Espanya*. Rundum liegt eine Reihe von Bars und Cafés, darunter das traditionsreiche „Café Colón" von 1928. Am Mittwoch, Freitag und Sonntag finden rund um die Plaça Espanya lebendige Märkte statt. Wichtigste Sehenswürdigkeit in der Umgebung ist der *Klosterberg Randa* (→ Inselmitte) etwa fünf Kilometer nördlich.

Übernachten ***** Grand Hotel Son Julia, ein Luxusquartier der Franklyn Hotels (ehem. Stein Group), in einem Herrenhaus des 15. Jh. Aller Komfort, Pools innen und außen, Wellnessbereich, Dekor mit arabischem Einschlag. DZ-Preise etwa 200–380 €, Suiten noch ein gutes Stück teurer. Carretera S'Arenal a Llucmajor, zwischen Autobahn und Gewerbegebiet, ✆ 971 669700, ✆ 971 669701, www.sonjulia.com.

Veranstaltungen Fires de Llucmajor, ländliche Märkte und Messen, die bis ins Jahr 1546 zurückgehen und am 29. September (Sant Miquel) sowie an den folgenden drei Sonntagen abgehalten werden; den Abschluss bildet „Es Firó" am Montag nach dem letzten Sonntag.

Häufiges Bild im Inselinneren: Schafe weiden auf blühenden Wiesen

Die Inselmitte

Mallorcas Mitte wird von den meisten Urlaubern höchstens auf der Durchfahrt zu den Küsten wahrgenommen. Dabei gibt es im Inselinneren einiges zu entdecken: urige Landstädtchen, geschichtsträchtige Einsiedeleien, Ebenen voller Windmühlen …

Das weitgehend flache bis leicht hügelige Inselinnere von Mallorca teilt sich in zwei Regionen. Das kleinere Gebiet heißt *Es Raiguer* und liegt an den östlichen Ausläufern des Tramuntana-Gebirges, parallel zur wichtigen Verbindungsstraße von Palma nach Inca. Die fruchtbare Zone, in der intensive Landwirtschaft mit dem Schwerpunkt auf Weinbau betrieben wird, aber auch Handwerk und Industrie Tradition haben, gehört seit alters her zu den bevölkerungsreichsten Gebieten der Insel. Ganz anders die weite Ebene *Es Plà*, die sich nach Südosten anschließt. Diese immerhin fast 600 Quadratkilometer große, rein landwirtschaftlich strukturierte Region ist nur sehr dünn besiedelt. Die seit Jahrzehnten anhaltende Abwanderung dürfte die Bevölkerung noch weiter dezimieren, ist mit dem Tourismus der Küsten doch mehr Geld zu verdienen als mit der harten Arbeit auf den ausgedehnten Feldern, die überwiegend Getreide hervorbringen: Es Plà gilt als die Kornkammer Mallorcas. Unbestellte Flächen finden sich nur an den wenigen Hügeln, auf deren Gipfel fast immer eine Kapelle oder Einsiedelei steht. Mit Abstand höchste Erhebung ist der bis auf 540 Meter aufragende Puig de Randa, Standort von gleich drei Klöstern.

Die Inselmitte

Entlang der Straße von Palma nach Inca

Eine der wichtigsten Verbindungen der Insel ist die Straße von der Hauptstadt nach Inca, die im weiteren Verlauf bis Alcúdia führt.

Dank der Autobahn via Inca bis Sa Pobla (die irgendwann bis Alcúdia ausgebaut werden soll) ist die parallel verlaufende Landstraße nur verhältnismäßig wenig befahren. Sie führt durch das Gebiet von Es Raiguer und folgt in ihren Grundzügen dem Verlauf einer alten Römerstraße nach dem damaligen Pollentia.

Marratxí ist der Gemeindename einer Reihe von Siedlungen südlich der Landstraße, deren wichtigste Es Pont d'Inca, Sa Cabaneta und Pórtol sind. Noch im Einzugsbereich Palmas gelegen, wächst ihre Bevölkerung ständig. Bekannt ist Marratxí durch das Vergnügungs- und Einkaufszentrum „Festival Park", traditionell jedoch vor allem durch Keramikartikel, darunter die berühmten „Siurells" (Tonpfeifen in Figurenform), die besonders in Sa Cabaneta hergestellt werden. Tongefäße hingegen sind eine Spezialität von Pórtol. Aus Marratxi stammen auch die getrockneten Pfefferschoten, die im Herbst an vielen Hauswänden hängen und das Gewürz „Pebre Bord" liefern, unverzichtbarer Bestandteil der Sobrassada-Würste.

Einkaufen Festival-Park, großes Vergnügungs- und Shoppingcenter, das rund 20 Kinosäle, diverse Restaurants und Bars sowie viele Boutiquen und Factory-Outlets enthält. Täglich geöffnet. Anfahrt über die Autobahn nach Inca, Ausfahrt Santa María/Sa Cabaneta, dann rechts, am Kreisel Ri. Bunyola, beschildert „Centre d'Oci". Infos unter www.festivalpark.es.

Veranstaltungen Fira del Fang, große Töpfermesse in Sa Cabaneta, eine Woche (Sa–So) lang in der ersten Märzhälfte.

Santa María del Camí: Die „Heilige Jungfrau des Weges" liegt direkt an der Landstraße und hat dort mit der *Plaça Hostals* ihr wichtigstes Zentrum, an dem sich auch einige traditionelle Bars und Restaurants befinden. Ganz in der Nähe steht Richtung Inca das Kloster Convento de los Mínimos mit schönem Kreuzgang aus dem 17. Jh. Eigentlicher Hauptplatz von Santa María ist die von alten Gebäuden gesäumte *Plaça de la Vila* unweit der barocken Pfarrkirche im Süden des Ortes.

Übernachten/Essen **** Hotel Read's, etwa drei Kilometer außerhalb, ab der Straße nach Bunyola beschildert. Bestens ausgestattetes Luxushotel in einem Herrenhaus des 16. Jh., mit Garten, Pool, Spa und schönem Hallenbad. Ganzjährig geöffnet; Kinder erst ab 12 Jahren. DZ kosten je nach Saison etwa 250–300 €, die Suiten noch einiges mehr. ✆ 971 140261, www.readshotel.com.

Rest. Molí des Torrent, in einer ehemaligen Mühle einige Kilometer außerhalb Richtung Bunyola. Moderne mallorquinische und deutsche Küche, nettes Ambiente und prima Service. Degustationsmenü etwa 60 €, à la carte ab etwa 50 €. Ctra. de Bunyola 75, Mi/Do geschlossen. Reservieren sehr ratsam: ✆ 971 140503.

Einkaufen Markt am Sonntag auf der Plaça Nova nördlich der Kirche, lebendig, ländlich und sehenswert.

Wein: Die hier gekelterten Tropfen tragen schon die Herkunftsbezeichnung „Binissalem". Eine schöne Sitte sind die Kiefernzweige, die im Herbst vor einigen Kellereien zeigen, dass hier Wein ausgeschenkt wird: Ist der Zweig grün, gibt es jungen Wein, trockene Zweige signalisieren ein ausgereiftes Gewächs. Eine bekannte Kellerei ist Macià Batle, Camí de Coanegra s/n (nördlich des Zentrums), ✆ 971 140014, www.maciabatle.com.

》》 Lesertipp: Weberei Bujosa, „Traditionsweberei, in der die für Mallorca typischen Stoffe ‚roba de llengües' noch im traditionellen Verfahren hergestellt werden. Es ist alles offen zu besichtigen, man fühlt sich wie um 100 Jahre zurückversetzt. Die wunderschönen Baumwoll- und Seidenstoffe können vor Ort auch erworben werden" (Nikolai Kretzschmar-Meger). Nur Mo–Fr geöffnet, an der Hauptstraße C. Bernat de Santa Eugenia 53. www.bujosatextil.com. 《《

Feste Santa Margalida, mehrere Tage um den 20. Juli.

Santa María del Camí, am zweiten Wochenende im September, am Sonntagnachmittag großer Karossenumzug.

Gemütlich: Die „Cellers" der Inselmitte (hier: Sa Travessa in Inca)

Entlang der Straße von Palma nach Inca

Consell: Der gewachsene kleine Ort beiderseits der Hauptstraße ist durch den Weinbau und die Vielfalt seiner Handwerkserzeugnisse bekannt. Die Bäckereien von Consell backen hervorragendes Brot, die Kellerei Ca'n Ribas (℡ 971 622673), nicht weit von der Plaça Major im Camí de Muntanya 2 gelegen, geht als ältestes Weingut der Insel bis 1711 zurück und produziert anerkannt gute Weine. Berühmt sind auch die Würste, Messer und Hanfschuhe von Consell. Am Sonntag findet hier ein großer Flohmarkt statt.

Alaró: Das alte Städtchen liegt zwar rund fünf Kilometer nördlich von Consell, also ein Stück abseits der Hauptstraße, doch der Abstecher lohnt sich. Zum einen besitzt die ehemalige Schuhmacherstadt ein reizvolles historisches Zentrum rund um die hübsche *Plaça d'Ajuntament*, zum anderen glänzt Alaró auch durch seine Lage unterhalb der Ausläufer der Serra de Tramuntana und ist Ausgangspunkt für den Aufstieg zum Castell d'Alaró.

Übernachten/Essen Hotel Can Xim, direkt am Hauptplatz. Ein Hotel des Turisme d'interior mit acht geräumigen Zimmern und Pool hinter dem Haus. Ganzjährig. Das zugehörige Rest. „Traffic" (Di Ruhetag), eines von mehreren Lokalen am und um den Hauptplatz, wurde von den Lesern Vivien Gerber und Frauke Grieger empfohlen: „Nettes Ambiente, leckeres mallorquinisches Essen, gute Weine. Dort gehen auch viele Einheimische essen." Di Ruhetag. DZ etwa 120 €. Plaça de la Vila 8, ℡ 971 879117, www.canxim.com.

》》 Mein Tipp: Petit Hotel, im östlichen Zentrumsbereich. Ebenfalls ein Hotel d'interior, geführt von einem deutsch-argentinischen Paar, das viele Wander- und Tourentipps auf Lager hat. Sieben Zimmer, einige nach hinten, ebenfalls nach hinten ein Garten mit Pool. Küchenbenutzung möglich, Parkplatz um die Ecke. DZ 80–120 €, es gibt auch eine Suite. C. Camp Roig 43, ℡ 971 518751, www.petithotelalaro.es. 《《

Castell d'Alaró (siehe auch Tour 4): Die Festung ist Ziel einer schönen Wanderung ab dem Dörfchen Orient, kann aber auch von Alaró aus erreicht werden. Der Weg hin und zurück nimmt etwa vier bis fünf Stunden in Anspruch; unterwegs lohnt sich ein Abstecher zum Finca-Restaurant „Es Vergé". Bis zum Restaurant könnte man auf einem sehr schmalen Sträßchen auch mit dem Auto fahren, die letzten eineinhalb Kilometer allerdings sind in katastrophalem Zustand, nicht asphaltiert und reich an Schlaglöchern.

Feste Sant Roc, mehrere Tage bis zum 16. August. Das Patronatsfest ist die wichtigste Feierlichkeit des Ortes. Höhepunkt ist die Prozession mit der Tanzgruppe „Cossiers" (in Röcke gekleidete Männer, die uralte Tänze aufführen), doch gibt es auch feuerspeiende „Dämonen" etc. zu sehen.

Ein „Dämon" der Festa Sant Roc

Finca-Rest. Es Vergé, ein großes, schlichtrustikales Lokal, in dem am Sonntagmittag halb Mallorca versammelt zu sein scheint. Spezialität ist Lammschulter (.P. 15 €), Vegetarier dürften vom „Salat mit Kartoffeln" ebenfalls mehr als satt werden. Der Service freilich fand nicht bei allen Lesern einhellige Begeisterung. ℡ 971 182126.

Die Inselmitte

Binissalem: Die mallorquinische Hauptstadt des Weins – die Gewächse aus Binissalem und Umgebung wurden als erste durch die Ursprungsbezeichnung „Denominación de origen" (D.O.) geschützt. Urkunden zufolge hat man hier bereits im 14. Jh. in beträchtlichem Umfang Wein gekeltert. Wie der Name schon vermuten lässt, ist Binissalem („Söhne des Friedens" oder „Söhne des Sálim") eine maurische Gründung. Der hübsche, zur kunsthistorischen Stätte erklärte Ortskern um die Plaça de L'Església stammt jedoch aus dem Übergang vom 18. ins 19. Jahrhundert. Viele Häuser und Paläste hier sind aus dem hellen Binissalem-Stein errichtet, der seit Jahrhunderten im Ort verarbeitet wird. Er bildet auch das Baumaterial der wehrhaften Kirche (13./18. Jh.) am Hauptplatz mit ihrem neoklassizistischen Glockenturm des 19. Jahrhunderts. Freitags wird am Kirchplatz ein gut besuchter Markt abgehalten.

Einkaufen Wochenmarkt am Freitag.

Bodega José L. Ferrer, größter Weinproduzent vor Ort und einer der bekanntesten Mallorcas; Direktverkauf und (nach Voranmeldung) auch Führungen. An der Hauptstraße C. Conqueridor 103, ℡ 971 511050, www.vinosferrer.com. Weitere Infos über Weine aus Binissalem: **www.binissalemdo.com**.

Feste Sant Jaume, am 25. Juli.

Vermada, Fest der Weinlese – letzte Septemberwoche, Höhepunkt ist das letzte Wochenende im Monat. Großes Fest mit Prozession und Karrenumzug. An Wein fehlt es natürlich auch nicht.

Inca

Die etwa 30.000 Einwohner zählende Kleinstadt, Zentrum der Inlandsregion Raiguer, lässt sich nicht unbedingt als schön bezeichnen, zeigt jedoch auch interessante Seiten.

Trotz der langen Vergangenheit des Ortes, der als wichtige Station an der Römerstraße von Palma nach Pollentia seinen Aufschwung nahm, zählt das Stadtbild nicht dazu: Schon weit vor Inca fallen Hochhäuser und Gewerbegebiete ins Auge. Uneinheitlich wirkt auch der Ortskern um die *Plaça Santa María Major* mit der gleichnamigen Kirche des 18./19. Jh. und ihrem separat stehenden Glockenturm. Durchreisenden wird Inca, von Lokalpatrioten gern das „Herz Mallorcas" („Corazón de Mallorca") genannt, wohl vor allem als Standort zahlreicher Lederfabriken in Erinnerung bleiben, die entlang der Umgehungsstraße und an den Zufahrten ins Zentrum eine Reihe von Verkaufsfilialen eingerichtet haben. Daneben ist Inca auch durch die keksähnlichen „Galletas" aus Vollkornmehl bekannt, außerdem durch den großen Donnerstagsmarkt. Ein gutes Argument für einen Besuch sind die berühmten *Celler*, alte Weinkeller, die heute als rustikale Restaurants dienen und typische Inselküche auf den Tisch bringen.

Verbindungen Zug: Bahnhof recht zentral südwestlich des Ortskerns, Verbindungen nach Palma etwa halbstündlich, nach Sa Pobla und, via Sineu und Petra, nach Manacor jeweils etwa stündlich.

Bus: Dank der zentralen Lage gute Verbindungen besonders nach Palma und Alcúdia, nach Lluc 3-mal täglich.

Auto: Das Zentrum ist O.R.A.-Parkkontrollzone, besonders zum Markt besser schon in den Außenbezirken parken. An der zentralen Markthalle Mercat Municipal gibt es eine Tiefgarage.

Essen Rest. Joan Marc, nordwestlich etwas außerhalb des engeren Zentrums, ein Lokal, das man in diesem Gebiet eher nicht erwarten würde. Interieur in Holz-Akzenten; sehr gute Weinauswahl. Leichte, kreative Küche zu vergleichsweise günstigen Preisen: Degustationsmenüs je nach Zahl der Gänge zwischen etwa 30 und 50 €. Plaça del Blanquer 10, So-Abend

Hauptplatz von Inca: Plaça Santa María Major

und Mo geschlossen. Unbedingt reservieren: ✆ 971 500804.

Celler Ca'n Amer, gleich beim Mercat Municipal. Vielleicht der berühmteste Celler der Stadt, lange Jahre geführt von der mallorquinischen Köchin Antonia Cantallops, heute von ihrem Sohn Tomeu Torrens. Tradition seit Mitte des 17. Jh., als das Lokal am Markttag Treffpunkt der Bauern war. Gehoben in Küche und Preisniveau, Spezialität Lamm, Menü à la carte ab etwa 25–30 €. Carrer de la Pau 39, So-Abend geschlossen, im Sommer Sa/So ganztägig. Reservierung ratsam, ✆ 971 501261.

Celler Sa Travessa, einige Schritte weiter. Gemütlich, zu den spanischen Essenszeiten auch an Sommerwochenenden gut besucht, wenn halb Inca eigentlich am Meer weilt. Günstiges Tagesmenü für etwa 10 €, Hauptgerichte überwiegend zwischen 14 und 18 €. Carrer de la Pau 20, Fr Ruhetag.

Celler Ca'n Ripoll, in der Querstraße am Ende des Carrer de la Pau, an die Fußgängerzone angrenzend. Origineller, gemütlicher Keller mit Gärtchen und langer Tradition, 1768 gegründet. Hauptgerichte überwiegend um die 10–12 €. Carrer Jaume Armengol 6, So-Abend geschlossen.

🌿 **Rest. Vegetarià Es Ginebró**, in der Fußgängerzone nicht weit vom Bahnhof. Vegetarisch-ökologisches (und auch als ökologisch zertifiziertes!) Lokal mit schlichtem Interieur, aber feiner Küche und festen Menüs zu sehr günstigen Preisen. Viele Produkte aus dem eigenen Garten. So- und Mo-Abend jeweils geschlossen. Avinguda Bisbe Llombart 124. ■

Einkaufen Die **Ledergeschäfte** an den Hauptstraßen sind nicht zu übersehen. Weitere, darunter auch ein beliebter Shop der hiesigen Schuhmarke „Camper", liegen im Industriegebiet Polígono Industrial.

Markt am Donnerstagvormittag im Bereich um die Av. Bisbe Lombart, zwischen Bahnlinie und Zentrum. Zahlreiche Sonderbusse aus vielen Ferienorten.

Feste und Veranstaltungen **Sant Abdon i Sant Senén**, mehrere Tage bis zum Höhepunkt am 30. Juli.

Fires, Jahrmärkte an den drei Sonntagen nach dem 18. Oktober (Sant Lluc), umfangreiches Beiprogramm, alle Geschäfte geöffnet.

Dijous Bo, am dritten Donnerstag im November. Am „Guten Donnerstag" findet die größte Landwirtschaftsmesse der Insel statt, an den vorhergehenden Tagen Ausstellungen, Tierschauen, Konzerte etc.

Umgebung von Inca

Richtung Kloster Lluc: Die Strecke zwischen Inca und Lluc ist landschaftlich ungemein reizvoll. Etwa vier Kilometer hinter Inca liegt am Hang das Dörfchen *Selva*; schon von weitem zu sehen ist die gotische Kirche St. Llorenc aus dem 14. Jh., die einen kostbaren Altar und schöne Gemälde beherbergt. Hinter *Caimari* steigt die Straße in Serpentinen an, vorbei an mühevoll terrassierten Felshängen voller Oliven- und Mandelbäume; unterwegs liegen schöne Picknickplätze.

Übernachten Can Furiós Petit Hotel, im Örtchen Binibona bei Caimari, Zufahrt über Selva. Hübsches kleines Hotel des „Turisme d'interior", untergebracht in einem Haus des 16. Jh. Britische Eigentümer; keine Kinder unter 16 Jahren, Nichtraucher. Mehrere Terrassen, Pool, Restaurant; Mindestaufenthalt zwei Nächte. DZ etwa 165–225 €, es gibt auch Suiten. Camí Vell Binibona 11, ✆ 971 515325, www.can-furios.com.

Essen Rest. Ca na Toneta, in Caimari. Geführt von zwei Schwestern, die sich der traditionellen mallorquinischen Küche verschrieben haben; fast alle Produkte stammen aus regionaler Öko-Produktion oder dem eigenen Garten. Sehr freundlicher Service. Festmenü (und nur das gibt es) mit fünf Gängen etwa 40 €. Juni bis Okt. täglich geöffnet (dann nur abends), sonst nur von Fr-Abend bis So-Abend. C. Horitzó 21, ✆ 971 515226. ■

Einkaufen »› Lesertipp: Tafona di Caimari, „kurz vor dem Ortseingang links. Gut sortiert in Olivenholzartikeln, aber auch ganz toll in den anderen Produkten rund ums Olivenöl, das dem von Sóller in keinster Weise nachsteht" (Norbert Kehr). Ein Cafeteria-Restaurant, beliebt bei Radfahrern, ist angeschlossen. Carretera Inca-Lluc, km 6, ✆ 971 873577. ‹‹‹

Richtung Alcúdia: Die *Ermita de Santa Magdalena* ist über ein kurviges Sträßchen zu erreichen, das gut zwei Kilometer hinter Inca von der Hauptstraße rechts abzweigt und in einigen Serpentinen den bis auf knapp über 300 Meter aufragenden Höhenzug des Puig de Santa Magdalena und Puig de la Minyó erklimmt. Das hübsche gotische Kirchlein selbst stammt aus dem 14. Jh., doch gab es hier wohl schon zur Maurenzeit eine christliche Stätte. Die waldreiche, unter Naturschutz gestellte Umgebung ist an Wochenenden ein viel besuchtes Picknickziel mallorquinischer Familien.

Sineu und Umgebung

Die Region um Sineu bildet das geographische Zentrum Mallorcas, gleichzeitig das Herzstück der weiten Ebene Es Plà.

Zwischen den großen Überlandstraßen von Palma und Inca nach Manacor gelegen, sieht das ländlich strukturierte Gebiet nur verhältnismäßig wenige Besucher. Eine Ausnahme bildet der berühmte Mittwochsmarkt von Sineu.

Sineu

Das alte Städtchen ist nicht nur am Markttag einen Besuch wert. Bereits zur Römerzeit als *Sinium* besiedelt und unter den Mauren als *Yinyau* bekannt, erlebte der Ort nach der christlichen Rückeroberung einen weiteren Aufschwung. 1309 ließ König Jaume II. sich hier einen Palast errichten, der als Residenz und später als Gerichtsgebäude für einen weiten Verwaltungsbezirk diente. Damals zählte Sineu zu den größten und wichtigsten Siedlungen der Insel. Noch heute kann das Städtchen eine Ahnung seiner einstigen Bedeutung vermitteln, glaubt man in den engen Gassen des Ortskerns gelegentlich die Jahrhunderte zu spüren. Weithin sichtbarer Mittelpunkt ist die ungewöhnlich große *Pfarrkirche Nostra Senyora dels Angels*, bereits 1248 erwähnt

Sineu

Eindrucksvoll: die Silhouette von Sineu

und nach einem Brand im 16. Jh. neu aufgebaut. Das wuchtige Gotteshaus besitzt eine reiche Innenausstattung und einen separat stehenden Glockenturm, der nur durch einen erhöhten Übergang mit der Kirche verbunden ist. Am Kirchplatz steht der viel fotografierte geflügelte Löwe *Lleó de Sant Marc*, ein 1945 errichtetes Monument, das den Heiligen Markus ehrt, den Schutzpatron des Ortes. Das leider nur selten geöffnete Kloster *Convento de las Monjas*, knapp 200 Meter südwestlich der Kirche gelegen, ist im Ort auch als „El Palau" bekannt, entstand es doch aus den Resten des einstigen Königspalasts. Nördlich der Kirche führt der vom Carrer Major abzweigende Carrer Sant Francesc zum gleichnamigen Franziskanerkloster aus dem 18. Jh. mit seinem schönen Kreuzgang, Sitz des Gemeindehauses *Casa Consistorial*.

Verbindungen Zug: Bahnhof am Ostrand des Ortskerns, etwa stündliche Anschlüsse Richtung Inca–Palma und Petra–Manacor.

Busse u.a. von/nach Palma 3-mal täglich.

Übernachten/Essen ** Hotel León de Sineu, im nordöstlichen Altstadtbereich. Schönes Quartier, untergebracht in einem alten Stadthaus. Hübsches Gärtchen mit Pool, neun komfortabel-stilvoll eingerichtete Zimmer, Restaurant im Gewölbe und Garten. DZ 110–140 €, Suite 140–160 €. Carrer dels Bous 129, ✆ 971 520211, www.hotelleondesineu.com.

Hotel Son Cleda, ein Hotel des „Turisme d'interior", in einem drei Jahrhunderte alten Haus am großen Hauptplatz. Komfortable Zimmer, kleiner Patio fürs Frühstück. Sehr freundliche Besitzer, netter Service. Allerdings weder Garten noch Pool, deshalb auch günstiger. DZ ca. 80–90 €. Plaça Es Fossar 7, ✆ 971 521038, www.hotelsoncleda.com.

Hotel Celler de Ca'n Font, am kleinen Platz hinter der Kirche. Wie Inca ist auch Sineu für seine ehemaligen Weinkeller (Celler) bekannt. Rustikales Ambiente, herzhafte Inselküche, gut besonders die Fleischgerichte. Nicht teuer. Auch als Quartier ein Tipp, solide eingerichtete Zimmer, Frühstück mit hausgemachten Köstlichkeiten. Reservierung ratsam. DZ kosten reelle 70 €. Sa Plaça 18, ✆ 971 520295, www.hotelcanfontmallorca.com.

》》 Lesertipp: Hotel de la Vila, im etwa 8 km entfernten Nachbarort Llubí, auf dem südöstlichen der beiden Dorfhügel, ca. 500 m von der Kirche. „Am höchsten Punkt des Ortes, wunderbar geschmackvoll eingerichtet und liebevoll geführt von der Schauspielerin Caterina Alorda" (Oskar Peter). DZ nach Ausstattung 75–100 €. Plaça de Son Ramis 5, ✆ 971 857181, www.hoteldelavila.com. **《《**

Rest. & Petit Hotel DaiCa, ebenfalls in Llubí, unweit der Kirche. Küchenchefin Caterina Pieras und Partner David Ribas haben schon in diversen Sternerestaurants gearbeitet und sich dann hier im kleinen Llubí selbständig gemacht. Kreative mallorquinische Küche mit Finesse zu vergleichsweise günstigen Preisen, das Degustationsmenü kostet knapp 40 €. Das „Petit Hotel" hat wirklich nur drei Zimmer, DZ 80–90 €. Mo geschlossen, außerhalb der HS auch Di. Carrer Nou 8/Farinera 7, ℅ 971 522567, www.daica.es.

Celler Son Toreó, in den engen Gassen oberhalb von Sineus großer Plaça Fossar. Beliebtes Restaurant in schönem alten Stadthaus, seit drei Generationen in Familienbesitz. Mallorquinisch-traditionelle Küche, preislich z.T. noch etwas günstiger als Ca'n Font. Carrer Son Torelló 1, Mo Ruhetag.

》》 Lesertipp: Pizzeria Tomassini, schräg gegenüber vom Bahnhof. „Tolle Stimmung, die Pizzen ausgesprochen lecker und riesig. Der Laden ist immer rammelvoll, vor allem einheimische Gäste" (Caroline Hamm & Thomas Klammroth). Mehrmals im Jahr für je einen Monat geschlossen. C. Fray Juan Riera s/n.

Einkaufen Der **Markt** am Mittwochvormittag besitzt eine Tradition, die bis ins frühe 14. Jh. zurückreicht. Hier findet sich auch der einzige Viehmarkt Mallorcas, wichtiger Treffpunkt der Bauern, für Tierfreunde aber vielleicht kein netter Anblick. Viel Betrieb, besser früh kommen.

Feste und Veranstaltungen Semana Santa, die Osterwoche mit berühmten Prozessionen besonders am Karfreitag.

Sant Marc, Patronatsfest am 25. April.

Fira de Sineu, am ersten Sonntag im Mai. Sehenswerter großer Jahrmarkt für Landwirtschaft, Viehzucht und Handwerk, der seit dem 14. Jh. abgehalten wird.

Der berühmte Löwe

Petra

Eigentlich wäre Petra ein Städtchen wie viele andere im Landesinneren. Die engen Gassen, ausgehend von der Hauptstraße *Carrer Major*, zeugen mit ihrer schachbrettartigen Anlage von planmäßiger Gestaltung. Die Umgebung voll wogender Weizenfelder, zu erwähnen einzig noch die Vorkommen an Sandstein, denen Petra („Stein") seit der Römerzeit seinen Namen verdankt. Doch von hier stammt auch der Mann, der San Francisco gründete: Fra Junípero Serra.

In Petra ist der Missionar allgegenwärtig. Am nördlichen Rand des Ortes steht die Pfarrkirche *Sant Pere*, vom 16. bis ins 18. Jh. auf den Grundmauern eines älteren Gotteshauses errichtet. Zur reichen Innenausstattung zählt auch das Taufbecken, über das der Neugeborene gehalten wurde. Über den Carrer Major gelangt man zum *Convent de Sant Bernardi*, 1607 gegründet und Sitz der Klosterschule des jungen Serra. Vor dem Gebäude erinnert ein Denkmal an verschiedene Stationen in seinem Leben. Vom Konvent führt der Carrer Fray Junípero westwärts, vorbei an einer Reihe von Kachelbildern der verschiedenen Missionen, zum Geburtshaus und Museum des Franziskaners.

Fra Junípero Serra, Gründer von San Francisco

Sie gelten als harte Arbeiter und als verschlossene Charaktere, die Einwohner von Petra. So hart und verschlossen, dass nach einem alten Sprichwort sogar der Teufel vor ihnen zurückweicht. Vielleicht war es das Bewusstsein, diese sagenhafte Eigenschaft zu besitzen, das dem berühmtesten Sohn des Ortes den Mut eingab, sich auf Abenteuer besonderer Art einzulassen: Aus Petra stammt der Franziskaner Fra Junípero Serra, der als Gründer San Franciscos gefeiert wird. Am 24. November 1713 geboren, war der Bauernsohn schon im Alter von 16 Jahren dem Franziskanerorden beigetreten, von dessen Kloster in Petra er auch seine Schulausbildung erhalten hatte. 1749 reiste er als Missionar nach Mexiko, wo er fast zwei Jahrzehnte lang wirkte, zunächst im wilden Hochland, dann auf der wüstenhaften Halbinsel Baja California („Niederkalifornien"). 1769 wurde Fra Junípero Serra als geistlicher Leiter einer Expedition nach Oberkalifornien entsandt, auch zur Sicherung von Gebietsansprüchen der Krone. Unter seiner Regie wurden binnen weniger Jahre 21 Missionsstationen gegründet, angesichts der gigantischen Entfernungen eine ungeheure Energieleistung. Viele von ihnen entwickelten sich im Laufe der Zeit zu Städten, die immer noch ihre klingenden spanischen Namen tragen: San Diego, Los Angeles, Santa Barbara ... Junípero Serra starb 1784 in Kalifornien. Er wurde 1988 selig- und im September 2015 von Papst Franziskus während einer USA-Reise heiliggesprochen. Unter der amerikanischen Urbevölkerung, die ihm u.a. Zwangskonvertierunge vorwirft, ist Serra umstritten.

Casa Natal i Museu Junípero Serra: Das Geburtshaus Serras steht im ältesten Teil des Ortes, dem Viertel Barracar Alt. Ganz in der Nähe beherbergt ein erst 1959 errichtetes Haus ein Museum, das sich anhand von Landkarten, Gemälden und Dokumentationen dem Leben des Missionars widmet. Zum Besuch muss man sich telefonisch anmelden (✆ 971 561149 o. 639 213534, Besuche Mo/Mi/Fr/Sa 10.30–12.30 Uhr); der Eintritt ist frei, eine Spende gern gesehen.

Verbindungen Zug: Haltestelle am nördlichen Ortsrand, Anschlüsse Richtung Palma und Manacor jeweils etwa stündlich.

Übernachten/Essen Der Besitzer der Bodegues Miquel Oliver (s.u.) plant die Eröffnung eines Landhotels, das mittlerweile evtl. schon in Betrieb ist.

Hotel-Restaurant **Sa Plaça**, schmuckes kleines Hotel der Kategorie „Turisme d'interior". Sehr freundlicher, deutschsprachiger und radsportbegeisterter Chef namens Walter. Nur drei geschmackvolle, geräumige Zimmer. Angeschlossen ein Restaurant mit gehobener mallorquinisch-mediterraner Küche (Di Ruhetag). DZ etwa 100 €. Plaça Ramón Llull 4 (Zentrum), ✆ 971 561646. www.petithotelpetra.com.

Bar-Rest. **Ca'n Oms**, an der Rückseite der Kirche Sant Pere. Schöner schattiger Garten, modernes Bar-Interieur. Vor allem kleine Gerichte, Pa amb Oli etc., auch Kuchen. Wechselnde Öffnungszeiten.

Rest. **Es Celler**, nicht weit vom Museum, dort beschildert. Ein typischer Celler mit guter mallorquinischer Küche, gleichermaßen von Einheimischen wie Touristen besucht. Üppige Portionen, mäßige Preise, Hauptgerichte überwiegend um die 10–12 €. Carrer L'Hospital 46, in einer östlichen Parallelstraße zum Carrer Major, von dort über den Carrer California.

Einkaufen Bodegues Miquel Oliver, bekannt gute Weinkellerei. Carrer Font 26, im nördlichen Ortsbereich, Sa-Nachmittag und So geschlossen, zur Ernte im August/September meistens ebenfalls. www.miqueloliver.com.

Feste Festa de Beat Junípero Serra, am dritten Sonntag im September, Umzug geschmückter Wagen zu Ehren des Missionars.

Liebevoll gemalt: Kachelbilder am Carrer Fra Junípero in Petra

Umgebung von Petra

Ermita de Nostra Senyora de Bonany: Die Hänge des knapp über 300 Meter hohen Hügels Puig de Bonany im Südwesten von Petra sind mit einer vielfältigen Flora aus Steineichen, Aleppokiefern und Gariguesträuchern bewachsen und deshalb unter Naturschutz gestellt. Seinen Gipfel, zu erreichen auf einer etwa vier Kilometer langen Fahrstraße, besetzt eine kleine Kirche mit langer Geschichte. Der Legende zufolge soll das hier aufbewahrte Marienbild aus dem 8. Jh. stammen und während der jahrhundertelangen Maurenherrschaft von Christen versteckt gehalten worden sein. Als Ende des 16. Jh. eine jahrelange Dürre das Gebiet plagte, bat man die Madonna um Hilfe – und siehe, es regnete alsbald in Strömen. „Das Jahr 1600 wurde für Petra zum guten Jahr" (Bon Any). Die Bevölkerung bedankte sich mit dem Bau einer 1604 fertig gestellten Kapelle, die später erweitert, 1919 jedoch abgerissen und neu errichtet wurde. Von ihrer Umgebung bietet sich eine weite Aussicht, die allein schon die Auffahrt lohnt. In einem Anbau kann man nach Voranmeldung (✆ 971 826568) übernachten, außer einer Küche und Tischen im Freien bestehen jedoch keine weiteren Einrichtungen. Am Dienstag nach Ostern ist das Heiligtum Ziel zahlreicher Wallfahrer aus den umliegenden Dörfern.

Sant Joan: Das Bauerndorf, etwa sechs Kilometer westlich von Petra gelegen, besitzt eine ungewöhnlich große Kirche, *Sant Joan Baptista*, die zwar erst ab 1927 entstand, aber eine Reihe von Bauelementen ihrer Vorgängerin integriert und mit reicher Innenausstattung glänzt. Etwas außerhalb, über einen alten Treppenweg zu erreichen, steht das hübsche *Santuari de Consolació* mit einer Marienstatue des 16. Jh. Inselweit berühmt ist Sant Joan für seine Blutwurst (Botifarró) und seine Feste. Zum Gemeindegebiet zählt auch das Museums-Landgut *Els Calderers*, das im folgenden Kapitel zur Hauptstraße Palma-Manacor näher beschrieben ist.

Es Sol que Balla, am 24. Juni. Bei Sonnenaufgang begrüßt man beim Santuario die „Tanzende Sonne", ein uraltes Ritual zum Sommeranfang.

Festa d'es Botifarró, am ersten Sonntag im Oktober. Botifarró-Grillen über offenen Feuern, ein sehr populäres Fest mit Tausenden von Besuchern.

Beiderseits der Straße von Palma nach Manacor

Die autobahnähnlich ausgebaute Ma-15 bildet die Verbindung von Palma zum Wirtschaftszentrum des Ostens. Es lohnt sich jedoch, den Gasfuß etwas zu zügeln und auch Abstecher einzuplanen.

Zunächst heißt es aber, Palmas ausgedehnte Vororte zu durchqueren. Hinter Casa Blanca, weit weniger malerisch, als der Ortsname klingt, hat man den Großraum hinter sich und erreicht eine ländliche Ebene, die begreifen lässt, warum Mallorcas Wahrzeichen die Windmühlen sind: so dicht wie hier stehen sie wohl nirgends sonst auf der Insel, teils im Verfall begriffen, immer öfter aber auch restauriert. Dann steigt die Straße an und führt, vorbei an der Glasbläserei Gordiola (siehe unten) nach Algaida.

Algaida

Algaida zählt schon zu den Gemeinden der großen Ebene Es Plà. Das eigentliche Zentrum des Dorfs liegt etwas abseits rund um die große gotische Pfarrkirche *Sant Pere i Sant Pau*, von deren Strebepfeilern steinerne Fabelwesen drohen. Entlang der ehemaligen Hauptstraße gab es in früheren Jahrhunderten eine ganze Reihe von Hostals, die müden Reisenden Quartier boten. In gewisser Weise haben heute die zahlreichen, wegen ihrer guten Küche hoch geschätzten Restaurants von Algaida ihre Funktion übernommen.

Übernachten »» Mein Tipp: Hotel Finca Raïms, ein reizvolles Hotel des Turisme d'interior in einem Weingut des 18. Jh., daher auch der Name „Traube". Herrlicher Palmengarten, Pool. Die deutschen Besitzer Jutta und Thomas Philipps haben viele Tipps auf Lager. Fünf komfortable, geschmackvoll eingerichtete Apartments für bis zu vier Personen. Viel Service bis hin zum Fahrradverleih, im Frühjahr und Herbst werden „Gourmet-Wanderwochen" organisiert. Mindestaufenthalt drei Nächte. Zwei Personen zahlen etwa 160–180 €. Carrer Ribera 24, im Ortskern bei der Gemeindeschule, ✆ 971 665157, www.finca-raims.com. ««

Essen & Trinken Rest. Ca'l Dimoni, eines der Restaurants am Ortsausgang Richtung Montuïri, zu erkennen am größenden Teufel. Urige Einrichtung, herzhafte mallorquinische Küche, teuflisch gute Würste, erfreuliche Preise. Ebenfalls sehr gut, auf Fleisch vom Grill spezialisiert und im Standard gehobener: das nahe Es 4 Vents.

Café-Rest. Hostal d'Algaida, in einer der ehemaligen Herbergen. Rund 400 Jahre altes Haus, nostalgisch und liebevoll dekoriert. Vor allem als Café empfehlenswert, gute Backwaren; mallorquinische Küche gibt es auch, ebenso einen Verkauf kulinarischer Spezialitäten. Kleine Kuriosität: Aufgrund gewisser Differenzen wechseln sich die Betreiber im Turnus ab. Am Ortsanfang aus Richtung Palma, in einer Kurve linker Hand, hinter einer Tankstelle.

Einkaufen Ca'n Gordiola, aus Ri. Palma kurz vor Algaida, in einer Art Burg links der Hauptstraße. Gordiola ist die älteste Glasbläserei der Insel, ein Familienunternehmen, das bis ins frühe 18. Jh. zurückreicht. Bernardo Gordiola verbrachte damals mehrere Jahre bei der Konkurrenz in Venedig, um seine Kenntnisse zu vertiefen. In einer dämmrigen Halle kann man den Glasbläsern bei der heißen Arbeit zusehen, im Verkaufsraum Gläsernes aller Facetten erwerben. Im ersten Stock ist ein Museum untergebracht. Mo–Sa 9–19 Uhr (Winter bis 18 Uhr), So 9–13.30 Uhr. Eintritt frei.

Feste Algaida ist einer der Orte, auf deren Festen noch der „Ball de Cossiers" zu sehen ist, ein Tanz, der bis ins 14. Jh. zurückreicht. Die weiß gekleideten Tänzer sind drei Paare von Männern und eine

Frau, die das Gute repräsentiert; ihr Gegenpart ist der Teufel, der den Tanz zu stören versucht.

Sant Honorat, Patronatsfest am 16. Januar, mit den „Cossiers".

Wallfahrt nach Castellitx de la Pau, am Dienstag nach Ostern. Geschmückte Karren, Messe im uralten Kirchlein Ermita de la Pau (13. Jh.), Literaturwettbewerb.

Sant Jaume, mehrere Tage um den 25. Juli, erneut mit den „Cossiers". Das Fest endet mit einem Sommernachtsball am 26. Juli.

„**El Toro**": In Richtung Manacor steht einige Kilometer hinter Algaida rechts der Straße ein Reklame-Stier der andalusischen Brandy-Brennerei Osborne. Er ist der einzige auf Mallorca. Der für Spanien so typische Blechbulle, bei Verfechtern mallorquinischer Autonomie als Symbol der Fremdherrschaft offensichtlich wenig beliebt, hat schon viele Anschläge aushalten müssen.

Randa

Der Klosterberg oberhalb des gleichnamigen, etwa fünf Kilometer südlich von Algaida gelegenen Dörfchens lohnt den kurzen Abstecher mit langer Geschichte, reizvoller Landschaft und einer weiten Aussicht. Mit 542 Meter Höhe ist der Puig de Randa die höchste Erhebung in der Ebene Es Plà. An seinen Hängen und auf dem Hochplateau staffeln sich gleich drei Klöster. Das bedeutendste von ihnen, das Heiligtum von Cura, ist eng mit dem Namen des großen Gelehrten Ramón Llull verbunden. Einen Aufenthalt wert ist auch das hübsche Dorf *Randa* am Fuß des Berges, geprägt von Natursteinhäusern, Wasserreichtum, Blumenschmuck und üppigen Obstgärten. Von Randa führt eine fünf Kilometer lange, kurvige Straße hinauf zum Santuari de Cura, vorbei an den beiden unteren Klöstern.

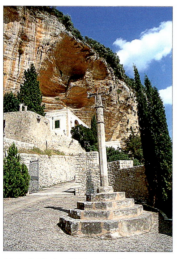

Unterhalb des Heiligtums Cura: Santuari de Gràcia

**** Hotel Es Reco de Randa, edles Landhotel im Ort Randa. Pool mit Blick, Zimmer in provenzalischem Stil. Restaurant mit mallorquinisch-internationaler Küche angeschlossen. Ganzjährig geöffnet, Reservierung ratsam. DZ je nach Saison und Ausstattung etwa 105–180 €, auch Superior-Zimmer. Carrer Font 21, ℡ 971 120302, www.es recoderanda.com.

Hospedería, im Santuari de Cura, dem Heiligtum auf dem Puig de Randa. 2004 zur Klosterherberge umgebaut, ordentliche Zimmer mit Bad, Heizung und TV; die „Rezeption" liegt gleich am Eingang. Das Restaurant ist abends nicht immer geöffnet, besser anfragen. Unbedingt reservieren. DZ etwa 60–70 €. Santuari de Cura, ℡ 971 120260, www.santuaridecura.com.

Celler Bar Randa, in Randa, unterhalb Es Reco. Solide, gemütlich und ausgesprochen preiswert, günstige Tagesmenüs. Carrer Església 24, Mi Ruhetag.

Santuari de Gràcia: Das am tiefsten gelegene Kloster wurde im 15. Jh. gegründet und beeindruckt besonders durch seine Lage unter einer überhängenden Felswand. Vom schattigen Vorplatz bietet sich eine schöne Aussicht nach Süden.

Ramón Llull: Vom Don Juan zum Missionar

Wie Ignatius von Loyola, der später so strenge Gründer des Jesuitenordens, war auch Ramón Llull (lat.: Raimundus Llullus) in seinen jungen Jahren ein Draufgänger und Genussmensch. Um 1235 in Palma als Sohn eines reichen Adligen geboren, diente er am Hof Jaumes II. als Page und später als Lehrer. Früh schon und dank seiner galanten Art auch meist erfolgreich soll er den Hofdamen nachgestellt haben, eine Gewohnheit, von der er auch als verheirateter Vater zweier Kinder nicht abließ. Ein Skandal folgte dem nächsten. Welche Visionen Llull zur Umkehr brachten, darüber gibt es verschiedene Versionen. Im Alter von 30 Jahren jedenfalls verkauft Llull seinen gesamten Besitz zur Versorgung seiner Familie und bricht zu Pilgerreisen zum Montserrat und nach Santiago de Compostela auf. Wieder zurückgekehrt, studiert er die arabische Sprache in der Hoffnung, die Moslems durch Überzeugungsarbeit statt durch Feuer und Schwert zum Christentum bekehren zu können. Auf dem Berg Randa verbringt er fast ein Jahrzehnt, zunächst in einer Höhle, später im Kloster. Neben Glaubensfragen beschäftigen ihn Lyrik und Wissenschaft. Seine insgesamt etwa 250 Werke verfasst Llull jedoch nur selten in Latein, wie es der gelehrten Gepflogenheit entsprochen hätte, sondern fast immer in der Sprache, mit der er aufgewachsen war, dem Katalanischen. Auf diese Weise etabliert er català als Literatursprache, Grund der hohen Verehrung, die Ramón Llull heute nicht nur auf Mallorca, sondern auch auf dem katalanischsprachigen Festland genießt. Mit Unterstützung Jaumes II. gründet Llull mit dem Monestir de Miramar (siehe das Kapitel zur Serra de Tramuntana) eine Missionars- und Übersetzerschule, in der Arabisch gelehrt wird. Weite Reisen führen ihn nach Paris und Rom, nach Sizilien, Zypern, Nordafrika und Nahost. Als Missionar ist Llull allerdings wenig erfolgreich, da der Vatikan dem ihm verdächtig freigeistig erscheinenden Gelehrten jede Unterstützung abspricht. Llull gibt jedoch nicht auf und unternimmt noch im Alter von 80 Jahren eine weitere Missionsreise nach Tunesien und ins heutige Algerien. Dort soll er in Bogie am 29. Juni 1316 von einer fanatischen Menge zu Tode gesteinigt worden sein. Ramón Llull gilt der Katholischen Kirche bis heute nur als selig, nicht als heilig. Er liegt in Palmas Klosterkirche Sant Francesc begraben. 2016 jährt sich sein Todestag zum 700. Mal, Anlass für verschiedene Veranstaltungen.

Santuari de Sant Honorat: Das mittlere der Klöster liegt gut einen Kilometer oberhalb des Santuari de Gràcia. Es wurde 1394 gegründet, die heutigen Gebäude stammen jedoch aus dem 17. Jh. und sind nur zu Messen zugänglich.

Santuari de Cura: Das im 13. Jh. gegründete Heiligtum von Cura verdankt seine Bedeutung der Person Ramón Llulls. Ganz in seinem Sinne besitzt die hiesige Bibliothek eine umfangreiche Sammlung uralter Bücher und Schriften. Die Gebäude selbst sind vorwiegend jüngeren Datums und stammen größteils aus der Zeit der Wiederbelebung des Klosters im Jahr 1913. Nur die mehrfach umgebaute Kirche bewahrt noch einige Gebäudeteile aus der Zeit ihrer Gründung 1660 sowie eine Madonna aus dem 15. Jh. Nebenan wurde in der einstigen Klosterschule ein kleines Museum eingerichtet, auch ein recht großes Restaurant gibt es. Hauptmotiv für einen Besuch in Cura ist die weite Aussicht in alle Richtungen und über große Teile der Insel, sehr reizvoll auch nachts.

Montuïri

Fast direkt neben der Hauptstraße nach Manacor gelegen, lässt sich Montuïri auch von Randa aus auf einem schmalen Nebensträßchen erreichen. Das Hügeldorf rühmt sich der Fruchtbarkeit seiner Böden, die vor allem Getreide, Mandeln und Johannisbrot hervorbringen. Als recht hübsch erweist sich das Zentrum um den Hauptplatz Sa Plaça, an dem die große Pfarrkirche Sant Bartomeu aus dem 16./18. Jh. steht. Am Ortsrand in Richtung Sant Joan ist in einer ehemaligen Getreidemühle das Archäologische Museum *Son Fornés* (März bis Okt. Mo–Fr 10–17 Uhr, sonst nur 10–14 Uhr; 3,50 €) untergebracht; es zeigt Funde aus der gleichnamigen, nur wenige Kilometer entfernten Ausgrabungsstätte, die von der Talayot-Zeit bis ins frühe Mittelalter bewohnt war.

Festa d'es Puig, am Dienstag nach Ostern, Wallfahrt zum Puig Sant Miquel etwas außerhalb des Orts.

Sant Bartomeu, 24. August. Das Patronatsfest von Montuïri ist wie die Feste von Algaida vor allem durch die Tanzgruppen der „Cossiers" bekannt. Zu sehen sind sie am Vorabend und am 24. August selbst.

Porreres

Das recht große Dorf, eigentlich eher schon eine Kleinstadt, liegt etwa sieben Kilometer südlich von Montuïri. Umgeben von ausgedehnten Feldern, ist Porreres durch seine Aprikosen und vor allem durch den hier angebauten Wein bekannt. Die Bodega des Winzers Jaume Mesquida (Camí de Sa Serra s/n, www.jaumemesquida.com) war sogar die erste der Insel, die neben sehr gutem Wein auch Sekt nach katalanischer Tradition („Cava") produzierte. Im teilweise verkehrsberuhigten Zentrum rund um die Plaça Espanya ist die Pfarrkirche *Nostra Senyora de la Consolació* nicht zu übersehen. 1714 auf den Grundmauern einer Vorgängerin errichtet, wird sie aufgrund ihrer Dimensionen auch „Kathedrale des ländlichen Mallorca" genannt. Der wuchtige Bau besitzt eine reiche Innenausstattung, darunter in der Sakristei ein silbernes Prozessionskreuz von 1400. Ein Besuch in Porreres lohnt sich besonders zum Wochenmarkt am Dienstagvormittag, der Leben ins Städtchen bringt.

Brunnen im Santuari de Monti-Sión

Sant Roc, Hauptfest des Ortes, insgesamt acht Tage um den 16. August.

Sa Fira, ein Jahrmarkt am letzten Sonntag im Oktober.

Santuari de Monti-Sión: Das alte Heiligtum steht auf einer Hügelkuppe etwa drei Kilometer südlich von Porreres. Wie eine Tafel verrät, wurde die mit uralten Bildsäulen geschmückte Zufahrt in den 50er-Jahren an einem einzigen Tag komplett restauriert, eine Arbeit, bei der das ganze Dorf Porreres mithalf. Das gotische Kirchlein stammt von

1498, doch bestand hier bereits im 14. Jh. eine Kapelle. Jahrhundertelang diente Monti-Sión auch als Lateinschule. Unterhalb des Ensembles verschandeln leider einige Steinbrüche die Landschaft, der Lärm der Lkw dringt bis hier hinauf. Neben einer Cafeteria (Essen nur auf Vorbestellung) gibt es auch neun neuere Zimmer; Übernachtung gegen Spende für den Erhalt des Heiligtums, Infos unter ✆ 971 647185.

Vilafranca de Bonany

Die letzte Siedlung an der Hauptstraße vor dem noch etwa zehn Kilometer entfernten Manacor (siehe Kapitel „Die Ostküste") wurde erst im 17. Jh. gegründet. An der ehemaligen Durchgangsstraße im Ort hatte sich früher eine ganze Reihe von Verkaufsständen etabliert, die die beliebten Melonen, Knoblauch, getrocknete Paprika und andere landwirtschaftliche Produkte offerierten. Nach dem Bau der Umgehungsstraße sind jedoch nur noch wenige verblieben.

Festa d'es Meló, an einem (wechselnden) Samstag im Oktober. Gut besuchtes Fest der Melonen, mit Musik und Tanz, diversen Wettbewerben, kostenlosem Melonenessen etc.; am folgenden Sonntag findet ein großer Melonenmarkt statt.

Els Calderers: Das sehenswerte Landgut liegt etwas außerhalb in Richtung Sant Joan, zu erreichen über ein schmales Sträßchen, das knapp westlich von Vilafranca nach Norden führt. Bereits 1700 gegründet und erst in den Neunzigern in ein privates Museum verwandelt, beherbergt Els Calderers, dessen Ländereien bis an den Rand des Puig de Bonany bei Petra reichen, eine ganze Reihe exquisit ausgestatteter Räumlichkeiten, die bestens den Lebensstil des mallorquinischen Landadels vergangener Zeiten repräsentieren. In den Wohnräumen der hohen Herrschaften wirkt die Finca sogar eindrucksvoller als das ähnlich strukturierte Museumsgut La Granja an der Tramuntanaküste, das wiederum die interessanteren Werkstätten vorzeigen kann. Die urigen Keller von Els Calderers, die selbst hergestellten Würste, Weine und Marmeladen und vor allem die Viehställe, alten Maschinen, Werkzeuge und Handwerksstätten wie von vor zweihundert Jahren sind jedoch ebenfalls durchaus den Weg wert.

Täglich 10–18 Uhr, Eintrittsgebühr 9 €.

Melonen über Melonen: Vilafranca

Wandern mit Meerblick: auf der Halbinsel Victòria

Tour 1	Zum alten Trappistenkloster Sa Trapa	→ S. 276
Tour 2	Hoch über Valldemossa	→ S. 279
Tour 3	Von Son Marroig zum „Lochfelsen" Na Foradada	→ S. 282
Tour 4	Von Orient zum Castell d'Alaró	→ S. 283
Tour 5	Der alte Fußweg von Sóller nach Deià	→ S. 285
Tour 6	Durchquerung des Torrent de Pareis	→ S. 287

Kleiner Wanderführer

Tour 7	Von Port de Pollença ins Tal von Bóquer	→ S. 289
Tour 8	Aufstieg zur Talaia d'Alcúdia	→ S. 291
Tour 9	Entlang der Küste von Ca'n Picafort nach Son Serra de Marina	→ S. 293
Tour 10	Von Cala Ratjada zur Cala Mesquida	→ S. 294

Übersicht der Wanderungen

10 km

Wandern auf Mallorca

Völlig zu Recht gilt Mallorca als Wanderparadies. Vom leichten Spaziergang über die anspruchsvolle Bergtour bis zur abenteuerlichen Schluchtdurchquerung bietet sich eine breite Palette an Möglichkeiten.

Etwas Wandererfahrung ist jedoch bei den meisten Touren vonnöten: Die schönsten Wandergebiete sind bergig, ihre Pfade oft schwer zu finden, steinig und längst nicht überall schattig. Bei längeren Wanderungen ist auf Mallorca deshalb ein guter Orientierungssinn vonnöten, denn fehlerfreie Karten gibt es kaum, Markierungen sind selten und nicht immer eindeutig. Verlassen kann man sich auf ihre Existenz ohnehin nicht, denn immer wieder mal kann eine Mauer einstürzen oder ein Schild abgerissen werden. Etwas Kondition und Ausdauer sollte man ebenfalls mitbringen. Dann belohnt Mallorca den Wanderer mit seinen versteckten, nur über Pfade erreichbaren Schönheiten, mit den ausgedehnten Blumenteppichen des Frühjahrs, den schattigen Schluchten, den einsamen Kirchlein und weiten Ausblicken.

Jahreszeiten Das Frühjahr, wenn viele Gebiete in Blüte stehen, stellt sicher die beste Wanderzeit dar; von den sehr heißen Monaten Juli und August ist eher abzuraten. Der Herbst ist klimatisch wieder günstiger, doch ist die Vegetation dann karger und die Tage sind deutlich kürzer. Im Winter regnet es häufig.

Fernwanderweg durch die Tramuntana: Ruta de Pedra en Sec

Rund 150 Kilometer Länge soll der Fernwanderweg GR 221 von Port d'Andratx durch die Tramuntana bis hinauf nach Pollença eines Tages messen, drei Varianten umfassen. Seinen Namen trägt das ehrgeizige Projekt nach den Trockensteinmauern, die entlang der Route mit großem Aufwand restauriert werden. Übernachtet werden kann in einfachen, mit Schlafsälen ausgestatteten Wanderherbergen (Refugis) des Consell de Mallorca, die Tagesetappen liegen bei maximal 25 Kilometern. Der Großteil dieser Refugis ist bereits seit Jahren in Betrieb, nur im Südwesten hakt es noch: Die Herberge im Kloster Sa Trapa ist bislang nicht mehr als ein Plan, und Sa Coma d'en Vidal bei Estellencs war zumindest bei der letzten Recherche, obwohl praktisch fertiggestellt, noch nicht eröffnet. Geöffnet sind Can Boi in Deià, Estació Telegràfica de Muleta bei Port de Sóller, Castell d'Alaró oberhalb von Alaró, Tossals Verds südöstlich des Cúber-Stausees, Son Amer beim Kloster Lluc und Pont Romà in Pollença. Bis der Weg komplett fertig gestellt und markiert ist, dürfte – auch aufgrund noch ausstehender gesetzlicher Regelungen sowie andauernder Auseinandersetzungen mit privaten Landbesitzern – noch einige Zeit ins Land gehen, zumal das Gebiet vor Estellencs teilweise vom Großbrand 2013 heimgesucht wurde. Praktikabel, freigegeben und weitgehend beschildert ist jedoch die Strecke Valldemossa–Pollença. Insgesamt fünf Tagestouren sind dadurch möglich: Valldemossa–Deià (4 Std.), Deià – Port de Sóller (3 Std.), Port de Sóller – Tossals Verds (7 Std.), Tossals Verds – Lluc (5,5 Std.), Lluc–Pollença (4 Std.). Gegenwärtig wird zudem an einem weiteren Fernwanderweg gewerkelt, der als GR 222 über 90 Kilometer von Artà nach Lluc führen und so eine Verbindung zum GR 221 herstellen soll.

Informationen/Reservierung www.conselldemallorca.net/mediambient/pedra bietet Infos zu beiden Routen, sogar in deutscher Sprache. Reservierung (dringend geraten! Essen gleich mitbuchen) der Herbergen mindestens fünf Tage vorab in der Zentrale in Palma unter ✆ 971 173700 oder online unter oben genannter Webadresse. Die privat geführten Refugis (Deià, Pollença, Castell d'Alaró) müssen direkt bei den Herbergen selbst reserviert werden.

www.gr221.info ist eine private Site eines mallorquinischen Wanderführers, auch auf Deutsch und mit Links zu weiteren interessanten Webadressen.

Vorsichtsmaßnahmen Wandern Sie nie allein, und lassen Sie den Hotelier wissen, wo Sie unterwegs sind. Wanderungen im mallorquinischen Gebirge sind keine Spaziergänge, häufig müssen die Bergretter der Guardia Civil und der Feuerwehr verunglückte Wanderer bergen. Die Höhenunterschiede sind oft beträchtlich, zudem bewegt man sich auf vielen Touren weitab der Zivilisation. Gehen Sie nur bei besten Wetterverhältnissen: Gerade in den Gebirgsregionen ist das Wetter gelegentlich launisch und schlägt blitzschnell um. Eine innerhalb weniger Minuten aufziehende Wolkenfront oder plötzlicher Nebel können die Orientierung erschweren oder sogar unmöglich machen. Die trockenen Schluchten der Torrentes verwandeln sich nach Regenfällen in kurzer Zeit in reißende Sturzbäche. Beginnen Sie Ihren Wandertag früh: Zum einen ist dies mit die schönste Zeit des Tages; zum anderen bringt es Sicherheit, wenn mit aufkommender Mittagshitze schon ein großer Teil der Strecke geschafft ist. Achten Sie auf die richtige Ausrüstung: Gehen Sie nie ohne entsprechend angepasste Kleidung und Schuhwerk, ohne Sonnenschutz und ausreichenden Trinkwasservorrat auf Tour!

Kleiner Wanderführer

Notruf ☎ 112

Basisausrüstung Viele Wegstrecken sind steinig und steil – knöchelhohe und gut eingelaufene (!) Wanderschuhe mit fester Profilsohle sind deshalb dringend zu empfehlen. Ab und an muss stachelige Garigue durchquert werden, wobei eine lange Hose aus festem Stoff gute Dienste leistet. Nicht zu vergessen: Sonnenschutzmittel, -brille und eine Kopfbedeckung, im Rucksack, für Notfälle und plötzliche Wetterwechsel ein Pullover und ein leichter, regendichter Anorak, im Gebirge auch ein Kompass und eine Trillerpfeife für Notsignale. Nehmen Sie unbedingt ein Handy mit, auch wenn der Empfang in abgelegenen Regionen nicht garantiert ist.

Verpflegung Zum Essen nur das nötigste, jedoch reichlich (!) Wasser mitnehmen. Nur selten finden sich unterwegs Quellen, die auch nicht immer Trinkwasser führen.

Wanderungen durch Privatbesitz Viele Wanderungen führen durch Privatgelände, nicht immer zur Freude der Besitzer. Das Verhältnis zum Landeigentum ist auf Mallorca sehr ausgeprägt. Ärgerlich: Eine ganze Reihe von Wegen wurden von den Besitzern schon gesperrt oder werden nur gegen Zahlung einer „Mautgebühr" freigegeben. Damit die Toleranz gegenüber Wanderern nicht noch weiter abnimmt, halten Sie sich bitte an folgende Regel: Verlassen Sie Gatter immer so, wie Sie sie vorgefunden haben, also offene Gatter offen lassen und geschlossene wieder schließen. Auf diese Art schneiden Sie kein Vieh von der Tränke ab bzw. verhindern sein Ausbrechen. Dass man keinen Abfall hinterlässt, bei Begegnungen freundlich grüßt, keine Tiere verstört etc. ist ja wohl selbstverständlich.

Vorgestellte Touren Im Folgenden finden Sie eine Reihe von Wanderbeschreibungen inklusive Routenskizzen, die natürlich keine Wanderkarten ersetzen können. Ebenso ist es im Rahmen eines Reiseführers aus Platzgründen unmöglich, jedes Detail einer Wanderung durch raues Gelände zu beschreiben; pro Tour wären dafür jeweils mehrere Seiten erforderlich. Bei einigen Wanderungen ist also etwas Orientierungssinn gefragt, doch sind auch eine Reihe von leichten Touren mit absolut eindeutiger Wegeführung vorgestellt. Falls Sie jedoch einmal nicht sicher sein sollten, sich auf dem richtigen Weg zu befinden, kehren Sie besser um. Gehen Sie nicht das Risiko ein, sich in weglosem Gelände zu verlaufen! Die angegebenen Wanderzeiten, die keine Pausen beinhalten, sind natürlich nur als Richtwerte zu verstehen, mancher geht eben schneller, mancher langsamer. Bereits nach kurzer Zeit jedoch werden Sie unsere Angaben in die richtige Relation zu Ihrem Wandertempo setzen können.

Wanderkarten Eine breite Auswahl gibt es unter anderem im Spezialgeschäft „La Casa del Mapa" in Palma, Adresse siehe dort unter „Einkaufen". Sehr gut sind die Karten von Editorial Alpina im Maßstab 1:25.000: Tramuntana Nord (Lluc), Tramuntana Central (Sóller) und Tramuntana Sur (Andratx), seit 2015 auch als vierteiliges Kartenset Serra de Tramuntana erhältlich.

Internet-Info www.mallorca-camins.info, eine prima Seite zum Wandern auf Mallorca, gestaltet von einheimischen Wanderführern, die auch Touren anbieten.

www.mallorca-erleben.info, eine weitere private, auch optisch mit vielen Fotos schön konzipierte Site zu Themen wie „Wanderungen" (viele Tourenvorschläge) und „Naturerlebnis".

Wanderführer

Mallorca von Dietrich Höllhuber im Michael Müller Verlag. Reichlich Infos zum Wanderziel Mallorca, 39 detailliert beschriebene, GPS-gestützte und nach Schwierigkeitsgrad eingeteilte Touren inklusive exakter Karten, Höhenprofile und Tipps zu An- und Abfahrt.

Tour 1: Zum alten Trappistenkloster Sa Trapa

Route: Sant Elm – Ca'n Tomevi – Sa Trapa – Ca'n Tomevi – Sant Elm; **reine Wanderzeit:** etwa 2,5 bis 3 Stunden; **Einkehr:** nur in Sant Elm; Sonnenschutz, Proviant und Trinkwasser (!) nicht vergessen. **Charakteristik:** Der unter Landschaftsschutz

Tour 1: zum Kloster Sa Trapa

gestellte Gebirgszug im Norden von Sant Elm ist ein beliebtes Areal für Wanderungen. Wälder aus Aleppokiefern lösen sich ab mit duftender Macchia; oft bieten sich reizvolle Ausblicke auf die Steilküste und die vorgelagerte Insel Dragonera. Ein schönes Ziel sind die Ruinen des ehemaligen Trappistenklosters Sa Trapa. Der höchste Punkt dieser Route liegt auf 380 Meter Höhe, weshalb die Wanderung mit einem kräftigen Aufstieg verbunden ist; an einer Stelle muss auch etwas (harmlos) geklettert bzw. müssen die Hände zu Hilfe genommen werden.

Wegbeschreibung: Ausgangspunkt ist die *Plaça Mossen Sebastia Grau* **1** im nördlichen Ortsbereich von Sant Elm, leicht zu erkennen durch das bei einer Windmühle gelegene Bar-Restaurant „Es Moli". Die Plaça bildet den Endpunkt der Buslinie, für die Anfahrt per Auto ab dem Parkplatz am Ortseingang zunächst dem Schild „Parc Natural de Sa Dragonera" folgen. Von hier führt die Straße Av. de La Trapa, die später in einen Fahrweg übergeht (hier Parken möglich, jedoch Vorsicht vor Autoknackern!), in etwa nordöstlicher Richtung in den Wald. Ungefähr eine Viertelstunde benötigt man bis zum verfallenden Haus *Ca'n Tomevi* **2**. Hier geht man schräg links (Schild: „La Trapa") in den Wald hinein; hart links ginge es zum alten Wachtturm „Sa Torre", der von rechts kommende Weg wird auf dem Rückweg benutzt. Nun steigt man auf dem schmalen Pfad aufwärts durch den Wald (auf Steinpyramiden achten). Nach etwa fünf

Gehminuten kreuzt ein breiterer Waldweg **3**; hier geht es links und sofort wieder hart rechts (dem breiteren Weg zwischen den beiden Torpfeilern folgend, käme man zur Bucht Cala Basset, die jedoch steinig und nur schwer zu erreichen ist). Wir steigen den Weg bergauf und im weiteren Verlauf aus dem Wald hinaus; gelegentlich wird man alte rote Markierungen oder Steinpyramiden sehen. Auf oft felsigem Untergrund geht es nun meist steil aufwärts, unterbrochen von kurzen ebenen Stücken.

An der letzten felsigen Anhöhe **4** muss man darauf achten, nicht zu weit nach links abzudriften und so einen gefährlichen Steilabsturz (hier notfalls wieder umkehren!) einige Meter landeinwärts zwischen zwei Felsen hindurch umsteigen. Klettert man den Markierungen folgend über die Felsen, wobei man schon etwas genauer hinsehen muss (fast sieht es so aus, als ginge es nicht), erreicht man einen schönen Aussichtspunkt **5**, von dem aus auch schon die Ruinen des *Klosters Sa Trapa* zu erkennen sind. In leichtem Abstieg ist das Kloster rasch erreicht. Kurz vor den Ruinen trifft man auf den breiteren Schotterweg **6**, der später zurück nach Ca'n Tomevi führt. Das Kloster war gegen Ende des 18. Jh. von Trappistenmönchen gegründet worden, die vor der Französischen Revolution hatten fliehen müssen. Doch auch hier war ihres Bleibens nicht lange: 1835 wurde Sa Trapa wie alle spanischen Klöster säkularisiert. Die Umgebung des Klosters ist ein ein schöner Platz für eine Rast. Zwar sind die Spuren des großen Feuers von 2013 zu erkennen, doch erobert sich die Natur ihr Terrain wieder zurück. Die im Besitz der Naturschutzorganisation GOB befindlichen Gebäude sollen eines Tages restauriert werden, um eines Tages als Quartier am Fernwanderweg „Ruta de Pedra en Sec" zu dienen. Angekündigt wird dies allerdings schon seit einer ganzen Reihe von Jahren. –

Für den Rückweg wählt man die breite, schattenlose Schotterpiste bergauf, auf die man kurz vor dem Kloster gestoßen ist (von dieser Piste geht nach einigen Kurven in einer Rechtsserpentine **7** ein schmaler Pfad nach links ab: Hier wird einmal der Fernwanderweg zur Zwischenstation Estellencs entlang führen), und auf der man in etwa einer Viertelstunde einen Pass **8** mit schöner Aussicht erreicht. Dahinter läuft man in vielen Kurven bergab, folgt dabei immer dem Hauptweg. Eine gute Stunde hinter dem Kloster zweigt hinter einem eingezäunten Grundstück rechts ein Weg ab (**9**, beschildert: Sant Elm), auf dem man in etwa zehn Minuten wieder nach C'an Tomevi und in einer weiteren Viertelstunde zurück zur Plaça Mossen Sebastia Grau gelangt.

Tour 2: Hoch über Valldemossa → Karte S. 281

Route: Valldemossa (437 m) – Pla d'es Pouet – Coll d'es Estret de Son Gallard – Font d'es Polls – Valldemossa. **Reine Wanderzeit:** etwa 4–5 Stunden. **Einkehr:** nur in Valldemossa; Sonnenschutz, Proviant und Trinkwasser (!) nicht vergessen.
Charakteristik: Eine sehr reizvolle Bergwanderung mit fantastischen Ausblicken, die über einen Teil des von Erzherzog Ludwig Salvator angelegten Reitwegs „Camí de S'Arxiduc" führt. Angesichts des Höhenunterschieds von rund 500 Metern ist entsprechende Kondition erforderlich. Ratsam, schon früh am Tag aufzubrechen, vor allem aber nur bei wirklich gutem Wetter loszugehen! Die tieferen Lagen der Berge nördlich von Valldemossa sind reich an Steineichenwäldern, die früher zur Gewinnung von Holzkohle und damit dem Betrieb von Kalköfen dienten. Unterwegs wird man gelegentlich sogenannte „Sitjas" sehen, von Steinen umringte Fundamente aus gestampfter Erde, auf denen die Meiler errichtet wurden. Der Abstecher zum 1062 Meter hohen Aussichtsgipfel Puig d'es Teix, ein Klassiker unter den Inselwanderungen, ist leider nicht mehr ratsam – das Privatgelände, durch das der Aufstieg führt, wurde vom Besitzer gesperrt und wird als Jagdrevier genutzt. Über die Verbotsschilder hinwegsetzen sollte man sich besser nicht: Der Eigentümer gilt als etwas schwieriger Charakter und ist meist mit Gewehr unterwegs … Bitte erkundigen Sie sich im Fremdenverkehrsamt von Valldemossa über den aktuellen Stand.

> **Achtung:** Im Oktober 2014 haben mehrere Finca-Besitzer des Pla d'es Pouet den Durchgang durch ihre Ländereien strikt reglementiert – eine umstrittene Maßnahme von nicht ganz eindeutiger Legalität. Als Gründe genannt werden u.a. die Landschaftspflege und der Schutz des Mönchsgeiers (Voltor), weshalb das Gebiet neuerdings auch als „Muntanya del Voltor" bezeichnet wird; nicht jeder in Valldemossa glaubt daran, dass wirklich solch hehre Ziele hinter der Sperrung stecken. Zugelassen werden derzeit nur 50 Personen pro Tag, Voranmeldung für die Genehmigung unter ✆ 619 591985 (mobil) und unter valldemossa@procustodia.org. Früh am Morgen hat man eventuell (!) auch ohne Vorabanfrage eine Chance. Wer keine Genehmigung besitzt, wird von den Wächtern vor dem Pla d'es Pouet auf eine ausgeschilderte Alternativroute verwiesen, die über öffentliches Gelände ebenfalls zum Camí de S'Arxidux führt – die Wanderung als Ganzes bleibt also weiterhin begehbar. Derzeit ist das Projekt auf den Zeitraum bis Oktober 2016 terminiert; wie es weitergeht, wird man abwarten müssen.

Wegbeschreibung: Direkt parallel zur Hauptstraße, die westwärts aus Valldemossa Richtung Banyalbufar und Deià herausführt, liegt eine Reihe von Parkplätzen. Auf dieser Parkplatzstraße **1** läuft man an den Restaurants „Ca'n Pedro" und „Vesubio" sowie an der folgenden Querstraße vorbei und biegt dann rechts in die „Carrer de Bartomeu Ferrà Pintor" benannte Straße ein. Auf dieser geht es aufwärts, geradeaus vorbei am linker Hand gelegenen Fußballplatz **2**. Etwa 100 Meter hinter dem Fußballplatz hält man sich an der Gabelung links und folgt der Straße Carrer de les Oliveres, die eine leichte Rechtskurve beschreibt, bis an deren Ende **3**. Links neben einem Tor und hinter einer Absperrkette beginnt ein anfangs relativ breiter Erd- und Steinweg, dem man im Rechtsbogen parallel zum Zaun etwa 200 Meter weit folgt. Unterwegs passiert man einen *Informations- und Kontrollkiosk*, an dem von teilweise sogar deutschsprachigen Mitarbeitern auf die Sperrung aufmerksam gemacht wird;

hier erhält man auch die Genehmigung für die Durchquerung des Pla d´es Pouet. Dann geht es links auf einen ansteigenden Felspfad, der zunächst ebenfalls an einem Drahtzaun entlang verläuft. Ab und zu mit alten roten Punkten markiert, führt dieser kurvig auf den Einschnitt zwischen den beiden Bergen zu, hinauf in den Wald aus Steineichen und Aleppokiefern. Nach 100 Metern wird eine Mauer durchquert, wenige hundert Meter weiter ein Tor überklettert. Dahinter hält man sich zunächst geradeaus, biegt jedoch nach etwa 100 Metern an einer Gabelung **4** rechts aufwärts ab. Nun ist man auf dem alten Köhlerweg „Camí d'es Pouet", einem sehr serpentinenreichen, steinigen Anstieg. Insgesamt etwa eine knappe Stunde nach Beginn der Wanderung erreicht man eine Steinmauer **5** (weiter auf unserer Route geht es derzeit nur mit der erwähnten Genehmigung; ohne diese wird man von den Wächtern auf die hier beginnende Alternativroute geschickt, die zunächst etwa in Richtung Osten führt und sich dann bei einer Abzweigung nordwärts wendet). Hinter der Steinmauer hält man sich geradeaus und durchquert die baumbestandene Hochebene *Pla d'es Pouet*, die von einem verwirrenden Netz alter Köhlerpfade durchzogen ist und eine ganz eigenartige Atmosphäre besitzt. Nach etwa 300 Metern stößt man auf den Brunnen *Es Pouet* **6** (kein Trinkwasser), einen wichtigen Orientierungspunkt, in dessen Umfeld mehrere Pfade abzweigen. Unser Weg biegt vor dem Brunnen rechts ab, beschreibt dann eine leichte Linkskurve und führt in zunächst etwa nordöstlicher, dann nördlicher Richtung aufwärts zum *Coll d'es Estret de Son Gallard* **7**, einem Pass, den man etwa eine gute Viertelstunde hinter dem Brunnen erreicht hat. Hier lässt sich eine traditionelle, aber umstrittene Art des Vogelfangs („Caza a Coll") studieren: Schneisen in den Bäumen sind in Form eines Sterns so angelegt, dass die aus Furcht vor Greifvögeln stets zwischen den Stämmen fliegenden Drosseln in ein auf einer kleinen Lichtung aufgestelltes Netz gelockt werden.

Gut in Schuss:
der Reitweg des Erzherzogs

Oben auf dem Pass hält man sich rechts aufwärts, vorbei an einer steinernen Sitzgruppe, und ist nun bereits auf dem alten Reitweg des Erzherzogs. Etwa fünf Minuten hinter der Passhöhe könnte man auf einem rechts abzweigenden Pfad einen kurzen Abstecher zur „Cova de Ermita Guillem" unternehmen, einer einst von einem Einsiedler bewohnten Höhle. Der Hauptweg hingegen überquert bald darauf eine Mauer und erreicht wenig später eine zweite Mauer **8**, auf der man sich links aufwärts hält. Allmählich öffnet sich ein weiter Blick Richtung Palma und dann, von einem natürlichen Mirador **9** aus, auch eine fantastische Aussicht nach Norden auf den „Lochfelsen" Na Foradada und die Küste. Dann führt der gut erkennbare Reitweg am Rand des Hochplateaus Pla dets Aritges entlang. Links fällt der Hang über hunderte von Metern sehr steil ab – außer bei schlechten Sichtverhältnissen oder Sturm ist das nicht wirklich gefährlich, aber vielleicht unangenehm

für Leute, die nicht schwindelfrei sind. Unterwegs lohnt ein Abstecher zum Gipfel des linker Hand nur wenig erhöht liegenden, 944 m hohen *Puig Caragolí* 10. Später verliert sich die Form des Reitwegs für eine Weile wieder. Etwa eine Dreiviertelstunde hinter dem Coll d'es Estret trifft man bei einer Weggabelung auf eine Gruppe von Kiefern 11, in deren Schatten es sich hübsch rasten lässt. Direkt vor den Bäumen zweigt der Weg links ab und führt in etwa zwanzig Minuten über eine Hochfläche zu einem Aussichtspunkt Richtung Deià.

Fünf Minuten weiter geht es vorbei an der Abzweigung zum Gipfel des *Teix*, die vom Hauptweg nach links führt und mit einer großen Steinpyramide 12 markiert ist. Falls der Aufstieg wieder freigegeben sein sollte (siehe den Warnhinweis oben!), muss man dafür zunächst einen Kletterpfad erklimmen, dann eine Grenzmauer übersteigen und sich schließlich einen der steilen Pfade zum rechter Hand gelegenen und mit einer Säule markierten Hauptgipfel suchen. Insgesamt dauert der Hin- und Rückweg etwa eine zusätzliche Stunde.

Hinunter nach Valldemossa folgen wir dem Hauptweg über viele Serpentinen hinab ins *Cairats-Tal*. Nach etwa einer Viertelstunde erreicht man ein sogenanntes „Schneehaus" (Casa de Sa Neu, 13), in dem während der Wintermonate der Schnee gesammelt, gepresst und zu Kühlzwecken für den Sommer gelagert wurde. Kurz darauf folgt eine Schutzhütte. Auf einem nun breiteren Schotterweg geht es abwärts durch dichten Steineichenwald, vorbei an der Quelle *Font d'es Polls* (Picknickplatz). Ein weiteres Stück talwärts hat eine Naturschutzorganisation eine „Sitja" ebenso restauriert und mit Informationsschildern ausgestattet wie einen alten Kalkofen. Wenig später verlässt man bei einem Tor 14 das Naturschutzgebiet und das Gelände der öffentlichen Finca Son Moragues. Etwa einen Kilometer weiter gilt es, auf ein Viehschutzgitter und ein Tor rechter Hand 15 zu achten: Hier wird der Hauptweg durch einen Durchschlupf neben dem Tor verlassen. Man geht oberhalb eines schönen Olivenhains entlang, durchquert nach etwa 700 Metern ein weiteres Tor und erreicht wenig später die Asphaltstraße 16; hier rechts. Nach 300 Metern folgt eine Gabelung 17; hier geht es links abwärts in das Sträßchen C. Lluis Vives und dann, beim befestigten Gut *Son Gual*, links über eine Treppe 18 hinab zur Hauptstraße von Valldemossa und dort nach rechts zurück zur Parkplatzstraße.

Im Abstieg: Blick auf den Lochfelsen

Tour 3: Von Son Marroig zum „Lochfelsen" Na Foradada

Route: Son Marroig (ca. 260 m) – Na Foradada – Son Marroig; **Wanderzeit:** etwa zwei Stunden; **Einkehr:** oben im Restaurant Mirador de Na Foradada, von März/April bis Oktober evtl. auch im „Restaurant" unten am Lochfelsen; ob dort geöffnet ist, weiß man in Son Marroig. **Charakteristik:** Vor Beginn der Wanderung sollte man sich im Haus Son Marroig die geforderte Erlaubnis holen, die nur für Museumsbesucher bzw. Käufer der Eintrittskarte gewährt wird. Wegen dieser Genehmigung, die ja an Sonntagen (geschlossen) nicht erhältlich ist, kann man die Wanderung auch nur Mo–Sa angehen. Hunde sind nicht erlaubt. In einer Dreiviertelstunde lässt sich der Weg von Son Marroig hinab zum Felsen schaffen, hin und zurück sind angesichts des Aufstiegs von rund 260 Höhenmetern etwa zwei Stunden einzukalkulieren.

Wegbeschreibung: Aus Son Marroig kommend, geht es rechts auf dem Asphaltweg ca. 100 Meter weit zu einem Tor, das man auf einer Art Steigleiter überklettert. Nach etwa 200 Metern folgt eine Gabelung, an der ein Schild den Weg nach rechts weist. Nochmals 200 Meter weiter durchquert man erneut ein Tor; kurz vorher liegt ein ausgesucht schöner Picknickplatz mit Bänken und prima Panorama. Beim Abstieg bieten sich immer wieder schöne Blicke auf den Felsen mit seinem großen Loch von 18 Metern Durchmesser; später passiert der Weg eine Treppe ohne Geländer, die zu einem weiteren Aussichtspunkt führt. Nach einer halben Stunde ist man unten angelangt und folgt dem Weg rechter Hand auf die nordöstliche Seite der bewaldeten Halbinsel, bis zu einer Art natürlicher Brücke, die zum eigentlichen Lochfelsen führt (der hier freilich außer Sicht ist). Das urige „Restaurant" (von Lesern für sein Pa amb oli und seine Paella gelobt) war früher häufig geschlossen, in den letzten Jahren jedoch von März/April bis Oktober tagsüber geöffnet; eine Garantie, dass dies so bleibt, gibt es freilich nicht. „Es ist ein malerischer Felsen, das am Meer weithin sichtbare Kennzeichen meiner Einsiedelei. Die Foradada sa bona nennen sie die Fischer, denn weit vorspringend gewährt sie an der schutzlosen Küste auf der einen oder andern Seite kleinen Barken einen momentanen Schutz" (Ludwig Salvator).

Hier ankerte einst auch die „Nixe", die Dampfyacht des Erzherzogs, mit der er viele seiner Studienreisen durchführte. Wendet man sich an der Naturbrücke links, gelangt man zu einem kleinen Steg, in dessen Umgebung man gut baden kann; Vorsicht jedoch vor Strömungen außerhalb der geschützten Bucht. Nicht ungefährlich ist auch die Kletterpartie auf den Felsen selbst.

Tour 4: Von Orient zum Castell d'Alaró → Karte S. 284

Route: Orient – Castell d'Alaró – Orient (oder weiter nach Alaró); **Wanderzeit:** etwa 2,5 Stunden; **Einkehr:** „S'Hostatgeria Castell d'Alaró" nahe den Ruinen (✆ 971 182112, www.castellalaro.cat, ganzjährig, schlichtes Quartier in Mehrbett-Zimmern p. P. 12 €). **Charakteristik:** Die rund 800 Meter hoch gelegene Burg von Alaró ist zwar weitgehend verfallen, besetzt aber in so beherrschender Lage einen markanten, weithin sichtbaren Felsen, dass sich der Aufstieg auf jeden Fall lohnt. Bei gutem Wetter reicht die Sicht bis nach Palma.

Wegbeschreibung: Der Weg beginnt an der Straße nach Alaró, etwa 1,5 Kilometer östlich von Orient, 300 Meter hinter dem Hotel L'Hermitage und in der Nähe von Kilometerstein 12. Rechter Hand der Straße weisen ein Pfeil und ein Schild durch ein Tor (**1**, am Rand überklettern) zum Kastell, ein weiteres Schild mahnt „Keine Hunde". Hinter dem Tor führt ein klar erkennbarer Pfad zunächst langsam,

Kurz vor dem Ziel: der Treppenweg zum Kastell

dann durch ein Waldgebiet sehr steil bergauf. Nach etwa 40 Minuten erreicht man eine Lichtung **2** auf dem *Es Pouet* genannten Sattel, auf der man vielleicht einige Autos parken sieht – bis hierher könnte man auf einem sehr schlechten Weg auch von Alaró aus fahren. Nun geht es links auf einen uralten Pflasterpfad, vorbei an der Abzweigung eines Fußwegs nach Alaró **3** und am Schluss auf einer Art Treppenweg hinauf zum Kastell auf dem Hochplateau, das man nach etwa 20 Minuten durch die Torbauten der Burg erreicht.

Auf der baumbestandenen Hochfläche führt ein Treppensteig zur ehemaligen Wallfahrtskirche Mare de Déu del Refugi (13./17. Jh.) und zur ehemaligen Pilgerherberge **4**. Heute steht hier eine „Hostatgeria", die vor allem Wanderern an einer Variante des Fernwanderwegs „Ruta de Pedra en Sec" Quartier bieten soll, aber auch Essen anbietet – alles von Mulis hochgeschleppt! Der Blick von der Terrasse ist grandios, reicht fast über die gesamte Insel. Bei einem Spaziergang hier oben erkennt man schnell, wie wenig vom Kastell erhalten blieb. Dabei war die ursprünglich von den Mauren angelegte Burg aufgrund ihrer Lage fast uneinnehmbar. Während der Eroberung Mallorcas durch den aragonischen König Alfonso III. im Jahre 1285 gelang es einer Schar Getreuer des alten Königs Jaime II. denn auch, sich hier lange gegen die Truppen des Usurpators zu verteidigen. Alfonso III. war über den lästigen Widerstand so wütend, dass er nach der schließlich doch noch erfolgten Einnahme die beiden Kommandanten Cabrit und Bassa bei lebendigem Leib auf einem Rost braten ließ. Die beiden Hauptleute wurden als Symbol mallorquinischen Freiheitsstrebens fortan fast als Märtyrer verehrt. Auf dem Rückweg nimmt man entweder dieselbe Route oder steigt, so man einen Fahrer hat oder mit dem Taxi nach Orient gekommen ist, am Ende des von der Burg kommenden Treppenwegs geradeaus Richtung Alaró ab. In letzterem Fall ließe sich ein Abstecher in das Finca-Restaurant „Es Vergé" (℡ 971 182126, siehe aber auch unter Alaró/Inselinneres) unternehmen, das etwa eine halbe Wegstunde unterhalb der Burg liegt.

Tour 4: Von Orient zum Castell d'Alaró

Tour 5: Der alte Fußweg von Sóller nach Deià

Route: Sóller – Gut Ca'n Prohom – (Son Bujosa) – Deià; **Wanderzeit:** etwa 2,5–3,5 Stunden. **Einkehr:** Unterwegs nur das luxuriöse und nicht billige Hotelrestaurant Ca's Xorc sowie eine im Hochsommer geschlossene „Kuchenstation" im Gut Ca'n Prohom. **Charakteristik:** Vor dem Bau der Straße bildete dieser schmale Fußweg die Hauptverbindung zwischen Sóller und Deià. Er ist relativ leicht zu begehen, die Rückfahrt kann per Bus erfolgen.

Wegbeschreibung: Der Weg beginnt an der Umgehungsstraße westlich von Sóller bei einer Tankstelle; von der Bushaltestelle an der Plaça América folgt man dem Carrer Cetre bis zur Umgehungsstraße, dann links. Fast genau gegenüber der Tankstelle führt ein Sträßchen aufwärts und nach Westen, zunächst mit „Ca'n Coll" und einem Wanderwegweiser nach Deià beschildert. Es wendet sich bald nach rechts und führt dann geradeaus, vorbei an einer Abzweigung linker Hand, die mit „Deià, Camí de Rocafort" beschildert ist; wir folgen jedoch der Route des „Camí d'es Rost". Nach wenigen hundert Metern wird das Sträßchen zu einem schmalen Weg (hier nicht links durch das Tor, sondern geradeaus). Ein Stück weiter führt der Pfad durch ein Tor, dieses wieder schließen. Nun steigt der Pfad zwischen eingefriedeten Grundstücken an und verwandelt sich in einen serpentinenreichen Treppenweg; kurz vorher geht es über die Bahnlinie hinweg und dann vorbei an einer weiteren Abzweigung linker Hand nach Deià. Etwa nach insgesamt einer halben Stunde erreicht man ein weiteres einfaches Tor. Es folgen noch ca. fünf Minuten Anstieg, dann führt unser Weg etwas abwärts und an einer Gabelung links wieder leicht aufwärts; nun auf dem Pflasterweg weiter bergan, wenig später vorbei an einer Abzweigung nach rechts. Fünf Minuten später ist man oben an einem Kreuzweg mit Markierungen angelangt (links liegt das Hotel und Luxusrestaurant Ca's Xorc, das zuletzt zwar zum Verkauf stand, aber geöffnet war). Hier geradeaus und nach 20 Metern dem Knick nach rechts folgen. Der Weg führt auf einem kurzen Pflasterstück zunächst leicht abwärts und folgt im Bogen der Mauer des links angrenzenden Olivenhains. Später trifft er auf eine beschädigte alte Kapelle oberhalb der Straße Sóller–Deià; hier könnte man auch, dem GR 221 folgend, nach Port de Sóller absteigen. Wir jedoch gehen auf dem Steinpflasterweg links an der Kapelle vorbei, dann auf einem ansteigenden, ebenfalls gepflasterten Weg entlang am Gut *Ca'n Prohom*, in deren „Son Mico" genannter Raststation zur Wandersaison – außer im Hochsommer – leckerer Kuchen und Orangensaft zu einer Pause locken; die französische Besitzerin hat hier auch ein Gästehaus „Casa Huespedes" (CH) mit vier schönen und großen Zimmern eröffnet, DZ 100–120 €, Infos unter ✆ 971 638224, son.mico@hotmail.com. Bei einer Gabelung, direkt dort, wo das Haus endet, wandert man links aufwärts und folgt später der nach links weisenden, weiß-roten GR-Markierung. Nun geht es geradeaus die Mauer entlang. Nach ein paar hundert Metern führt der schmale Weg durch ein Tor aus dem Grundstück heraus und mit leichten An- und Abstiegen durch Waldgebiete weiter immer etwa parallel zum Hang. Unterwegs öffnet sich ein reizvoller Blick auf das Kap Punta de Deià.

Später quert der Pfad ein kleines Sträßchen, verwandelt sich nach einem Abstieg für ein paar Meter in einen breiteren Treppenweg und führt dann an einigen Häusern vorbei. Hinter einer Stelle mit schönem Ausblick auf den kleinen Weiler Lluc Alcari geht es auf einer Art Pflasterpfad an einer niedrigen Mauer entlang abwärts bis zu einer Straße in einem Villenvorort von Deià. Hier hält man sich rechts bergab und dann geradeaus (zum Schluss über einen schmalen Pfad) bis zur Hauptstraße. Wer es eilig hat, folgt dort nun der Straße links hinauf nach Deià. Schöner und sicherer freilich ist folgende Route, bei der man zunächst ebenfalls die Hauptstraße entlang geht, diese dann aber nach etwa 5 Min. in einer Linkskurve nach rechts verlässt, dem GR-Zeichen folgend. Nach etwa 30 Metern trifft man auf ein Sträßchen, auf dem es geradeaus geht. Das Sträßchen endet bei der Finca Son Bujosa, hier weiter geradeaus und links an dem Gebäude vorbei. Nach wenigen hundert Metern wird der nun wieder breitere Weg in einer Rechtskurve geradeaus in einen Olivenhain hinein verlassen. Am Ende des Hains hält man sich links und steigt auf einem alten Steinpfad hinab zur Straße Deià–Cala de Deià. Hier ein Tor überklettern, über den Bach auf den „Camí d'es Ribassos" (links ginge es über den „Camí de Sa Vinyeta" ebenfalls nach Deià) und durch Olivenhaine aufwärts. Der Pfad verläuft nun hoch über dem Bachbett und bietet bald einen schönen Blick auf den steilen, terrassierten Kirchhügel von Deià. Später geht der Weg in ein schmales Sträßchen über. Immer geradeaus und aufwärts, schließlich an einer Gabelung beim Wander-Refugi Can Boi links und weiter aufwärts, erreicht man die Hauptstraße von Deià; die Bushaltestelle liegt links ein paar hundert Meter weiter.

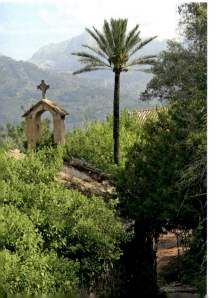

Rückblick: kurz vor Ca'n Prohom

Für die Busverbindung ab Deià vor Beginn der Wanderung die genauen Rückfahrtszeiten klären. Busse Richtung Sóller fahren 6-mal, nach Palma 7-mal täglich. Wenn die Busse voll sind, kommt es leider vor, dass der Busfahrer Fahrgäste stehenlässt (Stehplätze sind nicht zugelassen); am besten schließt man sich dann mit anderen Wartenden zu einer Taxigemeinschaft zusammen.

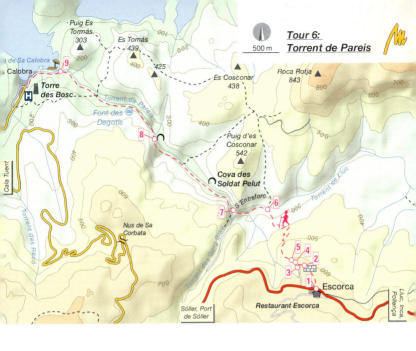

Tour 6: Durchquerung des Torrent de Pareis

Route: Escorca – Torrent de Pareis – Sa Calobra; **reine Gehzeit:** ca. 5 Stunden; **Einkehr:** nur am Anfangs- und am Endpunkt der Tour; Sonnenschutz, etwas Proviant und viel Trinkwasser sind wichtig. **Verbindungen:** Ausgangspunkt sind die Parkplätze beim Restaurant Escorca, der Endpunkt die Bucht Cala Sa Calobra. Escorca lässt sich z. B. mit dem Morgenbus von Port de Sóller/Sóller nach Ca'n Picafort erreichen. Die Rückfahrt könnte dann mit einem der Ausflugsschiffe nach Port de Sóller erfolgen; Achtung, die Schiffe verkehren nur bei ruhiger See! Mietwagenfahrer können beim Restaurant parken und versuchen, per Anhalter zum Auto zurückzukehren oder für die Rückfahrt den Bus von Sa Calobra nach Ca'n Picafort nehmen (zuletzt Mo–Sa 15 Uhr, dem Fahrer vorab Bescheid sagen, dass man am Restaurant aussteigen will). In jedem Fall ist es sehr ratsam, sich vorab genau nach den aktuellen Fahrplänen zu erkundigen und zudem ein großzügiges Zeitpolster einzuplanen. **Charakteristik:** Die Durchquerung der Erosionsschlucht des Torrent de Pareis, mit ihren mehrere hundert Meter hoch aufragenden Felswänden eine der größten im Mittelmeerraum, zählt zu den faszinierendsten Erlebnissen, die Mallorca zu bieten hat. Dabei handelt es sich jedoch nicht um eine Wanderung im eigentlichen Sinn, sondern um eine ausgesprochene Klettertour, für die inklusive kleinerer Pausen etwa sechs Stunden zu veranschlagen sind. Wichtig deshalb, bereits möglichst früh am Morgen zu starten.

Wegbeschreibung: Der Weg hinab zur Schlucht beginnt am Westrand des Parkplatzes **1** gegenüber dem Restaurant Escorca; der nahe Infokiosk war leider zuletzt geschlossen, könnte aber künftig wieder öffnen. Hier führt neben der Leitplanke ein kurzer Pfad zu einem Tor unterhalb der Straße. Dahinter geht es bergab bis zu einer nahen, niedrigen Steinmauer, der man nach rechts immer etwa parallel folgt. Nach wenigen Gehminuten trifft sie in einem Knick auf eine weitere, von rechts oben kommende Mauer **2**. Hier geht man durch die früher durch ein Eisentor versperrte Lücke, folgt also im Prinzip weiter der bisherigen Mauer, die terrassenartig angelegte Felder umschließt. Ein Stück weiter entfernt sich der Pfad nach rechts von der Mauer (**3** auf Steinpyramiden achten) und führt in einen Olivenhain hinein. Nach etwa 150 Metern und rund zehn Meter vor einem besonders buschigen Olivenbaum **4** geht es scharf nach links, nach 20 Metern im Bogen nach rechts. Nach weiteren 15 Metern markieren am Rande eines Steilabfalls mehrere kleine Steinhaufen den Beginn des Abstiegs **5**; bis hierher ist man insgesamt etwa zehn Minuten unterwegs. In vielen Serpentinen klettert der steinige, meist gut erkennbare Weg nun zwischen Olivenbäumen, hohen Gräsern und dornigen Sträuchern bergab. In der Ferne sieht man schon das enge Maul der Schlucht, doch wendet sich der Pfad nach einer Weile in einem weiten Rechtsbogen in eher nördliche Richtung, hinab in den von Lluc kommenden *Torrent de Lluc*. Nach insgesamt gut einer Stunde geht es unter einem Feigenbaum hindurch und etwa 10 m weiter rechts über einige Felsen talwärts. Knapp 10 Min. später steht man unten im Geröllfeld des Bachbetts **6**. Hier beginnt nun das eigentliche Abenteuer.

Achtung: Die Durchquerung des Torrent ist generell nur im Sommer und bei stabiler Schönwetterlage machbar und *ausschließlich* für erfahrene, konditionsstarke, schwindelfreie und gut ausgerüstete Bergwanderer mit Kletterfähigkeiten geeignet! Es kam hier schon zu Todesfällen. Mehrfach gilt es, über glatt geschliffene Felsen, die in der Gegenrichtung für die meisten Wanderer kaum passierbar wären, abzurutschen oder hinabzuspringen. Keinesfalls darf man den Torrent allein angehen, ratsam sind Gruppen ab drei Personen. Ein 10-Meter-Kletterseil ist an einigen Stellen sehr nützlich. Nach einem Unfall dauert es in aller Regel sehr lange, bis Hilfe geholt werden kann und dann auch eintrifft; Handys funktionieren in der Schlucht häufig nicht, GPS-Geräte übrigens ebensowenig. Bei Regenfällen kann sich der Torrent („Sturzwasserschlucht") binnen kurzer Zeit in eine gefährliche Falle verwandeln, ist nach Niederschlägen noch mehrere Tage unpassierbar. Nehmen Sie in jedem Fall Badesachen mit, zum einen für eine eventuell nötige Durchquerung verbliebener Wassertümpel, zum anderen für das abschließende Bad in der Bucht Sa Calobra. – Wer das Wagnis nicht auf eigene Faust angehen will, findet Anbieter organisierter Touren z.B. in Sóller und Port de Sóller (siehe jeweils dort unter „Wandertouren"). Eine Alternative zur kompletten Durchquerung der Schlucht ist ein Abstecher von Sa Calobra aus, der nach vergleichsweise kurzer und einfacher Kletterei auch schon einen schönen Eindruck von der Faszination des Canyons vermittelt.

Anfangs kommt man in der Talsohle noch recht schnell voran. Nach etwa 20 Min. im Bachbett muss ein Steilabsturz links durchs Gestrüpp umklettert werden. Bald darauf ist die beeindruckende, *S'Entreforc* genannte Kreuzung **7** erreicht, an der sich der Torrent de Lluc mit der von links kommenden, düsteren Schlucht Sa Fosca zum Torrent de Pareis vereinigt. Hier folgt man jedoch zunächst nicht direkt dem schräg rechts verlaufenden Canyon, sondern umklettert eine unpassierbare Steilstelle durch die Buschvegetation rechts oberhalb. Dann geht es abwärts in das Felslabyrinth des Torrents. Für den weiteren Verlauf lassen sich nur noch wenige Hinweise geben – man muss sich seinen Weg durch das steinerne Chaos schon selbst suchen. Achten Sie auf Markierungen, auf Steinpyramiden und ebenso auf Stellen, an denen Einkerbungen ins Gestein geschlagen wurden, die den Auf- oder Abstieg an manchen sehr glatten Passagen wenigstens etwas erleichtern. Oft muss man auf dem Hosenboden ein Stück abrutschen, manchmal sogar springen oder sich durch Engstellen abwärts zwängen (aber nur, wenn man sicher ist, nicht steckenzubleiben!). Mehrfach trifft man auf Passagen, an denen es im Talgrund überhaupt kein Durchkommen gibt; dort verweisen meist Steinpyramiden auf eine Umgehung über die steilen seitlichen Hänge. An einer solchen, linker Hand gelegenen Stelle (**8** der Canyon beschreibt hier einen Knick nach schräg rechts) hat man etwa die Hälfte der Schlucht hinter sich gebracht, trifft kurz darauf rechts auf eine große höhlenartige Öffnung, die sich für eine Pause anbietet. Auf dem restlichen Weg bieten einige ebene Schotterpassagen etwas Erholung, doch gibt es auch hier noch mehrere sehr schwierige Stellen. Kurz vor dem Ende

Nicht die schwierigste Passage im Torrent

des nun schon deutlich breiteren Canyons heißt es noch einmal, einen Teich nach rechts durch eine Art Höhle zu umklettern. Dahinter öffnet sich die Schlucht zu einer weiten Schotterfläche mit einzelnen Büschen und Tümpeln, über die man in wenigen Minuten das „Kuhmaul" an der vielbesuchten Bucht Sa Calobra **9** erreicht. Nach einem erfrischenden Bad geht es links durch den Tunnel zurück zur Zivilisation.

Tour 7: Von Port de Pollença ins Tal von Bóquer

→ Karte S. 290

Route: Port de Pollença – Vall de Bóquer – Cala de Bóquer und zurück; **Wanderzeit:** etwa 1,5–2 Stunden; **Einkehr:** nur in Port de Pollença. **Charakteristik:** Eine leichte Wanderung (auf der dennoch gutes Schuhwerk nötig ist) durch ein karg bewachsenes, aber ausgesprochen reizvolles Tal, das schon in der Vorgeschichte bewohnt war. Linker Hand etwas abseits der Route liegen hier am Fuß der Serra de Cavall Bernat die Reste der rund drei Jahrtausende alten Talayot-Siedlung Bocchoris, deren Benennung manch wagemutiger Historiker auf den gleichnamigen ägyptischen Pharao zurückführt. Die Bewohner des Landguts Bóquer erzählen dagegen von einer römischen und später maurischen Siedlung, die es hier einst gegeben haben soll. Am schönsten ist der Weg am späten Nachmittag, da es in dem schattenlosen Gelände tagsüber recht heiß werden kann. An der Cala de Bóquer bietet sich dafür Gelegenheit zu einem erfrischenden Bad.

Wegbeschreibung: Der Weg ins Tal ist leicht zu finden. Von der Hauptstraße geht es über die Carretera de Formentor. Bei Hausnummer 90 **1** biegt man links in die

Tour 7:
Von Port de Pollença ins Tal von Bóquer

500 m

rechtwinklig abzweigende Allee ab, durchquert sie bis ans Ende, überquert bei einem Kreisverkehr die Ortsumgehung und folgt dann dem Weg gegenüber aufwärts zum Landgut Bóquer **2**. Gleich unterhalb findet sich eine Parkmöglichkeit, aber nichts im Auto lassen! Man durchquert ein Tor (Schilder verbieten die Zufahrt mit Fahrzeugen – auch Fahrräder – oder den Durchgang mit Hunden) und passiert das Landgut. Am hinteren Ende des reizvollen Hauses geht es durch ein weiteres Tor, dann schräg rechts hoch und erneut durch ein Tor. Bald ist man in einer fantastischen Landschaft wild aufeinander getürmter, verwitterter Felsen und in ihrem Schutz ungewöhnlich hoch wachsender Zwergpalmen. Danach öffnet sich das Tal und wird kahler. Oft kann man hier Fotografen mit riesigen Objektiven sehen: Als Heimat zahlreicher seltener Vogelarten ist das Tal von Bóquer ein beliebtes Ziel von Hobby-Ornithologen. Der leicht zu erkennende Weg führt durch mehrere kunstvoll angelegte Trockenmauern, bis er sich kurz vor der Cala de Bóquer mehrfach verzweigt **3**. Über einen der Pfade sucht man sich einen Weg hinab zu der kleinen Bucht mit ihrem steinigen Strand **4**. Schade, dass der schöne Fleck, der eine gute Aussicht über die Küste bietet, je nach Strömung manchmal durch angeschwemmten Müll beeinträchtigt wird. Zurück geht es auf demselben Weg.

Ungewöhnlich groß: Zwergpalmen hinter dem Landgut Bóquer

Tour 8: Aufstieg zur Talaia d'Alcúdia

Route: Ermita de la Victòria – Talaia d'Alcúdia (444 m); **Wanderzeit:** etwa 2–2,5 Stunden; **Einkehr:** Nur an der Ermita; Proviant und Trinkwasser (!) nicht vergessen. **Charakteristik:** Eine kurze, aber durchaus anstrengende Wanderung zum höchsten Gipfel der Halbinsel, mit weiten Ausblicken auf die Buchten von Pollença und Alcúdia. Ein Abstecher zum Mirador Penya Rotja ist ebenso möglich wie diverse Varianten: So könnte man weiter bis zur Platja d'es Coll Baix und zurück (Gesamtdauer ab der Ermita etwa 5 Stunden) gehen, alternativ bis zur Bar Bodega del Sol (Gesamtdauer etwa 3,5 Stunden) und sich dort ein Taxi kommen und entweder zum Parkplatz bei der Ermita (4 km) oder zurück nach Alcúdia (2 km) fahren lassen; der Fußweg von der Bar entlang der Straße zur Ermita zieht sich sehr und ist nicht zu empfehlen. Erfahrene Wanderer (und nur diese) können auch die Rundtour über den „Pass" Coll de na Benet (auch: Coll de ses Fontanelles) wählen, auf der man ab der Ermita insgesamt rund 4,5 Stunden unterwegs ist.

Wegbeschreibung: Vom Parkplatz bei der Ermita **1** führt ein für Fahrzeuge gesperrter Weg in Kehren durch Kiefernwald steil bergan. Etwa nach einer Viertelstunde zweigt links **2** der Abstecher zum Mirador Penya Rotja (siehe unten) ab, den jedoch nur absolut schwindelfreie Wanderer begehen sollten. Weiter zur Talaia d'Alcúdia folgt man dem breiten Weg bergwärts, über ein altes Tor und aus dem Wald heraus, hält dann auf den markanten Felsgipfel *Talaia d'Alcúdia* zu. Auf einem steilen, im Zickzack verlaufenden und streckenweise etwas ausgesetzten Geröllpfad geht es bis kurz unterhalb des Gipfels. Bei einem großen Steinhaufen **3** gabelt sich hier der Weg; links ginge es weiter zu den verschiedenen Varianten, doch hält man sich in jedem Fall zunächst rechter Hand und gelangt so in wenigen Minuten hinauf zum Gipfel **4**, den man etwa eine gute halbe Stunde hinter der

Abzweigung zur Penya Rotja erreicht. Hier stehen die Reste eines Wachtturms und etwas unterhalb eine Schutzhütte. Der Rundumblick über die Buchten von Alcúdia und Pollença bis hin zur Serra de Tramuntana ist einfach traumhaft. Zurück geht es auf demselben Weg.

> **Varianten:** Alle sind sie schwieriger und anstrengender als die Hauptwanderung.

Abstecher für Schwindelfreie zum Mirador Penya Rotja Dieser etwa einstündige Abstecher ist nur für sehr erfahrene, völlig schwindelfreie und absolut trittsichere (!) Bergwanderer geeignet, führt er doch mehrfach hart am Abgrund vorbei. Dazu nimmt man etwa eine Viertelstunde oberhalb der Ermita hinter einer scharfen Rechtskurve den schmalen Pfad, der zunächst über Stufen nach links aufwärts führt und mit einem Holzgeländer versehen ist. Ihm folgend, gelangt man bald aus dem Wald und genießt unterwegs schöne Blicke auf die Bucht von Pollença mit der Halbinsel Formentor. Nach etwa einer Viertelstunde trifft man auf eine Art natürliche „Aussichtsplattform". Hier darf man sich nicht rechts aufwärts in Richtung des Grates und der Felsgipfel locken lassen, sondern muss dem nun etwas schmaleren Weg weiter geradeaus folgen; schon auf diesem Stück gibt es Passagen, auf denen man hart am Rand eines Steilabbruchs entlang geht. Wenige Minuten später trifft der enge Pfad auf einen schmalen Durchstieg in einem alten Wachtturm, hinter dem der Hang wirklich arg unangenehm steil abfällt; eine Kette gibt Halt. Nun ist man im Gebiet einer kleinen ehemaligen Militäranlage, die ab dem 17. Jh. hier angelegt wurde. Vom Mirador öffnet sich ein atemberaubendes Panorama über die waldreiche Landschaft am Cap des Pinar. Zurück zur Hauptroute geht es auf demselben Weg.

Varianten zur Platja d'es Coll Baix oder zur Bar Bodega del Sol Für diese beiden Varianten biegt man, vom Gipfel der Talaia d'Alcúdia zurückkehrend, beim großen Steinhaufen rechts ab und folgt dem schmalen Weg über einen Geröllhang und in Serpentinen weiter bergab, entlang am schattenlosen Südwesthang des Puig d'es Bosc. Nach einiger Zeit öffnet sich eine schöne Aussicht auf die tief unten liegende Bucht Platja d'es Coll Baix. Gut eine Stunde unterhalb des Gipfels erreicht der Weg den Sattel des *Coll Baix*, der in einem schattigen

Gipfelglück: Ausblick von der Talaia d'Alcúdia

Kiefernwald liegt. Hier ist ein Picknickplatz mit Schutzhütte angelegt. Links führt ein Pfad hinab in die schöne Bucht *Platja d'es Coll Baix*; der Weg dorthin (dem Pfad so weit folgen, bis er scheinbar schon an der Bucht vorbeiführt und sich dann doch noch in Serpentinen senkt; keine „Abkürzungen") ist jedoch nur für Abenteuerlustige geeignet, da unten ein Stück weit über Felsen geklettert werden muss; Baden sollte man dort zudem nur bei völlig ruhiger See, da sich bei Brandung gefährliche Strömungen entwickeln. Zur Bar Bodega del Sol geht es hingegen weiter nach rechts abwärts, auf einer bequemen Fahrstraße durch den Wald, nach einer knappen Stunde durch Eisentore aus dem Bereich des Naturparks hinaus und fortan durch weitgehend schattenloses Gelände. Etwa zehn Minuten hinter der Grenze des Naturparks hält man sich an einer Kreuzung geradeaus und erreicht auf dem schmalen Asphaltsträßchen nach weiteren zwanzig Minuten die *Bar Bodega del Sol*.

Variante über den Coll de na Benet Nur geeignet für erfahrene Wanderer mit guten Orientierungsfähigkeiten! Das Gelände ist streckenweise stachlig überwachsen (lange Hosen!), weitgehend schattenlos und völlig einsam. Vom Coll Baix folgt man zunächst der oben erwähnten Fahrstraße abwärts. Nach gut 10 Min. weist rechts ein Schild den Weg zum Coll de na Benet (auch bekannt als Coll de ses Fontanelles). Hier folgt man der Piste nach schräg rechts, dann gleich hart rechts. Der anfangs recht breite, später schmale und nicht immer gut erkennbare Weg verläuft zunächst oberhalb eines kleinen Trockentals und quert dieses dann mehrfach, bis er etwa 10–15 Min. hinter der Fahrstraße nach links aus dem Tal heraus ansteigt (auf Markierungen und Steinpyramiden achten) und 20 Min. später den „Pass" Coll de na Benet erreicht. Hier geht es geradeaus und auf jetzt deutlicher sichtbarem Pfad abwärts in Richtung Meer. Rund 25 Min. hinter dem „Pass" trifft man auf einen breiteren Karrenweg; diesem nach links folgen (ihn auch dann nicht verlassen, wenn er ansteigt und eine deutliche Richtungsänderung nach Nordost beschreibt. Knapp eine Viertelstunde weiter erreicht man eine querende Piste; hier links absteigend, käme man nach kaum zehn Minuten unterhalb des Ferienzeltlagers „Campament de la Victoria" auf die Asphaltstraße zur Ermita. Wir jedoch halten uns rechts und nach 100 m geradeaus aufwärts (nicht links), hinein in ein locker bewaldetes Gebiet. Nach etwa 200 m geht es an einer weiteren Gabelung links. Bald senkt sich der Weg in ein unscheinbares Trockental; dahinter links und wenige 100 m weiter rechts halten. Der Weg wird nun schmaler, führt durch kargere Vegetation aus Gräsern und Zwergpalmen; kurz kommt einmal das Dach der Ermita in Sicht. Weiter geht es in lockerem Auf und Ab; streckenweise ist der Pfad fast zugewachsen. Dann führt der Weg abwärts in Wald hinein. Unten hält man sich rechts und steil aufwärts zur Ermita, die nur noch gute 5 Min. Aufstieg entfernt ist.

Tour 9: Entlang der Küste von Ca'n Picafort nach Son Serra de Marina

→ Karte S. 294/295

Route: Ca'n Picafort – Necròpolis Son Real – Son Serra de Marina und zurück; **Wanderzeit:** etwa drei Stunden. **Einkehr:** nur in Ca'n Picafort und Son Serra de Marina. **Charakteristik:** Das Küstengebiet zwischen Ca'n Picafort und der Siedlung Son Serra de Marina steht als eine der am besten erhaltenen Dünenlandschaften Mallorcas großteils unter Naturschutz. Der Weg führt vorbei an einer uralten Nekropole und einem wunderschönen Flusstal. Erstaunlicherweise sind hier trotz der Nähe zur Touristenhochburg Ca'n Picafort zumindest außerhalb der spanischen Urlaubssaison nur sehr wenige Menschen unterwegs. Sonnenschutz ist wichtig, da es auf dem gesamten Weg praktisch keinen Schatten gibt.

Wegbeschreibung: Die Wanderung beginnt am Strand des südöstlichen Ortsteils Son Bauló und führt immer an der Küste entlang, Orientierungsschwierigkeiten sind also nicht zu befürchten. Nach etwa einer Viertelstunde erreicht man die eingezäunte *Necròpolis Son Real* direkt über dem Meer, ein uraltes Gräberfeld aus über hundert runden, hufeisenförmigen und viereckigen

Steingräbern des 7.–1. Jh. v. Chr., das zu den bedeutendsten Ausgrabungsstätten der Insel zählt und eines Tages das Kernstück eines geplanten archäologischen Parks bilden soll. In seiner Nähe sind akkurat aus dem Fels gehauene Grabnischen zu sehen, und auch auf dem vorgelagerten Inselchen S'Illot d'es Porros wurde eine Nekropole entdeckt. In der Umgebung liegen noch mehrere andere archäologische Fundorte, darunter zwei kleine Höhlen, die ebenfalls als Grabstätten dienten. Im weiteren Verlauf der Wanderung finden sich an der felsigen Küste da und dort sandige Einsprengsel, später auch längere Sandabschnitte, naturbelassen und wenig besucht. Etwa eine knappe Dreiviertelstunde hinter der Nekropolis trifft der Weg, schon in Sichtweite der Häuser von Son Serra, auf die Einmündung des oft auch im Sommer Wasser führenden *Torrent de Son Real*. Von hier ist es noch etwa eine Viertelstunde Fußweg bis Son Serra de Marina. Wer nicht

denselben Weg zurückgehen möchte, kann im Sommerhalbjahr auch mit dem Bus von oder nach Ca'n Picafort fahren, sollte sich aber vorab bei der dortigen Touristeninformation über den aktuellen Fahrplan erkundigen. Ausdauernde Strandläufer können dagegen noch über Son Serra hinaus bis nach Colònia de Sant Pere wandern.

Tour 10: Von Cala Ratjada zur Cala Mesquida
→ Karte S. 297

Route: Cala Ratjada – Cala Agulla – Wachtturm Talaia de Son Jaumell (278 m) – Cala Mesquida – Coll de Marina – Cala Agulla – Cala Ratjada; **Wanderzeit:** etwa 3,5 Stunden; **Einkehr:** nur in Cala Ratjada und an der Strandbar der Cala Mesquida. **Charakteristik:** Eine reizvolle Wanderung in das unbesiedelte, unter Naturschutz gestellte Gebiet nördlich von Cala Ratjada. Der Aufstieg zum alten Wachtturm Talaia de Son Jaumell fordert etwas Kondition, der anschließende steile Abstieg Trittsicherheit und gutes Schuhwerk; Wanderstöcke sind hier sehr nützlich! Nach einer Badepause in der Cala Mesquida geht es über einen leicht begehbaren Waldweg zurück zum Ausgangspunkt.

Wegbeschreibung: Etwa zwanzig Minuten läuft man vom Ortskern über den Carrer L'Agulla zur Bucht Cala Agulla **1**, an der unsere Wanderung beginnt. Hier geht es zunächst den Strand entlang bis an dessen nördliches Ende **2**, dann an einem Sommerhaus mit großer Terrasse vorbei, rechts und gleich wieder links, beschildert „Camí des Coll de Marina". Bald wird man blaue Markierungen und

Tour 10: Von Cala Ratjada zur Cala Mesquida

Markierungspfosten sehen, die vom Fremdenverkehrsamt angebracht wurden und den direkten Weg zur Cala Mesquida weisen. Vorbei an der Felsbucht *Cala Moltó* durchquert man eins der beiden Tore und hält sich dahinter geradeaus, hinauf in den seit 2001 leider durch Sturmschäden gelichteten Wald. Bald darauf geht es an einer Gabelung mit Steinhaufen **3** links aufwärts, später an zwei kleineren Abzweigungen linker Hand vorbei. Insgesamt etwa zehn Minuten hinter dem oben erwähnten Tor ist eine Gabelung mit einem großen Steinhaufen **4** erreicht: Geradeaus weist ein Schild den Weg zur Cala Mesquida, rechts geht es hinauf zum Wachtturm Talaia de Son Jaumell.

Wir nehmen den rechten, nunmehr rot markierten Weg, vorbei an einem kreisrunden ehemaligen Kalkofen; hier rechts. Der bald kräftig ansteigende Pfad verzweigt sich mehrfach, doch sind die roten Markierungen meist gut zu erkennen. Im Aufstieg ergeben sich schöne Rückblicke auf das türkisfarben leuchtende Wasser der Cala Agulla und das grüne, bewaldete Hinterland. Allmählich wird der Baumbestand dünner, weicht einer kargeren Felslandschaft. Der Weg steigt nun nicht mehr gar so stark an, und bald kommt auch erstmals der Wachtturm in Sicht. Über einen kahlen Bergrücken, von dem sich bereits eine weite Aussicht bietet, ist es auch wirklich nicht mehr weit zur *Talaia de Son Jaumell* **5** auf dem 278 Meter hohen, „Es Telégrafo" genannten Hügel. Insgesamt etwa eine Wegstunde hinter der Cala Agulla ist der alte Wachtturm erreicht. Das Panorama von hier oben ist prächtig, bei klarem Wetter reicht der Blick bis Menorca.

Man könnte nun wieder bis zur Weggabelung bei dem großen Steinhaufen hinabsteigen und hier, den blauen Punkten folgend, rechts den Hauptweg zur Cala

Mesquida nehmen. Über einen anfangs sehr steilen, geröllıgen Abstieg geht es allerdings schneller. Dazu läuft man vom Turm aus etwa 200 Meter den bisherigen Weg zurück und sucht in einer kleinen Senke (**6**, meist steht hier eine Steinpyramide) den hart rechts abzweigenden, farbig markierten Pfad, der zunächst fast in der Direttissima (Rutschgefahr!) den Hang hinabführt, nach wenigen Minuten aber deutlich flacher wird **7**; dort hält man sich an einer Gabelung links, auf eine kleine Anhöhe zu und über sie hinweg. Ein Stück weiter lohnt es sich, bei einer weiteren Gabelung **8** auf die Markierungen zu achten: Hier geht es nicht etwa links direkt auf die Bucht zu, sondern geradeaus. Nochmals etwa eine halbe Stunde weiter durchquert man ein kleines Trockental **9**; fünf Minuten später eine alte Trockenmauer **10**, die weit landeinwärts führt. Von hier sind es nur noch wenige Meter bis zur schönen Strandbucht Cala Mesquida, die insgesamt eine knappe Stunde hinter dem Wachtturm erreicht ist. Hier kann man nun direkt zum Strand absteigen oder etwas landeinwärts über einen Bohlenweg hinüber zur Siedlung laufen.

Für den direkten Rückweg nach Cala Ratjada nimmt man den ansteigenden Pfad **11**, der hinter dem östlichen Strandbereich ansetzt und zunächst parallel zur Absperrung des Dünengebiets verläuft. Kurz vor dem Bohlenweg **12** geht es hart links aufwärts und nach etwa 30 Metern wieder rechts (auf blaue Punkte achten), ein Stück weiter dann durch die oben erwähnte Trockensteinmauer **13** hindurch, allerdings deutlich landeinwärts der Stelle, auf die man vorher getroffen ist. Dahinter nimmt man den rechts ansteigenden, in den Wald führenden Weg, der zunächst parallel zur Mauer verläuft, sich aber nach etwa drei Minuten nach links von ihr abwendet. Fünf Minuten später, vorbei an einem von hart links kommenden Weg, trifft man auf eine große Gabelung **14**, an der man sich links aufwärts hält.

Angenagt vom Zahn der Zeit: Talaia de Son Jaumell

Nun sind es kaum noch zehn Minuten zum unscheinbaren, auf gerade mal 145 Meter Höhe liegenden "Pass" *Coll de Marina* **15**, an dem der Wegverlauf sich wieder senkt. Bei einem alten Kalkofen bleibt man links auf dem Hauptweg und erreicht bald, insgesamt etwa eine halbe Stunde hinter der Cala Mesquida, die schon vom Hinweg her bekannte Gabelung **4** mit dem Pfad zum Wachtturm Talaia de Son Jaumell. Hinab bis zur Cala Agulla sind es von hier nur noch etwa zehn Minuten.

Etwas Katalanisch/Spanisch

Erst seit den späten 70er-Jahren wurde der Unterricht an katalanischen Schulen und Universitäten auf Català umgestellt. Ergebnis: Über 90 Prozent der Katalanen verstehen ihre traditionelle Sprache, gut zwei Drittel sprechen sie, doch nur knapp 40 Prozent können sie schreiben. Castellano, seit dem 15. Jahrhundert Amtssprache des Königreichs Spanien, wird von praktisch allen Bewohnern Kataloniens gesprochen – von Katalanen wie den zahlreichen Einwanderern aus ganz Spanien. Es verdrängte andere Sprachen wie Katalanisch oder Galicisch und wird der Einfachheit halber als „Español" (Spanisch) bezeichnet.

In Europa beherrschen es über 40 Millionen Menschen, weltweit fast 400 Millionen. Castellano, also Hochspanisch, gehört zu den romanischen Sprachen und hat seinen Ursprung in dem auch auf der Iberischen Halbinsel gesprochenen „Vulgärlatein". Wer also Latein, Italienisch oder Französisch kennt, hat es wegen der Ähnlichkeit vieler Vokabeln weitaus leichter, Spanisch zu lernen. Die wichtigsten Unterschiede zu den übrigen romanischen Sprachen ergeben sich aus der Landesgeschichte: Es gibt rund 1500 Wörter, die aus dem Arabischen entlehnt sind, etliche germanische Ableitungen aus der Westgotenzeit sowie solche aus dem Baskischen und Französischen.

Für Ihre Mallorca-Reise müssen Sie nicht unbedingt Spanisch oder gar Català lernen. Deutsch, Englisch und die Gebärdensprache reichen meist völlig aus, um einzukaufen, ein Auto oder Zimmer zu mieten. Wer aber näher mit den Menschen im Lande in Kontakt kommen möchte, wird schnell merken, wie erfreut und geduldig Mallorquiner wie Spanier reagieren, wenn man sich ein bisschen Mühe gibt. Der folgende kleine Sprachführer soll Ihnen helfen, sich – wahlweise auf Katalanisch oder auf Spanisch – in Standardsituationen besser zurechtzufinden. Vor Ort fällt es dann leicht, ein vorhandenes Grundvokabular weiter auszubauen. Scheuen Sie sich nicht, am Anfang auch einmal Sätze zu formulieren, die nicht gerade durch grammatikalischen Feinschliff glänzen – wer einfach drauflos redet, lernt am schnellsten.

Aussprache des Katalanischen

Die Akzente geben wichtige Hilfestellung: Egal, in welche Richtung sie zeigen – immer wird diejenige Silbe betont, die den Akzent trägt (oft nur ein einzelner Vokal). Die Vokale werden ungefähr wie im Deutschen ausgesprochen; Ausnahme: o = u (olímpic = ulimpic)

c:	vor a, o und u wie k, vor e und i wie s		
ç:	immer wie ss; also plaça = plassa	ny:	ersetzt das spanische ñ; Catalunya = Katalunja
g:	vor e und i wie sch, sonst wie das deutsche g	tg, tj:	„dsch" (platja = pladscha)
j:	immer weich, wie beim französischen „jean"	x:	wie „sch" (això = aischo)

Aussprache des Spanischen

Man „spricht, wie man schreibt". Für die Akzente gilt dasselbe wie im Katalanischen.

c:	vor a, o, u wie k, vor e und i wie engl. „th" (cero = thero)	ll:	wie j (calle = caje), manchmal auch wie lj
ch:	wie tsch (mucho = mutscho)	ñ:	wie nj (año = anjo)
g:	vor a,o,u wie das deutsche g, vor e und i ählich dem deutschen ch, nur tief im Rachen etwa wie in „Ach du liebe Güte"	qu:	wie k (queso = keso)
		v:	wie leichtes b (vaso = baso), manchmal wie „w" (vino = wino)
h:	ist stumm (helado = elado)	y:	wie j (yo = jo)
j:	wie ch (rojo = rocho)	z:	wie engl. „th" (zona = thona)

Katalanisch/Spanisch

Konversation

Minimal-Wortschatz

Ja	sí/sí	mit/ohne	amb/sense/con/sin
Nein	no/no	Sprechen Sie Deutsch (Englisch)?	Parleu alemany (anglès)?/Habla usted alemán (inglés)?
Bitte	si us plau/por favor		
Vielen Dank	moltes gràcies/muchas gracias		
Entschuldigung	perdó/perdón	offen/geschlossen	obert/tancat/abierto/cerrado
groß/klein	gran/petit/grande/pequeño	Frau	senyora/señora
gut/schlecht	bo/dolent/bueno/mal(o)	junge Frau	senyoreta/señorita
		Herr	senyor/señor
billig/teuer	barat/car/barato/caro	Ich verstehe nicht	No entenc/no entiendo
mehr/weniger	mes/menys/mas/menos		

Grüße & Small Talk

Guten Morgen (bis Mittag)	bon dia/buenos días	Sehr gut, danke	Molt bé, gràcies/muy bien, gracias
Guten Tag (bis zum Abend)	bona tarda/buenas tardes	Woher kommst du?	D'on ve?/De dónde eres?
Guten Abend/gute Nacht	bona nit/buenas noches	Ich komme…	vinc …/soy …
Hallo	hola/hola	… aus Deutschland	d'Alemanya/de Alemania
Auf Wiedersehen	adéu/adiós	… aus Österreich	d'Àustria/de Austria
Wie geht's?	Com va?/Cómo está?	… aus der Schweiz	de Suïssa/de Suiza

Fragen & Antworten

Gibt es ... ?	**hi ha...?**/hay...?	*Kann/darf man ...?*	**Es pot...?**/Se puede...?
Was kostet das?	**Cuant costa això?**/Cuánto cuesta esto?	*wo?/wann?*	**on?/quan?**/dónde?/cuando?
Wissen Sie ...?	**Vostès saben...?**/Sabe usted ... ?	*links/rechts*	**esquerra/dreta**/izquierda/derecha
Ich weiß nicht	**Yo no sé**/Yo no sé	*geradeaus*	**tot dret**/todo derecho
Haben Sie ... ?	**Té ...?**/Tiene ... ?	*hier/dort*	**aquí/allí**/aquí/allí
Ich möchte ...	**Voldria...**/Quisiera ...		

Zeiten

Morgen (bis Mittag)	**mati**/mañana	*Tag*	**dia**/día
Nachmittag/Abend	**tarda**/tarde	*täglich*	**cada dia (diari)**/cada día (diario)
Nacht	**nit**/noche	*Woche*	**setmana**/semana
heute	**avui**/hoy	*Monat*	**mes**/mes
morgen	**demà**/mañana	*Jahr*	**any**/año
gestern	**ahir**/ayer	*stündlich*	**cada hora**/cada hora
übermorgen	**demà passat**/pasado mañana	*wann?*	**quan?**/cuándo?
vorgestern	**abans d'ahir**/anteayer		

Wochentage

Montag	**dilluns**/lunes	*Samstag*	**dissabte**/sábado
Dienstag	**dimarts**/martes	*Sonntag*	**diumenge**/domingo
Mittwoch	**dimecres**/miércoles	*Werktage (Mo-Sa)*	**feiners**/laborables
Donnerstag	**dijous**/jueves	*Feiertage*	**festius**/festivos
Freitag	**divendres**/viernes		

Jahreszeiten

Frühling	**primavera**/primavera	*Herbst*	**tardor**/otoño
Sommer	**estiu**/verano	*Winter*	**hivern**/invierno

Monate

Januar	**gener**/enero	*Juli*	**juliol**/julio
Februar	**febrer**/febrero	*August*	**agost**/agosto
März	**març**/marzo	*September*	**setembre**/septiembre
April	**abril**/abril	*Oktober*	**octubre**/octubre
Mai	**maig**/mayo	*November*	**novembre**/noviembre
Juni	**juny**/junio	*Dezember*	**desembre**/diciembre

Kleiner Sprachführer 301

Uhrzeit

Stunde	hora/hora	wieviel Uhr ist es?	quina hora és?/qué hora es?
um wieviel Uhr?	a quina hora?/a qué hora?		

Unterwegs

Ich möchte mieten...	voldria llogar.../quisiera alquilar	Bahnhof	estació/estación
ein Auto	un cotxe/un coche	Hafen	port/puerto
ein Motorrad	una moto/una moto	Flughafen	aeroport/aeropuerto
Tankstelle	benzinera/gasolinera	Haltestelle (Bus)	parada/parada
bleifreies Benzin	gasolina sense plom/gasolina sin plomo	Fahrkarte	bitllet/billete, tiquete
Diesel	gas-oil/gasóleo	hin und zurück	anada i tornada/ida y vuelta
volltanken	ple/lleno	Wann kommt ... an?	A quina hora arriba...?/A qué hora llega...?
parken	aparcar/aparcar	Wann fährt ... ab?	A quina hora surt.../A qué hora sale...?
Panne	pana/avería	Abfahrt	sortida/salida
Werkstatt	taller de reparacions/taller de reparaciones	Ankunft	arribada/llegada
Abschleppwagen	grua/grúa	Ich möchte aussteigen	voldria baixar/quisiero salir
Mechaniker	mecànic/mecánico		
Autobus	autobús/autobús		

Im Hotel & Restaurant

Zur Speisekarte und den mallorquinischen Spezialitäten siehe im ausführlichen Kapitel „Die mallorquinische Küche" vorne im Buch.

Haben Sie ... ?	Té ...?/Tiene ...?	Speisekarte	carta/carta
ein Doppel- (Einzel-) Zimmer	una habitació doble (individual)/una habitación doble (individual)	Frühstück	l'esmorzar/desayuno
		Mittagessen	dinar/almuerzo
		Abendessen	sopar/cena
für eine Nacht (Woche)	per una nit (una setmana)/para una noche (semana)	Pension (Voll/Halb)	pensió (completa/mitja)/pensión (completa/media)
		Wasser	aigua/agua
Kann ich das Zimmer sehen?	puc veure l'habitació/uedo ver la habitación?	Mineralwasser (sprudelnd/still)	aigua (amb/sense gas)/agua con/sin gas
mit Dusche/Bad	amb dutxa/bany/con ducha/baño	Rotwein	vi negre/vino tinto
		Weißwein	vi blanc/vino blanco

Kleiner Sprachführer

trocken (süß)	sec (dolç)/seco (dulce)	*Milch*	llet/leche
Saft	suc/zumo	*Toiletten*	serveis/servicios
Kaffee	cafè/café	*Damen/Herren*	Dones/Hombres/Señoras/Hombres
Milchkaffee	cafè amb llet/café con leche	*Die Rechnung bitte*	el compte, si us plau/la cuenta por favor
Zucker	sucre/azúcar		
Tee	te/té		

Krankheit & Hilfe

Arzt	metge/médico	*Unfall*	accident/accidente
Zahnarzt	dentista/dentista	*Ich habe Schmerzen (hier)*	em fa mal (aquí)/me duele (aquí)
Krankenhaus	hospital/hospital	*Apotheke*	farmàcia/farmacia
Krankenwagen	ambulància/ambulancia		

Zahlen

0	zero/cero	*22*	vint-i-dos/ veintidós
1	un (una)/un/una	*23*	vint-i-tres/ veintitrés
2	dos (dues)/dos	*30*	trenta/treinta
3	tres/tres	*31*	trenta-i-un/ treinta y uno
4	quatre/cuatro	*32*	trenta-i-dos/ treinta y dos
5	cinc/cinco	*40*	quaranta/ cuarenta
6	sis/seis	*50*	cinquanta/ cincuenta
7	set/siete	*60*	seixanta/sesenta
8	vuit/ocho	*70*	setanta/setenta
9	nou/nueve	*80*	vuitanta/ochenta
10	deu/diez	*90*	noranta/noventa
11	onze/once	*100*	cent/cien
12	dotze/doce	*110*	cent deu/ ciento diez
13	tretze/trece	*200*	dos-cents/ doscientos
14	catorze/catorce	*300*	tres-cents/ trescientos
15	qinze/quince	*500*	cinc-cents/ quinientos
16	setze/dieciséis	*1000*	mil/mil
17	disset/diecisiete	*2000*	dos mil/dos mil
18	divuit/dieciocho	*5000*	cinc mil/ cinco mil
19	dinou/diecinueve	*10.000*	deu mil/diez mil
20	vint/veinte	*100.000*	cento mil/ cien mil
21	vint-i-un/veintiuno	*1.000.000*	un milló/un millón

Gepflegt: die Gassen von Valldemossa

MM-Wandern
informativ und punktgenau durch GPS

- für Familien, Einsteiger und Fortgeschrittene
- ausklappbare Übersichtskarte für die Anfahrt
- genaue Weg-Zeit-Höhen-Diagramme
- GPS-kartierte Touren (inkl. Download-Option für GPS-Tracks)
- Ausschnittswanderkarten mit Wegpunkten
- Konkretes zu Wetter, Ausrüstung und Einkehr

Übrigens:
Unsere Wanderführer gibt es auch als App für iPhone™, WindowsPhone™ und Android™

- Allgäuer Alpen
- Andalusien
- Bayerischer Wald
- Chiemgauer Alpen
- Eifel
- Elsass
- Fränkische Schweiz
- Gardasee
- Gomera
- Korsika
- Korsika Fernwanderwege
- Kreta
- Lago Maggiore
- La Palma
- Ligurien
- Madeira
- Mallorca
- Münchner Ausflugsberge
- Östliche Allgäuer Alpen
- Pfälzerwald
- Piemont
- Provence
- Rund um Meran
- Schwäbische Alb
- Sächsische Schweiz
- Sardinien
- Schwarzwald Mitte/Nord
- Schwarzwald Süd
- Sizilien
- Spanischer Jakobsweg
- Teneriffa
- Toscana
- Westliche Allgäuer Alpen
- Zentrale Allgäuer Alpen

Abruzzen • Ägypten • Algarve • Allgäu • Allgäuer Alpen • Altmühltal & Fränk. Seenland • Amsterdam • Andalusien • Andalusien • Apulien • Australien – der Osten • Auvergne & Limousin • Azoren • Bali & Lombok • Barcelona • Bayerischer Wald • Bayerischer Wald • Berlin • Bodensee • Bornholm • Bretagne • Brüssel • Budapest • Chalkidiki • Chiemgauer Alpen • Chios • Cilento • Comer See • Cornwall & Devon • Costa Brava • Costa de la Luz • Côte d'Azur • Cuba • Dolomiten – Südtirol Ost • Dominikanische Republik • Dresden • Dublin • Ecuador • Eifel • Elba • Elsass • Elsass • England • Fehmarn • Föhr & Amrum • Franken • Fränkische Schweiz • Fränkische Schweiz • Friaul-Julisch Venetien • Gardasee • Gardasee • Genferseeregion • Golf von Neapel • Gomera • Gran Canaria • Graubünden • Hamburg • Harz • Haute-Provence • Ibiza • Irland • Island • Istanbul • Istrien • Italien • Span. Jakobsweg • Kalabrien & Basilikata • Kanada – Atlantische Provinzen • Karpathos • Kärnten • Katalonien • Kefalonia & Ithaka • Köln • Kopenhagen • Korfu • Korsika • Korsika Fernwanderwege • Korsika • Kos • Krakau • Kreta • Kreta • Kroatische Inseln & Küstenstädte • Kykladen • Lago Maggiore • La Palma • La Palma • Languedoc-Roussillon • Lanzarote • Lesbos • Ligurien – Italienische Riviera, Genua, Cinque Terre • Ligurien & Cinque Terre • Limnos • Liparische Inseln • Lissabon & Umgebung • Lissabon • London • Lübeck • Madeira • Madeira • Madrid • Mainfranken • Mainz • Mallorca • Mallorca • Malta, Gozo, Comino • Marken • Mecklenburgische Seenplatte • Mecklenburg-Vorpommern • Menorca • Rund um Meran • Midi-Pyrénées • Mittel- und Süddalmatien • Montenegro • Moskau • München • Münchner Ausflugsberge • Naxos • Neuseeland • New York • Niederlande • Norddalmatien • Norderney • Nord- u. Mittelengland • Nord- u. Mittelgriechenland • Nordkroatien – Zagreb & Kvarner Bucht • Nördliche Sporaden – Skiathos, Skopelos, Alonnisos, Skyros • Nordportugal • Nordspanien • Normandie • Norwegen • Nürnberg, Fürth, Erlangen • Oberbayerische Seen • Oberitalien • Oberitalienische Seen • Odenwald mit Bergstraße, Darmstadt, Heidelberg • Ostfriesland & Ostfriesische Inseln • Ostseeküste – Mecklenburg-Vorpommern • Ostseeküste – von Lübeck bis Kiel • Östliche Allgäuer Alpen • Paris • Peloponnes • Pfalz • Pfälzer Wald • Piemont & Aostatal • Piemont • Polnische Ostseeküste • Portugal • Prag • Provence & Côte d'Azur • Provence • Rhodos • Rom • Rügen, Stralsund, Hiddensee • Rumänien • Sächsische Schweiz • Salzburg & Salzkammergut • Samos • Santorini • Sardinien • Sardinien • Schottland • Schwarzwald Mitte/Nord • Schwarzwald Süd • Shanghai • Sinai & Rotes Meer • Sizilien • Sizilien • Slowakei • Slowenien • Spanien • St. Petersburg • Steiermark • Südböhmen • Südengland • Südfrankreich • Südmarokko • Südnorwegen • Südschwarzwald • Südschweden • Südtirol • Südtoscana • Südwestfrankreich • Sylt • Teneriffa • Teneriffa • Tessin • Thassos & Samothraki • Toscana • Toscana • Tschechien • Türkei • Türkei – Lykische Küste • Türkei – Mittelmeerküste • Türkei – Südägäis • Türkische Riviera – Kappadokien • Umbrien • Usedom • Venedig • Venetien • Wachau, Wald- u. Weinviertel • Wales • Warschau • Westböhmen & Bäderdreieck • Westliche Allgäuer Alpen und Kleinwalsertal • Wien • Zakynthos • Zentrale Allgäuer Alpen • Zypern

Reisehandbuch   MM-City   MM-Wandern

Pressestimmen

»Wegweiser zu den besten Adressen, informativ und praktisch.«

Geo Saison

»Für den neu aufgelegten Mallorca-Guide hat Autor Thomas Schröder einen Monat lang vor Ort recherchiert und rund 10.000 Tipps, Adressen und Öffnungszeiten auf ihre Aktualität hin überprüft. Man fühlt sich umfassend informiert und bekommt viele individuelle Tipps.«

Mallorca Zeitung

»Buch des Monats: Die gewohnt gute Qualität der Reiseführer aus dem Haus Michael Müller bietet auch dieser Band zu Mallorca. Eine Fundgrube für Individualreisende: Anreise- und Ausflugstipps, Hotel- und Restaurantempfehlungen, Stadtpläne und Übersichtskarten. Selbst die Preise für Strand-Parkplätze sind aufgeführt – und sie stimmen.«

REISE & PREISE

»Ein farbiges, übersichtlich gegliedertes Reisehandbuch, das die unterschiedlichen Regionen der Insel ausführlich vorstellt. Es führt zu den schönsten Stränden, beschreibt die reizvollsten Wanderungen und verrät die besten Restaurants und angenehmsten Quartiere.«

Nürnberger Nachrichten

»Ob man nun auf der Suche nach der verschwiegensten Badebucht, der angesagtesten Tapas-Bar, der reizvollsten Wanderroute, dem fotogensten Torre oder der besten Shopping-Adresse auf der Lieblingsinsel der Deutschen ist – im nach zwei Jahren neu aufgelegten Reisehandbuch Mallorca finden sowohl Inselneulinge als auch Mallorca-Kenner umfassende Informationen in Wort und Bild über Land, Leute, Kunst und Kultur. Auch wer glaubt, die Balearen-Insel bereits wie seine Westentasche zu kennen, freut sich über aktualisierte Restaurant- und Preis-Infos und die detaillierten Ortsbeschreibungen auch kleinerer Dörfer, die dazu einladen, auch einmal abseits ausgetretener Pfade die Insel zu erkunden.«

Hessisch/Niedersächsische Allgemeine

»Für alle, die nicht nur zwischen Hotel und Strand auf der Insel unterwegs sein wollen, ist dieser mit Liebe gestaltete Inselreiseführer ein absolutes Muss im Rucksack.«

Mallorca mal 365

»Neben echten Insidertipps, die auch für den Mallorca-Stammgast noch Überraschungen bergen, überzeugen die 31 detaillierten Karten.«

touristik aktuell

»Auch profunde Mallorca-Kenner werden hier mit Hintergrundwissen versorgt […] Der durchgehend farbig bebilderte Band ist sicherlich für diejenigen Mallorca-Urlauber gedacht, die sich Zeit und Muße nehmen, die Insel auf eigene Faust zu erkunden. Dabei helfen die ausführlichen und gut durchdachten Routenbeschreibungen, die auch in die entlegensten Winkel und Dörfer führen. Die Hotel- und Restauranttipps sind auf dem neuesten Stand. Und wer aufmerksam liest, findet in den eleganten Formulierungen auch die Ecken beschrieben, die der Urlauber lieber meiden sollte, wenn er nicht gerade dem Massentourismus frönen will.«

Westfälische Nachrichten,
Stefanie Meier

»Dass die berühmteste Balearen-Insel als Reiseziel viel besser als ihr Ruf ist, beweist Thomas Schröder im Reiseführer Mallorca. Er weist Wege zu den stillen Seiten des Eilands.«

Salzburger Nachrichten,
Michael Hoffmann

Register

Die (in Klammern gesetzten) Koordinaten verweisen auf die beigefügte Mallorca-Karte.

Agroturismo 46
Alaró (E4) 259
Albufereta 195
Alcúdia (H2) 192
Algaida (F5) 267
Andratx (Andraitx) (B5) 131
Angeln 64
Anreise 39
Apotheken 55
Aqualand (E6) 115
Arenal (E6) 113
Artà (J4) 207
Ärztliche Versorgung 55

Baden 56
Badía d´Alcúdia (H2) 192
Badía de Pollença (H2) 179
Ballonfahren 64
Banyalbufar (C4) 140
Banys de Sant Joan (G7) 252
Bars 48
Baumaßnahmen 27
Bendinat 120
Berghütten 47
Betlem 204
Biniaraix (E3) 165
Binissalem (F4) 260
Blaue Umweltflagge 56
Bocadillos 48
Bocatas 48
Bóquer (H1) 289
Briefmarken 62
Bunyola (D4) 156
Busse 42

C'n Picafort (H3) 201
Ca's Concos (H7) 232
Ca'n Pastilla (D5) 112
Cabrera (F/G9) 252
Caimari (F3) 262
Cala Anguila (I6) 228
Cala Barques (I6) 186
Cala Blava (E5) 116
Cala Bona (J5) 222
Cala Clara 186
Cala d'Or (I7) 234, 235
Cala de Bóquer (H1) 290
Cala de Deià (D3) 153
Cala de Sa Calobra (E2) 172
Cala Egos (I7) 235
Cala Esmeralda 235
Cala Estany 228
Cala Estellencs (B4) 140

Cala Ferrera (I7) 234
Cala Figuera (Bucht) (H1) 191
Cala Figuera (H8) 241
Cala Figuera (Ort) (H8) 241
Cala Fornells (B5) 127
Cala Gran 235
Cala Llamp (B5) 135
Cala Llombards (H8) 245
Cala Llonga 235
Cala Magraner (I6) 228
Cala Major (J5) 116
Cala Mandia 228
Cala Mesquida (J3) 213
Cala Millor (J5) 222
Cala Mitjana (J3) 212
Cala Molins 186
Cala Mondragó (H7) 239
Cala Pi (F7) 254
Cala Pi de la Posada 191
Cala Ratjada (K3) 214
Cala S´Amarador 239
Cala S´Amonia (H8) 245
Cala Sa Barca
 Trencada 239
Cala Sa Nau (I7) 233
Cala Sant Vincenç (Cala
 San Vicente) (G1) 186
Cala Santanyí (H8) 244
Cala Serena 234
Cala Torta (J3) 212
Cala Tuent (E2) 174
Cala Varques (I6) 228
Cales de Mallorca (I6) 228
Caló d´es Burgit 239
Caló d'es Moro 245
Calvià (C5) 123
Camp de Mar (B5) 130
Campanet (G3) 204
Camping 47
Campos (G6/7) 254
Canyamel (J4) 221
Cap Blanc (E5) 116
Cap de Capdepera (K3) 213
Cap de Formentor (I1) 191
Cap Salines (G8) 246
Capdellà (B5) 138
Capdepera (J4) 212
Capocorb Vell (E7) 254
Casa Blanca (E5) 267
Casal Solleric 101

Castell d'Alaró (E3) 259, 283
Castell de Santueri (H6) 231
Català 65
Celler 49
Charterflüge 39
Chopin, Frédéric 144
Coca 49
Coll de na Benet 293
Colònia de Sant
 Jordi (G8) 249
Colònia de Sant
 Pere (I3) 204
Consell (E4) 259
Costa d'es Pins (J4) 222
Costa de la Calma (B5) 124
Coves d'Artà (K4) 222
Coves de Artà 221
Coves de Campanet (G3) 204
Coves de Gènova (C5) 118
Coves del Drac (Cuevas del
 Drach) (J5) 227
Coves del Hams (I5) 228

Deià (Deyá) (D3) 151
Domènech i Montaner,
 Lluís 103
Dragonera (A5) 137

Ecotasa 67
Einkaufen 57
Eisenbahnen 43
El Toro (C6) 123
Els Calderers (G5) 271
Ermita de Betlem (I3) 211
Ermita de la Victòria (H2)
 196
Ermita de Nostra Senyora
 de Bonany (H5) 266
Ermita de Nostra Senyora
 del Puig (G2) 185
Ermita de Sant
 Salvator (H6) 231
Ermita de Santissima
 Trinitat (D3) 150
Es Plà (F5) 256
Es Pont d'Inca (D5) 257
Es Raiguer 256
Es Telégrafo (K3) 295
Es Trenc (G7) 253
Escorca (F2) 174
Estancos 58
Estellencs
 (Estellenchs) (C4) 139

Register

Fahrrad 43
Fahrradtransport im
  Flugzeug 39
Fährverbindungen 39
Feiertage 58
Felanitx (H6) 230
Fernwanderweg GR 221 275
Feste 58
Finca Pública
  Planícia (C4) 140
Finca Pública
  Son Real (H3) 203
Finca Pública de
  Galatzó (B5) 138
Fincas 46
FKK 56
Flughafen Aeroport Son
  San Joan (E5) 76
Formentor (H1) 191
Fornalutx (E3) 165
Franco, Francisco
  Bahamonde 34
Fundació Pilar i
  Joan Miró 117
Fußball 64

Galilea (C5) 138
Garigue 29
Gaudí, Antoni 97
Geld 59
Gènova (C5) 118
Geographie 25
Geschichte 31
Golf 64
GR 221
  (Fernwanderweg) 275
Graves, Robert Ranke 152
Grüne
  Versicherungskarte 63
Grup Balear d'Ornitologia
  i Defensa de la
  Naturalesa 27

Haustiere 67
Hostals 45
Hotels 45

Illetes (C5) 119
Inca (F3) 260
Individualreise 38
Internet 60

Jardíns d'Alfàbia (D3) 156
Jaume I. 32
Jaume II. 33
Juan March 220
Jugendherbergen 47

Klima 60
Klosterübernachtung 47
Königreich Mallorca 33
Konsulate 59
Kreditkarten 59
Kriminalität 61
Küche 48
Kunstperlen 229

La Beata 144
La Granja (C4) 142
La Victòria 196
Las Maravillas (E6) 112
Leihfahrzeuge 40
Linienflüge 39
Lluc (F2) 175
Lluc Alcari (D3) 154
Llucmajor (F6) 255
Llull, Ramón 101, 269
Lochfelsen Na
  Foradada (D3) 150
Lowcostflüge 39
Ludwig Salvator, Erzherzog
  von Österreich 147, 148

Magaluf (C6) 121
Mal Pas (H2) 196
Mallorca Magazin 67
Mallorca-Zeitung 67
Mallorquí 65
Manacor (I5) 228
March, Juan 220
Marineland (C5) 121
Marivent, Königspalast 116
Märkte 57
Marratxí 257
Mauren 32
Mietwagen 40
Mirador de Mal Pas (H1) 191
Mirador de Ses Barques
  (E3) 171
Mirador Penya Rotja 292
Miró, Joan 118
Modernisme 103
Monestir de
  Miramar (D3) 150
Monestir de Lluc (F2) 175
Montuïri (G5) 270
Müll 27
Muro (G3) 205

Na Foradada (D3) 150, 282
Natur 27
Naturschutzgebiete 28
Necròpolis Son
  Real (H3) 293
Notruf 55

O.I.T.-Büros 60
Ökosteuer 67
Oratori de la Consolació
  (H7) 241
Orient (E3) 157
Otzoup, Pedro 127

Pa amb oli 48
Paguera (Peguera) 124
Palma (D5) 70
  Ajuntament 102
  Almudaina 98
  Avingudes 72
  Badía de Palma 70
  Baluard de
    Sant Pere (I3) 107
  Banys Àrabs 100
  Basílica
    Sant Francesc 100
  Ca'n Marquès 101
  Can Aiamans 99
  Can Rei 102
  Carrer Apuntadors 104
  Carrer de la Unió 105
  Casa Museu J. Torrents
    Lladó 100
  Casal Balaguer 105
  Casal Solleric 101, 104
  Castell de Bellver 108
  Ciutat Jardí (D5) 74
  Contramoll 72
  Edifici Casasayas 105
  El Molinar (D5) 74
  El Terreno 73
  Església
    Santa Eulàlia 101
  Estación Marítima 73
  Fundació March 103
  Gran Hotel 105
  Jardines d'es Hort
    del Rei 96
  Kathedrale La Seu 97
  Kathedralenmuseum 97
  L'Aguila 102
  La Llotja 106
  Moll Vell 72
  Museu Can Morey de
    Santmartí 100
  Museu d'ArtModern i
    Contemporani Es
    Baluard 107
  Museu de Mallorca 99
  Museu Diocesá 99
  Palau Marquès de
    Vivot 101

Register

Palau Marquès
del Palmer 101
Palau Oleza 101
Palma (D5) 70
Palma Pass 75
Parc de la Mar 99
Passeig d'es Born 104
Passeig
de la Rambla 105
Passeig de Sagrera 106
Passeig Marítim 72
Plaça Cort 102
Plaça de la Reina 96
Plaça del Mercat 105
Plaça Drassana 107
Plaça Espanya 103
Plaça Major 102
Plaça Marquès del
Palmer 102
Plaça Rei Joan
Carles I. 104
Poble Espanyol 108
Portixol 74
Portopí 73
Santa Catalina 73
Ses Voltes 99
Teatre Principal 105
Via Cintura 74

Palmanova (D4) 121
Parc Natural
Mondragó (H7) 239
Parc Natural
S'Albufera (H3) 200
Pauschalurlaub 38
Peguera (Paguera) (B5) 124
Personalausweis 63

Petra (H5) 264
Pflanzen 29
Platja d'es Coll Baix (H2) 292
Platja de Formentor (H1) 191
Platja de Muro (H3) 198
Platja de Palma (E6) 111, 114
Platja El Mago 122
Platja Es Trenc (G7) 253
Poblat Talaiòtic de
S'Illot 226
Pollença (Pollensa) (G2) 179
Porreres (G6) 270
Port Adriano (C6) 123
Port d'Alcúdia (H2) 197
Port d'Andratx (Puerto de
Andraitx (B5) 132
Port d'es Canonge (C4) 142
Port d'Alcúdia (H2) 197
Port d'Andratx (Puerto de
Andraitx) (B5) 132
Port d'es Canonge (C4) 142
Port de
Valldemossa (C3) 150
Port de Pollença (Puerto de
Pollensa) (H1) 187
Port de Sóller (Puerto de
Sóller) (D3) 166
Port Portals (C5) 120
Portals Nous (C5) 120
Portals Vells (C6) 122
Porto Colom (I7) 232
Porto Cristo (J5) 226
Porto Petro (I7) 238
Portocristo Novo (I5) 228
Pórtol (E4) 257
Post 62
Preise 63

Puig Caragolí (D3) 281
Puig de María (G2) 184
Puigpunyent (C4) 139
Punta de N'Amer (J5) 225

Radio 63
Raixa (Raxa) (D4) 155
Randa (F5) 268
Rauchverbote 63
Reconquista 32
Reis de Mallorca 46
Reisedokumente 63
Reisepass 63
Reisezeit 60
Reiten 65
Reserva Puig de
Galatzó 138
Restaurantes 49
Reyes Católicos 33
Römer 31
Roter Blitz
(Schmalspurbahn) 159
Ruta de Pedra en Sec 275

S'Albufera (H3) 200
S'Arenal (E6) 111
S'Arracó (B5) 136
S'Illot (J5) 225
S'Illot (Strand) 196
S'Albufera (H3) 200
S'Arenal (E6) 113
S'Arracó (B5) 136
S'Estanyol (F7) 254
S'Illot (J5) 225
Sa Cabaneta (E4) 257
Sa Calobra (E2) 172
Sa Coma (J5) 224, 225

Nach dem Trubel: Abendstimmung in der Platja de Formentor

Register

Sa Font de Sa Cala (K4) 219
Sa Pobla (G3) 205
Sa Ràpita (F7) 254
Sa Trapa (B5) 276
Salines de Llevant (G7) 252
Sand, George 144
Sant Agustí (D5) 116
Sant Elm (San Telmo) (A5) 136
Sant Joan (G5) 266
Santa Catalina Tomàs 143, 205
Santa Margalida (H4) 205
Santa María del Camí (E4) 258
Santa Ponça (C6) 123
Santanyí (H7) 240
Santuari de Cura (Kloster) (F5) 269
Santuari de Gràcia 268
Santuari de Monti-Sión (G6) 270
Santuari de Sant Honorat (F6) 269
Schiffsausflüge 44
Segeln 65
Selva (F3) 262
Serra de Tramuntana 22, 128
Serra de Llevant 206
Serra, Fra Junípero 265
Ses Covetes (G7) 253
Ses Païsses (J4) 211
Ses Salines (G7) 247
Siesta 63
Sineu (G4) 262
Sóller (D/E3) (D3) 157
Sometimes 112
Son Marroig (D3) 150
Son Serra de Marina (I3) 204
Son Servera (J4) 222
Son Veri 116
Souvenirs 57
Spanischer Erbfolgekrieg 33
Spanisches Fremdenverkehrsamt 59
Sperrnummer für Bank- und Kreditkarten 59
Sport 64
Sprache 65

Talaia d'Alcúdia (H2) 291
Talaia de Son Jaumell 295
Talayots 31
Tapas (Tapes) 48
Tauchen 65
Taxis 43
Telefonieren 66
Tennis 65
Tierwelt 30
Torre de Ses Animes 140
Torre des Verger (D3) 140
Torrent de Pareis (E2) 174, 287
Tourismus 27
Touristensteuer 67
Tramuntana 128
Trinkgeld 49
Tunnel von Sóller 155
TV 63

Übernachten 45
Umweltschutz 27

Valldemossa (Valldemosa) (D3) 143
Verkehrsregeln 40
Via Verde 208
Vilafranca de Bonany (H5) 271
Vorwahlen 66

Waldbrand 28, 131
Waldbrände 28
Wälder 29
Wassermangel 28
Wein 53
Windsurfen 65

Zeitungen 67

Die in diesem Reisebuch enthaltenen Informationen wurden vom Autor nach bestem Wissen erstellt und von ihm und dem Verlag mit größtmöglicher Sorgfalt überprüft. Dennoch sind, wie wir im Sinne des Produkthaftungsrechts betonen müssen, inhaltliche Fehler nicht mit letzter Gewissheit auszuschließen. Daher erfolgen die Angaben ohne jegliche Verpflichtung oder Garantie des Autors bzw. des Verlags. Autor und Verlag übernehmen keinerlei Verantwortung bzw. Haftung für mögliche Unstimmigkeiten. Wir bitten um Verständnis und sind jederzeit für Anregungen und Verbesserungsvorschläge dankbar.

ISBN 978-3-95654-210-7

© Copyright Michael Müller Verlag GmbH, Erlangen 1997–2016. Alle Rechte vorbehalten. Alle Angaben ohne Gewähr. Druck: Stürtz GmbH, Würzburg.

Aktuelle Infos zu unseren Titeln, Hintergrundgeschichten zu unseren Reisezielen sowie brandneue Tipps erhalten Sie in unserem regelmäßig erscheinenden Newsletter, den Sie im Internet unter www.michael-mueller-verlag.de kostenlos abonnieren können.

Klimaschutz geht uns alle an.

Der Michael Müller Verlag verweist in seinen Reiseführern auf Betriebe, die regionale und nachhaltig erzeugte Produkte bevorzugen. Seit Januar 2015 gehen wir noch einen großen Schritt weiter und produzieren unsere Bücher klimaneutral. Dies bedeutet: Alle Treibhausgasemissionen, die bei der Produktion der Bücher entstehen, werden durch die Ausgleichszahlung an ein Klimaprojekt von myclimate kompensiert.

Der Michael Müller Verlag unterstützt das Projekt »Kommunales Wiederaufforsten in Nicaragua«. Bis Ende 2016 ermöglicht der Verlag in einem 7 ha großen Gebiet (entspricht ca. 10 Fußballfeldern) die Wiederaufforstung. Dadurch werden nicht nur dauerhaft über 2.000 t CO_2 gebunden. Vielmehr werden auch die Lebensbedingungen der lokalen Bevölkerung deutlich verbessert.

In diesem Projekt arbeiten kleinbäuerliche Familien zusammen und forsten ungenutzte Teile ihres Landes wieder auf. Eine vergrößerte Waldfläche wird Wasser durch die trockene Jahreszeit speichern und Überschwemmungen in der Regenzeit minimieren. Bodenerosion wird vorgebeugt, die Erde bleibt fruchtbarer. Mehr über das Projekt unter **www.myclimate.org**

myclimate ist einer der weltweit führenden Anbieter im Bereich der freiwilligen CO_2-Kompensation. myclimate Klimaschutzprojekte erfüllen höchste Qualitätsstandards und vermeiden Treibhausgase, indem fossile Treibstoffe durch alternative Energiequellen ersetzt werden. Das Projekt »Kommunales Wiederaufforsten in Nicaragua« ist zertifiziert von Plan Vivo, einer gemeinnützigen Stiftung, die schon seit über 20 Jahren im Bereich Walderhalt und Wiederaufforstung tätig ist und für höchste Qualitätsstandards sorgt.

www.michael-mueller-verlag.de/klima